Contemporary Medical Care Acts

現代医療関係法

城 祐一郎
Tachi Yuichiro

成文堂

はしがき

　本書は、現代における医療に関係する法制度やそれに付随する問題及びその検討について著したものであるが、主として、医学部において法医学を学ぶ大学生、大学院生等を対象と考えている。ただ、医学部であるから医師法以外を学ぶ必要がないと考えてよいわけではなく、関連する医療従事者に対する規制法規についても本書では解説の対象としている。そのため、既に医師、歯科医師等として活動している方々や、薬剤師、看護師などの医療従事者の方々にとっても、十分に参考になり得ることも念頭に置いている。

　もっとも、本書は、いわゆる医事法学として、医療に関するすべての法律を検討の対象としているわけではないし、また、法律を学ぶ学生等を対象としたものでもない。あくまで、医師等の医療現場で勤務する方々の理解に資することを目的とするものであるため、取り上げる法律もその観点からの限定はしているし、また、今後の医療行為等において必要性が高いと思われる問題点については詳細に検討を加えるようにしてある。特に、医学生らに対して、医師になった際には必要とされる部分については、詳細に説明してある。

　そのため、できるだけ事例を多く採り上げて記憶に残るように配慮してある。具体的な裁判例を通じて、何が問題であったのか、その対処の仕方は妥当であったのかなどを自ら考えられるように努めてある。

　なお、本書では、法律の条文を多く引用しているが、医療関係法を理解する上で条文を直接に読むことは不可欠である。条文の記載こそが法の内容を表しているのであるから、これを知らずして内容を理解しようとするのは、患者を見ないで診察するのと同じくらい無謀なことであることを理解されたい。

　そこで、本書では、第1編として、「医療行為の主体となる医療従事者等に関する法規制」について検討し、ここで医師、歯科医師、薬剤師らの資格要件に関する法律上の問題点や、無資格での行為がどのような法に違反することになるのかなどについて解説している。

はしがき

　次に、第2編では、「医療行為等の規制に関する法制度」について検討し、医師らには医療行為を実施するに当たって、どのような義務が課せられているのか、その義務には法的にどのような問題があるか、それに違反した場合の法的な制裁はどうなっているのかなどについて解説している。

　そして、第3編では、「調剤行為等の医療行為の規制等に関する法制度」として、薬剤師の調剤行為等に関する法的な規制や問題点などについて、第4編では、「補助的医療行為等を定めた看護師等法における規制等に関する法制度」として看護師等の補助的医療行為に関して解説している。

　さらに、第5編では、「刑事事件と交錯する医療行為に関する諸問題」として、これまで医療行為と刑事事件の狭間における問題として取り上げられてきた事項を個別的に検討した。そこでは、第1章で人工妊娠中絶（堕胎罪・母体保護法）を、第2章で性同一性障害の問題点を、第3章で刑法における性犯罪に関する規定を、第4章でエホバの証人の輸血拒否問題を、第5章で医療過誤を、第6章で安楽死・尊厳死を、第7章で臓器移植を、第8章で再生医療を、第9章で死体解剖を、それぞれ解説した。

　最後に、第6編では、「医療行為の手段たる医薬品等及び指定薬物の規制並びに規制薬物の取締り等に関する諸問題」として、医療品医療機器等法における医薬品等に関する問題、危険ドラッグなどの指定薬物に関する問題、更には、規制薬物である覚醒剤や大麻の問題などについて説明した。

　本書が、医療関係の法規の勉強をする上で、いくらかでもお役に立てたならば、筆者としては望外の喜びである。

　最後に、本書の作成に当たっては、株式会社成文堂の『刑事法ジャーナル』編集長田中伸治氏には大変にお世話になった。厚く謝意を表したい。

昭和大学医学部法医学講座

教授　城　祐一郎

本書を使用するに当たっての注意事項

① 条文引用上のルール

ここで、予め法文や条文上のルールなどを説明しておく。

法律は、必ず**条文**と呼ばれる、区切られた文章が並べられている。その条文は、第一条、第二条というように、**条**に番号が付されており、しかも漢数字で書かれている。それらは「第」という文言が付けられているが、その条文を引用するような場合には、いちいち「第」を付けるのも面倒なので「第」を省略して、いきなりアラビア数字で、1条、2条というような言い方や書き方をすることが通常である。

また、条文の文言中で、仮名遣いが旧仮名遣いになっていることもあり、例えば、「あって」などの文言の中の小さい「っ」という文字が、大きい「つ」で書かれていることも法律などにはよくあることである。ただ、本書では、上記のような旧仮名遣いでは読みにくいので、この点についての条文は現代用の仮名遣いで表記した。

次に、第一条、第二条という条文の中に、更に、いくつかの文章が入ることがあるが、この場合には、第1項、第2項などといって**項**という文言で区切っている。さらに、条や項の下に**号**というものが設けられることもある。これは条又は項の中でいくつかの事項を列記する必要がある場合に「一、二、三……」と漢数字の番号を付けて列記したものである。例えば、日本国憲法7条では、

> 第七条 天皇は、内閣の助言と承認により、国民のために、左の国事に関する行為を行ふ。
> 一 憲法改正、法律、政令及び条約を公布すること。
> 二 国会を召集すること。
> 三 衆議院を解散すること。（後略）

と規定されているが、これは第7条の下に、「項」はないものの、天皇の国事行為としていくつかの事項を列挙しなければならなかったことから、第一号から第十号までを設けたものである。

　なお、第4号以下は（後略）として略しておいたが、本書では、このような省略は随所に出てくることになる。読者の皆さんの理解のために必要でないところは、適宜、（中略）などと記載して、条文を理解しやすいように、また、読みやすいようにしておく。法律の条文は、途中を略しても必ず主語と述語が対応して文章の意味が伝わるように作ってあるので、そのようなことをしても確実に意味が通るようになっているのである。

　また、一つの条文の中で「項」に分けられているわけではないものの、二つの文章が入ることがある。このような場合には、前の文章を**前段**といい、後の文章を**後段**という。例えば、日本国憲法11条では、

　　第十一条　国民は、すべての基本的人権の享有を妨げられない。この憲法が国民に保障する基本的人権は、侵すことのできない永久の権利として、現在及び将来の国民に与へられる。

と規定されているが、「国民は（中略）妨げられない。」という文章が前段であり、「この憲法が（中略）与へられる。」という文章が後段になる。

　ただ、同じように二つの文章が一つの条文に入っていても、次の文章が「但し」という文言から始まっている場合には、先の文章を、**本文**といい、後の文章を**但し書**という。例えば、憲法55条は、

　　第五十五条　両議院は、各々その議員の資格に関する争訟を裁判する。但し、議員の議席を失はせるには、出席議員の3分の2以上の多数による議決を必要とする。

と規定しているが、このうち、「両議院は、（中略）裁判する。」という文章が、55条本文であり、「但し、議員の（中略）必要とする。」という文章が但し書になる。

　条文の読み方のルールの最後に、「同」という文言の使い方について説明しておく。前に出てきた法律を受けて、同じ法律を指摘する場合には、「同法」という言い方や書き方をするし、前に出てきた条文を受けて同じ条文を指摘する場合には、「同条」という言い方や書き方をする。

　つまり、既に、日本国憲法第3条が出てきていて、更に、その条文の説明などをする場合には、また「第3条」などという重複した書き方はせずに、「同条」という受け方で記載する。これは「項」でも「号」でも同じことで、「同項」とか「同号」という書き方になる。

　例えば、「○○法3条4項5号」というものが既に出てきていて、この同じ法律の中の4条を次に説明する場合には、「同法4条」という書き方になるし、この同じ3条の条文の中の5項を次に説明する場合には、「同条5項」という書き方になるし、更に、同じ3条4項の中の6号を次に説明する場合には、「同項6号」という書き方をする。

　なお、「同」という場合は、その直前の文言を指すので、例えば、○○法3条4項5号の説明をした後、別の△△法2条3項が出てきて、その後に、○○法3条5項を説明したいと思った場合、「同条5項」という書き方はできない。この場合の「同」は直前のものを指すことから、この書き方をすると、△△法2条5項と解釈されてしまうからである。このような場合は、また改めて○○法3条5項という書き方をしなければならない。

　なお、上記のような「同」の使い方は、法律名を指す場合も同様である、つまり、先に医療法という法律が登場しており、この法律について述べる際には、「同法」という書き方で医療法を示すことがある。また、この場合には、「本法」という書き方をすることもあるが、意味は同じである。

② 判決の出典の引用に関するルール

　最高裁判所の判決などのうち、重要なものは、刑事事件であれば、**最高裁判所刑事判例集か最高裁判所裁判集刑事**に、民事事件であれば、**最高裁判所民事判例集か最高裁判所裁判集民事**に掲載される。

　そして、それらから引用するとき、それらの名称では長いので、刑事については、前者は**刑集**、後者は**裁判集**、民事については、前者は**民集**、後者は**裁判集**と表示される。なお、裁判集の略称は、刑事でも民事でも同じであるが、刑事事件か民事事件かは見ればすぐに分かるので、これで混同することはない。

　したがって、例えば、昭和48年4月4日の最高裁判所の刑事事件についての判決であれば、昭和48年4月4日最高裁判決（裁判集187号155頁）などと

表記される。また、昭和62年9月2日の最高裁の民事事件の判決であれば、昭和62年9月2日最高裁判決（民集41巻6号1423頁）などと表記される。

　また、最高裁以外の下級裁判所も重要な判決を編纂して出版している。それらには色々なものがあり、個々の例示はしないが、先に述べた最高裁の場合と同様に略称が使われて引用されることが多いのが実態である。

　さらに、民間会社で裁判例を掲載して出版する業者もあり、代表的なものとして、判例時報、判例タイムズといった雑誌があり、それらに重要な判決などが掲載されるので、それらの出版社名と掲載号などもよく引用されている。

　ただ、上記のような公刊物に掲載されていない裁判例については、「公刊物未登載」という表現がなされる。

③　法令名の省略に関するルール

　上段の正式な法律名を下段の→の略称で表す。

ア　医薬品、医療機器等の品質、有効性及び安全性の確保等に関する法律
　→　医薬品医療機器等法

イ　感染症の予防及び感染症の患者に対する医療に関する法律
　→　感染症法

ウ　保健師助産師看護師法
　→　看護師等法

エ　児童虐待の防止等に関する法律
　→　児童虐待防止法

オ　配偶者からの暴力の防止及び被害者の保護に関する法律
　→DV法（これはDomestic Violenceの略である。）

カ　刑事訴訟法
　→刑訴法

キ　臓器の移植に関する法律
　→臓器移植法

ク　再生医療等の安全性の確保等に関する法律
　→再生医療法

目　　次

目　次

目　次

目　　次

第1編

医療行為の主体となる
医療従事者等に関する法規制

　医療行為は、国民の生命や健康等に重大な影響を及ぼす行為であることから、その行為主体たり得るための要件は厳格に定められなければならない。そのため、医師法を始めとして各種業務ごとにその主体等に関する法律を制定して規制している。

　具体的には、医師法、歯科医師法、薬剤師法、保健師助産師看護師法、診療放射線技師法、理学療法士及び作業療法士法、臨床検査技師等に関する法律、臨床工学技士法、救急救命士法、歯科衛生士法、歯科技工士法など多数の法律が存在する。ただ、それら全部について説明するのは頁の関係上不可能であるので、代表的な医師法、歯科医師法、薬剤師法及び保健師助産師看護師法を取り上げて、それらについて説明することとする。

第1章　医師法・歯科医師法における医師・歯科医師の任務と その資格要件

第1款　任　　務

　そもそも医師・歯科医師に対して、何が期待されているのかついては、医師法及び歯科医師法は、各1条において、

　　第一条　医師（歯科医師）は、医療（歯科医療）及び保健指導を掌ることによつて公衆衛生の向上及び増進に寄与し、もつて国民の健康な生活を確保するものとする。

と規定している。つまり、医師・歯科医師には「公衆衛生の向上及び増進に寄与」することが任務として与えられ、その結果として「国民の健康な生活」の確保が期待されている。そして、その任務遂行のための手段として、高度な専門知識と技術を駆使して、「医療（歯科医療）と保健指導」を全うすることが同様に期待されているのである。

第2款　資格要件

第1　免　　許

　そのような医師・歯科医師の資格要件であるが、医師法及び歯科医師法の各2条において、

　　第二条　医師（歯科医師）になろうとする者は、医師（歯科医師）国家試験に合格し、厚生労働大臣の免許を受けなければならない。

と規定されている。ここでいう**免許**という概念は、法的には一般的に禁止されている行為について、特にその禁止を解除して当該行為を許容するという意味で使われるものである。

　したがって、この場合も、医師・歯科医師としてなされる医療行為は、一般的には禁止されている行為であるものの、医師・歯科医師国家試験に合格すれば、厚生労働大臣がその禁止を解除して医師・歯科医師としての行為を許容するということで、それを「免許」と表現しているのである。なお、同

様に使われる法的用語として、**許可**が挙げられるところ、両者の違いであるが、法的にはほぼ同じものと考えてもらえばよい。あえていえば、両方とも「許可」であるが、人的な資格等に関するものは「免許」といういい方がされることが多いということである。

　そして、その免許については、医師法及び歯科医師法の各6条2項の

　　2　厚生労働大臣は、免許を与えたときは、医師（歯科医師）免許証を交付する。

との規定に基づき、厚生労働大臣から医師・歯科医師免許証を交付される。

第2　医籍・歯科医籍への登録

　免許の効力の発生要件として、医師法及び歯科医師法の各6条1項で、

　　第六条　免許は、医師（歯科医師）国家試験に合格した者の申請により、医籍（歯科医籍）に登録することによつて行う。

と規定されているように、**医籍・歯科医籍に登録することによって免許が効力を発する**ことになる。

　そこで、この医籍・歯科医籍への登録内容等については、医師法及び歯科医師法の各5条において、

　　第五条　厚生労働省に医籍（歯科医制）を備え、登録年月日、（中略）処分に関する事項その他の医師（歯科医師）免許に関する事項を登録する。

と規定されていることから、厚生労働省に備えられている帳簿[1]に、登録年月日や、後に述べる処分に関する事項等が記載されることになる。具体的な記載事項としては、医師法及び歯科医師法の各内容を更に細かく規定している政令である医師法施行令及び歯科医師法施行令の各4条において、医籍（歯科医籍）に登録する上で記載すべき事項として、

　①　登録番号及び登録年月日

（1）　古典的には帳簿形式であるが、現代では、電子データとして登録がなされる。

② 　本籍地都道府県名（日本の国籍を有しない者については、その国籍）、氏名、生年月日及び性別
③ 　医師・歯科医師国家試験合格の年月
④ 　処分に関する事項
⑤ 　再教育研修を修了した旨
⑥ 　臨床研修を修了した旨

などが挙げられている。

第3　医師・歯科医師免許の不正取得

　不正な手段により医師（歯科医師）免許を取得した者に対しては、医師法及び歯科医師法は、刑事罰をもって臨むこととしている。

　すなわち、医師法31条1項2号及び歯科医師法29条1項2号において、いずれも「虚偽又は不正の事実に基づいて医師免許を受けた者」に対しては、3年以下の懲役若しくは100万円以下の罰金に処することなどの刑罰を科すとしている。

第3款　欠 格 事 由

　医師・歯科医師としての資格を得るための要件として、先に挙げた医師国家試験に合格することなどのほか、次のような欠格事由を有しないことが求められる。

第1　絶対的欠格事由

　まず、**絶対的欠格事由**と呼ばれるもので、医師法及び歯科医師法の各3条では、

　　第三条　未成年者には、免許を与えない。

と規定されており、未成年者は医師・歯科医師になることはできない。ちなみに、未成年者とは、もともと民法4条では、

　　第四条　年齢二十歳をもって、成年とする。

と規定されていることから、その年齢より下の者が未成年者となる。ただ、この規定は既に改正されて18歳に変更されている。そして、この成人の規定に関して改正された部分の民法が施行されるのは、令和4年4月1日からであるから、それ以降は、18歳に満たない者に対しては、免許を与えないということになる。

　ただ、医師の免許は、医学部を卒業しないと国家試験を受験できないことから、18歳に満たない者が医学部を卒業していることは考え難いので、実際上は、意味のない規定である。

　もっとも、この規定は、令和元年に改正されており、それ以前は、

　　第三条　未成年者、成年被後見(2)人又は被保佐人(3)には、免許を与えない。

とされていたことから、民法上、行為能力が制限される者である、未成年者、成年被後見人又は被保佐人に対しては、医師免許は与えられなかった。したがって、例えば、医師・歯科医師として活動していたものの、重度の認知症などにより十分な精神活動や診療行為ができなくなって成年被後見人になったような場合には、欠格事由に該当するということで、後述する医師（歯科医師）免許の取消しの関係では、この規定も使われる余地があった。しかしながら、医師法及び歯科医師法に限らず、成年被後見人などを欠格事由とする規定を、あらゆる法律で一斉に取り払ったため、医師法及び歯科医師法の各3条も未成年者だけしか残らなくなったという次第である。

（2）　成年被後見人とは、民法7条及び8条により、「精神上の障害により事理を弁識する能力を欠く常況にある者」について、近親者等からの請求により、家庭裁判所が後見開始の審判をした者であり、これを成年被後見人といい、その者の経済活動等を保護するために成年後見人を付することとなっている。

（3）　被保佐人とは、民法11条及び12条により、「精神上の障害により事理を弁識する能力が著しく不十分である者」について、近親者等からの請求により、家庭裁判所が保佐開始の審判をした者であり、これを被保佐人といい、その者の経済活動等を保護するために保佐人を付することとなっている。ちなみに、成年被後見人との違いは、精神の障害の程度の差である。

第2　相対的欠格事由

1　医師法及び歯科医師法各4条の概要

次に、**相対的欠格事由**と呼ばれるものでは、医師法及び歯科医師法の各4条において、

> 第四条　次の各号のいずれかに該当する者には、免許を与えないことがある。
> 一　心身の障害により医師（歯科医師）の業務を適正に行うことができない者として厚生労働省令で定めるもの
> 二　麻薬、大麻又はあへんの中毒者
> 三　罰金以上の刑に処せられた者
> 四　前号に該当する者を除くほか、医事に関し犯罪又は不正の行為のあつた者

と規定されており、これらに該当する者についても基本的には医師（歯科医師）免許は与えられない。ただ、この条文では、「与えないことがある」という規定の仕方をしているので、この各号に該当しても、先の医師法及び歯科医師法の各3条の場合と異なって絶対的に拒否されるというわけではなく、法的には、与えられないことも、与えられることもあるということである。

2　医師法及び歯科医師法各4条の各号の規定について

(1)　同条1号

まず、1号は、心身の障害により医師の業務を適正に行うことができない者を相対的欠格事由としているが、ここでいう「厚生労働省令で定めるもの」の内容については、医師法施行規則及び歯科医師法施行規則の各1条において、

> 第一条　医師法（歯科医師法）第四条一号の厚生労働省令で定める者は、視覚、聴覚、音声機能若しくは言語機能又は精神の機能の障害により医師（歯科医師）の業務を適正に行うに当たつて必要な認知、判断及び意思疎通を適切に行うことができない者とする。

と規定されている。したがって、視覚等の障害により、医師・歯科医師の業務を適正に行うに当たつて必要な認知、判断等を適切に行えない者がここで

の欠格事由の対象者ということになる。

(2)　同条2号

次に、2号の麻薬等の中毒者である。このような薬物の中毒者に医師（歯科医師）免許が与えられないのはむしろ当然であるといえよう。

ただ、そこに規定されていない他の薬物の中毒者、例えば、覚醒剤中毒者に対しては、医師（歯科医師）免許が与えられるのかという問題が残る。

しかしながら、この規定の文言を素直に読む限り、覚醒剤中毒者が挙げられていな以上、そのような者はこの欠格事由の規定には該当しないと解さざるを得ないであろう。

もちろん、条文の解釈の仕方として、本号は薬物中毒者が免許を受けることの不当性から規定されたものであることに照らし、類推解釈[4]により、覚醒剤中毒者も含まれると解することは不可能ではないと思われる。しかし、本規定が国民の医師・歯科医師になるための権利を制約するものである以上、私権を制限する方向での類推解釈が好ましい解釈とは思われない。したがって、覚醒剤中毒者については欠格事由ではないと解さざるを得ない。

しかしながら、そのような者に対し、仮に、一旦、医師（歯科医師）免許を与えたとしても、覚醒剤中毒が後述する取消事由のうちの「医師（歯科医師）としての品位を損する行為」に該当することは明らかと思われることから（この点については後述する。）、直ちに免許の取消しに至ると解するのが妥当であろう。

(3)　同条3号

次に、3号の「罰金以上の刑に処せられた者」というのは、罰金、懲役若しくは禁錮の言渡しを受けたことがある者である。懲役や禁錮で実刑になればもちろん該当するが、執行猶予が付されても、その猶予期間中は懲役又は禁錮を言い渡された状態であるので、この3号に該当する。

ただ、この規定上は、罰金刑を受けた場合でも欠格事由とされることか

（4）　類推解釈とは、ある事項を前提として類似のものも許容しているのではないかと解釈することである。「他の人に迷惑なので犬を飼うことは禁止します。」とのマンションの管理規約があったとして、これを類推解釈すれば、迷惑をかけるなら熊でも同じことであるから、熊を飼ってはいけないという解釈をすることになる。このような解釈の仕方を類推解釈という。

ら、例えば、自動車を運転中、スピード違反等を犯したことで罰金を支払った場合でも、これに該当する。実際には、その程度のことで免許の交付が制限されることはないと思われるものの、規定自体としては、医師・歯科医師に対してかなり厳しい要件を課しているものといえよう。

(4)　同条4号

最後に、4号の「医事に関し犯罪又は不正の行為のあった者」であるが、これは、後で述べる医師法及び歯科医師法で規定されている禁止事項に違反するなどの犯罪を行った者や、医事に関する不正行為として、診療報酬等に関して不正又は不当な請求に関与した場合などが考えられるであろう。

第4款　取消し等の処分

第1　必要的取消し処分の場合——かつての医師法及び歯科医師法各7条1項——

上記の各欠格事由に該当することが分かった場合には、医師（歯科医師）免許の取消しなどがなされる。すなわち、かつての医師法及び歯科医師法各7条1項は、

> 第七条　医師（歯科医師）が、第三条に該当するときは、厚生労働大臣は、その免許を取り消す。

と規定しており、この場合には必要的に免許の取消しがなされていた。ただ、これは医師免許を受けた者が、その後、成年被後見人になったような場合などを想定していたものであるところ、現在では、医師法3条の対象は未成年者だけであり、実際上、この規定が適用されるような事態は前述したように考えられない。したがって、法改正により削除され、現在ではこのような意味のない規定は存在しない。

第2　任意的取消し等の処分の場合

1　現在の医師法及び歯科医師法各7条1項の概要

医師法及び歯科医師法各7条1項は、

　第七条　医師（歯科医師）が第四条各号のいずれかに該当し、又は医師として
　　の品位を損するような行為のあつたときは、厚生労働大臣は、次に掲げる処
　　分をすることができる。
　　一　戒告
　　二　三年以内の医業（歯科医業）の停止
　　三　免許の取消し

と規定しており、「処分をすることができる」とされていることから、ここ
で規定される欠格事由に該当することとなった場合、免許の取消しなどがな
されるかどうかは必要的ではなく任意的である。つまり、これらの場合に処
分するかどうか、また、処分するにしても1号から3号までのどれにするか
は、厚生労働大臣の裁量と判断に委ねられる。

2　医師としての品位を損するような行為とは

　ここでは、既に説明した医師法及び歯科医師法各4条に該当する場合のほ
か、**医師としての品位を損するような行為**があった場合においても、1号か
ら3号までの処分の対象とされている。

　では、ここでいう「医師（歯科医師）としての品位を損するような行為」
とはどのような行為を指すのか問題となるが、よく挙げられる例としては、
瀕死の重傷者に対して不当に高額な治療をしたり、患者に対していかがわし
い行為をしたり、患者の貧富によって極端に治療内容が異なるような行為を
した場合などが挙げられている。

3　処分の内容

　医師・歯科医師が上述した規定に該当するような行為に及んだ場合におい
て、最も重い処分としては、**免許の取消し**になる。

　ただ、そこまではいかないとしても、かなり重い処分が相当とされた場合
には、3年以内の期間を定められての**医業の停止**という処分を受ける。

　ここでいう「医業」とは、業として[5]、つまり、反復継続の意思をもって
行われる**医行為**を指すが、ここでいう「医行為」とは、通常の医療行為が含

（5）　反復継続する意思の下に、自分たちの業務として行ったという法律用語である。

まれるのはもちろんであるが、法的に正確にいえば、医療及び保健指導に属する行為のうち、医師の専門的知識技能をもってするのでなければ、保健衛生上危害が生じるおそれがある行為（令和2年9月16日最高裁決定[6]）といわれている。

　なお、もっとも軽い場合には、**戒告**、つまり、懲戒処分として反省するよう戒めることを申し渡されることになる。

第5款　稼働先である病院等に関する規制

　医療法は、医療に関する基本的な事項を定めた法律で、同法1条にこの法律が制定された目的が色々と規定されている[7]。そこでは、病院、診療所及び助産所の開設及び管理に関し必要な事項について定めることなどにより、

> 第一条　医療を受ける者の利益の保護及び良質かつ適切な医療を効率的に提供する体制の確保を図り、もつて国民の健康の保持に寄与することを目的

とすると規定されている。

　そして、診療所及び助産所の開設及び管理に関し必要な事項については、医療法7条以下に規定が設けられている。

　まず、その前提として、医療法は、病院等について、定義規定を設けているので、それを先にみておく。

第1　医療提供施設の定義規定

1　病　　　院

(1)　病院に関する定義

　医療法1条の5第1項前段は、**病院**について、

（6）　この最高裁決定の内容については、刺青施術行為に関して後述する。
（7）　そこには、① 医療を受ける者による医療に関する適切な選択を支援するために必要な事項、② 医療の安全を確保するために必要な事項、③ 病院、診療所及び助産所の開設及び管理に関し必要な事項、④ これらの施設の整備並びに医療提供施設相互間の機能の分担及び業務の連携を推進するために必要な事項を定めること等により、「医療を受ける者の利益の保護及び良質かつ適切な医療を効率的に提供する体制の確保を図り、もって国民の健康の保持に寄与することを目的」とすると規定されている。

　　第一条の五　この法律において、「病院」とは、医師又は歯科医師が、公衆又
　　　は特定多数人のため医業又は歯科医業を行う場所であつて、20人以上の患者
　　　を入院させるための施設を有するものをいう。

と定義付けていることから、医師らが医業等を行う場所で、20人以上の患者
を入院させるための施設が病院である。

(2)　地域医療支援病院

　上記の病院のうちでも、一定の要件を満たしたものは、**地域医療支援病院**
と呼ばれる。それは、医療法4条1項において規定されているが、国や地方
自治体などが開設する病院であって、

①　他の病院又は診療所から紹介された患者に対し医療を提供し、かつ、
　　当該病院の設備等を当該病院に勤務しない医師等の診療や研修のためな
　　どに利用させるための体制が整備されていること（1号）

②　救急医療を提供する能力を有すること（2号）

③　地域の医療従事者の資質の向上を図るための研修を行わせる能力を有
　　すること（3号）

④　厚生労働省令で定める数以上の患者を入院させるための施設を有する
　　こと（4号）（後略）

といった要件を満たした上で、その所在地の都道府県知事の承認を得た場合
には、地域医療支援病院と称することができるとされている。

　なお、④の「厚生労働省令で定める数」とは200床である。

(3)　特定機能病院

　また、医療法4条の2第1項は、**特定機能病院**について規定しているとこ
ろ、

①　高度の医療を提供する能力を有すること（1号）

②　高度の医療技術の開発及び評価を行う能力を有すること（2号）

③　高度の医療に関する研修を行わせる能力を有すること（1号）（中略）

④　厚生労働省令で定める数以上の患者を入院させるための施設を有する
　　こと（6号）（後略）

といった要件を満たす病院であれば、厚生労働大臣の承認を得て特定機能病

院と称することができるとされている。

　なお、④の「厚生労働省令で定める数」とは400床である。

２　診　療　所

医療法１条の５第２項は、**診療所**について、

> 　２　この法律において、「診療所」とは、医師又は歯科医師が、公衆又は特定
> 　多数人のため医業又は歯科医業を行う場所であつて、患者を入院させるため
> 　の施設を有しないもの又は十九人以下の患者を入院させるための施設を有す
> 　るものをいう。

と定義付けていることから、先の病院とは異なり、そもそも患者を入院させ
るための施設がないか、あっても19人以下の患者を入院させるための施設が
診療所である。

３　助　産　所

医療法２条１項は、**助産所**について、

> 　第二条　この法律において、「助産所」とは、助産師が公衆又は特定多数人の
> 　ためその業務（病院又は診療所において行うものを除く。）を行う場所をいう。

と定義付けていることから、助産師が助産を行う場所であって、病院と診療
所以外で行う場合の場所が助産所となる。

　なお、助産所には規模の制限があり、同条２項で、

> 　２　助産所は、妊婦、産婦又はじよく婦十人以上の入所施設を有してはならな
> 　い。

と規定されている。

第２　医療機関の開設に関する医療法のスタンス

　我が国における医療制度は、明治時代においては、病院の開設につき**許可
制**が採られていたものの、その設立許可や監督は府県に委ねられていた。し
かしながら、実際には、それらの規制や監督が十分には機能せず、医療商品
化や虚偽誇大広告の蔓延などの弊害が生じたことから、中央政府による一元

的な法規制を実施することで医療体制の平準化を図った[8]。

　現在では、戦後、医療機関に関する法律として制定された医療法により、許可制を基本とし、また、**届出制**を併用している。具体的には、以下のとおりである。

1　病院の開設

　医療法は、病院の開設に当たっては、「開設地の都道府県知事の許可」を要求している（医療法7条1項）。また、臨床研修を終了した旨の登録を受けた医師でない者が診療所を開設しようとする場合なども同様である。

　ここでいう「許可」とは、法律的にいえば、先に述べた「免許」と同様であり、病院の開設は一般的には禁止されているものの、都道府県知事が病院開設の申請に対し、それを許容しようと判断した場合に、禁止されている病院開設を解除し、申請による病院開設を認めるということが「許可」の意味である。

　そして、この規定に違反して病院を開設したり、医師でない者が診療所を開設した場合には、6月以下の懲役又は30万円以下の罰金に処せられることになる（医療法87条1号）。

　実際にこの罰則が適用された事案として、**平成28年3月24日熊本地裁判決（公刊物未登載）**が挙げられる。この事案では、エステティックサロンを経営する会社及びその会社の代表取締役社長が、医師法による臨床研修を受けたことによる登録を受けた者でもないのに診療所を開設したことから、その行為に対して、会社に対しては罰金刑が、上記社長に対しては執行猶予付懲役刑が科されている[9]。

（8）　米村滋人『医事法講義』（2016年、日本評論社）66頁。
（9）　なお、エステティックサロンを経営する会社は法人であり、法人が犯罪を自ら行う主体となり得るかは法律学上も議論はあるが、その法人の代表者や使用人が、当該法人のために犯罪を行った場合には、「両罰規定」といわれる規定により、法人への罰金が科されることがある。ここでは、医療法90条の「法人の代表者又は法人若しくは人の代理人、使用人その他の従業者が、その法人又は人の業務に関して第八十七条又は前条の違反行為をしたときは、行為者を罰するほか、その法人又は人に対しても各本条の罰金刑を科する。」とする規定に基づき、会社に対して罰金が科せられたのである。

2　診療所・助産所の開設

医療法8条は、

> 第八条　臨床研修等修了医師、臨床研修等修了歯科医師又は助産師が診療所又は助産所を開設したときは、開設後十日以内に、診療所又は助産所の所在地の都道府県知事に届け出なければならない。

と規定しており、臨床研修等修了医師等が診療所等を開設する場合には、開設後10日以内に都道府県知事に**届出**をすることが義務付けられている。病院の場合は、都道府県知事の許可が必要であったが、診療所などの場合は、それより手続的に簡単な届出だけでできることとなっている。

　この「届出」とは、法令で定められている特定の行為について、一定の事項を行政官庁へ通知することである。つまり、診療所を開設しようという場合に、予め要求されている届出事項を都道府県知事に届ければよいということであり、特に、都道府県知事による許可等が必要とされているわけではないということである。つまり、先の「許可」との大きな違いは、「許可」は、申請を受けた行政官庁の判断により「許可」されたり、「不許可」とされたりするが、「届出」は、行政官庁がその内容について判断することはなく、必要な要件を満たした書類を届け出さえすれば、それで全て終了となる点にある。

　なお、この届出を怠った場合には、20万円以下の罰金に処せられる（医療法89条1号）。

第3　医療提供機関の名称使用制限等

医療法3条1項は、

> 第三条　疾病の治療（助産を含む。）をなす場所であつて、病院又は診療所でないものは、これに病院、病院分院、産院、療養所、診療所、診察所、医院その他病院又は診療所に紛らわしい名称を附けてはならない。

と規定して、病院等でないものについては、病院と紛らわしいような名称を附してはならないとしている。医療を受ける者が判断を誤らないようにするためである。

　これに違反した場合は、20万円以下の罰金に処せられる（医療法89条1号）。
　また、同じ趣旨で、医療を受ける者が誤った判断をすることのないように
するため、医療法は、広告に関する規制を設けており、医療法6条の5第1
項は、

　　第六条の五　何人も、医業若しくは歯科医業又は病院若しくは診療所に関し
　　て、文書その他いかなる方法によるを問わず、広告（中略）をする場合には、
　　虚偽の広告をしてはならない。

と規定しており、広告をすることは医療情報を提供するという観点から許容
されるとしても、虚偽の広告による誤った情報の提供を禁止している。つま
り、これは医師らが広告で自らの診療所等の宣伝をするにしても、その際、
虚偽の広告をした場合には処罰の対象になるということである。
　そして、この規定に違反した場合には、6月以下の懲役又は30万円以下の
罰金に処せられされることになる（医療法87条1号1号）

第2章　薬剤師法における薬剤師の任務とその資格要件

第1款　任　　務

薬剤師の役割について期待されるところとしては、薬剤師法1条において、

　　第一条　薬剤師は、調剤、医薬品の供給その他薬事衛生をつかさどることによ
　　つて、公衆衛生の向上及び増進に寄与し、もつて国民の健康な生活を確保す
　　るものとする。

と規定されていることから、薬剤師には「公衆衛生の向上及び増進に寄与」
することが任務として与えられ、その結果として「国民の健康な生活」の確
保が期待されている。そして、その任務達成の手段として、高度な専門知識
と技術を駆使して、「調剤、医薬品の供給その他薬事衛生」を担当すること
が求められているということである。

第2款　資格要件等

　この資格要件については、先に医師法及び歯科医師法に関して述べたことと同様であり、医師・歯科医師を薬剤師、医師・歯科医師国家試験を薬剤師国家試験、医籍・歯科医籍を薬剤師名簿、医師・歯科医師免許証を薬剤師免許証などと言い換えれば全て同じである。

　また、欠格事由及び取消し等の処分についても医師法及び歯科医師法について述べたことと同様である。

第3款　稼働先である薬局に関する規制

第1　薬局開設に関する規制

　そもそも「薬局」とは、医薬品医療機器等法2条12項において、

> 12　この法律で「薬局」とは、薬剤師が販売又は授与の目的で調剤の業務並びに薬剤及び医薬品の適正な使用に必要な情報の提供及び薬学的知見に基づく指導の業務を行う場所（中略）をいう。ただし、病院若しくは診療所又は飼育動物診療施設の調剤所を除く。

と規定されているところ、このような薬局の開設に関しては、同法4条1項において、

> 第四条　薬局は、その所在地の都道府県知事（中略）の許可を受けなければ、開設してはならない。

と規定されており、薬局の開設には、都道府県知事の許可が必要とされる許可制が採用されている。また、その手続については、同条2項以下に規定されている。

　これは、薬局が、医薬品等の販売などを通じて国民の健康な生活に直結していることや、また、医薬品等の使用による保健衛生上の危害の発生及び拡大の防止を図るためには、厳格な要件をクリアしたものに限って、薬局と認めた上、医薬品等の販売などをさせる必要があるからである。

　ただ、その許可の基準として、医薬品医療機器等法5条は、

第五条　その薬局の構造設備が、厚生労働省令で定める基準に適合しないとき
　（1号）

や、申請者が

　成年後見人又は麻薬、大麻、あへん又は覚醒剤の中毒者（3号ホ）

である場合などは、許可を与えないことができるとしている。

　この規定に違反して、無許可で薬局を開設した場合には、同法84条1号において、3年以下の懲役又は300万円以下の罰金等の刑罰が科されることになる。

第2　薬局の名称使用に関する規制

　医薬品医療機器等法6条本文では、

　第六条　医薬品を取り扱う場所であつて、第四条第一項の許可を受けた薬局
　　（中略）でないものには、薬局の名称を付してはならない。

と規定しており、許可を得ていない者が「薬局」の名称を使用することを禁じている。これは許可を受けた適法な薬局と混同させるような行為を禁じるものである。

　この規定に違反して、勝手に薬局という看板を挙げた場合には、本法88条により、30万円以下の罰金に処せられることになる。

第3　薬局の管理者（管理薬剤師）及び薬局開設者に対する規制

　医薬品医療機器等法7条1項は、薬局の管理者に関して、

　第七条　薬局開設者が薬剤師（中略）であるときは、自らその薬局を実地に管
　　理しなければならない。ただし、その薬局において薬事に関する実務に従事
　　する他の薬剤師のうちから薬局の管理者を指定してその薬局を実地に管理さ
　　せるときは、この限りでない。

と規定し、また、同条2項では、

　　2　薬局開設者が薬剤師でないときは、その薬局において薬事に関する実務に
　　従事する薬剤師のうちから薬局の管理者を指定してその薬局を実地に管理さ
　　せなければならない。

と規定されており、薬局開設者が薬剤師であるときは、原則として、その者
が管理薬剤師となることを予定しており、ただ、他にも薬剤師がいるとき
や、薬局開設者が薬剤師でない場合には、他の薬剤師を管理者にすることも
可能であるとしている。
　そして、これらの規定に違反してときは、本法86条1号により、1年以下
の懲役又は100万円以下の罰金などの刑罰に処せられる。
　また、そのような薬局の管理者は、同法8条1項により、

　　第八条　薬局の管理者は、保健衛生上支障を生ずるおそれがないように、その
　　薬局に勤務する薬剤師その他の従業者を監督し、その薬局の構造設備及び医
　　薬品その他の物品を管理し、その他その薬局の業務につき、必要な注意をし
　　なければならない。

と規定されて、当該薬局の業務全般を管理、監督することが期待されている
ほか、同条2項により、

　　2　薬局の管理者は、保健衛生上支障を生ずるおそれがないように、その薬局
　　の業務につき、薬局開設者に対し必要な意見を述べなければならない。

と規定して、薬局の管理者は、薬局開設者に対しても必要な意見を述べるこ
とが期待されている。
　一方、薬局開設者に対しては、同法8条の2第1項において、

　　第八条の二　薬局開設者は、厚生労働省令で定めるところにより、医療を受け
　　る者が薬局の選択を適切に行うために必要な情報として厚生労働省令で定め
　　る事項を当該薬局の所在地の都道府県知事に報告するとともに、当該事項を
　　記載した書面を当該薬局において閲覧に供しなければならない。

と規定して、当該薬局に関する情報の提供をすることを義務付けているほ

か、同法9条の2において、

> 第九条の二　薬局開設者は、厚生労働省令で定めるところにより、医師又は歯
> 科医師から交付された処方箋により調剤された薬剤につき、薬剤師に販売さ
> せ、又は授与させなければならない。

と規定して、当たり前のことではあるものの、薬剤師をして調剤、販売等を
させることを義務付けているほか、同法9条の3第1項では、

> 第九条の三　薬局開設者は、医師又は歯科医師から交付された処方箋により調
> 剤された薬剤の適正な使用のため、当該薬剤を販売し、又は授与する場合に
> は、厚生労働省令で定めるところにより、その薬局において薬剤の販売又は
> 授与に従事する薬剤師に、対面（中略）により、厚生労働省令で定める事項
> を記載した書面（中略）を用いて必要な情報を提供させ、及び必要な薬学的
> 知見に基づく指導を行わせなければならない。

と規定して、薬剤師をして適切な服薬指導をさせることも義務付けている。

第3章　保健師助産師看護師法に係る任務及び資格要件

　この法律では、保健師、助産師及び看護師について規定されているが、こ
こでは看護師を例にとって説明することとする。

第1款　本法の目的

保健師助産師看護師法1条は、

> 第一条　この法律は、保健師、助産師及び看護師の資質を向上し、もって医療
> 及び公衆衛生の普及向上を図ることを目的とする。

と規定しており、看護師等の資質を向上させることによって、医師法などの
場合と同様に、「医療及び公衆衛生の普及及び向上」を図るために設けた法
律であることを明らかにしている。

第2款　資 格 要 件

看護師等法では、看護師等の定義を設けており、5条において、

> 第五条　この法律において「看護師」とは、厚生労働大臣の免許を受けて、傷病者若しくはじよく婦に対する療養上の世話又は診療の補助を行うことを業とする者をいう。

と規定されている。

そして、その資格要件であるが、同法7条3項において、

> 3　看護師になろうとする者は、看護師国家試験に合格し、厚生労働大臣の免許を受けなければならない。

とされており、この点については、医師法・歯科医師法で述べたところと同様であり、その他の点についても、医師を看護師等、医籍・歯科医籍を看護師籍等、医師・歯科医師免許証等と言い換えれば全て同じである。

第3款　欠格事由及び取消し等の処分

看護師等法では、未成年者等であっても、特にこれを否定する規定が設けられていないことから、法的には看護師等になることは可能である。また、欠格事由については、医師法等と規定の仕方は若干異なるものの、実質的には同様の内容の欠格事由が設けられている。

さらに、免許の取消し等の処分についても、医師法等の場合と同様である。

第4章　医療行為等の主体たり得ない無資格者に対する規制

医療行為等の主体となる者に対しては、前述したように必要な資格要件などが定められており、これによって、医療を受けようとする者に対し、安全かつ安心な医療の提供が図られることを保証している。したがって、逆に、そのため、そのような資格を有しない者による医療行為については各法律で禁じられており、その違反に対しては、刑罰をもって臨むこととなっている。

第1款　無資格者による医行為・歯科医行為に対する
医師法及び歯科医師法の規制

第1　総　　説

医師法及び歯科医師法各17条は、

> 第十七条　医師（歯科医師）でなければ、医業（歯科医業）をなしてはならない。

と規定しており、医師（歯科医師）の業務として、医師（歯科医師）以外の者の医業（歯科医業）を禁じて、医業（歯科医業）を独占的に行うことを認めている。これに違反した行為がなされた場合には、その違反者に対して、3年以下の懲役若しくは100万円以下の罰金に処するなどの刑罰が科される（医師法31条1項1号、歯科医師法29条1項1号）。

　ここでいう「医業・歯科医業」は、前述したように、反復軽継続してなされる「医行為・歯科医行為」であるが、医療及び保健指導に属する行為のうち、医師・歯科医師の専門的知識技能をもってするのでなければ、保健衛生上危害が生じるおそれがある行為といわれている。

　また、無資格者による医業の禁止を補完するため、医師法及び歯科医師法各18条は、

> 第十八条　医師（歯科医師）でなければ、医師（歯科医師）又はこれに紛らわしい名称を用いてはならない。

として、医師・歯科医師以外には医師・歯科医師などという名称を使用することを禁じている。この規定に違反して勝手に医師・歯科医師であるなどと称した場合には、50万円以下の罰金に処せられることになる（医師法33条の2第1号、歯科医師法31条の2第1号）。

　これらの規定に基づき、医師・歯科医師は、名称上も業務上も、医業・歯科医業をなすことができるのであるが、これまで医師・歯科医師でない者による医行為・歯科医行為が問題とされた事例を以下に検討する。

第2　無資格者による医行為が処罰された事例

1　平成14年10月30日東京地裁判決（判例時報1816号164頁）

(1)　事案の概要

　この判決の事案は、レーザー脱毛を医師でない者が行ったとして、医師法17条違反に問われたものである。

　具体的な犯行の内容としては、脱毛サロンを夫婦で経営していた被告人[10]両名が、同サロンの従業員数名と共謀の上[11]、医師でないのに、平成13年5月31日頃から平成14年3月14日頃までの間、同店内において、業として、多数の者に対し、多数回にわたり、店内に設置したレーザー脱毛機器を使用して、その手甲、膝、口、脇等の皮膚にレーザー光線を照射して体毛の毛根部を破壊する方法による脱毛の医行為を行い、もって、医師でないのに、医業を行ったものであるというものであった。

(2)　レーザー脱毛が医行為に該当する理由

　このようなレーザー脱毛が医行為に該当することについて、本件東京地裁判決は、「レーザー照射により真皮、皮下組織等に膠原線維変性等の影響が生じるもので、火傷等の皮膚障害が発生する危険性を有し、レーザー脱毛の施術に当たっては、被施術者の体調、皮膚の色、毛の太さ等を考慮して照射量、照射時間等を決定し、施術後に問題が生じれば消炎剤、抗生物質等の薬剤投与が必要となるなど、医学の専門知識及び技能がなければ、保健衛生上人体に危害を及ぼすおそれがあると認められるから、医行為に該当すると解される」としている。

　レーザー脱毛が人体の健康に悪影響を与える可能性は十分に認められる以上、医行為に該当するとした判断は正当なものといえるであろう。

2　平成21年9月10日大阪地裁判決（公刊物未登載）

(1)　事案の概要

　この事案は、診療所を経営する医師である被告人が、肥満の女性を痩せさせるためにマジンドール[12]を処方していたところ、従業員の看護師らにその

---

(10)　犯罪の嫌疑を受けて検察官により起訴された者のことである。
(11)　お互いに意思を通じ合ってという意味の法律用語である。

処方をさせていたことが医師法17条に違反したとされたものである。具体的な犯行の内容は、以下のとおりである。

　被告人は、大阪市中央区内おいて、メディカルサロンを経営していた医師であるが、同サロンの責任者であった看護師Ａらと共謀の上、同人らは医師でないのに、同人らにおいて、平成17年6月24日頃から同18年9月28日頃までの間、前後22回にわたり、上記メディカルサロン等において、Ｂほか5名に対し、薬事法（当時）上の処方箋薬であるサノレックス（主成分マジンドール）などを処方する医行為を行い、もって、医師でない者が医業をしたというものであった。

　被告人は、初回の診察は自ら又は依頼した別の医師によって行っていたが、2回目以降は、上記Ａらに任せて、自らは全く診察せずにマジンドールを処方させていたのである。

(2)　マジンドールの処方が医行為とされた理由

　そもそもマジンドールが中枢神経に働きかけて食欲を抑制する作用を有しているものであるところ、それゆえ、この薬は習慣性・依存性が強く、その点で処方に当たっては医師による判断が不可欠である。また、マジンドールの副作用により、喉の渇き、イライラ感、不眠、吐き気などに関して深刻な症状が起きることがある上、肝障害や肝硬変などを引き起こすおそれがある。さらに、海外ではマジンドールにより死亡例も報告されていることなどに照らしても、そのような健康への危険性がある医薬品を処方する行為は、医師自身が直接に患者を診察して、その処方を判断する必要性のある医行為であるとされたものである。単に、補助者である看護師の判断で処方できるようなものではないと判示されたのである。

(3)　被告人自身が医師であるにもかかわらず医師法17条違反が成立する理由

　そもそも被告人自身は医師である以上、「医師でなければ、医業をなして

---

(12)　マジンドールは、抗肥満薬（食欲抑制剤）であり、食欲中枢への直接作用及び神経終末におけるノルアドレナリン、ドパミン、セロトニンを介した機序により摂食抑制作用を示すとともに消化吸収を抑制することにより摂取エネルギーを減少させ、肥満を是正するものである。

はならない」とする医師法17条の規定に違反することはあり得ないのではないかとの疑問が生じるのではないかと思わる。

　ところが、本件では、医師でない上記Aがマジンドールを処方していたのであり、この行為は、医師でない者が医業をしたのであって、そこに医師法17条違反は成立している。その上で、そのような行為に及んだAと共犯関係に立つのが被告人である医師であるから、Aに対して成立した医師法違反の共犯となって、医師であっても被告人には医師法17条違反が成立するという法的構成になるのである。

3　令和2年9月16日最高裁決定（刑集74巻6号581頁）

(1)　事案の概要

　この最高裁決定の事案は、医師でない者が他人の身体に刺青（又は「入れ墨」、「タトゥー」とも表記される。）を入れた行為が医師法17条違反であるとして起訴されたものである。

　第一審の**平成29年9月27日大阪地裁判決**（判例時報2384号129頁）では、被告人に対し、刑罰として罰金15万円を言い渡したが、その際、この判決で認定された被告人の犯行内容は、概ね次のとおりである。

　被告人は、医師でないのに、業として、平成26年7月6日頃から平成27年3月8日頃までの間、大阪府吹田市内のタトゥーショップにおいて、4回にわたり、Aほか2名に対し、針を取り付けた施術用具を用いて前記Aらの左上腕部等の皮膚に色素を注入する医行為を行い、もって、医業をなした。

(2)　上記大阪地裁が刺青施術行為を医行為であるとした理由

　このような刺青を入れる行為を医行為であるとする理由について、本件大阪地裁判決は次のように述べている。

　すなわち、「被告人が行った施術方法は、タトゥーマシンと呼ばれる施術用具を用い、先端に色素を付けた針を連続的に多数回皮膚内の真皮部分まで突き刺すことで、色素を真皮内に注入し、定着させるといういわゆる入れ墨である。このような入れ墨は、必然的に皮膚表面の角層のバリア機能を損ない、真皮内の血管網を損傷して出血させるものであるため、細菌やウィルス等が侵入しやすくなり、被施術者が様々な皮膚障害等を引き起こす危険性を有している。具体的には、入れ墨の施術を原因として、急性炎症性反応、慢

性円板状エリテマトーデス、乾癬、扁平苔癬、皮膚サルコイド反応や肉芽腫等が発生する危険性が認められる。また、前記のとおり、入れ墨は色素を真皮内に注入するものであることから、施術に使用される色素に重金属類が含まれていた場合には（ただし、現在流通している色素に重金属類が含まれていることは少ないとされている。）、金属アレルギー反応が生じる可能性があるし、重金属類が含まれていなくとも、色素が人体にとって異物であることに変わりはないため、アレルギー反応が生じる可能性がある。さらに、入れ墨の施術には必然的に出血を伴うため、被施術者が何らかの病原菌やウィルスを保有していた場合には、血液や体液の飛散を防止したり、針等の施術用具を適切に処分するなどして、血液や体液の管理を確実に行わなければ、施術者自身や他の被施術者に感染する危険性があるのみならず、当該施術室や施術器具・廃棄物等に接触する者に対しても感染が拡散する危険性もある。以上のとおり、本件行為が保健衛生上の危害を生ずるおそれのある行為であることは明らかである。」などとして、本件刺青施術行為が医行為であることは明らかであるとした。

　刺青の危険性を医学的観点から詳細に述べており、これが医師によってなされるのでなければ、被施術者の健康等の保健衛生上の危険が生じる行為であると判断し、これが医行為に該当するとした理由の説得性は十分であると思われる。

(3)　本件における裁判の経過

　本件大阪地裁判決に対し、被告人が控訴したところ、**平成30年11月14日大阪高裁判決（高等裁判所刑事判例集71巻3号1頁、判例時報2399号88頁）**は、医行為とは、「医療及び保健指導に属する行為の中で、医師が行うのでなければ保健衛生上危害を生ずるおそれのある行為をいう。」と解した上で、被告人の行為は、医師が行うのでなければ皮膚障害等を生ずるおそれはあるが、医療及び保健指導に属する行為ではないから、医行為に当たらないとし、結局、被告人の行為は医行為には該当しないことから無罪を言い渡した。

　その後、更に、上告審である本件最高裁決定においても、同様に、被告人に対し、医師法違反は成立しないとして無罪とされた。

⑷　**本件最高裁決定において刺青施術行為が医行為ではないとされた理由**

ア　まず、「医行為」の定義に関して、本件最高裁決定は、次のとおり判示した。

　すなわち、「医師法は、医療及び保健指導を医師の職分として定め、医師がこの職分を果たすことにより、公衆衛生の向上及び増進に寄与し、もって国民の健康な生活を確保することを目的とし（1条）、この目的を達成するため、医師国家試験や免許制度等を設けて、高度の医学的知識及び技能を具有した医師により医療及び保健指導が実施されることを担保する（2条、6条、9条等）とともに、無資格者による医業を禁止している（17条）。

　このような医師法の各規定に鑑みると、同法17条は、医師の職分である医療及び保健指導を、医師ではない無資格者が行うことによって生ずる保健衛生上の危険を防止しようとする規定であると解される。

　したがって、医行為とは、医療及び保健指導に属する行為のうち、医師が行うのでなければ保健衛生上危害を生ずるおそれのある行為をいうと解するのが相当である。」と判示したものである。

　ここで重要なポイントは、医行為が、単に、「医師が行うのでなければ保健衛生上危害を生ずるおそれのある行為」であるだけでなく、それが「医療及び保健指導に属する行為」に含まれるものでなければならないとした点である。つまり、被施術者にとっていかに危険な行為であっても、それが「医療及び保健指導に属する行為」と認められなければ、「医行為」に該当せず、それゆえ、誰がそのような危険な行為をしても法は放置してよいと解釈することになるのである[13]。

イ　そして、本件最高裁決定は、上記の医行為の概念を前提として、どのような行為が医行為に該当するかの判断に当たって、次のとおり判示した。

　すなわち、「ある行為が医行為に当たるか否かを判断する際には、当該行為の方法や作用を検討する必要があるが、方法や作用が同じ行為でも、

---

(13)　そもそも、本件大阪高裁判決が出される以前は、医行為といえば、「医師が行うのでなければ保健衛生上危害を生ずるおそれのある行為」であればよく、それを特に「医療及び保健指導に属する行為」に限定されるものとは考えられていなかったのである。

その目的、行為者と相手方との関係、当該行為が行われる際の具体的な状況等によって、医療及び保健指導に属する行為か否かや、保健衛生上危害を生ずるおそれがあるか否かが異なり得る。また、医師法17条は、医師に医行為を独占させるという方法によって保健衛生上の危険を防止しようとする規定であるから、医師が独占して行うことの可否や当否等を判断するため、当該行為の実情や社会における受け止め方等をも考慮する必要がある。

　そうすると、ある行為が医行為に当たるか否かについては、当該行為の方法や作用のみならず、その目的、行為者と相手方との関係、当該行為が行われる際の具体的な状況、実情や社会における受け止め方等をも考慮した上で、社会通念に照らして判断するのが相当である。」と判示した。

　つまり、医行為に該当するかどうか判断の対象となった行為について、それが実際に医行為として法律上認められるかどうかは、当該行為の目的、相手方との関係、その際の具体的状況などによって、「医療及び保健指導に属する行為」か否かなどが判断され、また、その際には、当該行為の実情や社会での受け止め方をも考慮する必要があると述べたものである。

ウ　そのような判断基準を示した上、本件での刺青施術行為が「医行為」に該当するか否かについて、次のとおり判示した。

　すなわち、「以上に基づき本件について検討すると、被告人の行為は、彫り師である被告人が相手方の依頼に基づいて行ったタトゥー施術行為であるところ、タトゥー施術行為は、装飾的ないし象徴的な要素や美術的な意義がある社会的な風俗として受け止められてきたものであって、医療及び保健指導に属する行為とは考えられてこなかったものである。また、タトゥー施術行為は、医学とは異質の美術等に関する知識及び技能を要する行為であって、医師免許取得過程等でこれらの知識及び技能を習得することは予定されておらず、歴史的にも、長年にわたり医師免許を有しない彫り師が行ってきた実情があり、医師が独占して行う事態は想定し難い。このような事情の下では、被告人の行為は、社会通念に照らして、医療及び保健指導に属する行為であるとは認め難く、医行為には当たらないというべきである。タトゥー施術行為に伴う保健衛生上の危険については、医師

に独占的に行わせること以外の方法により防止するほかない。」と判示した。

　つまり、彫り師によるタトゥー施術行為は、社会的にも歴史的にも単なる社会的風俗であって、「医療及び保健指導に属する行為」とは考えられてこなかったもので、医師に独占して行わせるべきものとして社会的に認識されてきたわけではないことなどを理由として、「医療及び保健指導に属する行為」に該当しないことから、「医行為」に該当しないとしたものである。それゆえ、タトゥー施術行為により生じ得る保健衛生上の危険については、医師以外の者にやらせることを前提に対策を講じるようにと述べたということである。

エ　しかしながら、根本的に、医療に従事する医師らの役割を、「医療及び保健指導に属する行為」に限定しなければならない理由はあるのだろうかと疑問に思われる。これまでの「医行為」の概念としては、そのような限定は考えられていなかったものの、今回、最高裁は、そのような限定解釈を採用した。そもそも医師法が医師以外の者による医療行為を禁じたのは、人の身体に侵襲を加えるような行為自体が危険であり、高度に専門的な教育を受け、その知識と技術に信頼が置けるものとして認定された医師にだけ、それを解禁して許容したものである。そうであるなら、厳格な医療行為に該当するものでなくとも、人の身体に危険を及ぼすような行為が実施される余地があるのであれば、そのような行為に対しては、「医行為」に該当するものとして、医師の行為によることを基本としてこそ、国民全般の健康と安全が守られることになるのではないかと思われる。したがって、本件最高裁のような限定解釈が医師法等の趣旨に照らして妥当であるとは思われない。

　さらにいえば、このような最高裁決定の考え方は、刺青施術行為を医師法違反として処罰の対象としないことで、実質的には社会的に放置するということにほかならない。実際のところ、刺青施術行為には被施術者に対する健康被害が起きる危険性があることは分かっているものの、それについては、医師に実施させる以外の方法による規制として、別に立法等でまかなうべきであるとしたものである。

　しかしながら、少なくとも、当面、誰でも自由に刺青施術行為が許容されることになったことから、実際に、被施術者に健康被害が起きたとしても、その施術者を医師法違反として処罰することはできないし、結局、そのような被害防止対策としての立法作業等が遅いからとして関係部署だけが批判されるのであろうが、このような最高裁の考え方が果たして妥当であるかは大いに疑問である。

4　平成9年8月4日東京高裁判決（判例タイムズ960号287頁）

(1)　事案の概要

　この判決の事案は、医師でない被告人が、医療設備もほとんどないアパートの一室で豊胸手術を行ったところ、被施術者が死亡してしまったというものである。この事案で被告人に対して医師法17条違反が成立することは当然であるが、それ以外に、被告人に対しては、**傷害致死罪**でも起訴されており、これも有罪とされ、懲役5年の実刑が言い渡されている。

　医療行為をした被告人に対し、それがたとえ医師でなく医師法違反は当然にしても、死亡した結果に対し、傷害致死罪に問われるのはなぜであろうか。この被告人は豊胸手術を成功させようと思っていたはずであるから、たとえ失敗して死亡させてしまったにしても、なぜ、単なる過失致死罪や業務上過失致死罪ではないのであろうか。

(2)　手術などの医師の行為は傷害罪となるのか

　そもそも傷害致死罪は、刑法205条において、

　　第二百五条　身体を傷害し、よって人を死亡させた者は、三年以上の有期懲役に処する。

と規定されており、他人の身体を**傷害**し、その結果、死亡させたことで成立する犯罪である。この傷害致死罪が成立するためには、他人の身体を「傷害」しなければならないのであるが、ここでいう「傷害」とは、刑法204条に

　　第二百四条　人の身体を傷害した者は、十五年以下の懲役又は五十万円以下の罰金に処する。

とされている**傷害罪**にいう「傷害」である。

　そうなるとすると、本件のように医療行為をしようとして被施術者を死亡させた場合において、それが傷害致死罪に該当するということは、その前提として医療行為自体が傷害罪にいう「傷害」行為に該当するからという論理の流れになる。そうであるなら、手術をしている医師は、いつでも傷害罪の「傷害」という構成要件[14]に該当する行為をしているのかという疑問が生じることになると思われる。

(3)　医師による手術などの行為は正当業務行為

　実は、刑法の解釈としての通説的見解では、身体に対する侵襲、つまり、傷をつけることになる医療行為は、刑法204条の傷害罪の「傷害」という構成要件を満たすものと考えられている。もちろん、治療目的で、医学的に適正な手段で行われた治療行為は、そもそも身体の生理的機能を悪化させるものではないから、「傷害」に当たらないとして傷害罪の成立を否定する見解もあるが、主流な考え方としては、被施術者の意思に反して治療をした場合には、それは身体に対する侵襲であるので、「傷害」に当たると考えられている[15]。

　しかしながら、一般的にいって、治療（医療）行為は、正当なものと認められる限り、**正当業務行為**として、刑法35条の

　　法令又は正当な業務による行為は、罰しない。

という規定により、傷害罪としての構成要件に該当する行為であっても、その違法性が阻却される（これを**違法性阻却事由**という。）。これは、たとえ構成要件に該当して一見犯罪が成立するかのようにみえても、それは違法な行為ではないと判断されて、犯罪の成立を否定する考え方である。医師としての正当な業務として外科手術などをするのであるから、その際、たとえ患者の身体をメスで切ることで患者の身体を傷つけており、一見、傷害罪が実行されているようにみえても、それは違法な行為ではないと評価されて、犯罪は

---

(14)　刑法等の法律の条文上、一定の犯罪が成立するための要件として示されているもののことである。

(15)　島田聡一郎＝小林憲太郎『事例から刑法を考える［第3版］』（2014年、有斐閣）199頁。

成立しないとするのである(16)。

　それゆえ、医師の行う治療（医療）行為は犯罪とはならないのである。

(4)　被害者の承諾も違法性が阻却事由

　違法性阻却事由には、先に述べた正当業務行為のほかにも刑法上種々の規定が設けられており、分かりやすい例を挙げれば、**正当防衛**（刑法36条）などがある。さらには、そのような刑法上の条文として挙げられていないものであっても、解釈上、違法性阻却事由として認められているものがある。

　その具体例としては、**被害者の承諾**というものが挙げられ、これも違法性阻却事由として認められている。これは被害者がOKと言っているなら、当該被害者に対する侵害行為があって、それが構成要件に該当する場合でも、違法性が阻却されるものとして、犯罪不成立としてもよいのではないかとの考え方に基づくものである。

　ただ、いくら被害者が承諾しているからといっても、その命を奪ってよいなどということにはならないが、例えば、友人同士で耳たぶにピアスの穴を開けるという行為に及んだとした場合、これは前述したように、耳たぶを傷つけたという傷害罪の構成要件を満たす。しかしながら、被害者が承諾しているので、あえて犯罪であるとまでいう必要はないのではないかとして、この場合には、被害者の承諾があることによって、違法性が阻却されて犯罪が成立しないと考えることは可能であろう。

(5)　本件事案で傷害致死罪が成立する理由

ア　本件での豊胸手術においては、被施術者は、当然に手術を受けることを承諾しているはずである。したがって、本件でも、被害者の承諾がある場合として、違法性が阻却され、犯罪は成立しないのではないかという観点からの検討が必要になる。

　そもそも治療（医療）行為は、医師が行う正当なものと認められる限り、先に述べたように、正当業務行為として違法性が阻却されることになる。

---

(16)　犯罪の成立するためには、一般的には、構成要件該当性、違法性、有責の３つの要件を充足することが求められる。つまり、刑法等の条文に記載された構成要件に該当する行為を実行し、その行為が違法であると評価され、その上で、非難されても仕方がないだけの責任能力があるという各要件を満たす必要がある。

　しかしながら、無免許での医療行為では、およそ正当業務行為とは認められない。それゆえ、もし被害者の承諾がなければ、違法性が阻却されることはなく、傷害罪や、その結果、被害者が死亡してしまったことによる傷害致死罪が成立することになる。

　もっとも、豊胸手術のような美容整形手術は、一般的には疾病の治療行為とはいえないので、たとえ正規の医師が実施したとしても、正当業務行為により違法性が阻却されるものではなく、あくまで被施術者の承諾を根拠として違法性が阻却される場合があるにとどまるものと解されている。

イ　そこで、実際にも、本件事案では、弁護側は、この豊胸手術を行うことにつき、被害者の承諾が存在したのであるから、傷害致死罪については、その行為の違法性が阻却されて無罪であると主張していた。

　このような主張に対し、本件東京高裁判決は、「被害者が身体侵害を承諾した場合に、傷害罪が成立するか否かは、単に承諾が存在するという事実だけでなく、右承諾を得た動機、目的、身体傷害の手段・方法、損傷の部位、程度など諸般の事情を総合して判断すべき」として、単に、被害者が承諾すればそれで全てOKというわけにはいかないということを述べた上、関係証拠によれば、

⑴　被害者は、本件豊胸術を受けるに当たり、被告人がフィリピン共和国における医師免許を有していないのに、これを有しているものと受取って承諾したものであること、つまり、被害者を騙して承諾させたものであること

⑵　一般的に、豊胸手術を行うに当たっては、①麻酔前に、血液・尿検査、生化学的検査、胸部レントゲン撮影、心電図等の全身的検査をし、問診によって、既往疾患・特異体質の有無の確認をすること、②手術中の循環動態や呼吸状態の変化に対応するために、予め、静脈ラインを確保し、人工呼吸器等を備えること、③手術は減菌管理下の医療設備のある場所で行うこと、④手術は、医師または看護婦の監視下で循環動態、呼吸状態をモニターでチェックしながら行うこと、⑤手術後は、鎮痛剤と雑菌による感染防止のための抗生物質を投与すること、などの措置をとることが必要とされているところ、被告人は、上記①、②、④及び⑤の

　　　各措置を全くとっておらず、また、③の措置についても、減菌管理の全
　　　くないアパートの一室で手術等を行ったものであること
　(3)　被告人は、Aの鼻部と左右乳房周囲に麻酔薬を注射し、メス等で鼻部
　　　及び右乳房下部を皮切し、右各部位にシリコンを注入するという医行為
　　　を行ったものであること
などの事実が認められることに照らし、「右各事実に徴すると、被告人が
被害者に対して行った医行為は、身体に対する重大な損傷、さらには生命
に対する危難を招来しかねない極めて無謀かつ危険な行為であって、社会
的通念上許容される範囲・程度を超えて、社会的相当性を欠くものであり、
たとえ被害者の承諾があるとしても、もとより違法性を阻却しないことは
明らかであるといわなければならない」と判示し、このような場合には、
被害者が承諾していても違法性が阻却されることにはならないとして、弁
護側の主張を認めず、有罪としたものである。
ウ　本件のような豊胸手術おいては、いくら被害者が承諾したとしても、無
　　免許医師による劣悪極まりない医療環境下での手術であり、死に至る危険
　　性が高かったことなどを考慮すれば、違法性を阻却するとはおよそ考えら
　　れない事案であるといってよいであろう。したがって、本件で医師法17条
　　違反と傷害致死罪が成立することは明らかであるといえるところである。

第3　無資格者による歯科医行為が処罰された事例
　ここでは、歯科技工士が歯科医師の関与なく勝手に行った、問診、印象採
得、咬合採得、試適、装着等の行為が歯科医師法17条に違反するとされた事
案を取り上げることとする。
1　歯科医師と歯科技工士の関係
(1)　歯科技工士の役割
　そもそも「歯科技工士」とは、厚生労働大臣の免許を受けて、歯科技工を
業とする者をいうが（歯科技工士法2条2項）、ここでいう「歯科技工」とは、
特定人に対する歯科医療の用に供する補てつ物、充てん物又は矯正装置を作
成し、修理し、又は加工することをいう（歯科技工士法2条1項）。
　そのような技術的な作業が歯科技工士の役割であり、そのため、同法20条

は、

> 第二十条　歯科技工士は、その業務を行うに当つては、印象採得、咬合採得、
> 試適、 装着その他歯科医師が行うのでなければ衛生上危害を生ずるおそれ
> のある行為をしてはならない。

として、歯科技工士に対しては、明文をもって、印象採得、咬合採得、試適、
装着等の行為が禁じている。それらの行為は、歯科医師でなければ保健衛生
上の危害が生じるおそれがあることから、歯科医師においてのみしかなしえ
ないとされているのである。

(2)　上記制限は憲法に違反しないか

　上記のような歯科技工士の業務を制約する規定が、歯科技工士の職業選択
の自由を侵害するものとして、憲法22条の

> 第二十二条　何人も、公共の福祉に反しない限り、居住、移転及び職業選択の
> 自由を有する。

との規定に違反しないかなどとして問題とされた。

　この点について、**昭和34年7月8日最高裁判決（刑集13巻7号1132頁）**の
事案では、歯科技工士による型取り等の行為が歯科医業に属し、右行為を
行った歯科技工士が歯科医師法違反に問われたものであったが、本件最高裁
判決は、次のとおり判示して、上記規定は憲法22条などに反するものではな
いとの判断を示した。

　すなわち、「印象採得、咬合採得、試適、嵌入が歯科医業に属することは、
歯科医師法17条、歯科技工法20条の規定に照し明らかであるが（中略）、右
施術は総義歯の作り換えに伴う場合であっても、同じく歯科医業の範囲に属
するものと解するを相当とする。けだし、施術者は右の場合であっても、患
者の口腔を診察した上、施術の適否を判断し、患部に即応する適正な処置を
施すことを必要とするものであり、その施術の如何によっては、（中略）患者
の保健衛生上危害を生ずるおそれがないわけではないからである。

　されば、歯科医師でない歯科技工士は歯科医師法17条、歯科技工法20条に
より右のような行為をしてはならないものであり、そしてこの制限は、事柄

が右のような保健衛生上危害を生ずるおそれなきを保し難いという理由に基いているのであるから、国民の保健衛生を保護するという公共の福祉のための当然の制限であり、これを以て職業の自由を保障する憲法22条に違反するものと解するを得ないのは勿論」であるとしたのであった。

つまり、この被告人たる歯科技工士に対し、歯科医師法違反として有罪とした高裁判決が妥当であるとした上、歯科技工士に対し、印象採得、咬合採得、試適、嵌入等の行為を歯科医行為として、歯科医師にしかできないこととした歯科医師法17条及び歯科技工士法20条は、患者の保健衛生上の危害を防止するために必要であり、それゆえ、憲法22条などに違反するものではないとしたのである。

2　昭和55年9月1日札幌地裁判決（判例時報987号135頁）

本件の被告人は歯科技工士であったが、上記最高裁判決などの判例理論を十分に理解した上で、歯科医師に対して従属的な地位にある歯科技工士の現状を不満とし、歯科技工士の地位の向上を求めて、あえて歯科医師法違反に問われる行為を公然と行い、いわば判例理論に挑戦し、その変更を迫ろうとしたものであった。そして、本件の被告人の行った歯科医師法違反行為は、次のようなものであった。

被告人は、歯科技工士の免許を受け、歯科技工の業務に従事していたものであるが、歯科医師でないのに、昭和53年7月24日頃から同年12月2日頃までの間、前後約89回にわたり、札幌市北区内の歯科技工所において、業として、Aほか25名に対し、問診、印象採得、咬合採得、試適、装着等の行為をなし、もって、歯科医師でないのに歯科医業をなしたものである。

そして、本件札幌地裁判決は、上記の被告人の犯行に対し、上記最高裁判決と同様の考え方から、被告人の行為は、歯科医師でなければできない歯科医行為を無資格で行ったものであるとして有罪としたのであった。

第2款　無資格者による調剤行為に対する薬剤師法の規制

薬剤師法19条は、

第十九条　薬剤師でない者は、販売又は授与の目的で調剤してはならない。た

　　　だし、医師若しくは歯科医師が（中略）自己の処方せんにより自ら調剤する
　　　とき（中略）は、この限りでない。（後略）

と規定しており、医師や歯科医師が自ら調剤する場合などを除いては、販売
又は授与の目的で調剤できるのは薬剤師だけであると定めている。なお、こ
こでいう「販売」は有償で譲渡する場合、つまり、普通に売る場合であり、
「授与」は、無償で譲渡する場合、つまり、ただであげる場合であると考え
ればよい。

　いずれにせよ、他人に渡すつもりで調剤をすることは薬剤師の独占的な権
能といえるわけである。そして、その違反に対しては、3年以下の懲役若し
くは100万円以下の罰金に処するなどとして、医師法（歯科医師法）違反によ
る無免許医業（歯科医業）の場合と同様の刑罰をもって臨むこととしている。
　また、薬剤師の調剤業務の規制を補完するために、薬剤師法20条は、

　　　第二十条　薬剤師でなければ、薬剤師又はこれにまぎらわしい名称を用いては
　　　ならない。

として、薬剤師という名称を勝手に使ったり、それとまぎらわしい名称の使
用などを禁じており、この規定に違反した場合には、により50万円以下の罰
金に処せられる（薬剤師法32条5号）。

第3款　無資格者による診療の補助等に対する保健師助産師看護師法の規制

　看護師等法31条1項は、

　　　第三十一条　看護師でない者は、第五条に規定する業をしてはならない。ただ
　　　し、医師法又は歯科医師法の規定に基づいて行う場合は、この限りでない。

と規定しており、傷病者等に対する療養上の世話と診療の補助は、医師や歯
科医師がする場合を除いては、看護師でなければしてはならない業務とされ
ている。もっとも、保健師及び助産師は上記業務を行うことができる。（本
法31条2項）
　そして、ここで規定されている「療養上の世話」は、医師の指導や指示は
受けるものの、基本的には看護師の業務として独立して行い得るものであ

る。これに対し、「診療の補助」は、医師の指示を受けて医師の診療を手伝うことである。

　なお、この規定に違反して看護師の業務を行った者に対しては、2年以下の懲役若しくは50万円以下の罰金に処せられるなどの刑罰が科されている（本法43条1号）。

　そして、本法42条3第3項は、看護師の場合も医師等と同じく、

　　3　看護師でない者は、看護師又はこれに紛らわしい名称を使用してはならない。

と規定されており、これに違反した場合は、において、30万円以下の罰金に処せられることになる（本法45条の2第1号）。

第2編

医療行為等の規制に関する
法制度

　ここでは、医師ら（歯科医師を含む。以下同じ。）医療従事者による医療行為に関する法律関係や、それに付随して発生する義務、責任などに関する規制等を含めた法制度について解説する。

　そのために、まず、医師ら医療行為の主体と、その相手方となる患者との関係が民事法的にどのようなものであるか、その際の法的義務などについて検討した上、その法的性質と医師法等で定められている義務との関係、更には、医師法等で課されている種々の義務とその履行のための規制等について述べることとする。

第1章　民法上の診療契約の法的性質及びこれに基づく医師らの義務

第1款　診療契約の法的性質

　そもそも患者が医師らから診察を受ける場合、その際の両者の法的な関係をどのように考えるかは法律家の間でもさまざまな見解がある。ただ、通説的な考え方は、両者の関係を民法上の**委任契約**に準じた**準委任契約**であると解している。このように考える理由としては、以下のとおりである。

　まず、医師らと患者は対等の関係に立って、それぞれの自由意思に基づいて、患者は診察を受けたい旨の意思表示をし、医師らはそれを了承する旨の意思表示をし、それが合致することで契約が成立する。その結果、医師側は医療を提供する義務が発生し、患者側はそれに対して報酬を支払う義務が発生する。そして、両者ともその義務、これを**債務**[1]というが、その趣旨に従った履行をしなければならないという契約上の効果が発生する[2]。このように相手方に何かを頼み、相手方がこれを引き受けるという形態は、一般的に委任といわれるものである。

　このような委任に関する規定は、民法643条に設けられており、

　　第六百四十三条　委任は、当事者の一方が法律行為をすることを相手方に委託し、相手方がこれを承諾することによって、その効力を生ずる。

と規定されている。ただ、ここでは、委任の内容として相手方に委託する内容が**法律行為**であるとされている。ここでいう法律行為とは、当事者の意思表示に一定の法的効果が認められる行為であって、売買契約、賃貸借契約などがその典型例である。したがって、この規定による委任契約というためには、委託する内容が、例えば、特定の物品を購入してくれるように委託するなどのように、売買契約などの法律行為をしてもらうことが委任の内容に

（1）　これに対応する法律用語として、**債権**という用語があるが、これは当該債務の履行を請求することができる権利を指す。
（2）　これらについての詳細な説明は、拙著『医療関係者のための実践的法学入門』（2019年、成文堂）66頁以下を参照されたい。

なっていなければならない。

　しかしながら、診療契約では、患者が医師側にしてもらう診療行為は、聴診器を当てて心音を聞いたり、血液を採取してそれを検査したりした上で、身体上の不調の原因を探ってもらい、その治療法を検討してもらうなどの行為であり、医師が誰かに対して法的効果を発生させるための意思表示を伴う行為などではない。このような場合の医師の診療行為を、法的には**事実行為**と呼んでいるほか、単に、**事務**という言い方もされており、法律行為とは区別されている。

　では、この診療契約は委任とはまったく異なるものとなるのかというと、実はそうではなく、民法656条は、

　　第六百五十六条　この節の規定は、法律行為でない事務の委託について準用する。

と規定していることから、結局、診療行為などの「事務の委託」の場合であっても民法の委任の規定が準用される、つまり、同様に適用されることになる。このような契約を本来的な委任契約とは別に呼ぶために、準委任契約と呼んでいるのである。

　したがって、診療契約は、準委任契約であると解され、民法の委任に関する規定が適用されることになる。

第2款　診療契約に基づく医師らの患者に対する義務

　民法644条は、

　　第六百四十四条　受任者は、委任の本旨に従い、善良な管理者の注意をもって、委任事務を処理する義務を負う。

と規定しており、医師らは、この委任の規定に基づき、患者に対して適正な医療を提供する義務を負う。

　その際、この規定にしたがって、医師らは、**善良なる管理者の注意義務**を負うことになる。

　これは略して、**善管注意義務**とも呼ばれるが、その内容は、委任された人

の職業や専門家としての能力、社会的地位などから考えて通常期待される程
度の注意義務といわれている。要するに、信頼して委任したのだから、この
程度はやってくれるはずだという期待を込めたレベルの注意義務が課せられ
ているということである。

　診療契約に当てはめて考えれば、後に説明する**医療水準**[3]、これは、当該
医師ら医療提供者に期待されるべき医療レベルを指すが、これに適合するレ
ベルの医療を提供することが、善管注意義務として期待されているというこ
とである。

　具体的には、医師らは、医療提供義務として、問診、打聴診、血液検査・
尿検査などの検体検査、X線単純写真・CT・MRI等の画像診断、心電図・
超音波検査等の生理検査などによる適正な診断過程を経て、生活指導・投薬・
内視鏡治療・カテーテル治療・外科手術・リハビリテーション・緩和ケアな
ど、疾患に応じた適正な治療を行うことが基本的な義務内容となる[4]。

第3款　債務不履行及び不法行為による損害賠償責任

　上記のような適切な治療を行う義務に違反し、医療水準に欠ける治療等を
行った結果、患者にとって不都合な結果が生じた場合には、**医療事故**とし
て、民事上の損害賠償責任を負うことがある。

　先に述べたように、診療契約を医師側と患者側との間で締結した以上、民
法で規定される契約に関する規定にしたがって誠実に債務を履行しなければ
ならない。すなわち、民法415条は、

　　第四百十五条　債務者がその債務の本旨に従った履行をしないとき又は債務の
　　　履行が不能であるときは、債権者は、これによって生じた損害の賠償を請求
　　　することができる。

と規定しており、債務者は、その**債務の本旨**に従った履行をしなければなら

────────────────

（3）　より正確にいえば、医療訴訟の裁判において医療者側の過失（注意義務違反）の有
　　無を判断するための基準であるが、これについては、民事医療過誤の箇所で詳細に説明
　　する。
（4）　米村滋人『医事法講義』（2016年、日本評論社）100頁

ないとされている。ここでいう「債務の本旨」とは、一般取引の慣行を考慮し信義誠実の原則(5)の要求するところに従って債務の内容を実現すべきこと(6)を指しているが、診療契約でいえば、患者の疾病等を的確に発見し、それに応じた適切な治療を実施するということになろう。

　ただ、その診療行為の過程において、意図したところと異なる結果が生じることがある。医療の本質からして、予測し得ない患者の容体の変化というは常に起き得るし、どうやっても避けられない事故というのも起きるものである。そして、それが不可抗力によるものであれば、法律上何も問題となることはない。法は不可能を要求するものではないからである。

　しかしながら、医療を提供する側において、何らかの過失があったことで好ましくない結果が発生したような場合には、前述した「債務の本旨」に従った履行をしていなかったのではないかとの問題が生じる。このような事態を**債務不履行**といい、先に述べた民法415条の規定によって損害賠償責任が生じる余地が出てくることになる。

　また、その他にも、民法709条において、

　　第七百九条　故意又は過失によって他人の権利又は法律上保護される利益を侵害した者は、これによって生じた損害を賠償する責任を負う。

とする**不法行為**の規定があり、この規定は、診療契約の当事者でなくても、誰かが誰かに損害を与えたような場合にも適用される。その意味では、先の債務不履行の場合より適用範囲が広くなる。

　いずれにせよ、被害を受けた側は、民法415条か709条を根拠として損害賠償を請求することがあり得るわけであるが、この場合、医師らとして期待されるだけの善管注意義務を尽くしていたかどうかが問題とされることになる。

　なお、この医療事故に関しては、詳細に説明する必要があるので、第3編で改めて解説する。

（5）　権利の行使や義務の履行は、互いに相手の信頼や期待を裏切らないように誠実に行わなければならないとする法理。信義則ともいう。
（6）　我妻榮＝有泉亨＝川井健『民法2債権法［第3版］』(2009年、勁草書房) 60頁。

第2章　診療契約に基づく民法上の義務以外で、医師法、歯科医師法及び医療法等に基づく医師及び歯科医師の患者に対する義務

第1款　応召義務（医師法・歯科医師法）

第1　応召義務についての基本的な考え方

医師法及び歯科医師法各19条1項は、

> 第十九条　診療に従事する医師（歯科医師）は、診察治療の求があつた場合には、正当な事由がなければ、これを拒んではならない。

と規定しており、これは**診療義務**とか**応召義務**とかいわれるものである。これは、医師又は歯科医師が診察治療を求められた場合には、正当な事由がない限り、これを拒むことはできないとされ、患者を診療することが義務付けられているものである。

　これは医師としての職業倫理から導き出される義務であり、したがって、これに違反して診療を拒否したとしても、医師法及び歯科医師法に刑罰が設けられていない以上、処罰されることはない。しかしながら、正当な事由がないのに、何度も診察を拒否するようなことが続けば、それは医師としての品位を損なうことになり、先に述べた医師（歯科医師）免許取消し等の処分を受けるおそれがあることになる。

　また、ここでいう「正当な事由」とは、自らが疾病等により他人を診療できる状態にないとか、他の患者の診療中であるとか、社会的にみてやむを得ないとされるようなものでなければならない。単に、他の約束があるからなどとった個人的な事情だけでは、正当な事由とは認められないといわれている。

第2　応召義務への疑問

　もっとも、このような義務は歴史的に認められてきたものであるが、現代社会においてもこのような義務を認めることには疑問も呈されている。

　すなわち、近時は、以前に比べて医師総数が増加していることを理由に、

診療拒否の危険性は低下したとしてこの義務の存在に否定的な見解が主張さ
れ、また、医療機関の機能分化や救急医療における地域医療機関の連携が重
視され、患者の重症度や地域医療の態勢等と無関係にあらゆる医療機関に患
者すべてを引き受けさせることは医療政策的に疑問があるなどとする見解な
どがある(7)。

　上記のような見解からは、応召義務規定は歴史的役割を終えたと主張さ
れ、少なくとも、地域の救急医療体制が整備されている場合には、そのこと
をもって「正当な事由」として応召義務が解除される場合を広く肯定すべき
であり、したがって、この「正当な事由」の厳格な解釈は妥当でないとする
見解が強く主張されている。たしかにこのような見解には理由があり、上記
のような条件が整っている場合には妥当なものと評価されよう(8)。

第2款　説明義務（医療法・医師法・民法）

第1　医師ら医療提供者における説明義務の法的根拠

1　医療法に基づくインフォームド・コンセント形成努力義務

医療法1条の4第2項は、

> 2　医師、歯科医師、薬剤師、看護師その他の医療の担い手は、医療を提供す
> るに当たり、適切な説明を行い、医療を受ける者の理解を得るよう努めなけ
> ればならない。

と規定しており、患者との間のインフォームド・コンセント(9)を得るよう努
めることを義務付けている。ただ、この規定の本質は、そのような理解を得
るために、医師らとしては、「適切な説明」を行う義務が課せられていると
いうことである。

　そこで、ここでいうインフォームド・コンセントとは、どのようなものと
考えればよいのであろうか。

　そもそも医療行為に関し、古典的には、医師が患者のために良かれと思って

（7）　米村・前掲注(4)46～47頁。
（8）　米村・前掲注(4)46～47頁。
（9）　インフォームド・コンセントについては、第5編第3章において詳述する。

施術等を行うのは、医学的知識を持たない患者に対する医師の使命として当然であると考えられていた。このような考え方は**パターナリズム**（paternalism）と呼ばれており、和訳としては、**温情的父権主義**などといわれるものである。また、医学的には、「医師が患者のために、本人の意思と関わりなく、良かれと思って行う強制的介入」と考えられているものであった。

　しかしながら、インフォームド・コンセントは、このようなパターナリズムに反発するものであり、歴史的には、米国における医療事故訴訟において、患者の意に反したとされる施術等が法廷で争われて形成されてきた概念である。その概念の形成過程において、「医療行為は患者の同意なく専断的に行われてはならない。この同意が意味のあるものであるためには、医療情報の開示と説明が不可欠である。」としてこれにインフォームド・コンセントという名称がつけられたという経緯がある[10]。このような医師の患者に対する説明義務の背景には、患者の自己の生命・身体に関する**自己決定権**があるからと考えられている。

　そして、その後もこの概念の明確化が図られ、インフォームド・コンセントとは、「医療者が求めに応じて医療行為を行う際に、病気の性質、医学的に最も勧められる医療内容とそれ以外に選択可能な代替治療、それぞれの利点とリスクなどについて、情報を開示し分かりやすく説明し、それを受けて患者が判断を下し、当の治療行為に対し同意を与えることである。」[11]とされるに至っている。このような同意を得たことで初めて医師は、本来的に侵襲行為である医療行為を正当な権限をもって行うことが許されるのだと考えられている[12]。

---

(10)　浅井篤ほか『医療倫理』（2009年、勁草書房）59頁。

(11)　浅井ほか・前掲注(10)59頁。

(12)　また、このインフォームド・コンセントの概念は、米国のT・ビーチャムらによって提唱された医療倫理の四原則である、①「自律的な患者の意思決定を尊重せよ」という**自律尊重原則**、②「患者に利益をもたらせ」という**善行原則**、③「患者に危害を及ぼすのを避けよ」という**無危害原則**、④「利益と負担を公平に配分せよ」という**正義原則**のうちの、①自律尊重原則に合致するものといわれている。つまり、患者の自律を尊重するということは、単に患者に決定の自由を与えるというだけにとどまらず、必要であれば、インフォームド・コンセントにより、患者の自己決定の手助けをすることまで含まれるということになるからである。

2　療養方法等指導義務

　また、直接的に説明義務を明示したものではないが、療養方法の指導等における説明などに関して、医師法23条及び歯科医師法22条は、

> 第二十三条（第二十二条）　医師（歯科医師）は、診療をしたときは、本人又はその保護者に対し、療養の方法その他保健の向上に必要な事項の指導をしなければならない。

と規定しており、患者やその家族等に対して、療養の方法等について指導をすることを義務付けている。これもいわば療養方法等についての説明義務を課したものとみることができると思われる[13]。

　なお、この義務は、刑罰の対象とはされていないものの、このような義務が医師法で課せられているということは、これを守ることが診療契約上の善良なる管理者の注意義務を果たすことになる。その意味で、民事上の責任が追及される場合に、療養方法等を適切に指導したかどうかは、診療契約上の責任を果たしたか、つまり、債務不履行となるかどうかという点で問題となる。

3　準委任契約に基づく説明義務

　また、このような説明義務は、民法645条において、

> 第六百四十五条　受任者は、委任者の請求があるときは、いつでも委任事務の処理の状況を報告し、委任が終了した後は、遅滞なくその経過及び結果を報告しなければならない。

と規定されて受任者の報告義務を定めていることに照らしても、医師らには「適切な説明」をすることが求められていると解される。つまり、このような委任における報告義務は、診療契約においては、医師ら医療提供者が患者

---

(13)　金沢琢雄「医療における説明と承諾の問題状況──医師の説明義務を中心として──」日本医事法学会編『医事法学叢書3　医事紛争・医療過誤』（1986年、日本評論社）226頁。ただ、米村教授は、療養指導義務は、「患者の医療的利益の保護を目的とし、説明義務ではなく、治療義務の一内容に整理すべきである。」と主張する（米村・前掲注(4)52頁）。

に対して、その診療の経過等を説明する義務と考えることができるからである。

4　診療情報の提供等に関する指針

　法的根拠となるものではないが、厚生労働省医政局において、「診療情報の提供等に関する指針」が出されている。ここでは、この指針が「インフォームド・コンセントの理念や個人情報保護の考え方を踏まえ、医師、歯科医師、薬剤師、看護師その他の医療従事者及び医療機関の管理者（以下「医療従事者等」という。）の診療情報の提供等に関する役割や責任の内容の明確化・具体化を図るものであり、医療従事者等が診療情報を積極的に提供することにより、患者等が疾病と診療内容を十分理解し、医療従事者と患者等が共同して疾病を克服するなど、医療従事者等と患者等とのより良い信頼関係を構築することを目的とするものである」（同指針１条）ことを明確にしている。

　そして、診療情報の提供等に関する一般原則として、「医療従事者等は、患者等にとって理解を得やすいように、懇切丁寧に診療情報を提供するよう努めなければならない」（同指針３条）と規定しているほか、説明事項として、現在の症状及び診断病名、予後、処置及び治療の方針、処方する薬剤について、薬剤名、服用方法、効能及び特に注意を要する副作用（指針６条）など、幅広く診療情報を提供することを勧めている。

第２　平成13年11月27日最高裁判決（民集55巻６号1154頁）

　具体的にこのような説明義務を尽くしたかどうか問題となった事案として、平成13年11月27日最高裁判決が挙げられる。医師らとして患者側にどの程度の説明義務が課せられていると考えるべきかについて参考になろうと思われるので紹介する。

　これは、乳がんの手術に当たり、当時医療水準として未確立であった乳房温存療法について医師の知る範囲で説明すべき診療契約上の義務があるとされた事案である。

　すなわち、乳がんの手術に当たり、当時、医療水準として確立していた胸筋温存乳房切除術を採用した医師が、未確立であった乳房温存療法を実施している医療機関も少なくなく、相当数の実施例があって、乳房温存療法を実

施した医師の間では積極的な評価もされていること、当該患者の乳がんについて乳房温存療法の適応可能性のあること及び当該患者が乳房温存療法の自己への適応の有無、実施可能性について強い関心(14)を有することを知っていたなどの事実関係の下においては、当該医師には、当該患者に対し、その乳がんについて乳房温存療法の適応可能性のあること及び乳房温存療法を実施している医療機関の名称や所在などをその知る範囲で説明すべき診療契約上の義務があるとされたものであった。

　したがって、医師は、民法上の債務不履行として損害賠償義務を負うとされたものである。

第3　平成14年9月24日最高裁判決（裁判集207号175頁）

　また、類似の説明義務を尽くしたかどうか問題となった事案として、平成14年9月24日最高裁判決も挙げられる。これは、医師が末期がんの患者の家族に病状等を告知しなかったことが診療契約に付随する義務に違反するとされた事例である。

　この事案において、本件判決は、「医師は、診療契約上の義務として、患者に対し、診断結果、治療方針等の説明義務を負担する。そして、患者が末期的疾患にり患し余命が限られている旨の診断をした医師が患者本人にはその旨を告知すべきではないと判断した場合には、患者本人やその家族にとってのその診断結果の重大性に照らすと、当該医師は、診療契約に付随する義務として、少なくとも、患者の家族等のうち連絡が容易な者に対しては接触し、同人又は同人を介して更に接触できた家族等に対する告知の適否を検討し、告知が適当であると判断できたときには、その診断結果等を説明すべき義務を負うものといわなければならない。なぜならば、このようにして告知

(14)　本決定において、患者が「自己への適応の有無、実施可能性について強い関心」を持っている場合には未確立の治療法についても説明義務を認めていることから、説明の前提として患者の自己決定権の存在を意識していることがうかがえる。自己決定権と関連する患者にとっての重要な関心事項については説明義務が課されるということである。」（樋笠知恵「患者の自己決定権と意思の説明義務」東京経営短期大学紀要28巻（2020年）99頁）との指摘も参考になろう。

を受けた家族等の側では、医師側の治療方針を理解した上で、物心両面において患者の治療を支え、また、患者の余命がより安らかで充実したものとなるように家族等としてのできる限りの手厚い配慮をすることができることになり、適時の告知によって行われるであろうこのような家族等の協力と配慮は、患者本人にとって法的保護に値する利益であるというべきであるからである。」として、診断結果等を説明すべき義務があると認定した。

　その上で、「これを本件についてみるに、Ａの診察をしたＦ医師は、前記のとおり、一応はＡの家族との接触を図るため、Ａに対し、入院を一度勧め、家族を同伴しての来診を一度勧め、あるいはカルテに患者の家族に対する説明が必要である旨を記載したものの、カルテにおけるＡの家族関係の記載を確認することや診察時に定期的に持参される保険証の内容を本件病院の受付担当者に確認させることなどによって判明するＡの家族に容易に連絡を取ることができたにもかかわらず、その旨の措置を講ずることなどもせず、また、本件病院の他の医師らは、Ｆ医師の残したカルテの記載にもかかわらず、Ａの家族等に対する告知の適否を検討するためにＡの家族らに連絡を取るなどして接触しようとはしなかったものである。このようにして、本件病院の医師らは、Ａの家族等と連絡を取らず、Ａの家族等への告知の適否を検討しなかったものであるところ、被上告人Ｃ及び同Ｅについては告知を受けることにつき格別障害となるべき事情はなかったものであるから、本件病院の医師らは、連絡の容易な家族として、又は連絡の容易な家族を介して、少なくとも同被上告人らと接触し、同被上告人らに対する告知の適否を検討すれば、同被上告人らが告知に適する者であることが判断でき、同被上告人らに対してＡの病状等について告知することができたものということができる。そうすると、本件病院の医師らの上記のような対応は、余命が限られていると診断された末期がんにり患している患者に対するものとして不十分なものであり、同医師らには、患者の家族等と連絡を取るなどして接触を図り、告知するに適した家族等に対して患者の病状等を告知すべき義務の違反があったといわざるを得ない。その結果、被上告人らは、平成３年３月19日にＺ大学医学部附属病院における告知がされるまでの間、Ａが末期がんにり患していることを知り得なかったために、Ａがその希望に沿った生活を送れ

るようにし、また、被上告人らがより多くの時間をＡと過ごすなど、同人の
余命がより充実したものとなるようにできる限りの手厚い配慮をすることが
できなかったものであり、Ａは、上告人に対して慰謝料請求権を有するもの
ということができる。」と判示していた。

　結局、この事件においても、医師側が患者の家族に対して患者の病状等に
ついての説明義務を十分に履行しなかったものとして損賠賠償義務を負うと
されたものである。

<h2 style="text-align:center">第3款　守秘義務（刑法・個人情報保護法）</h2>

第1　刑法の秘密漏示罪の内容

　医療従事者の**守秘義務**に関しては、刑法134条１項において規定されてお
り、

> 第百三十四条　医師、薬剤師、医薬品販売業者、助産師、弁護士、弁護人、公
> 　証人又はこれらの職にあった者が、正当な理由がないのに、その業務上取り
> 　扱ったことについて知り得た人の秘密を漏らしたときは、六月以下の懲役又
> 　は十万円以下の罰金に処する。

として、守秘義務に違反して人の秘密を漏らした場合の**秘密漏示罪**が規定さ
れている。

　ここでは、医師や薬剤師らに対して、「その業務上取り扱ったことについ
て知り得た人の秘密」を漏らすことを禁じている。ここでの「秘密」は、こ
でいう「秘密」とは、少数者にしか知られていない事実で、他人に知られる
ことが本人の不利益となるもの[15]が対象になると考えられている。「業務上
取り扱った」という文言は、その職務を遂行する上で知ることができたもの
であり、したがって、単に、個人的な関係から知ったような場合は含まれな
い。

　つまり、この刑法の規定は、医師や薬剤師等として、患者の病歴等、その
業務上取り扱ったことについて、秘密を漏らす、つまり、他人に話すなどの

---

(15)　前田雅英編集代表『条解 刑法［第４版］』（2020年、弘文堂）417頁。

行為に及んだ場合に、上記刑罰を科すことで、そのような行為を抑止しようとしているものである。要は、医師等の立場上知った患者等の疾病、障害の内容等、身体上の種々の事項については、他の人に告げてはならないという一般的な禁止を定めているということである。

　ただ、ここでは漏示の主体として「医師」は掲げられているが、「歯科医師」については掲げられていないが、この点についてはどう考えたらよいのであろうか。刑事法の基本概念である**罪刑法定主義**[16]の見地からすれば、規定されていない以上、刑法上は歯科医師には守秘義務はなく秘密漏示罪は成立しないとの見解も存するが、一般的には、ここでいう「医師」には「歯科医師」も含まれると解されている[17]。もっとも、「獣医師」については含まれないとの解釈が一般的である。

　なお、看護師や准看護師、更には保健師が秘密漏示の主体として含まれていないが、「業務」の補助者については対象としていないのが刑法の考え方である。しかしながら、実際のところ、看護師らも患者の秘密に接するのは同様であり、また、その漏示を許すことは妥当でないことから、保健師助産師看護師法44条の2において、

　　第四十四条の二　保健師、看護師又は准看護師は、正当な理由がなく、その業務上知り得た人の秘密を漏らしてはならない。保健師、看護師又は准看護師でなくなった後においても、同様とする。

との規定が設けられており、その罰則についても、同法44条の4第1項により、6月以下の懲役又は10万円以下の罰金に処することとされていることから、上記の刑法と同様の刑罰が科されることになっている。

(16)　罪刑法定主義とは、国家が国民を処罰しようとする場合には、その犯罪となる行為及び処罰の内容をいずれも予め法律で定めておかなければならないという原則で、近代刑事法の基礎をなすものである。
(17)　前田編集代表・前掲注(15)416頁。

第２　本罪が医師に対して適用された事例──平成24年２月13日最高裁決定（刑集66巻４号405頁）──

１　事案の概要及び裁判に至る経緯

　この最高裁決定の事案は、**奈良自宅放火母子３名殺人事件**と呼ばれるものに関連して発生した事件であるところ、まず、この放火殺人事件は、平成18年６月の早朝、奈良県内で少年（16歳）が自宅に放火してこれを全焼させ、当時同宅にいた継母と異母弟妹の合計３名を焼死させた事件である。

　その後、放火等の容疑で逮捕されたこの少年について、家庭裁判所での審判において精神鑑定が実施されることとなった。そこで、精神科の医師Ａが、本件事件について、家庭裁判所から、鑑定事項を「①少年が本件非行に及んだ精神医学的背景、②少年の本件非行時及び現在の精神状態、③その他少年の処遇上参考になる事項」として、精神科医としての知識、経験に基づく、診断を含む精神医学的判断を内容とする鑑定を命じられ、医師Ａはそれを実施した。

　ただ、その際、医師Ａは、そのための鑑定資料として少年らの供述調書等の写しの貸出しを受けていたところ、ジャーナリストと称する女性が、医師Ａに対し、それら鑑定資料や鑑定結果を記載した書面を閲覧させてくれるよう依頼し、医師Ａがこれに応じて、正当な理由がないのに、同鑑定資料や鑑定結果を記載した書面を同女に閲覧させた。それには、少年の生育歴及び学校の成績、実父の少年に対する教育状況、実父と実母の離婚の経緯その他家庭の事情等の秘密が記載された少年及び実父らの捜査段階における供述調書、審判における陳述調書等の写しが含まれていた。

　その結果、同女は、上記少年の供述調書等の内容を大幅に引用して「ぼくはパパを殺すことに決めた　奈良エリート少年自宅放火事件の真実」と題する著書を出版した。

　この書籍の内容が、少年やその実父の私生活上の秘密にわたる部分をあからさまに公表するものであることから、奈良家庭裁判所や東京法務局は、同書籍は、少年審判に対する信頼を失わせるもので、また、少年らのプライバシーを著しく侵害するものであるなどとして、同女や出版社に抗議するなどし、同書の出版は社会的に大問題となった。

　その後、平成19年10月、奈良地検によって、医師Aは、少年及びその実父の秘密を漏らしたという嫌疑に基づく秘密漏示罪により逮捕され、同年11月、同罪により起訴された[18]。

2　裁判所の判断

　医師Aは、第一審の奈良地裁、控訴審の大阪高裁のいずれにおいても有罪とされ、執行猶予付の懲役刑の宣告を受けた。

　そして、医師Aは上告したが、上告審である最高裁においては、弁護側が、本件において、鑑定医が行う鑑定はあくまでも「鑑定人の業務」であって「医師の業務」ではなく、鑑定人の業務上知った秘密を漏示しても秘密漏示罪には該当しないなどと主張した。つまり、刑法134条1項で、医師らに対して規定されている「その業務上取り扱ったことについて知り得た」人の秘密ではないと主張したのである。

　しかしながら、本件最高裁決定では、「本件のように、医師が、医師としての知識、経験に基づく、診断を含む医学的判断を内容とする鑑定を命じられた場合には、その鑑定の実施は、医師がその業務として行うものといえるから、医師が当該鑑定を行う過程で知り得た人の秘密を正当な理由なく漏らす行為は、医師がその業務上取り扱ったことについて知り得た人の秘密を漏示するものとして刑法134条1項の秘密漏示罪に該当すると解するのが相当である。」などと判示され、たとえ鑑定の過程で知った事実であっても、その鑑定を医師として行った以上、医師Aの行為は、医師が「その業務上取り扱ったことについて知り得た人の秘密」を漏らす行為であると判断され、有罪とされたのである[19]。

---

(18)　なお、漏洩を依頼したジャーナリストと称する女性について、取材の自由の範囲内であるなどとして嫌疑不十分と判断され不起訴処分となっている。ただ、同女が調書等を見せるように要求したことで医師Aが秘密漏示罪に問われていることに照らせば、同女には同罪の成立に当たって重大な責任があると考えられ、そのような事実関係に鑑みれば、同女に対する上記の処分については、必ずしも納得し得ないという考えもあろうかと思われる。

(19)　秘密漏示罪に問われた医師は、その判決が確定した後、1年間の医業停止の処分を受けている（平成14年11月15日付けNet IB News）。

第3　守秘義務が免除される場合──捜査事項照会回答（報告）義務──

　例えば、殺人事件で、殺された被害者に病歴があり、解剖をする上で、その既往症の内容を知っておく必要があった場合、警察によりその捜査事項照会がなされることがあるし、また、交通事故の加害者の処罰を適切に行うために、被害者の病状の程度などを確認するため、捜査機関が当該患者の病状等を病院等に捜査事項照会することもしばしばみられるところである。

　これは、刑訴法197条2項の

　　2　捜査については、公務所又は公私の団体に照会して必要な事項の報告を求めることができる。

という規定に基づくものである。なお、病院などがこの条文で示されている「公私の団体」に含まれることは当然である。

　そして、この刑訴法197条2項の規定の解釈として、「報告を求められた公務所・団体は、原則として報告すべき義務を負う。」[20]と解されているので、この照会を受けた者については、当該捜査事項照会に対して回答する義務が課せられていると考えられている。

　そこで、回答した場合の守秘義務との関係であるが、これは、刑法35条において、

　　第三十五条　法令又は正当な業務による行為は、罰しない。

とされている規定に照らし、この場合、捜査事項照会をされた病院等は、刑事訴訟法によって照会に回答すべき法律上の義務を負う以上、その回答は、「法令による行為」に当たることから、「罰しない」こととされる。すなわち、「本項によって報告がなされた場合には、法的義務に基づくものであるので、国会公務員法、地方公務員法などの規定による守秘義務に違反しないものと解されている。」[21]とされているのである。

　このように、捜査事項照会に対しては回答（報告）義務がある以上、刑事

---

(20)　松尾浩也監修『条解 刑事訴訟法［第4版増補版］』（2016年、弘文堂）374頁。

(21)　松尾監修・前掲注(20)374頁。

訴訟法上の照会に対して回答することは、刑法35条の法令行為に該当することから、守秘義務違反にはならないのはもちろんのこと、他の罪に当たることもなく、犯罪は一切成立しない。

　もっとも、仮に、回答しなかったとしても、それに対して罰則が定められているわけではないので、そのことで処罰されることはないし、警察等の捜査機関としても当該捜査事項照会に強制力があるわけではないので、そのまま引き下がるしかないのが現在の法制度ではある[22]。

　しかしながら、死因の解明等や裁判での真相解明のために必要であるからこそ、警察等の捜査機関も捜査照会をするのであるから、これは病院等としても協力すべきことといえよう。

第4　守秘義務が免除されない場合——弁護士会による照会——

1　民間団体からの照会への回答は守秘義務違反を構成すること

　上記のような捜査事項照会に対し、捜査機関でない組織からの照会に対しては守秘義務違反が成立することがあることも覚えておく必要がある。

　具体的には、弁護士法23条の2第1項前段は、

　　第二十三条の二　弁護士は、受任している事件について、所属弁護士会に対し、公務所又は公私の団体に照会して必要な事項の報告を求めることを申し出ることができる。

と規定し、また、同条2項は、

　　2　弁護士会は、前項の規定による申出に基き、公務所又は公私の団体に照会して必要な事項の報告を求めることができる。

と規定されていることに基づき、弁護士会から医療機関等に照会がされることがある（この照会を「23条照会」という言い方でいうことがある。）。

　しかしながら、弁護士会は、公的な団体ではなく、純粋な民間団体であり、

---

(22)　逆に、どうしても必要であれば、警察等としては、捜索差押許可状等を取得して強制的に取得することとならざるを得ない。

そこに所属する弁護士は、民事事件であれば依頼者のために、刑事事件であれば被疑者・被告人という、いずれも純粋な私人の利益のためだけに活動する者にすぎないのである。そのような民間団体からの照会が、刑法にいう「法令に基づく場合」に該当しないことは明白である。

　したがって、医療関係者とすれば、このような照会に回答すれば、それが患者の秘密等にわたる場合であれば守秘義務に違反する可能性があるので注意が必要である。

2　平成28年10月18日最高裁判決（民集70巻7号1725頁）

　この点について、平成28年10月18日最高裁判決で示された判断が参考になる。この事案は、弁護士会の23条照会に応じなかった民間会社に対し、これに応じなかったことが不当であり不法行為であるとして、弁護士会が当該民間会社に対して損害賠償を求めたものである。

　そして、結論として、本件最高裁判決は、そのような弁護士会の損害賠償請求に対し、その請求を認めなかった。つまり、弁護士法に基づく照会の法的性質について、「23条照会の制度は、弁護士が受任している事件を処理するために必要な事実の調査等をすることを容易にするために設けられたものである。（中略）弁護士会が23条照会の権限を付与されているのは飽くまで制度の適正な運用を図るためにすぎないのであって、23条照会に対する報告を受けることについて弁護士会が法律上保護される利益を有するものとは解されない。したがって、23条照会に対する報告を拒絶する行為が、23条照会をした弁護士会の法律上保護される利益を侵害するものとして当該弁護士会に対する不法行為を構成することはないというべきである。」として、弁護士会の照会に対して回答をしなくても不法行為にならない、つまり、照会を拒絶しても一向に差し支えないという判断を示したのである。

　そのような法的性質を持つ弁護士会の照会であるのなら、守秘義務や個人情報保護義務が当然に優先されるべきであり、患者本人の同意なくして、弁護士会の照会に応じるのは、医療関係者側とすれば、後に本患者人からの損害賠償請求などの訴訟リスクを抱えることになるといえるであろう。

　実際にも、そのような弁護士会からの照会に対して、個人の秘密にわたる情報を回答してしまったため、当該個人からの損害賠償請求が認められた事

案もあるので、次に紹介する。

3　昭和56年4月14日最高裁判決（民集35巻3号620頁）

　この事案は、京都弁護士会が、所属するA弁護士の申出により京都市F区役所に23条照会をしたことに起因する民事事件である。その際に照会した内容は、F区内に居住するBの前科等を照会するものであり、その照会文書には、照会を必要とする事由として、「中央労働委員会、京都地方裁判所に提出するため」とあったにすぎないものであった。

　このように、京都弁護士会が23条照会として、このような前科の照会を京都市F区役所にしたところ、同区役所がそれに応じて弁護士会にBの前科等を報告したことから、Bは、自らが秘匿しておきたい個人情報を勝手に漏洩されたとして、京都市に損害賠償請求をしたのである（同区役所は京都市の内部の組織である。）。

　そして、本件最高裁判決は、「このような場合に、市区町村長が漫然と弁護士会の照会に応じ、犯罪の種類、軽重を問わず、前科等のすべてを報告することは、公権力の違法な行使にあたると解するのが相当である。（中略）本件報告を過失による公権力の違法な行使にあたるとした原審の判断は、結論において正当として是認することができる。」として、京都市に対して損害賠償請求を認めた高裁判決を是認した、つまり、高裁が京都市に対してBに損害を支払えとした判断を了解したのであった。

　これは地方公共団体による弁護士会の照会に対する回答での問題ではあるが、ここの京都市を病院に置き換え、前科を病状に置き換えれば、同様の照会が病院等にされた場合の参考になるかと思われる。したがって、弁護士会による照会に対して患者等の情報を回答することは、ここで挙げた事例のように、患者等から損害賠償を請求されるリスクがあることを十分に理解してもらいたいと思うところである。

第5　個人情報保護法に基づく守秘義務

1　個人情報保護法の規制上、医療関係者がその対象となる場合について

　刑法上の守秘義務との関係が問題となるものとして、**個人情報の保護に関する法律**（以下、「個人情報保護法」又は「本法」という。）における個人情報保

護義務が挙げられる。そもそもこの二つの義務にどのような違いがあるのか
を正確に理解している方は、たぶん非常に少ないと思われる。

　ここで個人情報保護法の各規定について見ておくこととする。

　まず、この法律は、1条において、個人情報の保護に関する施策の基本と
なる事項を定めたり、「個人情報を取り扱う事業者」の義務等を定めるなど
して、豊かな国民生活の実現に努めようとすることを、その目的として定め
ている。

　そこで、医療関係者がこの法律に関わるのは、「個人情報を取り扱う事業
者」となった場合であり、その場合に、一定の義務が課されることから、そ
の内容等を把握しておく必要があるということである。

2　個人情報とは

　そのためには、まず、個人情報とは何であるかを明らかにしておかなけれ
ばならないが、本法2条1項1号では、

　　第二条　この法律において「個人情報」とは、生存する個人に関する情報で
　　　あって、次の各号のいずれかに該当するものをいう。
　　　一　当該情報に含まれる氏名、生年月日その他の記述等（中略）により特定
　　　　の個人を識別することができるもの（後略）

と規定されている。ここでは、「生存する個人に関する情報」とされている
から、「死亡した個人に関する情報」であれば、その対象外となる。

　そして、この「生存する個人に関する情報」というものは、要は、特定の
個人を識別することができる情報ということになるが、「個人情報とは、生
きている個人に関する情報であって、『その人が誰なのかわかる』情報をい
います。例えば、『氏名』や『その人が誰なのかわかる映像』などが個人情
報です。また、『携帯電話番号』や『住所』だけでは『その人が誰なのかわ
かる』とは判断できませんが、『氏名と住所』など、他の情報と組み合わせ
ることで『その人が誰なのかわかる』ようであれば、個人情報です。」[23]と
いうことである。

_____

(23)　消費者庁ウェブサイト。

　そこで、このような「個人情報」に関して、医療関係者が取り扱うものとしては、カルテ、検査結果、レントゲン等の撮影フィルム、紹介状、処方せん、調剤録等が挙げられ、業務として取り扱うほとんどの書類等が特定の個人を識別しているので、それらはいずれも個人情報に該当することになる。ただ、この法律で規制の対象となる「個人情報」は、先に述べたように、「生存する個人に関する情報」であることから、医師法21条による異状死体の届出の場合や、医療事故調査・支援センターへの届出の場合は、いずれも死亡した者を対象としているので、そもそもこの個人情報に関するものとはならず、本法の対象ともならない。なお、それらついては後述する。

3　個人情報取扱事業者とは

　では、医療関係者が本法の適用を受けるのはどのような場合なのであろうか。そもそも個人情報を取り扱うことで規制の対象とされる者は、本法で、「個人情報を取り扱う事業者」として条文に挙げられていた者、つまり、「個人情報取扱事業者」と呼ばれる者である。具体的には、本法2条5項において、

> 5　この法律において「個人情報取扱事業者」とは、個人情報データベース等を事業の用に供している者をいう。

とされ、そこに挙げられている「個人情報データベース等」とは、本法2条4項において、

> 4　この法律において「個人情報データベース等」とは、個人情報を含む情報の集合物であって、次に掲げるもの（中略）をいう。
> 　一　特定の個人情報を電子計算機を用いて検索することができるように体系的に構成したもの（後略）

とされていることから、要は、コンピュータで個人情報が検索できるようなデータベースを自分の事業で使っている者が個人情報取扱事業者になるということである。そうであるなら、事業としてパソコンを用いて患者に関するデータ管理をしている医療関係者であれば、この個人情報取扱事業者に該当することになる。もちろん、他の業種であっても全く同様である。ちなみに、

この個人情報データベース等を構成する個人情報を「個人データ」という（本法2条6号）。

　したがって、医療法人である病院などは、当然に、患者情報をデータベースで管理しているであろうから、この個人情報取扱事業者に当たると思われるし、個人で診療所を経営している医師などは、患者たる顧客の管理をパソコンでのデータベースで管理していれば（つまり、すべて紙の帳簿で患者の管理をしているというのでなければ）、ここでいう個人情報取扱事業者に該当する。

　しかしながら、病院や診療所で働いているだけの医師や看護師などは、当該「個人情報等を事業の用に供している者」ではないことから、この個人情報取扱事業者には該当しない。それゆえ、そのような人たちには、個人情報保護法が規定する義務は課せられてはいない。したがって、それらの人たちが個人情報を漏らしたとしても、個人情報保護法での規制対象にはならず、単に、前述した刑法の秘密漏示罪の対象となるだけである。

4　個人情報取扱事業者に課せられている義務とは

　では、そのような個人情報取扱事業者に対しては、どのような規制や義務が課されているのであろうか。

　本法15条1項は、

　　第十五条　個人情報取扱事業者は、個人情報を取り扱うに当たっては、その利用の目的（以下「利用目的」という。）をできる限り特定しなければならない。

とした上、本法16条1項において、

　　第十六条　個人情報取扱事業者は、あらかじめ本人の同意を得ないで、前条の規定により特定された利用目的の達成に必要な範囲を超えて、個人情報を取り扱ってはならない。

としていることから、取得した個人情報の利用目的をできるだけ特定し、つまり、治療等の目的以外には利用しないこととし、その目的のために必要な範囲を超えて当該個人情報を利用してはならないという規制がされているのである。つまり、病院等であれば、治療の目的以外では、患者の情報を取り

扱うようなことはしてはならないということである。

5　個人情報取扱事業者に科せられる刑罰は

そして、その目的外に不正に利用した場合などについては、本法84条において、

> 第八十四条　個人情報取扱事業者（中略）が、その業務に関して取り扱った個人情報データベース等（中略）を自己若しくは第三者の不正な利益を図る目的で提供し、又は盗用したときは、一年以下の懲役又は五十万円以下の罰金に処する。

として、１年以下の懲役等の刑罰に処せられることになる。

したがって、この場合も、「不正な利益を図る目的で提供」したり、「盗用」した場合が処罰の対象となるのであって、単に、個人情報を漏らしたというだけでは、この個人情報保護法違反にはならないのである。その場合には、医師等であれば、前述した刑法上の守秘義務違反が成立するだけである。

もっとも、病院を経営する医師が、患者の個人情報を他の業者に高く売ったような場合であれば、個人情報保護法の「不正な利益を得る目的で提供」したことになるとともに、刑法の守秘義務違反が成立することから、この場合は、両罪とも成立し、**観念的競合**[24]になるので、結局は、法定刑が秘密漏示罪の６月以下の懲役という罪より重い刑が定められている、個人情報保護法違反の１年以下の懲役という刑罰の範囲内で処分さられることになる。

第４款　届出義務（医師法・死体解剖保存法・医薬品医療機器等法・食品衛生法・麻薬及び向精神薬取締法・母体保護法・感染症法等）

医師らには守秘義務があるので、各種法律に規定されている届出行為は守秘義務に違反するかのようにも見えるが、これは法令に基づく行為であることから、前述したように、刑法35条が適用されて犯罪とはならない。

---

(24)　刑法54条１項において、「一個の行為が二個以上の罪名に触れ（中略）るときは、その最も重い刑により処断する。」との規定が適用される場合である。

第1　医師法による異常死体届出義務

1　法 的 根 拠

医師法21条は、

> 第二十一条　医師は、死体又は妊娠四月以上の死産児を検案して異状があると
> 認めたときは、二十四時間以内に所轄警察署に届け出なければならない。

と規定しており、死体又は妊娠4月以上の死産児を検案して異状があると認
めたときは、24時間以内に所轄警察署に届け出なければならないこととされ
ている。これは死因解明に対する医師の公共的責務に由来する[25]。

　なお、この義務に違反した場合には、医師法33条の2第1号により50万円
以下の罰金に処せられることになる。

　もっとも、実際には、この規定が適用されて現場の意思が警察への届出義
務を負うというような場面はほとんどない。というのは、通常の治療行為を
実施したものの不幸にして患者が亡くなったというような場合は当然に届出
の対象外である以上、ほとんどのケースがこれに含まれるからであり、異状
死体となる場合は、後述するように、患者が自殺を敢行したような場合が、
医療過誤として明らかに問題が生じると思われるような例外的な場合しか存
しないからである。むしろ、現実的には、警察の方から異状死体が出たので
検案してくれませんかといってくる方がはるかに多いものと思われる。

2　都立広尾病院事件：平成16年4月13日最高裁判決（刑集58巻4号247 頁）

　医師法21条の解釈をめぐっては、都立広尾病院事件において激しく意見が
交わされたことから、この事件を参考に同条の解釈及び問題点を検討する。

　この事件は、都立広尾病院で、看護師が、患者への点滴の際、生理食塩水
と消毒液を間違えて注入し、患者を死亡させる業務上過失致死事件[26]（**平成
12年12月27日東京地裁判決（判例時報1771号168頁）**）が発生し、同病院の
当時の院長であった被告人が、当該患者の死体を検案した担当医と共謀し

---

(25)　米村・前掲注(4)53頁。
(26)　本件取違えに関わった看護師2名については、いずれも業務上過失致死罪により起
　　訴されており、いずれに対しても、執行猶予付の禁錮刑が言い渡されている。

て、前記届出義務を果たさなかった点や、その後、遺族から保険金請求のた
めの必要書類として作成を求められた死亡診断書などに虚偽の記載をしたこ
となどについて起訴されたものである。

（1）　**事案の概要**(1)　**患者の死亡に至る経緯**

被告人は、医師であり、かつ、都立広尾病院の院長として、患者に対する
医療行為に自ら従事すると共に、同病院の院務を掌り、所属職員を指揮監督
する等の職務に従事していた。

被告人は、平成11年1月8日、同病院において、慢性関節リウマチを患っ
ていたD子（当時58歳）を診察したところ、リウマチは長年にわたるもので
あり、病状は落ち着いているが、左中指が腫れていたので、その部分の滑膜
を切除する手術を勧め、D子は手術を受けることになった。そこで、被告人
は、同病院整形外科医師CをD子の主治医として指名した。

その後、同年2月8日、D子は同病院に入院し、術前検査では甲状腺機能、
胸部レントゲン、心電図に特に異常は見られず、そのため、同月10日、主治
医であるC医師の執刀により左中指滑膜切除手術を受け、手術は無事に終了
し、術後の経過は良好であった。

翌11日午前8時30分頃、看護師らが、C医師の指示により、D子に対し、
点滴器具を使用して抗生剤を静脈注射した後、患者に刺した留置針の周辺で
血液が凝固するのを防止するため、引き続き血液凝固防止剤であるヘパリン
ナトリウム生理食塩水を点滴器具に注入して管内に滞留させ、注入口をロッ
クする措置（以下、「ヘパロック」という。）を行うこととなった。

その際、看護師E子は、処置室において、D子に対して使用するヘパリン
ナトリウム生理食塩水と、他の入院患者F子に対して使用する消毒液ヒビテ
ングルコネート液を取り違えて準備し、D子に対し、点滴器具を使用して抗
生剤の静脈注射を開始するとともに、消毒液ヒビテングルコネート液入りの
注射器をD子の床頭台の上に置き、それから他の患者の世話をするためその
場を離れた。

その後、同日午前9時頃、D子のナースコールに応じて赴いた看護師G子
が、抗生剤の点滴終了後、D子の床頭台に置かれていた消毒液ヒビテングル
コネート液入りの注射器をヘパリンナトリウム生理食塩水の注射器であると

思い込み、これをＤ子の右腕に取り付けられた点滴器具に注入してヘパロックをした。

　そのため、その後間もなくのうちに、Ｄ子の容態が急変し、その連絡を受けた当直のＨ医師の指示により、同日午前９時15分頃、血管確保のための維持液の静脈への点滴が開始されたが、維持液に先立ち、点滴器具内に滞留していた消毒液ヒビテングルコネート液の全量をＤ子の体内に注入させることになった。

　その後、主治医のＣ医師も連絡を受けて駆け付け、心臓マッサージなどを行ったが、同日午前10時44分頃、Ｄ子の死亡を確認した。Ｄ子の死因は、消毒液ヒビテングルコネート液の誤投与に基づく急性肺塞栓症による右室不全であった。

　(2)　**事案の概要(2)　患者死亡後の被告人の対応状況――医師法違反・虚偽
　　　公文書作成・同行使[27]の犯行状況**

　患者が死亡した同日午前10時44分頃、Ｃ医師は、Ｄ子の死体を検案した際、Ｈ医師から、看護師がヘパリンナトリウム生理食塩水と消毒液ヒビテングルコネート液を取り違えて投与した旨の報告を受け、かつ、同死体の右腕の血管部分が顕著に変色するなどの異状を認めた。

　そして、その報告を受けた同病院の院長である被告人としては、右異状を認めたときから24時間以内に所轄警察署に届け出なければならなかったのに、Ｃ医師に指示して、所轄の警視庁渋谷警察署にその旨の届け出をさせなかった。

　その後、Ｄ子の死亡に関し、Ｄ子の夫から保険金請求用の死亡診断書及び死亡証明書の作成を依頼され、Ｃ医師が死亡診断書及び死亡証明書作成の職務を行うに際し、被告人は、Ｃ医師らに指示して、Ｄ子の死因がヘパリンナトリウム生理食塩水と消毒液ヒビテングルコネート液を取り違えて投与した

---

(27)　本件の被告人は都立病院の院長であり、Ｃ医師も同病院の医師であるから、いずれも公務員である。そのため、彼らが作成する文書は公文書となる。公文書に虚偽の記載をした行為は、刑法156条の「公務員が、その職務に関し、行使の目的で、虚偽の文書若しくは図画を作成し」た場合に該当して虚偽公文書作成罪が成立し、更に、それを誰かに交付するなどした行為については、刑法158条の虚偽公文書行使罪が成立する。

ことによるものであって、病死および自然死ではないのに、死因を偽って死
亡診断書及び死亡証明書を作成し、D子の夫に交付することとした。

　そこで、平成11年3月11日頃、C医師において、死亡診断書の「死亡の種
類」欄の「外因死」及び「その他不詳」欄を空白にしたまま、「病死および
自然死」欄の「病名」欄に「急性肺血栓塞栓症」と、「合併症」欄に「慢性
関節リウマチ」等と記載し、死亡証明書の「死因の種類」欄の「病死及び自
然死」欄に丸印を付する等した上、それぞれ「都立広尾病院整形外科」の記
名のもとに、「C」と署名し、その名下に「C」と刻した印鑑を押捺して内
容虚偽の死亡診断書及び死亡証明書を作成し、同月12日頃、同病院事務局長
をして、これらをD子の夫に交付させ、もって、被告人とC医師は共謀して、
公務員の職務に関し、行使の目的で、虚偽の文書を作成して、これを行使し
たというものであった。

⑶　医師法21条の「死体の検案」とは

　都立広尾病院事件において、同病院院長の被告人は、医師法21条の「死体
の検案」とは、医師が、当該死体に死後初めて接して検分することをいうの
であって、本件担当医の検分のように、生前に患者であった者について死後
検分することは、同条の「検案」に当たらないと主張した。

　つまり、ここでいう「死体」に診療中の患者が含まれるのか否かという点
が問題とされたものである。

　これについては、含まれないという消極説[28]も、含まれるという積極説[29]
もどちらもあるが、本件最高裁判決は、「医師法21条にいう死体の『検案』
とは、医師が死因等を判定するために死体の外表を検査することをいい、当
該死体が自己の診療していた患者のものであるか否かを問わないと解するの
が相当」であるとし、積極説に立つことを明らかにした。

　この点については、そもそも、「医師法21条の立法趣旨については、司法
警察による犯罪の発見や証拠保全を容易にする目的があるとするのが通説で
あるところ、消極説に立つと、犯罪行為の被害者が、重傷を負って病院に搬

(28)　宍戸基雄編著『新版警察官権限法注解 下巻』（1976年、立花書房）282頁。
(29)　内藤惣一郎・研修665号82頁、白井智彦・警察公論58巻10号（2003年）81頁。

送された際、医師が少しでも治療行為を行ってから死亡した場合には、届出義務が生じないということになりかねず、多くの場合に立法趣旨にそぐわない結果になると思われる。」[30]との指摘も参考になると思われる。

(4)　**医師法21条の死体を検案して「異状があると認めたとき」とは**

　ここでいう、死体を検案して「異状があると認めたとき」とは、どのような状態をいうのであろうか。これについて、**昭和44年3月27日東京地裁八王子支部判決（刑事裁判月報1巻3号313頁）**の判示事項が参考になる。

　まず、この判決の事案は、次のとおりである。被告人は、B病院を経営管理している医師であったところ、被告人が自ら診療していた患者Aが同病院を脱走して行方不明となっていた。そして、2日後に死体となって発見されたのであるが、生前には特段死亡する病因はなかったものの、同女は相当に老齢であったこと、そして、同女が死体となって発見された場所は、同病院の北方約500米離れた高尾山中の沢の中で、附近に人家はなく、人通りも殆んどない高尾山の登山路に掛かった丸木橋の近くであることが認められる状況であった。

　このような状況において、被告人が検案したAの死体に関して、異状があったとして医師法21条に基づき警察への届出義務があったのかどうかが問題とされたものである。

　そして、本件判決は、「医師法にいう死体の異状とは、単に死因についての病理学的な異状をいうのではなく、死体に関する法医学的な異状と解すべきであり、したがって死体自体から認識できる何らかの異状な症状乃至痕跡が存する場合だけでなく、死体が発見されるに至ったいきさつ、死体発見場所、状況、身許、性別等諸般の事情を考慮して死体に関し異常を認めた場合を含むものといわねばならない。何故なら医師法が医師に対し前記のごとき所轄警察署への届出義務を課したのは、当該死体が純然たる病死（自然死）であり、且つ死亡にいたる経過についても何ら異状が認められない場合は別として、死体の発見（存在）は応々にして犯罪と結びつく場合があるところから、前記のごとき意味で何らかの異状が認められる場合には、犯罪の捜査

___

(30)　判例タイムズ1153号95頁。

を担当する所轄警察署に届出させ、捜査官をして死体検視の要否を決定させるためのものであるといわねばならないからである。

　そして、この事は当該医師が病院を経営管理し、自ら診療中である患者の死体を検案した場合であっても同様であり、特に右患者が少くとも24時間をこえて医師の管理を離脱して死亡した場合には、もはや診療中の患者とはいい難く、したがって、かかる場合には当該医師において安易に死亡診断書を作成することが禁じられている（医師法20条参照）のであるから、死体の検案についても特段の留意を必要とするといわねばならない。」と判示した。

　つまり、死体に関する法医学的な観点から異状の有無を判断すべきであり、死体が発見される状況等に関して何らかの異常が認めた場合には、ここでいう「異状を認めたとき」に該当するとしているのである。そして、24時間を超えて医師の管理を離れて死亡した場合には、自らが診療中の患者であっても届出義務があると判示したものである。

　やはり、このような事案では、Aの死亡原因として、なんらかの外力が何者かによって加えられたおそれもないとはいえないことから、検視や死体解剖等が必要であるといえることから、死体には異状が認められるというべきであろう。

　このような観点から、死体を検案して「異状があると認めたとき」とは、捜査官に犯罪性の有無を判断させるため、犯罪性のないことが明らかでない事例（明らかに自然死と認められる事例以外）は、すべて届出対象となる「死体を検案して異状があると認めたとき」に該当すると考えられるようになっている[31]。

(5)　医師法21条の届出義務は、憲法38条に違反しないか

ア　問題の所在

　病院内で患者が死亡する場合、多くは病死であるが、手術等の後に不可避の合併症で死亡する事例や、厳密な死因が不明確な事例は一定数存在する。そのような場合においても、**刑事医療過誤**として**業務上過失致死罪**に該当する犯罪性のある事例（これについては第3編で詳述する。）として、「死体を検

---

(31)　米村・前掲注(4)54頁。

案して異状があると認めたとき」に該当するとするなら、自分が業務上過失致死罪の刑事責任を問われるおそれがあるにもかかわらず、警察への届出を義務づけることになる。このような事態は、いわば罪を犯したことを申告させるに等しいとして、憲法38条の

　　第三十八条　何人も、自己に不利益な供述を強要されない。

という**自己負罪拒否特権規定**に反するのではないかとして問題が提起されていた。

　実際のところ、都立広尾病院事件においても、被告人は、仮に、生前に患者であった者に対して行う死後の検分が「検案」に当たるとしても、担当医であるＣ医師は、看護師の点滴ミスについて、自らも監督者等として業務上過失致死等の刑事責任を負うおそれのある立場にあったのであり、このような者にも警察への届出義務を課することは、憲法38条1項の保障する自己負罪拒否特権を侵害することになると主張していた[32]。

イ　本件最高裁判決の判示内容

　この点について、本件最高裁判決は、次のように判示して憲法違反にはならないとしている。すなわち、「本件届出義務は、警察官が犯罪捜査の端緒を得ることを容易にするほか、場合によっては、警察官が緊急に被害の拡大防止措置を講ずるなどして社会防衛を図ることを可能にするという役割をも担った行政手続上の義務と解される。そして、異状死体は、人の死亡を伴う重い犯罪にかかわる可能性があるものであるから、上記のいずれの役割においても本件届出義務の公益上の必要性は高いというべきである。他方、憲法38条1項の法意は、何人も自己が刑事上の責任を問われるおそれのある事項について供述を強要されないことを保障したものと解されるところ（中略）、本件届出義務は、医師が、死体を検案して死因等に異状があると認めたとき

---

(32)　本件の被告人の主張と同様に、憲法に違反するとする法学者の見解も多い。髙山佳奈子「異常死体の届出義務」宇津木伸ほか編『医事法判例百選』〔別冊ジュリスト183〕（2006年、有斐閣）9頁、川出敏裕「医師法21条の届出義務と憲法38条」法学教室290号（2004年）11頁、佐伯仁志「異常死体の届出義務と黙秘権」ジュリスト1249号（2003年）78頁等。

は、そのことを警察署に届け出るものであって、これにより、届出人と死体とのかかわり等、犯罪行為を構成する事項の供述までも強制されるものではない。また、医師免許は、人の生命を直接左右する診療行為を行う資格を付与するとともに、それに伴う社会的責務を課するものである。このような本件届出義務の性質、内容・程度及び医師という資格の特質と、本件届出義務に関する前記のような公益上の高度の必要性に照らすと、医師が、同義務の履行により、捜査機関に対し自己の犯罪が発覚する端緒を与えることにもなり得るなどの点で、一定の不利益を負う可能性があっても、それは、医師免許に付随する合理的根拠のある負担として許容されるものというべきである。」として、結局、「死体を検案して異状を認めた医師は、自己がその死因等につき診療行為における業務上過失致死等の罪責を問われるおそれがある場合にも、本件届出義務を負うとすることは、憲法38条1項に違反するものではないと解するのが相当である。」とした。

　殊に、本件は、都立広尾病院の院長である被告人が、本件医療事故を正当なもののように装って隠蔽しようとしたことが発端であり、かような者に対し、届出義務が憲法違反であるとして、隠蔽工作への免責を与えるような解釈は、社会的に受け入れ難いものと思われるし、医師の公共的・社会的使命からすれば、自己の業務上過失致死罪の捜査の端緒を与えることになっても届出義務を課すこと自体はやむを得ないものと判断したと評価されよう[33]。

3　医療事故調査制度

(1)　医療事故調査制度が設けられた理由

　医師法21条については、何が異状であるのかの判断に迷うことも少なくなく、特に診療中の患者の死亡の場合には、警察への届出をしなければならないのかどうかについて、同条の規定は必ずしも明確な基準とはなり得ないとの問題があった。しかも、この違反については、先に述べたように50万円以

---

(33)　医師法21条の届出義務が憲法38条に違反しないとする見解として、白井・前掲注(29)86頁は、医師法21条は、「異常死体のあったこと等の届出を義務付けるものにすぎず、その際に医師の故意・過失等刑事責任を問われるおそれのある事項を深刻することまで義務付けられるものではないと解される。」ことを理由として合憲としている。同旨・内藤・前掲注(29)82頁。

下の罰金という刑事罰が設けられていることもあって、届出の当否の判断に
現場の医師らが困惑することもあったのが実情であった。

　そのため、平成26年６月18日に医療法が改正されて、新たに**医療事故調査
制度**が設けられ（この法改正は平成27年10月１日から施行）、そのような死亡事
例については医療事故として、**医療事故調査・支援センター**への報告が義務
付けられるようになった[34]。

(2)　医療事故調査制度の概要

　医療法６条の９は、

> 第六条の九　国並びに都道府県、保健所を設置する市及び特別区は、医療の安
> 　全に関する情報の提供、研修の実施、意識の啓発その他の医療の安全の確保
> 　に関し必要な措置を講ずるよう努めなければならない。

として、国や地方公共団体に対して、医療の安全に関する情報の提供等をす
るための必要な措置を講ずる、つまり、必要な手当てをするように努めるこ
とを定めている。

　そして、そのための方策の一つとして、医療法６条の10第１項において、

> 第六条の十　病院、診療所又は助産所（中略）の管理者は、医療事故（当該病
> 　院等に勤務する医療従事者が提供した医療に起因し、又は起因すると疑われ
> 　る死亡又は死産であって、当該管理者が当該死亡又は死産を予期しなかつた
> 　もの（中略））が発生した場合には、（中略）遅滞なく、当該医療事故の日時、
> 　場所及び状況その他（中略）事項を第六条の十五第一項の医療事故調査・支
> 　援センターに報告しなければならない。

として、医療事故の再発防止により医療の安全を確保するために、医療事故
が起きた場合には、医療事故調査・支援センターへの報告を義務付けている。

　この場合、報告の対象となるのは、「当該死亡又は死産を予期しなかった
もの」に限定されていることから、死亡等が予想されていた場合には、ここ

---

(34)　ただ、この新たな報告義務が課せられたということはあっても、だからといって医
　師法21条の届出義務がなくなったわけではない。

でいう医療事故には該当せず、この報告義務の対象外になる。

　ただ、病院としては、医療事故調査・支援センターに報告するだけでなく、自らも調査しなければならないとされている。すなわち、医療法6条の11第1項では、

　　　病院等の管理者は、医療事故が発生した場合には、（中略）速やかにその原因を明らかにするために必要な調査（以下この章において「医療事故調査」という。）を行わなければならない。

と規定されており、同条4項において、

　　　4　病院等の管理者は、医療事故調査を終了したときは、厚生労働省令で定めるところにより、遅滞なく、その結果を第六条の十五第一項の医療事故調査・支援センターに報告しなければならない。

として、医療事故調査・支援センターに調査結果を報告しなければならないとされている。

　そして、この医療事故調査・支援センターについて、医療法6条の15第1項は、

　　　第六条の十五　厚生労働大臣は、医療事故調査を行うこと及び医療事故が発生した病院等の管理者が行う医療事故調査への支援を行うことにより医療の安全の確保に資することを目的とする一般社団法人又は一般財団法人であつて、次条に規定する業務を適切かつ確実に行うことができると認められるものを、その申請により、医療事故調査・支援センターとして指定することができる。

と規定し、平成27年8月17日、**一般社団法人日本医療安全調査機構**が厚生労働大臣からその指定を受けている。

　(3)　**医療事故調査・支援センターの業務の概要**

　この医療事故調査・支援センターは、医療法16条により、次のような業務を行うことになっている。すなわち、まず、同条1号では、

　第六条の十六　医療事故調査・支援センターは、次に掲げる業務を行うものと
　する。
　一　第六条の十一第四項の規定による報告により収集した情報の整理及び分
　　析を行うこと。

とされており、病院等の管理者が行った調査結果の報告内容を検討し、その
分析等を行うとしている。
　そして、同条2号では、

　二　第六条の十一第四項の規定による報告をした病院等の管理者に対し、前号
　　の情報の整理及び分析の結果の報告を行うこと。

とされており、報告をした病院等の管理者に検討結果の報告をすることとさ
れている。
　また、同条3号では、

　三　次条第一項の調査を行うとともに、その結果を同項の管理者及び遺族に報
　　告すること。

としているが、これは医療法6条の17第1項において、

　第六条の十七　医療事故調査・支援センターは、医療事故が発生した病院等の
　　管理者又は遺族から、当該医療事故について調査の依頼があつたときは、必
　　要な調査を行うことができる。

とされているように、医療事故調査・支援センターは、病院等の管理者から
であっても、遺族からであっても調査の依頼があった場合には、それらの者
だけでは十分な調査ができないこともあるので、医療事故調査・支援セン
ターとして、必要な調査を行うことを想定しているからである。
　そして、そのような調査を行った場合には、先の6条の16第3号に規定さ
れているように、病院等の管理者や遺族に報告することになる。
　さらに、同条4号から7号では、

　四　医療事故調査に従事する者に対し医療事故調査に係る知識及び技能に関す

る研修を行うこと。
五　医療事故調査の実施に関する相談に応じ、必要な情報の提供及び支援を行
　うこと。
六　医療事故の再発の防止に関する普及啓発を行うこと。
七　前各号に掲げるもののほか、医療の安全の確保を図るために必要な業務を
　行うこと。

といった研修の実施、事故調査の相談や情報の提供、事故再発防止に関する
普及啓発、医療の安全確保に必要な業務といった一般的な業務を行うことが
規定されている。

⑷　**医療事故調査制度の運用状況等**

　この新制度である医療事故調査制度の運用状況等については、平成30年
（2018年）４月５日（木）付け「日医ニュース」の平成29年度都道府県医療事
故調査等支援団体等連絡協議会・合同協議会における「医療事故調査制度の
運用状況や課題を共有」によれば、医療事故調査制度の運用状況について、
「本制度における医療事故は、おおむね毎日１件、月に30件というペースで
報告されている」とし、平成30年２月末時点の制度開始からの累計では、①
医療事故報告912件②院内調査結果報告607件③相談4586件④センター調査の
依頼62件となったことが説明されたと報道されている。

⑸　**医師法21条の届出義務と医療事故調査・支援センターに対する報告義**
　　務の関係

　医師法21条の届出義務とこの医療事故調査・支援センターに対する報告義
務の関係については、厚生労働省は、「医療事故調査制度に関するQ&A」を
ウェブサイト上に載せており、その中で、

　Q26.　医療事故調査制度が施行されると医師法第21条に基づく届出のあり方は
　　変わりますか？
　A26.　施行時の段階（平成27年10月）で医師法第21条の届出義務の取り扱いに
　　変更はありません。

と述べており、医療事故調査制度が新設されても、これまでどおり医師法21
条の届出義務があるということになっている。つまり、医療事故調査・支援

センターに対する報告義務が新たに追加されたという理解が正しいものとなる。

　ただ、正確にいえば、医師法21条の届出義務と医療事故調査・支援センターへの届出義務は、その対象内容が必ずしも一致しているわけではないことに注意しておく必要がある。

　例えば、医師法21条は、死体等を検案して「異状がある」と認めたときには必要であるものの、医療事故調査・支援センターへの届出においては、「提供した医療に起因」することが必要であるため、第三者が病院に侵入して寝ている患者を殴打して死亡させたような場合は、当然に死体に「異状がある」状態であるから、医師法21条による届出が必要であるものの、「提供した医療に起因」するとは認められないから、医療事故調査・支援センターへの届出は必要ない。

　また、逆に、医師が患者の病状を丁寧に診ていたものの、予想外に死亡してしまった場合には、死体に「異状がある」ものではないものの、その死因について遺族との間で紛争が起きることが予想されたりすることから、医師法21条の届出は不要であるが、第三者による死因の解明を期待して、医療事故調査・支援センターへの届出をすることがあると考えられる。

第2　医師法以外の特別法に規定されている届出義務
1　死体解剖保存法

　死体解剖保存法は、死体を解剖した者の届出義務として、同法11条において、

> 第十一条　死体を解剖した者は、その死体について犯罪と関係のある異状があると認めたときは、二十四時間以内に、解剖をした地の警察署長に届け出なければならない。

と規定しており、医師らにおいて死体を解剖した場合において、犯罪と関係のある異状があったと認めたときには、警察署長への届出が義務付けられている。

2　医薬品医療機器等法

　医薬品医療機器等法では、医薬品等の有害作用報告が求められており、同法68条の10第2項では、

> 2　（前略）医師、歯科医師、薬剤師（中略）その他の医薬関係者は、医薬品、医療機器又は再生医療等製品について、当該品目の副作用その他の事由によるものと疑われる疾病、障害若しくは死亡の発生又は当該品目の使用によるものと疑われる感染症の発生に関する事項を知つた場合において、保健衛生上の危害の発生又は拡大を防止するため必要があると認めるときは、その旨を厚生労働大臣に報告しなければならない。

と規定されており、医薬品の副作用等に起因する疾病、障害等が分かったときには、厚生労働大臣への報告（届出）が義務付けられている。

3　食品衛生法

　食品衛生法では、食中毒に関しての報告を求められており、同法58条1項では、

> 第五十八条　食品、添加物、器具若しくは容器包装に起因して中毒した患者若しくはその疑いのある者（中略）を診断し、又はその死体を検案した医師は、直ちに最寄りの保健所長にその旨を届け出なければならない。

と規定されている。

4　麻薬及び向精神薬取締法

　麻薬及び向精神薬取締法では、麻薬中毒者について届出を義務付けており、同法58条の2第1項では、

> 第五十八条の二　医師は、診察の結果受診者が麻薬中毒者であると診断したときは、すみやかに、その者の氏名、住所、年齢、性別その他厚生労働省令で定める事項をその者の居住地（中略）の都道府県知事に届け出なければならない。

と規定されている。

5　母体保護法

　母体保護法は、**人工妊娠中絶手術**をした場合には、その届出を義務付けており、同法25条では、

　　第二十五条　医師又は指定医師は、（中略）不妊手術又は人工妊娠中絶を行った場合は、その月中の手術の結果を取りまとめて翌月十日までに、理由を記して、都道府県知事に届け出なければならない。

とされている。なお、ここでいう「指定医師」とは、人口妊娠中絶等を行うことについて医師会から指定を受けた医師のことである（同法14条）。

6　感 染 症 法

⑴　感染症法上の届出に関する規定の概要

　感染症法は、医師が感染症を発見した際に届け出ることを義務付けており、同法12条1項では、

　　第十二条　医師は、次に掲げる者を診断したときは、（中略）第一号に掲げる者については直ちにその者の氏名、年齢、性別その他厚生労働省令で定める事項を、第二号に掲げる者については七日以内にその者の年齢、性別その他厚生労働省令で定める事項を最寄りの保健所長を経由して都道府県知事に届け出なければならない。
　　一　一類感染症の患者、二類感染症、三類感染症又は四類感染症の患者又は無症状病原体保有者、厚生労働省令で定める五類感染症又は新型インフルエンザ等感染症の患者及び新感染症にかかっていると疑われる者
　　二　厚生労働省令で定める五類感染症の患者（中略）

とされている。

　ちなみに、**一類感染症**には、エボラ出血熱、ペストなどが、**二類感染症**には、ジフテリア、結核などが、**三類感染症**には、コレラ、腸チフス、腸管出血性大腸菌感染症、いわゆるO–157などが、**四類感染症**には、マラリア、狂犬病等が、**五類感染症**には、後天性免疫不全症候群、梅毒などがあるが（感染症法6条2項ないし6項）、それらの感染が患者に診られた場合に直ちに最寄りの保健所長を経由して都道府県知事に届け出る義務がある。また、**無症状病原体保有者**とは、感染症の病原体を保有している者であって当該感染症

の症状を呈していないものであり（同条11項）、また、**新感染症**とは、人か
ら人に伝染すると認められる疾病であって、既に知られている感染性の疾病
とその病状又は治療の結果が明らかに異なるもので、当該疾病にかかった場
合の病状の程度が重篤であり、かつ、当該疾病のまん延により国民の生命及
び健康に重大な影響を与えるおそれがあると認められるもの（同条9項）と
されている。

　それらの感染症の患者又は罹患していると疑われる者については、最寄り
の保健所長を経由して都道府県知事への届出が求められている。

(2)　**新型コロナウイルス感染症に関する届出義務の新設**

　令和2年1月28日、日本政府は、「**新型コロナウイルス感染症を指定感染
症として定める等の政令（政令第11号）**」（以下「本件政令」という）を公布し、
新型コロナウイルス感染症（これは、病原体がベータコロナウイルス属のコロ
ナウイルスであり、令和2年1月に、中華人民共和国から世界保健機関に対して、
人に伝染する能力を有することが新たに報告されたものである。）を「指定感染
症」に指定した。

　これは、感染症法6条8項に基づくもので、同条項において、

> 8　この法律において「指定感染症」とは、既に知られている感染性の疾病（一
> 　類感染症、二類感染症、三類感染症及び新型インフルエンザ等感染症を除
> 　く。）であって、第三章から第七章までの規定の全部又は一部を準用しなけ
> 　れば、当該疾病のまん延により国民の生命及び健康に重大な影響を与えるお
> 　それがあるものとして政令で定めるものをいう。

と規定し、感染症法で規定されている感染症以外の新たな「指定感染症」を
政令で定めることとしているところ、今回の新型コロナウイルス感染症が本
件政令によりこれに指定されたということである。

　そして、「指定感染症」に指定されたことにより、上記の感染症法6条8
項の規定に基づき、感染症法第3章「感染症に関する情報の収集及び公表」
に規定されている条文がすべて新型コロナウイルス感染症にも準用されるこ
とになった。そのため、その章の中の12条1項も同様に新型コロナウイルス
感染症についても適用されることになり、上記(1)で説明したような医師によ

る届出が義務付けられたのである。

⑶　守秘義務の罰則の加重規定

　この感染症法では、医師の守秘義務として、刑法の守秘義務より加重した
義務を課している。すなわち、感染症法73条１項は、

> 　第七十三条　医師が、感染症の患者（中略）であるかどうかに関する健康診断
> 　　又は当該感染症の治療に際して知り得た人の秘密を正当な理由がなく漏らし
> 　　たときは、一年以下の懲役又は百万円以下の罰金に処する。

と規定しており、刑法の守秘義務で定められた６月以下の懲役等より加重さ
れている。感染症予防等の対策の重要性に鑑み、守秘義務が加重されたもの
と考えられる。

７　児童虐待防止法

　児童虐待防止法では、児童虐待を発見した場合の届出として、同法６条１
項では、

> 　第六条　児童虐待を受けたと思われる児童を発見した者は、速やかに、これを
> 　　市町村、都道府県の設置する福祉事務所若しくは児童相談所又は児童委員を
> 　　介して市町村、都道府県の設置する福祉事務所若しくは児童相談所に通告し
> 　　なければならない。

とされており、ここで規定されている「通告」義務は、医師らに限定された
ものではなく、一般的に誰に対しても課せられた義務であって、したがっ
て、看護師等もこの義務を負うことになる。なお、ここでは「通告」という
表現が用いられているが、届け出ることで「通告」したことになるので、同
様の意味と考えて差し支えない。なお、この通告をためらうことがないよう
にとの配慮から、同条３項では、

> 　３　刑法の秘密漏示罪の規定その他の守秘義務に関する法律の規定は、第１項
> 　　の規定による通告をする義務の遵守を妨げるものと解釈してはならない。

と規定して、児童虐待の通告が守秘義務に反するものではないと注意的に述
べている。もっとも、このような注意的な規定などなくても、これまでに述

べたように、法の要請に基づいて「通告」するのであるから、法令による行為として犯罪が不成立になることは当然である。

8　Ｄ Ｖ 法

DV法では、配偶者からの暴力等を発見した場合の「通報」を規定している。ただ、同法６条１項は、

> 第六条　配偶者からの暴力（中略）を受けている者を発見した者は、その旨を配偶者暴力相談支援センター又は警察官に通報するよう努めなければならない。

としており、努力義務としており、通報を法律上の義務とはしていないし、また、同条２項は、

> 2　医師その他の医療関係者は、その業務を行うに当たり、配偶者からの暴力によって負傷し又は疾病にかかったと認められる者を発見したときは、その旨を配偶者暴力相談支援センター又は警察官に通報することができる。この場合において、その者の意思を尊重するよう努めるものとする。

として通報をすることができるとして、これも義務とはしていない。この場合、通報が必ずしも被害者にとって好ましくないと思う場合があることなどから、被害者の意思を尊重した上で、通報が可能であるとしているに留めている。

第５款　無診察等による、治療行為、診断書等の交付の禁止
（医師法・歯科医師法）

第1　医師法及び歯科医師法各20条本文の規定の解釈

医師法及び歯科医師法各20条は、

> 第二十条　医師（歯科医師）は、自ら診察しないで治療をし、若しくは診断書若しくは処方せんを交付し、自ら出産に立ち会わないで出生証明書若しくは死産証書を交付し、又は自ら検案をしないで検案書を交付してはならない。但し、診療中の患者が受診後二十四時間以内に死亡した場合に交付する死亡診断書については、この限りでない。

と規定しており（なお、歯科医師法の規定は、処方せんの交付の禁止までである。）、自ら診察しなければ治療をしてはならないとして禁じたほか、自ら診察しないで診断書又は処方せんを交付することを禁じ、さらに、自ら出産に立ち会わないで出生証明書等を交付したり、自ら検案をしないで検案書を交付することを禁じている。これは実際に診察した医師でなければ患者の病状が正確に判断できないことから、診察しないで治療をしてはならないとするのは当然であるし、また、診断書等の証明書や処方せんも、その証明内容や処方内容の正確性を担保するためには、直接に診察等をした医師らでなければならないとしたものである。

　したがって、医師法及び歯科医師法20条は、医師らに対し、治療をしたり、診断書等を交付するに当たっては、自ら診察すべき義務を課しているものといえよう。

　なお、この禁止に違反した場合には、医師法33条の2第1号により50万円以下の罰金に処せられることになる。

第2　医師法20条但し書の規定の解釈[35]

1　この規定の解釈に基づく実務慣行がもたらした問題点

　もっとも診療中の患者が受診後24時間以内に死亡した場合に交付する死亡診断書については、近い時期に医師が患者を診ているのであるから、死亡には立ち会っていなくても死因が確認できる以上、死亡診断書を交付することは差し支えないとされている。これは、最終診察後24時間以内であれば、当該文書発行の前提となる診断を省略できるということである。

　したがって、このような解釈を前提とすれば、最終診察後24時間以内に患者が死亡した場合には、「死亡診断書」を発行できるものの、最終診察後24時間を超えて患者が死亡した場合には、別途、死体検案を行って「死体検案書」を発行しなければならないことになる。

　そこで、この解釈に基づいて、病院外（自宅を含む）で患者が死亡した場合には、多くの場合に最終診察から24時間以上経過してしまっていることか

---

(35)　本項目の記載は、米村・前掲注(4)51〜52頁による。

ら、死体検案書を作成することになる。

　ところが、東京、大阪などの都市部では、監察医制度が存在し、死体の検案は監察医の業務となるため、一般の医師が死体検案書を発行することができない。そのため、自宅で死亡した場合の多くは、老衰などによる予想された死であっても、医師法21条の「異常死体」として警察に届け出て、監察医に死体検案書を書いてもらうという実務慣行が存在していた。

　しかしながら、自宅で最後を迎えることを希望する患者やその家族は多いものの、その死の直後に警察が介入し、犯罪死と同様の扱いを受けることに苦痛を感じる家族等も多いことから、このような実務慣行に対する批判が出ていた。

2　平成24年8月31日（医政医発0831第1号）厚生労働省医政局医事課長通知

　そこで、厚生労働省は、そのような不都合を解消するため、平成24年8月31日（医政医発0831第1号）厚生労働省医政局医事課長通知「医師法第20条ただし書の適切な運用について」を発出した。

　この通知では、

> 1　医師法20条ただし書は、診療中の患者が診察後24時間以内に当該診療に関連した傷病で死亡した場合には、改めて診察をすることなく死亡診断書を交付し得ることを認めるものである。このため、医師が死亡の際に立ち会っておらず、生前の診察後24時間を経過した場合であっても、死亡後改めて診察を行い、生前に診療していた傷病に関連する死亡であると判定できる場合には、死亡診断書が交付できること。
> 2　診療中の患者が死亡した後、改めて診察し、生前に診療していた傷病に関連する死亡であると判定できない場合には、死体の検案を行うことになる。この場合において、死体に異状があると認められる場合には、警察署に届け出なければならない。

とされており、第1項により、予想された在宅での死亡については、最終診察からの時間の経過にかかわらず、主治医が「死亡診断書」を発行することができることになり、死後の平穏が害されることはなくなったのである。

第6款　診断書・処方せん等の交付義務（医師法・歯科医師法・刑法）

第1　診断書・処方せん等の交付義務に関する規定の解釈

医師法及び歯科医師法19条2項は、

> 2　診察若しくは検案をし、又は出産に立ち会った医師は、診断書若しくは検案書又は出生証明書若しくは死産証書の交付の求があった場合には、正当の事由がなければ、これを拒んではならない。

と規定され（歯科医師については、「診断書」のみである。）、診断書等の交付義務が定められている。これは当該医師らでなければ作成、交付することができない証明文書である以上、患者等からの請求に対して応じることを義務付けたものである。ただ、この違反については、特に罰則は定められていない。

　また、処方せんについても同様に交付義務があり、医師法22条及び歯科医師法21条は、

> 第二十二条（第二十一条）　医師（歯科医師）は、患者に対し治療上薬剤を調剤して投与する必要があると認めた場合には、患者又は現にその看護に当つている者に対して処方せんを交付しなければならない。ただし、患者又は現にその看護に当つている者が処方せんの交付を必要としない旨を申し出た場合及び次の各号の一に該当する場合においては、この限りでない。
> 一　暗示的効果を期待する場合において、処方せんを交付することがその目的の達成を妨げるおそれがある場合
> 二　処方せんを交付することが診療又は疾病の予後について患者に不安を与え、その疾病の治療を困難にするおそれがある場合
> 三　病状の短時間ごとの変化に即応して薬剤を投与する場合
> 四　診断又は治療方法の決定していない場合
> 五　治療上必要な応急の措置として薬剤を投与する場合
> 六　安静を要する患者以外に薬剤の交付を受けることができる者がいない場合
> 七　覚醒剤を投与する場合
> 八　薬剤師が乗り組んでいない船舶内において薬剤を投与する場合

と規定して（ただ、歯科医師法では7号は規定されていない。）、上記各号に該当しない場合には、処方せんを交付する義務が課されている。なお、この義

務に違反した場合には、医師法33条の2第1号又は歯科医師法31条の2第1号により50万円以下の罰金に処せられることになる。

　このような処方せん交付義務を認めるのは、**医薬分業制度**を推進させるためである。つまり、医師の義務は、診断とそれによる処方せんの交付までであって、薬剤を調剤して患者等に渡し、服薬指導をするのは、薬剤師の役割とするものだからである。この制度の効果として、かかりつけ薬局において薬歴管理を行えば、複数診療科受診による重複投薬等の確認ができること、患者が自分に投与される薬の内容を知る機会が増えること、病院薬剤師の外来調剤業務が軽減されるというメリットがあることなどが挙げられている。

第2　診断書等の作成に関する刑法上の問題

　刑法160条は、

> 　第百六十条　医師が公務所に提出すべき診断書、検案書又は死亡証書に虚偽の記載をしたときは、三年以下の禁錮又は三十万円以下の罰金に処する。

として、虚偽診断書等作成罪を規定する。

　刑法では、文書の偽造等に関する犯罪として、公文書に関しては、公文書を偽造した場合（刑法155条）も、虚偽の内容の公文書を作成した場合（刑法156条）も処罰の対象とする一方、私文書に関しては、私文書を偽造した場合（159条）のみ処罰の対象として、虚偽の内容の私文書を作成しても処罰の対象としていない[36]。しかしながら、私文書であっても、刑法上、唯一、虚偽の内容の私文書を作成した場合に処罰の対象としているのが、この虚偽診断書等作成罪である。

　ここでの犯罪の主体は、「医師」とされているが、守秘義務の関係で、秘密漏示罪の主体として歯科医師も「医師」という文言に含まれるとしたのと同様に、ここでもこの「医師」という文言には、歯科医師も含まれると考えるべきであろう。

　また、当該診断書は、「公務所に提出すべき」ものでなければならないが、ここでいう「公務所」とは、公務員がその職務を行う場所をいうが、物理的な場所を意味するのではなく、制度としての官公庁その他の組織体をいう[37]。

また、「提出すべき」とは、公務所への提出が義務付けられている書類に限定されているわけではなく、公務所への提出が予定されているものをいうと解されている[38]。したがって、これに該当するものとしては、国公立学校の入学関係書類に添付される診断書や、捜査関係事項照会書への回答書に添付する診断書等が挙げられる。

　さらに、「虚偽の記載」とは、客観的事実及びそれに基づく判断に関する一切の記載をいい[39]、「自ら診察しないで診断書を作成することはそれ自体診断書の内容に虚偽を記載することにもなる」[40]のであるから、他人に診断してもらっていながら、自らの診断書として作成した場合も、「虚偽の記載」をしたことになる。

第7款　診療録作成・保管義務（医師法・歯科医師法・刑法）
第1　診療録作成・保管義務に関する規定の解釈

　医師法及び歯科医師法各24条1項は、

　　第二十四条　医師（歯科医師）は、診療をしたときは、遅滞なく診療に関する
　　事項を診療録に記載しなければならない。

---

(36)　それゆえ、学者が科学的な論文を書くに当たって、虚偽の実験データを使って書き、それを出版し、それがいかに社会的にセンセーショナルなものであっても、刑罰が科されることはない。近時、我が国において、例えば、「スタップ細胞」問題のように、学者による虚偽論文は深刻な問題をもたらした。当事者は、社会から厳しい非難を受けたが、しかし、処罰されることはなかった。というのは、そのような虚偽私文書作成を処罰するための条項がなかったからである。ちなみに、ここでいうSTAP細胞とは、Stimulus-Triggered Acquisition of Pluripotency Cellを略したものであり、和訳としては、刺激惹起性多能性獲得細胞と呼ばれる。つまり、動物のある細胞を弱酸性溶液に浸すなどの外的刺激を与えることで、再び分化する能力を獲得させた細胞のことである。ここでいう「分化」とは、発生の過程で、細胞・組織などが形態的・機能的に特殊化し、異なった部分に分かれることであり、このような過程は、一般には不可逆であって、一度分化した細胞は元の未分化な状態に戻れないと考えられているところ、それを可能にした画期的は発見であるとして報道されたものである。しかし、その後の調査により、すべてが虚偽であったことが判明した。

(37)　前田編集代表・前掲注(15)18頁。

(38)　前田編集代表・前掲注(15)459頁。

(39)　前田編集代表・前掲注(15)459頁。

(40)　平成元年3月14日福岡高裁判決（刑事裁判資料256号11頁）。

として、診療録、つまり、カルテを作成して診療に関する事項を記載しなければならないとされている。

そして、同条2項において、

> 2　前項の診療録であって、病院又は診療所に勤務する医師のした診療に関するものは、その病院又は診療所の管理者において、その他の診療に関するものは、その医師において、五年間これを保存しなければならない。

と規定されており、カルテについては5年間の保存義務が病院等の管理者に課せられている。

これら1項及び2項の義務に違反した場合は、医師法33条の2第1号又は歯科医師法31条の2第1項により50万円以下の罰金に処せられることになる。

第2　診療録（カルテ）の改竄に関する刑法上の問題

カルテを改竄するという事件は、以前からよく見られたところであり、また、現在においても同様である。その目的としては、医療過誤訴訟において不利な証拠を隠すためとか、診療報酬を多額に得るためなど、さまざまであるが、医師らとして絶対に行ってはならない行為であることは当然である。

ここでは、カルテの改竄が**証拠隠滅罪**に問われた**東京女子医大事件**と、診療報酬を不正に取得したことで**詐欺罪**に問われた**三重大学医学部附属病院事件**を例に挙げて説明する。

1　東京女子医大事件

この事件では、**平成16年3月22日東京地裁判決（公刊物未登載）**[41]においてその判断が示された。

(1)　事案の概要

ア　手術の状況

被告人医師Xは、昭和56年7月に医籍登録し、小児の心臓外科医として東京女子医科大学附属B研究所に入局し、平成7年ころからB研循環器小児外

---

(41)　甲斐克則＝手嶋豊編『医事法判例百選［第2版］』〔別冊ジュリスト219号〕（2017年）46頁参照。

科の講師を務めていた。

　被告人Xは、平成13年３月２日午前９時50分頃から同日午後４時50分頃迄
の間，患者A（当時12歳）に対し行われた心房中隔欠損症等の根治術を担当
する手術チームの責任者兼第一助手として、同手術に立ち会った。

　本件手術においては人工心肺が用いられていたところ、脱血が良くなかっ
たため、その操作を直接担当した同研究所に所属の医師Yにおいて、本件手
術の途中から、吸引装置による陰圧力を利用した陰圧吸引補助脱血法に変更
した。ただ、当該人工心肺につき同脱血法による脱血を長時間継続すると陰
圧力が低下する危険性があり、さらに吸引ポンプを高回転のまま長時間作動
させ続けると、同回路内が陽圧化して脱血ができなくなる危険性があった。

　にもかかわらず、Yが同脱血法による脱血を長時間継続したため、脱血が
できなくなるという異常な事態に陥り、その結果、Aに脳循環不全による重
度の脳障害を負わせた。その後、ICUに搬入して治療を続けたものの、同月
５日午前５時20分頃、Aが死亡するに至った。

　イ　被告人Xの犯行状況

　被告人Xは、手術中にYが陰圧吸引補助脱血法に変更していたことを知
り、それが原因となってAに重度の脳障害を負わせて死亡させたものと推測
し、そうなると、Yは上述した同方法の危険性に対する認識を欠いていたこ
とにより、人工心肺の操作を担当する医師として業務上過失致死罪の刑責を
問われる可能性があると考えた。

　そこで、被告人Xは、手術の経過を記載したICU記録や人工心肺記録等
のカルテ類がその刑事事件の証拠になることから、Yの刑事責任を免れさせ
るため、カルテ類等を改ざんすることを企て、以下のとおりの犯行に及んだ。

　①　ICUの看護師長Wと共謀の上、Aに係るICU記録中に、同人の瞳孔
　　　の大きさを示す数値が同人に重度の脳障害が発生したことを示す「６
　　　mm」または「７mm」と記載されているのを、Wにおいて３か所の記
　　　載を、Xにおいて13か所の記載を、いずれも「４mm」に書き換えて改
　　　ざんした（証拠の変造）

　②　臨床工学技士Vと共謀の上、実際にはAの脳障害を治療するため同人
　　　に低体温療法を施すなどしたのに、本件手術に係る人工心肺記録上その

ような措置を講じたことが分から ないようにするため、ほしいままに、
Ｖにおいて新しい人工心肺記録用紙に、低体温療法を施さなかった旨を
装うための送血温度等の数値を記載したり、脳圧を下げたり脳浮腫を軽
減させる作用のある薬の投与量につき、実際の投与量より少なく記載
し、本件手術に係る人工心肺記録原本のうちの１枚を、Ｖにおいて、そ
のうちの３枚をＸにおいて、それぞれ同病院から持ち去った（証拠の偽
造・隠滅）。

ウ　弁護人の主張

弁護人は、被告人Ｘは、本件手術によるＡの死亡に関し、自分たちや東京
女子医科大学に対する損害賠償請求訴訟が提起されるなど、民事事件に発展
することは予想していたものの、刑事事件にまで発展することは全く考えて
おらず、したがって、そもそも、上記ICU記録や人工心肺記録が「他人の刑
事事件」の証拠であることの認識に欠けていたから、Ｘは無罪である等と主
張した。

(2)　本件東京地裁判決の判示内容

これに対し、本件東京地裁判決は以下のように判示して、証拠隠滅罪の成
立を認め、被告人Ｘに対し、懲役１年、執行猶予３年の刑を言い渡した。

まず、本件のＹの過誤についての被告人Ｘの認識については、次のとおり
判示した。

すなわち、「本件手術は、比較的難易度の低い心臓手術であったのに、手
術中に、静脈貯血槽につながる脱血チューブ内が空気で満たされて脱血がで
きなくなるといった異常な事態に陥った上、そのころ、Ａに重度の脳障害が
生じたことをうかがわせる顕著な症状も現れて、本件手術の終了後直ちに、
Ｘらにおいて、ＡをICUに搬入して治療を続けたものの、そのまま回復す
ることなく、同人が死亡するに至ったものであるところ、（中略）Ａに重度の
脳障害が生じたという点については、人工心肺の操作等の過誤に起因するも
のであることが強く疑われる状況があったといえる。そして、Ｘは、本件手
術を担当した手術チームの責任者として同手術に立ち会っていたほか、その
後のＡの治療にも携わっていたのであるから、上記のような一連の経過を認
識していたことは明らかである。しかも、関係各証拠によれば、Ｘは、本件

　手術終了の前後ころ、上記の異常事態を知ってその場に駆け付けてきた医師
らの話から、手術中、自分の知らないうちに、Yが人工心肺による脱血方法
を落差脱血法から陰圧吸引補助脱血法に変更していたことを知ったほか、吸
引ポンプの回転数を上げたことから静脈貯血槽内が陽圧になり、脱血不良が
生じたのではないかという趣旨の話も聞いたこと、さらに、Xは、本件手術
の終了時ころ、Yから、人工心肺を点検したところ、ガスフィルターが詰
まっており、これが原因で人工心肺回路内が陽圧になったと思うとか、フィ
ルターは症例ごとに交換すべきであるのに、1週間ごとに交換されていたと
いう趣旨の報告を受けたことなども認められる。

　そうすると、Xは、Yや他の医師らから聞いた話なども総合して、具体的
な機序はともかく、人工心肺回路内の陽圧化により脱血不能の状態に陥った
ため、Aに重度の脳障害を負わせた旨を認識するとともに、それが人工心肺
の操作等の過誤に起因する旨の強い疑いを抱くに至ったものと考えられ
る。」として、被告人Xの本件事故の原因に対する認識の程度を明らかにした。

　その上で、本件判決は、「以上によれば、Xは、人工心肺の操作を担当し
たYが業務上過失致死の罪責を問われる可能性があることにつき、少なくと
も未必的な認識[42]を有していたものと推認し得る」として、被告人Xについ
て、Yが業務上過失致死罪の刑事責任を負うことについて、少なくとも未必
的には認識したと認定したのである。

　さらに、被告人は、本件において民事事件だけを念頭に置いており、本件
が刑事事件に発展するとは考えておらず、それゆえ「他人の刑事事件」の証
拠を隠滅する意図はなかったとの主張に対しては、「Xは、かねて報道等を
通じて、医療過誤に関し、医師を被疑者又は被告人とする業務上過失致死事
件等の捜査や起訴がなされた例があることは知っていた旨も述べているので
あり、Xの経歴や地位等も併せ考えれば、（中略）Xが主として損害賠償請求
訴訟等の民事事件を念頭に置いて判示の各行為に及んだとうかがわれる点は
ともかく、刑事事件にまで発展することは全く考えなかった旨のXの弁解供

（42）　一定の結果が生じるかもしれないが、生じても構わないとする心理状態のことであ
　　る。

述は、極めて不自然であって、これを信用することはできない。」、「そうすると、本件記録類が、将来、Ｙに対する業務上過失致死事件の証拠になることは明らかであるから（なお、捜査機関による捜査の開始前であっても、将来刑事事件の証拠となる物については、刑法104条にいう「他人の刑事事件に関する証拠」に該当すると解される。）、Ｘは、本件記録類が他人の刑事事件の証拠であることにつき、少なくとも未必的な認識を有しながら、判示の各行為に及んだものと優に認めることができる。」と判示して、被告人を有罪としたのである。

(3)　証拠隠滅罪の概要

刑法104条は、

> 第百四条　他人の刑事事件に関する証拠を隠滅し、偽造し、若しくは変造し（中略）た者は、三年以下の懲役又は三十万円以下の罰金に処する。

と規定して証拠隠滅罪を設けている。

証拠隠滅罪は、「他人の刑事事件」に関するものでなければならないが、本件の場合であれば、同僚医師Ｙの医療過誤による業務上過失致死事件がこれに当たる。

そして、これに関する証拠を「隠滅」したり、「偽造」したり、「変造」したりするが犯罪行為となるのであるが、「隠滅」、つまり、証拠をなくしてしまったりすることで、本件のように病院から持ち出してしまうことや、「偽造」、つまり、新たな証拠を作り出すことで、本件のように新たな記録用紙に全く虚偽の数値を記載してりすることや、「変造」、つまり、既存の証拠に手を加えてその内容を変更する行為などで、本件のように、瞳孔の大きさの数値を書き変えるなどした場合に成立する。

したがって、カルテから検査に関する記載や、その検査結果を書き直すなどした場合にも、この罪に該当する。

(4)　その後の東京女子医大におけるカルテの改竄

上記のような事件があったにもかかわらず、その後も、同大学病院ではカルテの改竄がなされたという事件が問題とされている。

東京女子医大東医療センターで白内障手術を受けた後に左目を失明したと

いう原告が同大学に損害賠償を求めた民事裁判において、令和3年4月、東京地裁は、医師によるカルテの改竄等を認め、960万円の損害賠償を認めた事件が報道されている[43]。

同判決において、「カルテの記載は信用性の高い手術記録と整合せず、事実認識と異なる内容を意図的に追記し、改竄した」と認定した上で、「発覚しなければ、医師の責任が否定されることにつながる可能性があり悪質」であると指摘されている。

2　三重大学医学部附属病院事件

本件は、三重大学医学部附属病院臨床麻酔部の准教授が、上司の教授Aと共謀して、令和元年8月から同2年4月迄の間、実際は手術などで使っていない薬剤をさも使用したかのように装ってカルテを改竄し、国民健康保険の団体などから不正に水増しした診療報酬合計約84万円を騙し取ったという詐欺等の事件である。

そして、令和3年4月22日津地裁判決（公刊物未登載）によって、上記准教授に対し、懲役2年6月、4年間執行猶予の判決が言い渡された。

本件は、カルテを改竄することで、自ら診療報酬の詐欺を敢行しようとしたものであるから、「他人の刑事事件」ではないので、前述した証拠隠滅罪は成立しないが、改竄されたカルテを道具として用いて相手を騙したことで、刑法246条1項の

　　　第二百四十六条　人を欺いて財物を交付させた者は、十年以下の懲役に処する。

との詐欺罪の規定により処罰されたのである。

第3章　特別な立場にある医師及び歯科医師に対する義務

ここでは公務員若しくはそれに類する立場にある医師らに対する義務について検討する。中央省庁に附属する医療現場で勤務する医師らや、地方公共団体が運営する病院などで勤務する医師らは公務員となっている場合があろ

---

(43)　令和3年5月1日付け日経新聞。

うし、また、以前、国立病院などといわれていた病院での勤務医も公務員であった。ただ、後者は、現在は法改正により非公務員となっているので、この点についても説明した上で、公務員若しくはそれに類する立場の医師らに課せられた義務について考えてみたい。

第1款　独立行政法人国立病院機構法の制定の経緯及び改正等

　独立行政法人国立病院機構法は、中央省庁の行政機構改革などの一環として制定された独立行政法人通則法（以下「通則法」という。）を基に、各省庁の現業部門や研究部門を独立した法人格をもつ機関へと改めるために、従来の国立病院を特別行政法人とするため、平成14年12月13日に、独立行政法人国立病院機構法（以下「機構法」という。）として制定されたものである。

　そもそも**独立行政法人**とは、国民生活及び社会経済の安定等の公共上の見地から確実に実施されることが必要な事務及び事業であって、国が自ら主体となって直接に実施する必要のないもののうち、民間の主体に委ねた場合には必ずしも実施されないおそれがあるもの又は一の主体に独占して行わせることが必要であるものを効果的かつ効率的に行わせるために設立される法人である（通則法2条1項）。

　そして、独立行政法人国立病院機構は、設立当初、職員の身分を公務員とする特定独立行政法人であったが、平成16年6月の通則法の改正により、特定独立行政法人から外れ、通則法2条の改正で設けられた同条2項に規定される**中期目標管理法人**となった。

　ちなみに、「中期目標管理法人」とは、公共上の事務等のうち、その特性に照らし、中期的な視点に立って執行することが求められるものであり、国民の需要に的確に対応した多様で良質なサービスの提供を通じた公共の利益の増進を推進することを目的とする独立行政法人である（通則法2条2項）。国立病院機構の実施する医療行為等は、このような目的に即したものであるとして、中期目標管理法人とされたものである。

　そして、このような独立行政法人となったことで、現在、職員は公務員の身分から外れて、非公務員となっている。

　なお、国立大学の附属病院についても、国立大学が上記同様に**国立大学法**

人となり、その附属病院の職員も、現在は非公務員となっている。

第2款　独立行政法人国立病院機構の業務

　従来の国立病院としての業務等に変化はなく、具体的には、機構法15条1項において、①医療を提供すること、②医療に関する調査及び研究を行うこと、③医療に関する技術者の研修を行うことなどが掲げられている。

第3款　独立行政法人国立病院機構の職員の地位

第1　刑罰の適用における公務員性

　また、その職員の地位については、上述したように、現在では公務員ではないものの、機構法14条において、

> 第十四条　機構の役員及び職員は、刑法その他の罰則の適用については、法令により公務に従事する職員とみなす。

と規定されており、刑法等の罰則の適用については、公務員として扱われることになっている。つまり、これは公務員を主体とする犯罪などについては、非公務員である独立行政法人国立病院機構に勤務する職員であっても、公務員として扱うということで、例えば、刑法197条1項前段では、

> 第百九十七条　公務員が、その職務に関し、賄賂を収受し、又はその要求若しくは約束をしたときは、五年以下の懲役に処する。

として収賄罪が規定されているところ、この規定が実際には公務員ではない、独立行政法人国立病院機構の職員である医師らに対しても適用されるということである。したがって、例えば、社会的な儀礼の範囲を超えるような金品を患者等から受け取った場合には、この収賄罪の規定が適用される余地があるということになる。

　この点については、国立大学法人法19条にも同様の規定が設けられていることから、国立大学法人附属病院に勤務する医師らについても同様に適用される。

　それゆえ、純粋な民間病院に務める医師等であれば、上記のような金品の

授受があったとしても、倫理上の問題はともかく、刑事法上の罰則の対象とはならない。

第2 守秘義務

1 機構法上の守秘義務規定

機構法13条は

> 第十三条 機構の役員及び職員は、職務上知ることができた秘密を漏らし、又は盗用してはならない。その職を退いた後も、同様とする。

と規定して**秘密漏示罪**を定めており、これに違反して秘密を漏らしたり、盗用した者に対しては、同法25条により、1年以下の懲役又は50万円以下の罰金に処することとされている。

なお、ここでいう「秘密」とは、少数者にしか知られていない事実で、他人に知られることが本人の不利益となるもの[44]だけではなく、未だ公開されておらず、秘密として管理されている研究結果、治療方法その他の医療・研究活動に有用な理論上又は技術上の情報など[45]をいうと考えるべきであろう。

また、これは「職務上知ることができた」ものでなければならないことから、単に、個人的な関係から知ったような場合は含まれない。

したがって、例えば、患者の病状など診察したことで知った秘密を他人に話して漏らしたり、また、病院内での職務上、まだ公表されていない画期的な治療法などを知り得た場合に、それを自己の論文等に勝手に利用して盗用するなどの行為に対しては、1年以下の懲役などの刑罰が科されることになる。

そして、その義務は退職した後に対しても課されている。

2 機構法上の秘密漏示罪と刑法上の秘密漏示罪との関係

両者ともほぼ同様の規定であるが、前者のほうが後者よりその刑罰が重く

---

(44) これは前述した刑法134条1項における「秘密」の概念である（前田編集代表・前掲注⑮417頁）。

(45) これは不正競争防止法上の「営業秘密」の概念に類似するものである。ちなみに、同法2条6項では、「営業秘密」を、「秘密として管理されている生産方法、販売方法その他の事業活動に有用な技術上又は営業上の情報であって、公然と知られていないものをいう。」と定義づけている。

なっているという違いがある。これは、前者の「秘密」の範囲が後者よりも広く、また、その責任も重いものと考えられたことによるものと思われる。

　そして、両者の関係は、前者が後者の特別法という関係にあることから、両者が適用できる場合においては、前者が優先的に適用されることになる。

第3　告 発 義 務

1　序　　　論

　医療従事者が患者の犯罪を認識することは、必ずしもめずらしいことではない。特に、薬物を使用した患者が見つかることや、喧嘩の結果、双方が負傷して運び込まれることもまま見られるところではある。このような場合、医師らとしては、どのような対応が求められるのか問題となる。特に、公務員である医師であれば、そのような場合に特別な義務が課せられているのか、また、非公務員になった独立行政法人国立病院機構で勤務する医師についてはどうであるのか、さらに、純粋な民間病院で勤務する医師についてはどうであるのか、それぞれの場合における法的な違いを理解しておく必要があろう。

　この点について参考となる裁判例として、**平成17年 7 月19日最高裁決定（刑集59巻 6 号600頁）**が挙げられるので、同決定の事案を基にして検討することとする。

2　**平成17年 7 月19日最高裁決定における事案の概要**

①　被告人Ｂ子は、平成15年 4 月18日、同棲相手と口論となり、ナイフにより右腰背部に刺創を負い、同日午後 7 時55分頃、東京都世田谷区内の病院で応急措置を受けたものの、出血が多く、救急車で独立行政法人国立病院東京医療センターに搬送された。被告人Ｂ子は、同日午後 8 時30分頃、上記医療センターに到着した際には、意識は清明であったものの、少し興奮し、「痛くないの、帰らせて。」、「彼に振り向いてほしくて刺したのに、結局みんなに無視されている。」などと述べ、担当のＡ医師が被告人を診察したところ、その右腰背部刺創の長さが約 3 cmであり、着衣に多量の血液が付着していたのを認めた。

②　同医師は、上記刺創が腎臓に達していると必ず血尿が出ることから、

被告人Ｂ子に尿検査の実施について説明したが、被告人は、強くこれを拒んだ。同医師は、先にＣＴ検査等の画像診断を実施したところ、腎臓のそばに空気が入っており、腹腔内の出血はなさそうではあったものの、急性期のため未だ出血していないことも十分にあり得ると考え、やはり採尿が必要であると判断し、その旨被告人Ｂ子を説得した。これに対し、被告人Ｂ子は、もう帰るなどと言ってこれを聞かなかったが、同医師は、なおも約30分間にわたって説得を続け、最終的に止血のために被告人Ｂ子に麻酔をかけて縫合手術を実施することとし、その旨被告人Ｂ子に説明し、その際に採尿管を入れることを告げたところ、被告人Ｂ子は、拒絶することなく、麻酔の注射を受けた。

③　同医師は、麻酔による被告人Ｂ子の睡眠中に、縫合手術を実施した上、カテーテルを挿入して採尿を行った。採取した尿から血尿は出ていなかったものの、同医師は、被告人が興奮状態にあり、刃物で自分の背中を刺したと説明していることなどから、薬物による影響の可能性を考え、簡易な薬物検査を実施したところ、アンフェタミン(46)の陽性反応が出た。

④　同医師は、その後来院した被告人Ｂ子の両親に対し、被告人Ｂ子の傷の程度等について説明した上、被告人Ｂ子の尿から覚醒剤反応があったことを告げ、被告人Ｂ子の両親も最終的にこれを了解した様子であったことから、被告人Ｂ子の尿から覚醒剤反応があったことを警視庁玉川警察署の警察官に通報した。

⑤　同警察署の警察官は、同月21日、差押許可状の発付を得て、これに基づいてＡ医師が採取した被告人Ｂ子の尿を差し押さえた。

3　公務員に対する告発義務の概要

(1)　告発義務に関する刑訴法上の規定

本件事案において、Ａ医師の行為をどのように考えるかについては、まず、法律上、医師に課されている種々の届出義務などのうち、この種事案において、警察に通報する義務があるかどうかを検討しなければならない。

(46)　覚醒剤の成分である。

　この点に関し、刑訴法239条2項は、

　　②　官吏又は公吏は、その職務を行うことにより犯罪があると思料するとき
　　は、告発をしなければならない。

と規定されている。ここでいう**告発**とは、被害者以外の者で、犯罪とは直接
の関係のない第三者が、警察等の捜査機関に対して、犯罪事実を申告して、
その犯人の処罰を求めることである。

　そして、そのような告発は、ここでいう**官吏**又は**公吏**に対して課される行
為であり、「その職務を行うことにより犯罪があると思料する」、つまり、職
務中に犯罪があると思った場合であるが、そのような場合には、「告発をし
なければならない」という義務が課されることになる。

　そこで、ここでいう「官吏又は公吏」は誰を指すのかであるが、官吏が国
家公務員であり、公吏が地方公務員である。つまり、それらの公務員が、職
務を行った際に犯罪があると思った、つまり、犯罪を発見した場合には、そ
の犯罪について警察等に連絡しなければならないということである。

　そこで、本件最高裁決定の事案であるが、A医師は、独立行政法人国立病
院東京医療センターで勤務していたことから、当時は、独立行政法人でも未
だ国家公務員という身分を有していたことになる。そうであるなら、その職
務である医療行為中に覚醒剤使用の犯罪を発見した以上、この場合、A医師
には、刑訴法上の告発義務が課せられているのではないかとして問題となる。

(2)　刑訴法239条2項の解釈として告発義務を認める見解

　本件では、官吏であるA医師がその医療行為という職務中に、覚醒剤の自
己使用という犯罪があると思料したのであるから、この条文にそのまま当て
はまる場合であり、したがって、A医師には告発義務があると解するのは極
めて自然である。

　実際に、この事案の第一審判決である**平成16年7月8日東京地裁判決（刑
集59巻6号618頁）**は、「国家公務員は刑事司法の適正な運用を図るためにそ
の職務を行うことにより犯罪があると思料するときは告発義務が課されてい
るから（刑訴法239条2項）、覚醒剤取締法違反の疑いがあるような重大な公
益に関わる犯罪に係る事実を知った公務員たる医師が警察にその旨を届け出

たとしても法令による行為」であると判断しているように、この東京地裁判決はA医師には告発義務があるとしているし、また、その控訴審である**平成16年12月22日東京高裁判決（刑集59巻6号635頁）**は、「一般に犯罪行為の捜査機関への通報、告発は社会的に正当な行為として許容されうる性質のものであることに加え、A医師は国家公務員としての立場から告発義務を負っている」と述べており、明確にA医師に告発義務があることを認めているところである。

　また、これを肯定する見解の理由付けとして、医師には、一般人に禁止されている医療行為を特に許されたという免許制度に基づき、医師には公益性の観点から告発義務があるという説明がされることもある。

　もっとも、告発義務があるといっても、それを怠った場合についての刑罰は設けられていないので、処罰されるようなことはない。

(3)　**刑訴法239条2項の解釈として告発義務を認めない見解**

　一方、これら判決等の見解とは異なり、A医師には告発義務はないとする見解もある。すなわち、刑訴法144条では、

> 　第百四十四条　公務員又は公務員であつた者が知り得た事実について、本人又は当該公　務所から職務上の秘密に関するものであることを申し立てたときは、当該監督官庁の承諾がなければ証人としてこれを尋問することはできない。

と規定して、公務員に職務上の秘密に関するものである場合には証言を拒否することを認めていることと比較すると、後に法廷で証言を拒否できるような事項に関して犯罪が実行された場合、証言拒否ができるにもかかわらず、それを義務として告発をさせるというのは論理矛盾であるとして、刑訴法239条2項の規定があっても告発義務はないとする見解もある。同条項は、単に、告発を公務員に勧めているだけの訓示規定と解するのである[47]。

(4)　**それぞれの見解による結論**

　いずれの見解に立っても法的には成り立ち得るので、それぞれの見解によ

---

(47)　松尾監修・前掲注(14)466頁。

れば、次にどのような問題が起きるのか検討する。

　そこで、A医師には告発義務があるとする見解に立った場合、基本的には、告発することが法的な義務である以上、A医師はB子から覚醒剤使用の反応が出たということを警察に告発して通報するべきであろう。この場合、仮にB子の両親から警察に通報しないでほしいと頼まれたといっても、A医師には法律上の義務が課せられていると解釈する以上、告発して通報すべきという結論になる（もっとも、怠慢で告発しなかったとしても処罰されることなどないのは前述したとおり。）。

　これに対し、告発義務はないとする見解に立った場合には、告発するかしないかは、法的判断ではなく、A医師の倫理的判断に委ねられることになる。告発義務がないからといって警察に通報していけないということにはならないので、義務がなくても通報するという判断をするか、あるいは、義務がない以上、通報はしないという判断をするかということになる。前者の場合には、後述する守秘義務との対立が問題になるが、後者の場合には、B子の覚醒剤使用を放置するだけのことになる。なお、この点については後に詳述する。

4　守秘義務との対立に関する問題

(1)　告発義務があるとする場合

　では、告発義務があるとした場合、それに従って通報した行為は、医師としての守秘義務に反することはないのであろうか。

　実際の本件最高裁決定の事案では、そのような主張が弁護側から出されていた。すなわち、B子は、その後、検察官により、覚醒剤使用の罪で起訴されたのであるが、公判では、A医師がB子の尿中から覚醒剤反応が出たことを警察官に通報した行為は、医師の守秘義務に違反していて違法であるとの主張がB子の弁護人から出された。

　しかしながら、これまでにも述べたように、医師には種々の届出義務が課せられており、その届出は、刑法35条で規定されている「法令又は正当な業務による行為は、罰しない。」とする規定のうちの「法令による行為」として違法性が阻却され、守秘義務に違反しない。そして、告発義務が刑訴法上、A医師に課せられている以上、同様に、刑法35条が適用され、違法性が阻却

されて罰せられることはないという結論になる。

　また、先に述べた本件の第一審判決である東京地裁判決でも、先に告発義務があることを説明した部分と重なるが、「確かに、医師は守秘義務を負っているものの、他方で、国家公務員は刑事司法の適正な運用を図るためにその職務を行うことにより犯罪があると思料するときは告発義務が課されているから（刑訴法239条2項）、覚醒剤取締法違反の疑いがあるような重大な公益に関わる犯罪に係る事実を知った公務員たる医師が警察にその旨を届け出たとしても、法令による行為として違法な守秘義務違反と評価することはできないというべきである。」と述べて、告発義務がある以上、それに従うことは、「法令による行為」であるから、適法になると説明している。

　さらに、先に述べた本件の控訴審判決である東京高裁判決でも、先に告発義務があることを説明した部分と重なるが、「一般に犯罪行為の捜査機関への通報、告発は社会的に正当な行為として許容されうる性質のものであることに加え、A医師は国家公務員としての立場から告発義務を負っていることにも徴すれば、被告人につき覚醒剤使用の疑いが濃厚に認められたこと、B医師があらかじめ被告人の両親に対し警察に報告することを告げ、両親も最終的にこれを了解した様子を示していたことなどの本件の事実関係の下においては、A医師の上記行為が守秘義務に反した違法な行為であるとはいえない」としている。

　これは、上記東京地裁判決で示された「法令による行為」であることに加えて、Bに覚醒剤使用の疑いが濃厚であったことや、Bの両親の了解を得たことなどを理由としており、その意味で、それらの理由は、A医師の行為が正当なものであったことを示す理由づけであるから、この東京高裁判決は、「法令による行為」であることに加えて、それが「正当な業務による行為」であることも理由にしているものとみられる。

　したがって、このように告発義務があると解する以上、それに従って警察に告発して通報した行為は、守秘義務に反することはないという結論になる。

(2)　告発義務がないとする場合

ア　義務がなくても告発するか否か

　前述したように、刑訴法329条2項では、公務員に対しても告発義務はな

いと解した場合や、そもそも告発義務の対象外である現在の国立病院機構や民間病院の医師であった場合を考えてみることとする。

　このような場合には、刑訴法329条1項が関わってくる。すなわち、同条項は、

　　第三百二十九条　何人でも、犯罪があると思料するときは、告発をすることができる。

と規定されており、犯罪を発見したような場合には、誰でも告発をすることが「できる」とされている。ただ、これは「できる」のであって、「しなければならない」ではない。つまり、告発をするかしないか、つまり、警察に通報するかどうかは、その犯罪を発見した人の意思に委ねられているということである。

　そうなると、A医師には告発義務は課せられていないと解する場合や、仮にA医師が民間病院に勤務する医師であったとした場合、前述したように、A医師は、警察へ告発して通報するか、その通報を止めるべきかどうか選択を迫られることになる。少なくとも、告発をしなかったらといって法的に責められることはないのであるから。

　そこで、諺の一つに「窮鳥懐に入らずんば猟師もこれを撃たず」というものがあり、困っている患者であれば、それが罪を犯していようと、自らは保護する、つまり、警察に突き出さないという倫理観もあり得るだろうとは思われる。倫理的には一つの選択肢であるとはいえるであろう。

　しかしながら、私自身は、この場合には、そのような考え方は適当ではないと思っている。というのは、覚醒剤使用罪の重さを考えるべきだからである。覚醒剤使用罪は、覚醒剤取締法19条において、

　　第十九条　（前略）何人も、覚醒剤を使用してはならない。

と規定され、その罰則は、同法41条3第1項第1号において、

　　第四十一条の三　次の各号の一に該当する者は、十年以下の懲役に処する。
　　一　第十九条（使用の禁止）の規定に違反した者（後略）

と規定され、その刑罰として、10年以下の懲役という非常に重い罪が定められているのである。この10年以下の懲役という罪は、窃盗や詐欺と同じであり、つまり、巨額の現金を盗んだり、騙し取ったりした場合の犯人と同程度の悪質な犯罪とされているものなのである。また、実際のところ、女性の覚醒剤使用による受刑者が非常に多いというのも重大な社会問題となっている[48]。

　そのような法的、社会的な事情を考慮するなら、警察による捜査を通じて、Ｂの更生を願うべきではないかと考えられよう。

　もっとも、これに反対する見解があっても、自分なりの倫理感に基づくものであるのなら、それはそれで一つの考え方であろうかと思われる。

　そこで、もし、警察に告発して通報するようなことはしないという判断をした場合には、Ｂ子の秘密を漏らしていないことから、守秘義務違反の問題は生じない。

　ただ、注意が必要なのは、犯罪があることを通報しないという消極的な行為だけであれば、これまで述べたことで特に問題になることはないが、警察に見つからないように積極的な行為に及んでしまった場合には、刑法上の問題が生じるということである。

　例えば、Ｂ子の犯罪を隠すために、薬物検査をしなかったことにしてしまうとか、覚醒剤反応が出たことをカルテから消してカルテを改竄するとか、看護師に対してＢ子の尿から覚醒剤反応が出たことを言わないようにと口止めをするなどした場合には、刑法103条が、

　　第百三条　罰金以上の刑に当たる罪を犯した者（中略）を蔵匿し、又は隠避させた者は、三年以下の懲役又は三十万円以下の罰金に処する。

と定めている**犯人隠避罪**や、第２章第７款でカルテの改竄で述べた刑法104条が、

　　第百四条　他人の刑事事件に関する証拠を隠滅し、(中略) 若しくは変造し (中略) た者は、三年以下の懲役又は三十万円以下の罰金に処する。

---

(48)　法務総合研究所編『令和２年版　犯罪白書──薬物犯罪──』（2020年、法務総合研究所）50頁。

と定めている証拠隠滅罪が成立してしまうおそれがあるからである。

　まず、犯人隠避罪については、これは平たく言えば、犯人を匿う犯罪であり、ここでいう**隠避**という行為は、物理的に場所を提供して匿う場合（これは**犯人蔵匿罪**という。）以外で、警察等による犯人の発見等を妨げる一切の行為と考えられており、看護師に口止めをする行為などは、これに該当する。

　また、証拠隠滅罪は、他人の刑事事件、この場合であればB子の覚醒剤使用事件であるが、これに関する証拠を**隠滅**、つまり、証拠をなくしてしまったり、**変造**、つまり、勝手に書き変えるなどした場合に成立する。したがって、カルテから検査に関する記載や、その検査結果を書き直すなどした場合には、この罪に該当するといってよいであろう。

イ　告発義務がないのに告発した場合に守秘義務との関係をどのように考えるか

　告発義務がないとしても警察に告発して通報するという判断をした場合においては、告発義務がないのであれば猶更のこととして、それに反して警察に通報するという行為が守秘義務に反するのではないかとして問題になる。

　先の告発義務があるとした場合に述べたことは、そのような義務がある以上、それが守秘義務に優先しても法令上求められているのだからやむを得ないだろうといえたのであるが、ここでは、そのような義務がないのであるから、義務もないのに、なぜわざわざ守秘義務に反することをするのだということが問題になるからである。

　しかしながら、犯罪のない社会を実現することに協力することは国民として、求められる行為の一種であると考えられるし、だからこそ、刑訴法239条1項は、「告発することができる」として犯罪の端緒を警察に提供することを認めているのであるから、たとえ守秘義務がなくても、警察等の捜査に協力することは刑法35条にいう「正当な業務による行為」として許されると考えるべきであろう。

　特に、覚醒剤の撲滅が我が国の悲願であり、覚醒剤取締法1条は、「この法律は、覚醒剤の濫用による保健衛生上の危害を防止するため」という目的で制定されたことを明示しており、その目的に沿って協力する国民の行為は、守秘義務より優先することがあり得ると考えるべきだと思われる。

　この点について、明治大学法科大学院の清水真教授によれば[49]、「特別法上、医師に報告義務規定が定められていない事項であっても、医師が診療行為の過程で知り得た秘密を公的機関等に報告する行為について　は秘密漏示の違法性は阻却されるものと考えるべきであろう。確かに、医師が扱う患者の情報の多くは患者自身の精神・身体の健康状態、患者及び親族の生活状況や既往歴等、他者の監視・干渉を受けないことへの期待（privacyの期待）が合理性を有する情報が少なくはない。しかし、当該患者自身は勿論のこと、その疾病の性格如何によっては、不特定多数人に影響を及ぼしかねない情報を医師の医療行為においては入手し、扱うのであり、これらを如何なる事情の下でも一切、他に伝達することが許されないというのでは、医業の公益性はないがしろになってしまう。感染症患者を発見した場合、自傷他害の危険がある重度精神疾患者が施設外に出た場合等と同様に、規制薬物を自己使用していると思われる者を診療行為の過程で発見した場合、当該規制薬物の影響による法益侵害行為を防止する必要という社会公益性は極めて強いと考えるべきである。」としていることが、極めて有用で参考になると思われる。

　また、本件の最高裁決定は、この点について、「医師が、必要な治療又は検査の過程で採取した患者の尿から違法な薬物の成分を検出した場合に、これを捜査機関に通報することは、正当行為として許容されるものであって、医師の守秘義務に違反しないというべきである。」と判示している。この最高裁決定では、A医師に告発義務があるかどうかは明示的には触れられておらず、最高裁としてこの義務の存否についてどのように判断しているかはわかりらないものの、どちらであれ、患者の尿から違法な薬物の成分を検出した場合に、これを捜査機関に通報することは、刑法35条の正当行為として許容されるとの判断を示し、守秘義務に反することはないとしたものである。

---

(49)　清水真「臨床医の犯罪認知と捜査機関への通報」明治大学法科大学院論集3号（2007年）235頁。

第3編

調剤行為等の医療行為の
規制等に関する法制度

　ここでは、薬剤師等の医療従事者による調剤行為等に関する法律問題や、それに付随して発生する義務、責任などに関する規制等を含めた法制度について解説する。

　そのために、まず、薬剤師ら調剤行為の主体と、その相手方となる患者との関係が民事法的にどのようなものであるか、その際の法的義務などについて検討した上、薬剤師法等で課されている種々の義務とその履行のための規制等について述べることとする。

第1章　民法上の調剤契約の法的性質及びこれに基づく薬剤師の義務

第1款　調剤契約の法的性質

　まず、処方せんに基づいて調剤する行為の法的評価であるが、これは、患者側からみれば、医師に診療を依頼する行為が、薬剤師に処方せんによって調剤を依頼する行為に変わっただけであることから、やはり調剤という事実行為を委任しているのであって、準委任契約といえるであろう。

　そして、そのように調剤した薬を代金と交換に渡してくれることまで準委任契約の範囲内に入っていると考えるのであれば、その代金と薬との交換行為をあえて別に法的に評価する必要はないともいえる。実際に、調剤契約を純粋に準委任契約であるとする考え方も存在する。

　このような考え方も十分になり立つとは思われるが、それよりはむしろ調剤行為と売薬行為を分けて考え、売薬行為については、民法555条の

> 第五百五十五条　売買は、当事者の一方がある財産権を相手方に移転することを約し、相手方がこれに対してその代金を支払うことを約することによって、その効力を生ずる。

とする**売買契約**であり、調剤契約は、調剤行為を委任する準委任契約と、それによって得られた薬剤を売買する売買契約の**混合契約**であると考えたほうがよいのではないかと考えられる。このほうが、薬剤の引渡しにおける契約関係において、民法533条において、

> 第五百三十三条　双務契約の当事者の一方は、相手方がその債務の履行（中略）を提供するまでは、自己の債務の履行を拒むことができる。

と規定されている**同時履行の抗弁権**[1]が与えられるなど、薬剤師側を保護す

（1）　簡単にいえば、お金を払うまでは調剤した薬剤は渡しませんよと言えるということである。準委任契約であると、受任者側が先に履行しなければならないので、薬剤を渡してからでないと代金請求ができないことから、民法上は、持ち逃げされたりすることが起き得るのである。

ることができるからである[2]。

第2款　調剤契約に基づく薬剤師の患者に対する義務

　民法上の義務については、基本的には、医師・歯科医師に関して診療義務に関して述べたことと同様である。診療行為が調剤行為に変わるだけで、その法的処理などは同様であると考えてよい。

第2章　調剤契約に基づく民法上の義務以外で、薬剤師法等に基づく薬剤師の患者に対する義務

第1款　調剤義務（応調剤義務）

　薬剤師法21条は、

　　第二十一条　調剤に従事する薬剤師は、調剤の求めがあった場合には、正当な理由がなければ、これを拒んではならない。

と規定され、調剤の要請があった場合には、正当な理由がなければ、これに応じて調剤をしなければならない義務が課せられている。もっとも、ここでは、「調剤に従事する薬剤師」とされていることから、その対象となる薬剤師は、薬局、病院等で実際に調剤業務に従事している者であって、研究所や製薬会社等に勤務する薬剤師は、その対象にはならない。

　これは医師の応召義務と同様に、薬剤師としての職業倫理から導き出される義務であり、したがって、これに違反して診療を拒否したとしても、薬剤師法にこれに関する刑罰が設けられていない以上、処罰されることはない。しかしながら、正当な事由がないのに、何度も調剤を拒否するようなことが続けば、それは薬剤師としての品位を損なうことになり、薬剤師免許取消し等の処分を受けるおそれがあるといわざるを得ないであろう。

　また、ここでいう「正当な事由」とは、自らが疾病等により調剤できる状

（2）　この点についての詳細は、拙著『医療関係者のための実践的法学入門』（2019年、成文堂）86頁以下を参照されたい。

態にないとか、他の患者の調剤中であるとか、社会的にみてやむを得ないと
されるようなものでなければなりません。単に、他の約束があるからなど
とった個人的な事情だけでは、正当な事由とは認められないといわれている。

第2款　薬局等指定場所での調剤義務

薬剤師法22条は、調剤の場所に関して、

> 第二十二条　薬剤師は、医療を受ける者の居宅等（中略）において医師又は歯
> 科医師が交付した処方せんにより、当該居宅等において調剤の業務（中略）
> を行う場合を除き、薬局以外の場所で、販売又は授与の目的で調剤してはな
> らない。ただし、病院若しくは診療所（中略）の調剤所において、その病院
> 若しくは診療所（中略）で診療に従事する医師若しくは歯科医師又は獣医師
> の処方せんによって調剤する場合及び災害その他特殊の事由により薬剤師が
> 薬局において調剤することができない場合その他（中略）特別の事情がある
> 場合は、この限りでない。

と規定しており、患者の自宅等で調剤する場合、病院等の調剤所で調剤する
場合及び災害等により薬局で調剤できない特別の事情がある場合を除いて、
薬局以外の場所での調剤を禁じている。これは調剤行為の安全性、正確性等
を確保するために薬局での調剤を求めているものである。

この規定に違反した場合には、薬剤師法30条2号において、

> 第三十条　次の各号のいずれかに該当する者は、一年以下の懲役若しくは五十
> 万円以下の罰金に処し、又はこれを併科する。
> 一　（中略）
> 二　第二十二条、第二十三条又は第二十五条の規定に違反した者

とされているので、1年以下の懲役等の刑罰に処せられることになる。

第3款　処方せんによる調剤義務

薬剤師法23条1項は、

> 第二十三条　薬剤師は、医師、歯科医師又は獣医師の処方せんによらなけれ

　　　ば、販売又は授与の目的で調剤してはならない。

と規定して、処方せんに従った調剤が義務付けられているほか、同条２項は、

　　　２　薬剤師は、処方せんに記載された医薬品につき、その処方せんを交付した
　　　　医師、歯科医師又は獣医師の同意を得た場合を除くほか、これを変更して調
　　　　剤してはならない。

と規定して、医師らの同意がなければ勝手に処方せんの記載と異なった調剤
を行ってはならない義務が課せられている。
　　これらの規定に違反した場合には、先に示した薬剤師法30条２号におい
て、１年以下の懲役等の刑罰に処せられることになる。

第４款　処方せん疑義照会義務

第１　本義務の内容

　　薬剤師は、処方せん中に疑義のある部分があった場合には、同法24条にお
いて、

　　　第二十四条　薬剤師は、処方せん中に疑わしい点があるときは、その処方せん
　　　　を交付した医師、歯科医師又は獣医師に問い合わせて、その疑わしい点を確
　　　　かめた後でなければ、これによつて調剤してはならない。

として、疑問を解消してから調剤をするようにとされている。なお、この規
定に違反して調剤をした場合は、薬剤師法32条６号によって、50万円以下の
罰金に処せられることになる。
　　この規定は、薬剤師が医師らから独立して、薬剤の専門家として、患者の
ために疑義を解消しない限り調剤をしてはならないとするものであり、ここ
でいう「疑わしい点」というのは、用量・用法などの形式的な疑問点はもち
ろんのこと、処方せんの実質的な内容、すなわち、病態に対する疑問点など
も含んだ実質的審査をする義務であると解されている[3]。

（３）　大磯義一郎ほか『医療法学入門［第２版］』（2016年、医学書院）276頁。

そこで、この点が実際に問題となった裁判例を検討することとする。

第２　平成23年２月10日東京地裁判決（判例時報2109号56頁）

1　事案の概要及び原告の主張内容

本件は、入院患者Ａに対し、劇薬に指定されているベナンバックスが３日間連続で、しかも、常用量の５倍投与されたため、Ａが死亡したことについて、Ｂの相続人である原告らが、上記投与を指示した医師らのみならず、その指示に従って漫然と調剤を行った薬剤師らに対しても、疑義照会をしなかったことなどについて過失があるとして、民法709条の不法行為に基づく損害賠償を求めた事案である。

具体的には、医師が、ベナンバックスとバクトラミンの医薬品集の頁を見間違え、ベナンバックス300mgを１日３回投与するよう指示し、薬剤師Ｂが、３日分の調剤を行い、薬剤師Ｃは、１日目分と２日目分の調剤監査[4]を行い、薬剤師Ｄが、３日目分の調剤監査を行っていた。

医学的知見によれば、ベナンバックスの用法・用量は、４mg/kgを１日１回投与とされ、患者Ａの体重が45kgとされていることからすると、本来の投与量は、180mg/日となるべきところ、本件では、900mg/日と、実に５倍もの用量を投与していたことになっていた。

このようなベナンバックスの投与状況に照らし、原告は、被告の薬剤師らは、医師による常用量の５倍に相当するベナンバックスの処方指示について、常用量を確認して疑義を抱き、当該医師に照会すべき注意義務を負っていたにもかかわらず、当該処方について何らの疑義も抱かず、薬剤師Ｂについては、漫然と処方せんどおりの調剤を行って注意義務に違反したことが不法行為を構成し、薬剤師Ｃ及びＤについては、ベナンバックスの調剤監査を行う際に、調剤内容及び用法・用量に誤りがないかを確認し、誤りがあれば直ちにこれを是正し、あるいは医師に確認をとるなどの適切な処置をとるべ

（４）　調剤鑑査とは、処方箋に基づいて調製された医薬品の分量等が間違っていないか確認する調剤業務であり、この際に、処方せんに記載されている内容が正しいかなどもチェックすることになっている。調製を行った薬剤師とは別の薬剤師が行う。調剤による事故や誤りを防ぐうえで大変重要な業務の一つである。

き注意義務があったにもかかわらず、これを怠ったことが不法行為を構成すると主張した。

2　本件東京地裁判決の判示内容

(1)　薬剤師法24条の解釈について

本件判決は、薬剤師法24条の解釈に関して、同法は、「医薬品の専門家である薬剤師に、医師の処方意図を把握し、疑義がある場合に、医師に照会する義務を負わせたものであると解される。そして、薬剤師の薬学上の知識、技術、経験等の専門性からすれば、かかる疑義照会義務は、薬剤の名称、薬剤の分量、用法・用量等について、網羅的に記載され、特定されているかといった形式的な点のみならず、その用法・用量が適正か否か、相互作用の確認等の実質的な内容にも及ぶものであり、原則として、これら処方せんの内容についても確認し、疑義がある場合には、処方せんを交付した医師等に問い合わせて照会する注意義務を含むものというべきである。」として、実質的な内容の妥当性にまで判断を及ぼすべきであり、その際に疑義があれば、医師等に照会する義務があるとしている。

また、調剤監査に関しても、「調剤監査が行われるのは、単に医師の処方通りに、薬剤が調剤されているかを確認することだけにあるのではなく、前記と同様、処方せんの内容についても確認し、疑義がある場合には、処方医等に照会する注意義務を含むものというべきである。」として、調剤監査を担当する薬剤師においても、調剤業務を行う薬剤師と同様の実質的な審査をする疑義照会義務があるとしたのである。

(2)　薬剤師B乃至Dの過失の認定

本件東京地裁判決は、「薬剤師はその専門性から、原則として、用法・用量等を含む処方せんの内容について確認し、疑義がある場合は、処方医に照会する注意義務を負っているといえるところ、特に、ベナンバックスは普段調剤しないような不慣れな医薬品であり、劇薬指定もされ、重大な副作用を生じ得る医薬品であること、処方せんの内容が、本来の投与量をわずかに超えたというものではなく、5倍もの用量であったことなどを考慮すれば、薬剤師Bとしては、医薬品集やベナンバックスの添付文書などで用法・用量を確認するなどして、処方せんの内容について確認し、本来の投与量の5倍も

の用量を投与することについて、処方医である医師に対し、疑義を照会すべき義務があったというべきである。

　また、同様に、薬剤師C及び薬剤師Dは、処方せんで指示された薬剤と調剤された薬剤とを照合し、処方せんに記載された処方内容と患者Aの薬袋ラベル、輸液レベル、処方せん控えとを照合しているけれども、それだけでは十分とはいえず、前述したとおり、ベナンバックスが普段調剤しないような不慣れな医薬品であり、劇薬指定もされ、重大な副作用を生じ得る医薬品であること、処方せんの内容が、本来の投与量をわずかに超えたというものではなく、5倍もの用量であったことなどを考慮すれば、薬剤師C及び薬剤師Dもまた、医薬品集やベナンバックスの添付文書などで用法・用量を確認するなどして、調剤された薬剤の内容に疑義を抱くべきであり、処方医である被告J医師に対し、疑義について照会すべき義務があったというべきである。」として、いずれの薬剤師に対しても、医師に対し疑義照会を怠ったことが過失であるとして損賠賠償義務を認定したものである。

第5款　調剤された薬剤の表示義務

薬剤師法25条は、

> 第二十五条　薬剤師は、販売又は授与の目的で調剤した薬剤の容器又は被包に、処方せんに記載された患者の氏名、用法、用量その他厚生労働省令で定める事項を記載しなければならない。

として、調剤した薬剤の容器等に患者の氏名や用法等を記載しなければならないとされている。これは調剤された薬剤の誤用を防ぐためのものである。

　薬剤師がこの記載を怠った場合には、先に示した薬剤師法30条2号により1年以下の懲役等の刑罰に処せられることになる。

第6款　説明義務（情報の提供及び指導義務）

薬剤師法25条の2は、

> 第二十五条の二　薬剤師は、調剤した薬剤の適正な使用のため、販売又は授与

　の目的で調剤したときは、患者又は現にその看護に当たつている者に対し、
　必要な情報を提供し、及び必要な薬学的知見に基づく指導を行わなければな
　らない。

と規定し、これを**服薬指導**というが、調剤した薬剤の適正な使用のために必
要な情報を提供したり、指導したりすることが義務付けられている。患者へ
の説明義務を定めたものといえよう。ただ、これに関する罰則は定められて
いない。

　なお、この説明義務については、医療法1条の4第2項で、

　　2　医師、歯科医師、薬剤師、看護師その他の医療の担い手は、医療を提供す
　　るに当たり、適切な説明を行い、医療を受ける者の理解を得るよう努めなけ
　　ればならない。

と規定されている、患者との間のインフォームド・コンセントを得るよう努
めることを義務付けていることや、民法645条において、

　　第六百四十五条　受任者は、委任者の請求があるときは、いつでも委任事務の
　　処理の状況を報告し、委任が終了した後は、遅滞なくその経過及び結果を報
　　告しなければならない。

と規定されて受任者の報告義務を定めていることからも導きだされるもので
ある。
　なお、これらの点については、医師・歯科医師の説明義務に関して述べた
ことと同様である。

第7款　処方せんへの記入義務

薬剤師法26条は、

　　第二十六条　薬剤師は、調剤したときは、その処方せんに、調剤済みの旨（そ
　　の調剤によって、当該処方せんが調剤済みとならなかったときは、調剤量）、
　　調剤年月日その他厚生労働省令で定める事項を記入し、かつ、記名押印し、
　　又は署名しなければならない。

と規定し、調剤をしたときに処方せんに必要事項を記入する義務を課している。これは処方せんが適正に処理されたかどうかわかるようにするためである。

　この義務に違反した場合は、薬剤師法32条６号によって、50万円以下の罰金に処せられることになる。

第８款　処方せん・調剤録保存義務

　これらは必ずしも薬剤師に対する義務ではなく、医薬品医療機器等法４条の許可を受けて薬局を開設した者に対して課せられる義務である。薬剤師が薬局を開設することは当然にあるので、薬剤師法で規定されているものである。

　そこで、薬剤師法27条は、

　　第二十七条　薬局開設者は、当該薬局で調剤済みとなつた処方せんを、調剤済みとなつた日から三年間、保存しなければならない。

と規定して、薬局開設者は、処方済みとなった処方せんは、調剤済みとなった日から３年間保管しなければならないし、また、薬剤師法28条１項は、

　　第二十八条　薬局開設者は、薬局に調剤録を備えなければならない。

としているから、調剤録を備えなければならない。

　その上で、同条２項は、薬剤師に対し、

　　２　剤師は、薬局で調剤したときは、調剤録に厚生労働省令で定める事項を記入しなければならない。ただし、その調剤により当該処方せんが調剤済みとなつたときは、この限りでない。

として、薬剤師に調剤内容を調剤録に記入することを義務付けている。

　そして、薬局開設者は、同条３項により、

　　３　薬局開設者は、第一項の調剤録を、最終の記入の日から三年間、保存しな

　　ければならない。

として、調剤録を最終記入の日から３年間保管しなければならないこととされている。

　なお、これらの義務に違反した場合は、薬剤師法32条６号によって、50万円以下の罰金に処せられることになる。

第9款　処方せんを持たない者への処方せん薬の販売をしてはならない義務

　医薬品医療機器等法49条１項は、

> 　第四十九条　薬局開設者又は医薬品の販売業者は、医師、歯科医師又は獣医師から処方箋の交付を受けた者以外の者に対して、正当な理由なく、厚生労働大臣の指定する医薬品を販売し、又は授与してはならない。ただし、薬剤師等に販売し、又は授与するときは、この限りでない。

と規定しており、薬局開設者などは、医師らからの処方せんの交付を受けた者以外の者への医薬品の販売を禁じている。処方せんによる医薬品の販売等を前提としている以上、当然の禁止規定である。

　そして、この規定に違反した場合には、同法84条17号により、３年以下の懲役又は300万円以下の罰金などの刑事処罰が科せられる。

第10款　医薬品を無許可で販売してはならない義務

　医薬品医療機器等法24条１項本文は、

> 　第二十四条　薬局開設者又は医薬品の販売業の許可を受けた者でなければ、業として、医薬品を販売し、授与し、又は販売若しくは授与の目的で貯蔵し、若しくは陳列（配置することを含む。以下同じ。）してはならない。

と規定しており、薬局開設者又は医薬品の販売業の許可を受けた者でなければ、業としての医薬品の販売等は禁じられている。

　そして、この規定に違反した場合には、同法84条９号により、３年以下の懲役又は300万円以下の罰金などの刑事処罰が科せられる。

第11款　品質不良医薬品等を販売してはならない義務

医薬品医療機器等法56条は、

> 第56条　次の各号のいずれかに該当する医薬品は、販売し、授与し、又は販売
> 若しくは授与の目的で製造し、輸入し、貯蔵し、若しくは陳列してはならな
> い。
> 一　日本薬局方に収められている医薬品であつて、その性状又は品質が日本
> 　　薬局方で定める基準に適合しないもの（中略）
> 六　その全部又は一部が不潔な物質又は変質若しくは変敗した物質から成つ
> 　　ている医薬品
> 七　異物が混入し、又は付着している医薬品
> 八　病原微生物その他疾病の原因となるものにより汚染され、又は汚染され
> 　　ているおそれがある医薬品（後略）

と規定しており、薬剤師、薬局開設者に限らず、誰に対しても、このような
医薬品の販売を禁じている。このような医薬品が流通した場合には、患者に
対する健康被害が著しく、その禁止をするのは当然であろう。

　そして、この規定に違反した場合には、同法84条20号により、3年以下の
懲役又は300万円以下の罰金などの刑事処罰が科せられる。

第12款　刑法上の守秘義務

　これについては、医師法・歯科医師法に関して述べたことと同様である。

第3章　医薬分業制度

1　医薬分業制度の概要

　これまでに述べてきたように、医師らが交付した処方せんに基づいて薬剤
師が調剤するなどの分業体制は、医薬分業と呼ばれるものであり、医師法22
条の処方せん交付義務や、薬剤師法23条の処方せんに基づく調剤義務は、こ
の医薬分業制度を推進するためのものでもある。

　このような制度が設けられた理由としては、医師の処方せん交付義務に関

して述べたところではあるが、医師の義務は、診断とそれによる処方せんの交付までであって、薬剤を調剤して患者等に渡し、服薬指導をするのは、薬剤師の役割とすることにより、それぞれの専門性を活かしながら、協同して患者本位の良質の医療を提供できることにある[5]。

そして、かかりつけ薬局において薬歴管理を行えば、複数診療科受診による重複投薬等の確認ができること、患者が自分に投与される薬の内容を知る機会が増えること、病院薬剤師の外来調剤業務が軽減されるというメリットがあることなどが挙げられている[6]。

2　平成14年11月21日福岡高裁判決（公刊物未登載）

本件は、医薬分業制度について詳細に述べられた民事判決であり、薬剤師や薬局開設者として、病院等に対し、いかなる立場になるのかなどについて参考になることから、ここに紹介する。

(1)　事案の概要

ア　原告の主張

本件は、薬局を経営する原告が、病院を経営する被告に対し、次のとおりの主張をして債務不履行又は不法行為による損害賠償請求をしたものである。

その主張の内容としては、以下の2点を挙げていた。

① 医院を経営する被告との間で、マンツーマン分業契約（医療機関が特定の一つの受入薬局と連携して、患者において発行された処方箋を受入薬局に持ち込み、受入薬局が処方箋に従って調剤するもの）、あるいは院外処方箋発行契約（診察を受けた投薬を必要とする患者に対し、患者の意思に反しない限り、院外処方箋を発行する義務を負うものであって、当該患者を医療機関に回す義務まで伴わない契約）を締結していたところ、いずれにしても、被告は原告に対し、外来患者に投薬の必要がある場合、院外処方が

（5）　大磯ほか・前掲注(3)274頁。
（6）　もっとも、医薬分業制度に対する反対意見もあり、「医薬分業については、患者の利便性や分業コストに見合ったメリットが乏しく、そのあり方を再考すべきであるという意見があり、平成27年3月12日に開催された内閣府の規制改革会議公開ディスカッションにおいて、医薬分業における規制の見直しが議論されました。今後、医薬分業のあり方は大きく変化する可能性があります。」（大磯ほか・前掲注(3)275頁）との見解が述べられている。

可能であれば、処方箋を発行すべき契約上の義務を負っていたにもかかわらず、院外処方せんを発行しなかった

② 仮に、そうでなくとも、原告には被告から処方箋の発行を受け得る法的保護に値する期待権があったが、被告がこれに違反して処方箋を発行しなかった

そのため、原告は、薬局の閉鎖を余儀なくされて損害を被った。

イ 被告の主張

これに対し、被告は、原告に対し、その薬局の経営に関し、マンツーマン分業契約あるいは院外処方箋発行契約を締結したことはない。したがって、被告が原告に対し院外処方箋を発行する義務を負うことはないと主張した。

また、近所に医院と薬局がある場合に、実際上の便宜の観点から、双方が事実上、協同することを約束することがあるとしても、それが法律的拘束力のある契約として、損害賠償責任の根拠となり得るまでに高められるのは、特殊な場合（例えば、医療機関が嫌がる薬局を説得して近くに誘致し、院外処方箋を出してその薬局に絞ったときなど）に限られると解すべきであるが、本件にはそのような事情もないと主張した。

(2) 本件福岡高裁判決の判示内容

ア 医薬分業に関する法令及び行政指導の実際、医薬分業の在り方

(ア) 医師法及び薬剤師法の規定の検討

本件福岡高裁判決は、医師法などの規定の解釈として、医師法は、医師に対し、処方箋の交付義務を課し（22条）、薬剤師法は、薬剤師以外の者による販売又は授与の目的での調剤を禁止し（19条）、また、薬剤師に対し、医師らの処方せんによらなければ調剤してはならない義務を定め（23条1項）、さらに、調剤に従事する薬剤師に対し、調剤に応じる義務が定められていること（21条）などに照らせば、法は、医薬分業を是としていることが明らかであると判示した。

その上で、「医薬分業は、医師と薬剤師のそれぞれの専門性を生かしながら協同して患者本位の良質の医療を提供すること、即ち、医薬品の適正使用の観点から薬剤師が医師の処方箋に基づき正しく調剤するとともに、患者に対する服薬指導、薬歴管理及び相互作用のチェック等を行うことにより薬物

療法の有効性と安全性を確保することにあると考えられる。そして、その目的を達成するためには、調剤薬局が医療機関から独立してその業務にあたることが、制度的にも確保されていることが不可欠であると考えられる。」と判示した。

　前述したとおり、医薬分業の趣旨に則った判示といえよう。

(イ)　**厚生省令の検討**

　平成9年当時の以下の厚生省令においては、いずれも調剤薬局の医療機関からの独立性を確保する観点から、医薬分業に関して以下のように規定し、いわゆるマンツーマン分業契約や院外処方せん発行契約について否定する方向で指導している。

①　保険薬局及び保険薬剤師療養担当規則第2条の3

　保険薬局は、その担当する療養の給付に関し、次の各号に掲げる行為を行ってはならない。

一　保険医療機関と一体的な構造とし、又は保険医療機関と一体的な経営を行うこと。

二　保険医療機関又は保険医に対し、患者に対して特定の保険薬局において調剤を受けるべき旨の指示等を行うことの対償として、金品その他の財産上の利益を供与すること。

②　同規則第2条の5

a　保険医療機関は、当該保険医療機関において健康保険の診療に従事している保険医(以下「保険医」という。)の行う処方せんの交付に関し、患者に対して特定の保険薬局において調剤を受けるべき旨の指示等を行ってはならない。

③　同規則第19条の3

a　保険医は、処方せんの交付に関し、患者に対して特定の保険薬局において調剤を受けるべき旨の指示等を行ってはならない。

(ウ)　**薬局業務運営ガイドライン**

　また、薬局自らが自主的に達成すべき目標であると同時に、薬局に対する行政指導の指針として、薬局の業務運営の基本事項について、厚生省が平成5年4月に定めた**薬局業務運営ガイドライン**は、「薬局は国民が自由に選択

できるものでなければならない。」とした上、「医療機関、医薬品製造業者及び卸売業者からの独立」として、次のとおり定めている。

① 薬局は医療機関から経済的、機能的、構造的に独立していなければならない。

② 薬局は医療機関と処方せんの斡旋について約束を取り交わしてはならない。

③ 薬局は医療機関に対し処方せんの斡旋の見返りに、方法のいかんを問わず、金銭、物品、便益、労務、供応その他経済上の利益の提供を行ってはならない。

㈢　医薬分業の在り方についての結論

本件福岡高裁判決は、上述した厚生省令等の検討結果に照らせば、「医療機関と薬局が医薬分業に関して締結した合意の効力を否定する明白な規定は存在しないものの、法の目指す医薬分業の在り方は、面分業（医療機関が受入薬局と連携せずに、患者が自由な意思で調剤薬局を選択し、いずれかの調剤薬局に処方箋を持ち込み、薬剤の処方・交付を受ける分業）であって、特定の医療機関と特定の薬局が結び付くことは、医薬分業の本旨に悖るものとして、極力これを避けるべきものとするのが、法の精神であり、行政もその精神に沿って、医薬業界の指導に努めてきたものと認められる。」と判示した。

イ　マンツーマン分業契約の実情及び法的な許容可能性

上記のような行政的な方向性に対して、現実には、どのような運用がなされていたかについて、本件福岡高裁判決は、マンツーマン分業契約に関して、以下のとおり判示した。

㈠　医薬分業の実際

本件では、当時の医薬分業の実態、特に、マンツーマン分業契約について、次のとおりの認定がなされた。

すなわち、「一般に、医療機関において患者に対し薬剤を処方する場合の方法は、医療機関内で処方・交付する院内処方と、医療機関は処方箋を発行するのみで、患者が処方箋を調剤薬局に持ち込み薬剤の処方・交付を受ける院外処方とに大別される。また、院外処方の場合、医療機関が特定の一つの受入薬局と提携し、患者が当該薬局に処方箋を持ち込むことを想定して処方

箋を発行し、その患者において、受入薬局に処方箋を持ち込み、薬局が処方箋に従って調剤するいわゆるマンツーマン分業（点分業）と、医療機関が特定の受入薬局と提携せずに、患者が自由に調剤薬局を選択するに任せ、患者がいずれかの調剤薬局に処方箋を持ち込み、薬剤の処方・交付を受ける面分業との二つの形態があるとされている。現状では、面分業を基本として院外処方を行っている医療機関は少なく、提携先の医療機関がない調剤専門の薬局はほとんどないとされている。このようにマンツーマン分業は、現状では医療業界では広く行われている医薬分業の態様であって、特殊なものではない。」とされている。

　ただ、現在では、そのようなマンツーマン分業契約が実態ではないと思われる。

　(イ)　**本件における原告と被告の連携の実態**

　本件においても、一審原告と一審被告は、それぞれの薬局・医院を開業する過程において、開業時期、両建物の位置関係、営業時間、使用薬品の確認、共同の接遇研修の実施等について綿密な打ち合わせのもとに実行に移しており、薬局・医院の開業後も院外処方箋の発行、それによる調剤、薬剤の貸借、共同のランチミーティングの実施等、両者が現実に密接に連携してそれぞれの事業を行っていたことなどに照らすと、原告と被告との間には、処方箋発行に関し相応の合意があったと認められるのであり、これをもって、マンツーマン分業契約少なくとも院外処方箋発行契約が締結されたとする一審原告の主張にも、相当の根拠があるというほかない。」と判示した。

　(ウ)　**本件判決の結論**

　しかしながら、本件判決では、このような実態があったとしても、「前示の医薬分業に関する法令、行政指導の実情及び医薬分業の在り方の下では、被告との前記合意につき、双方間の信頼関係が存続する限りは事実上尊重されるとの期待を抱いていたとしても、それを越えて法的拘束力あるものとして保護されるとまで考えていたと認めるのは相当でない。」と判示して、原告の請求には法的根拠がないとして、その請求を棄却した。

　つまり、原告と被告との間で、マンツーマン分業が実施されるものとの事実上の期待が存しても、そもそも行政的には許容されていないものであっ

て、それに法的な拘束力を認めることはできない、すなわち、それが当事者間の合意に基づくマンツーマン分業契約や院外処方せん発行契約として存したことにはならないとしているのである。

　したがって、被告の行為は、債務不履行にはならないし、原告の有していた期待権も単なる事実上のものであって、法的な保護の対象にはならないから、不法行為も成立しないとし、被告の薬局側が敗訴となったのである。

第４編

補助的医療行為等を定めた看護師等法
における規制等に関する法制度

看護師等法37条は、

第三十七条　保健師、助産師、看護師又は准看護師は、主治の医師又は歯科医師の指示があつた場合を除くほか、診療機械を使用し、医薬品を授与し、医薬品について指示をし、その他医師又は歯科医師が行うのでなければ衛生上危害を生ずるおそれのある行為をしてはならない。ただし、臨時応急の手当をし、又は助産師がへその緒を切り、浣腸を施しその他助産師の業務に当然に付随する行為をする場合は、この限りでない。

と規定し、その本文において、看護師等は、主治医の指示がなければ、診療機械を使用するなど、医師等が行うのでなければ衛生上危害を生じるおそれのある行為をしてはならないという義務が課せられている。

　しかしながら、本条但し書において、臨時応急の手当をすることは認められている。緊急事態であれば主治医の指示を待つことができないことも予想され、その場合には、医学的知識を有し必要な訓練を受けている看護師等に応急の手当を期待することが妥当だからである。

第5編

刑事事件と交錯する
医療行為に関する諸問題

第1章　人工妊娠中絶（堕胎罪・母体保護法）

第1款　人工妊娠中絶の是非に関する見解

人工妊娠中絶については、これに反対する立場と、賛成する立場は、それぞれどのような考え方に基づいているのであろうか。

まず、人工妊娠中絶に反対する立場は、生命の開始時点を受精の瞬間に求め、妊娠のあらゆる期間を通じて無条件に胎児の生命権を尊重し、法的にも道徳的にも中絶を一切禁止しようとする。つまり、胎児の「生まれる権利」を最優先させようとする立場である。これはカトリック教会に代表される。

これに対し、賛成する立場は、生命権の発生を出産時点に求め、胎児の処分権は女性のプライバシー権の一環であると捉え、中絶の決断を全面的に女性の自己決定に委ねようとする。つまり、出産者である女性の「産まない権利」が胎児の生命権に優先するという立場である。

前者にとっては、胎児はすでに生まれている人と同等の生命権を持つ存在だが、後者にとっては、母親に付属した複雑な細胞塊にすぎないということになるのである[1]。

第2款　堕胎に対する刑法の規定

では、我が国の刑法は堕胎に対してどのような態度で臨んでいるのであろうか。

堕胎を処罰することについては、欧州等ではキリスト教の思想によって古くから処罰の対象であったが、我が国にはそのような思想は存在せず、明治13年に制定された旧刑法で初めて処罰の対象とされるようになった。

第1　自己堕胎罪（刑法212条）

まず、刑法212条は、

> 第二百十二条　妊娠中の女子が薬物を用い、又はその他の方法により、堕胎したときは、一年以下の懲役に処する。

（1）　葛生栄二郎ほか『いのちの法と倫理［第3版］』（2004年、法律文化社）109頁。

と規定して自己堕胎罪を処罰の対象としている。つまり、自分の身体に宿した生命を処分することであっても処罰の対象としているのである。したがって、ここでの保護法益は、母体ではなく、胎児の生命である。ただ、法定刑が比較的軽いのは、妊婦自身による一種の自傷行為であり、また、妊婦の心理状態を考慮したことによるものと解されている[2]。

第2　同意堕胎罪（刑法213条）

次に、刑法213条は、

> 二百十三条　女子の嘱託を受け、又はその承諾を得て堕胎させた者は、2年以下の懲役に処する。よって女子を死傷させた者は、三月以上五年以下の懲役に処する。

と規定して同意堕胎罪（第三者堕胎罪）を処罰の対象としているところ、自己堕胎罪より重く処罰していること、また、致死傷の場合の加重規定を設けていることに照らせば、ここでの保護法益は、胎児の生命のみならず、母体の生命・身体をも保護法益としていることは明らかである。

第3　業務上堕胎罪（刑法214条）

更に、医師等の業務者がそのように同意を得て堕胎をさせた場合には、刑法214条において、

> 第二百十四条　医師、助産師、薬剤師又は医薬品販売業者が女子の嘱託を受け、又はその承諾を得て堕胎させたときは、三月以上五年以下の懲役に処する。よって女子を死傷させたときは、六月以上七年以下の懲役に処する。

と規定され、これは業務上堕胎罪と呼ばれるが、医師らの身分を有することを理由とする身分犯[3]である。

（2）　高橋則夫『刑法各論［第3版］』（2018年、成文堂）23頁。
（3）　犯罪が成立するために一定の身分が存することが要件とされる犯罪を指称する用語である。

第4　不同意堕胎罪（刑法215条）

　これまでは、いずれも妊婦の同意を得て堕胎がなされる場合であったが、妊婦の意に反して堕胎がなされた場合には、刑法215条において、

　　第二百十五条　女子の嘱託を受けないで、又はその承諾を得ないで堕胎させた者は、六月以上七年以下の懲役に処する。

と規定して、不同意堕胎罪を設けて、胎児及び母体の保護を図っている。

<h2 style="text-align:center">第3款　胎児は、「人」か</h2>

第1　民事法・刑事法・医師法での胎児に対するそれぞれの考え方

　民事法では、権利能力の主体となるためには、胎児が母体から完全に出ていなければならないとするのが一般的であり、刑事法では、身体の一部でも出ていれば攻撃の対象となることから、身体の安全を保護するために、一部でも露出したら人として認めるというのが通常である。

　もっとも、前述したように、医師法21条は、

　　第二十一条　医師は、死体又は妊娠四月以上の死産児を検案して異状があると認めたときは、二十四時間以内に所轄警察署に届け出なければならない。

と規定しており、医師に対し、死体又は妊娠4月以上の死産児を検案して異状があると認めたときは、24時間以内に所轄警察署に届け出なければならない義務が課している。つまり、ここで検案の対象として、「妊娠4月以上の死産児」とされていることから、この段階以降は、胎児であっても出産や堕胎で対外に出て死亡した場合には、「死産児」として「人」と同じ扱いをしなければならないことになる。すなわち、医師法では「妊娠4月以上」を経過した胎児は、「人」として認めているということがいえよう。逆にいえば、医師法では、妊娠4月に満たない胎児は、「人」には含めていないということである。

第2　胎児の権利能力

　もっとも、民法では、胎児の段階でも権利能力[4]を一部認めており、民法

721条は、

> 第七百二十一条　胎児は、損害賠償の請求権については、既に生まれたものと
> みなす。

と規定されており、出生後に取得するはずの損害賠償請求権については、胎
児の段階で既に権利能力を認めている。

第3　胎児への攻撃は何罪を構成するのか

　一方、刑法では、胎児の段階での胎児への攻撃は、母体の一部である以上、
母体自身に対する攻撃としてしか刑法上は評価できないのが原則であるもの
の、胎児への攻撃が原因となり、その後、出生して「人」となった後に死亡
した場合は、胎児に対しても、「人」に対する犯罪と同様のものを認めても
よいのではないか問題となる。

　この点に関して、**昭和63年2月29日最高裁決定（刑集42巻2号314頁）**が
参考になる。

　この事案は、被告人らが業務上の過失により有毒なメチル水銀を含む工場
廃水を工場外に排出していたところ、被害者は、出生に先立つ胎児段階にお
いて、母親が右メチル水銀によって汚染された魚介類を摂食したため、胎内
で右メチル水銀の影響を受けて脳の形成に異常を来し、その後、出生はした
ものの、健全な成育を妨げられた上、12歳9か月にしていわゆる水俣病に起
因する栄養失調・脱水症により死亡したというものである。

　被告人らには、刑法211条前段において、

> 第二百十一条　業務上必要な注意を怠り、よって人を死傷させた者は、五年以
> 下の懲役若　しくは禁錮又は百万円以下の罰金に処する。

と規定されている業務上過失致死罪の刑責が問われた。

　そして、この最高裁決定では、胎児は、「母体の一部を構成するものと取

（4）　権利義務の主体となり得る能力である。民法3条1項に「私権の享有は、出生に始
　　まる。」と規定されているように、我が国の国民は誰でも権利能力を有している。

り扱われていると解されるから、業務上過失致死罪の成否を論ずるに当たっては、胎児に病変を発生させることは、人である母体の一部に対するものとして、人に病変を発生させることにほかならない。そして、胎児が出生し人となった後、右病変に起因して死亡するに至った場合は、結局、人に病変を発生させて人に死の結果をもたらしたことに帰するから、（中略）同罪が成立するものと解するのが相当である。」として、母体に危害を加えて病変を発生させ、胎児が出生し「人」となった後、先の危害の結果、出生後に死亡した場合においては、この「人」を被害者とする業務上過失致死罪が成立するとしたものである。

　したがって、胎児が出生後に結果が発生する場合においては、その原因が胎児のときにあったとしても、「人」に対する犯罪が成立すると考えてよいことになる。

第4款　我が国において、人工妊娠中絶は、年間どの程度の件数が実施されているのか

　平成30年10月25日厚生労働省政策統括官付参事官付行政報告統計室作成に係る「平成29年度衛生行政報告例の概況」9頁[5]によれば、平成29年度の人工妊娠中絶件数は、164,621件であり、同25年度が、186,253件、同26年度が、181,905件、同27年度が、176,388件、同28年度が、168,015件と漸減していることが判明する。

　ただ、以前は、その件数も多く、昭和30年の117万件をピークとして、その後減少を続け、平成13年には、34万件に下がってきたものであり[6]、現状は更に減少傾向の中にあることが窺われる。

　そして、平成29年度の上記件数の内訳をみると、「20歳未満」では、「19歳」が6,113件と最も多く、次いで「18歳」が3,523件となっている。また、「50歳以上」でも毎年10数名の人工妊娠中絶があり、「45歳以上49歳」の年齢層では、毎年1,000名以上の人工妊娠中絶が実施されている。

（5）　厚生労働省ウェブサイト。
（6）　赤林朗＝大林雅之編著『ケースブック医療倫理』（2002年、医学書院）35頁。

第5款　人工妊娠中絶が実施されている法的根拠

第1　母体保護法における人工妊娠中絶とは

　前述したように、刑法では堕胎罪が規定されているにもかかわらず、毎年、15万件以上もの人工妊娠中絶が実施されているのは、どのような法的根拠に基づくものであるのか。

　これについては、母体保護法にその根拠が求められる。同法1条は、

> 　第一条　この法律は、不妊手術及び人工妊娠中絶に関する事項を定めること等により、母性の生命健康を保護することを目的とする。

と規定しており、この法律において、人工妊娠中絶等に関する事項を定めることとしている。

　その上で、法的に「人工妊娠中絶」とは何であるかについては、同法2条2項において、

> 　2　この法律で人工妊娠中絶とは、胎児が、母体外において、生命を保続することのできない時期に、人工的に、胎児及びその附属物を母体外に排出することをいう。

と規定されており、人工的に胎児等を母体外に排出することを指す。ただ、ここでいう「生命を保続することのできない時期」というのは、平成2年の厚生事務次官通知により、受胎後満22週未満とされている。

第2　母体保護法における人工妊娠中絶に関する規定

　人工妊娠中絶の実施に当たっては、同法14条1項における

> 　第十四条　（前略）医師会の指定する医師（以下「指定医師」という。）は、次の各号の一に該当する者に対して、本人及び配偶者の同意を得て、人工妊娠中絶を行うことができる。
> 　一　妊娠の継続又は分娩が身体的又は経済的理由により母体の健康を著しく害するおそれのあるもの
> 　二　暴行若しくは脅迫によつて又は抵抗若しくは拒絶することができない間に姦淫されて妊娠したもの

との規定に基づいて人工妊娠中絶が行われることになる。この法令に基づいて実施される人工妊娠中絶は、刑法35条の法令行為に該当するので、違法性が阻却されることになって、犯罪が成立しないことになる。

　そこで、中絶要件としての１号と２号の適用の仕方について検討するが、２号の場合は、強姦等の被害にあった場合であるから、このような場合に、人工妊娠中絶をすべきであるのはむしろ当然であり、また、１号のうちで身体的理由により母体の健康を著しく害するおそれがあるときも、妊婦の生命、身体の保護するためには人工妊娠中絶が必要であることは論を俟たないであろう。

第3　母体保護法14条１項１号の要件の問題点

　問題は、１号のうちで、「経済的理由により母体の健康を著しく害するおそれ」があるときの解釈である。

　このような場合としては、当該妊婦が、経済的に困窮しており、妊娠を継続しても経済的な理由から十分な栄養を摂取できず、胎児にも母体にも必要な栄養が行き渡らないことから、結局、母体の健康を著しく害する場合などが想定されるであろう。

　ただ、実際のところ、このような想定は、現在の我が国の経済状況や生活実態などにそぐわないものと思われる。現状では、この「経済的理由」が拡張解釈され、人工妊娠中絶が数多く実施されているのが実態であろう。インターネット上でも、堂々と人工妊娠中絶を勧誘する広告を出している医院等が多数あることからしても上記状況は十二分に窺えるところである。

　ある意味、堕胎の自由化とも呼ぶべき状況であるが、堕胎の過度の禁止は、非合法なヤミ分娩を助長する危険がある一方、女性の出産に対する選択権などを考慮すれば、必ずしも否定すべき現状ではないと思われる。この点については、「堕胎罪は事実上非犯罪化されているという評価も可能であろう。」[7]ともいわれているところである。

（7）　高橋・前掲注(2)22頁。

第6款　医師による堕胎が刑法上問題とされた事例

第1　医師が妊婦からの依頼を受けて堕胎したものの、排出した胎児が生存していたものの、医師がこれをそのまま放置して死亡させた場合には、どのような刑責を負うことになるのか

　この問題については、**昭和63年1月19日最高裁決定（刑集42巻1号1頁）**が参考になる。本件の事案の概要は、次のとおりである。

　被告人は、産婦人科医師として、妊婦の依頼を受け、自ら開業する医院で妊娠第26週に入った胎児の堕胎を行ったものである。

　しかしながら、被告人は、本件堕胎により出生した未熟児（推定体重1,000グラム弱）について、保育器等の未熟児医療設備の整った病院の医療を受けさせれば、同児が短期間内に死亡することはなく、むしろ生育する可能性のあることを認識し、かつ、右の医療を受けさせるための措置をとることが迅速容易にできたにもかかわらず、同児を保育器もない自己の医院内に放置したまま、生存に必要な処置を何らとらなかった。その結果、出生の約54時間後に同児を死亡するに至らしめた。

　そして、同決定は、このような事実関係のもとにおいては、被告人に対し業務上堕胎罪に併せて保護者遺棄致死罪も成立する[8]と判示した。なお、被告人の医師は、次に述べるとおり、胎児の死体を埋めさせているので、死体遺棄罪も併せて成立していた。

　ちなみに、同決定の事案において、第一審判決の**昭和57年3月15日那覇地裁石垣支部判決（判例タイムズ467号175頁）**で認定された罪となるべき事実[9]は、次のとおりである。より事案の詳細が明らかになろう。

　被告人は、医師の資格を有し、昭和54年7月から沖縄県石垣市内でA医院を開業し、優生保護法（当時）上の指定医師として人工妊娠中絶等の医療業務に従事しているものであるが、

　　第1　昭和55年10月7日頃、S女（当時16歳）から堕胎の嘱託を受けてこれを承諾し、胎児が母体外において生命を保続することのできない時

（8）　堕胎した胎児は、上述したように、適切な措置を講ずれば生存できたにもかかわらず、放置して死なせたからである。

（9）　判決において認定された犯罪についての事実である。

期ではないにもかかわらず、同月8日から17日までの間、同医院において、同女に対し、ラミナリア桿を用いて頸管を拡張させ、アトニン点滴により陣痛を促進させるなどの堕胎措置を施し、その結果、同月17日午前10時30分頃、妊娠満23週を超えた胎児を母体外に排出させ、もって、業務上堕胎をし

第2　前記1のとおり堕胎措置を施した結果、前同月17日、前記S女が生育可能性を有する未熟児を出産したが、被告人は、前記の堕胎を行い未熟児を出産せしめた医師として、同児を監護養育すべき母親S女とともに、未熟児である同児に対し保育器へ収容する等、未熟児保育に必要な医療処置を施して生存に必要な保護を与るべき保護責任があるところ、右S女と意思相通し、同児を保育器へ収容するなど未熟児保育に必要な医療処置を施すことなく前記医院に放置し、よって、同月19日午後4時10分頃、同所において、同児を未熟による生活力不全により死亡するに至らしめ

第3　前同月20日午後、前記嬰児の死体を引き取りにきた同児の父T男に看護婦をして死体を引き渡せしめ、その際右Tに対し、「バレないように死体は砂地でないところに穴を深く掘って埋めなさい。」などと指示し、これを了承した右Tと共謀のうえ、右Tにおいて更に前記S女らと意思相通し、右T及びSらにおいて同月21日午後9時ころ、前同市内の畑の土中に右死体を埋没し、もって、死体を遺棄したものである。

第2　外科医が交際していた女性が妊娠したことにより無断で堕胎させた場合は、どのような刑責を負うのか

このような事案として、令和3年2月24日岡山地裁判決（公刊物未登載）が参考になる。

この事案では、被告人である外科医Aは、B女と交際していたものの、C女と肉体関係を結んだことから同女が妊娠した。被告人Aはその事実をC女から告げられたことから、同女に中絶を求めたものの、これを拒否された。そこで、令和2年5月17日、被告人Aは、C女に全身麻酔薬を投与し、昏睡

状態に陥らせた後、下腹部に無水エタノールを注射して胎児を死亡させ、また、Ｃ女にも急性薬物中毒などの傷害を負わせたものである。

この事案において、被告人Ａは、不同意堕胎致傷罪により起訴された。そして、本件岡山地裁判決は、被告人の行為について、「医師としての信頼を裏切る行為であり、強い社会的非難に値する。」、「被害者の生命に対する危険性の高い行為」であるとして厳しく批判し、被告人Ａに対し、懲役2年の実刑判決を言い渡したものである[10]。

第2章　性同一性障害（傷害罪・母体保護法違反）[11]

第1款　序　　章

近時、**性的マイノリティ**の権利の確立などを目指した運動が活発になっている。ここでいう性的マイノリティとは、同性が好きな人や、同性も異性も好きな人や、性同一性障害などの人々のことをいうが、それらを総括して、LGBTという用語がよく使われている。具体的には、Lesbian（女性の同性愛者）、Gay（男性の同性愛者）、Bisexual（両性愛者）及びTransgender（性同一性障害者）の各頭文字を集めたものである。ここでは4つの性的マイノリティが挙げられているが、前3者と最後の性同一性障とは、かなり内容が異なっている。

すなわち、前三者は、同性愛者という範疇にある者であり、行政上も、「同性愛は、どんな性（同性／両性）に魅力を感じるかであって、性同一性障害は、

---

(10)　令和3年2月24日付け時事通信。なお、その他に、被告人は医師ではないものの、同様に交際中の女性が妊娠したことから、中絶させるため、国内未承認の中絶薬「ミフェプリストン」2錠を飲ませて流産させたという事案について、**平成3年6月28日福岡地裁判決（公刊物未登載）**は、被告人に対し、懲役2年6月、4年間執行猶予の判決を言い渡した。

(11)　本章は、小林如乃＝城祐一郎「性同一性障害者の性別の取扱いの特例に関する法律における生殖不能要件及び外観具備要件の合憲性に関する心理学的側面からの検討を含めた考察」慶應法学47号（2022年1月）169頁～200頁を大幅に引用したものであることを予め申し上げておく。

自らの性別に違和感があることを言います。」[12]とされているように、同性愛は、性的な指向の問題であるのに対し、性同一性障害は医学上認定されている障害の一つであり、そのための法制度も設けられているものである。

　また、学術的にも、「性指向の問題である同性愛とは異なり、性同一性障害は性の自己意識の問題である。」[13]とはっきりと述べられているように、同性愛は、性的な指向の問題であるのに対し、性同一性障害は医学上認定されている障害の一つであることから、その救済のための法制度なども設けられている。

　ここでは、性同一性障害を取り上げて、それがどのような内容のものであり、どのような診断や治療方法が用意されているのか、そして、そのための行為は刑事事件とどのように関わるのか、更に、性同一性障害のためにどのような法制度が用意されているのか解説し、また、これに関して近時、注目すべき最高裁の判断が示されたので、併せて紹介することにしたい。

第2款　性同一性障害の概要及びその診断

第1　性同一性障害の成因

　はっきりとした原因は不明であり、いろんな因子が関連しているのではないかといわれている。例えば、アンドロゲン仮説といわれるものは（アンドロゲンとは、男性ホルモンのことである。）、男性胎児は、妊娠満8週で睾丸が形成され、その睾丸から思春期の睾丸と同程度の男性ホルモンが分泌され（「ホルモンシャワー」といわれる。）、脳が男性の脳になると考えている。したがって、この時期に妊婦に強いストレスが加わると、胎児の睾丸から十分量の男性ホルモンが分泌されず、脳が男になり損ねてしまうことがあるいう仮説である[14]（あくまで一つの仮説にすぎないが。）。

　そのため、逆に、この時期に、女性胎児に対し、何らかの原因（妊婦の副腎性器症候群など）で男性ホルモンが作用すると、脳が男の脳になってしまうともいわれている。

---

(12)　横須賀市ウェブサイト。
(13)　佐藤俊樹ほか「性同一性障害に対する包括的医療の実践――精神科神経科での経験――」岡山医学会雑誌113巻3号（2001年）261頁。

第2　性同一性障害者の定義

1　医学上の定義

性同一性障害者とは、「生物学的には完全に正常であり、しかも自分の肉体がどちらの性に所属しているかをはっきりと認知していながら、その反面で、人格的には、自分が別の性に所属していると確信し、日常生活においても、別の性の役割を果そうとし、さらには変性願望や性転換願望を持ち、実際に実行しようとする人々である。」といわれている[15]。

具体的には、①体と心の性の不一致により、間違った性に生まれたとの確信があり、そのため、②強い不快感と苦痛があり、その結果、③社会生活に重大な支障を来している状態である[16]。

医学的には、以上の3条件を満たす場合に性同一性障害と診断されることになる。

なお、男性から女性への指向を示す場合には、MTF又はMtF（male to female）と表され、逆に、女性から男性への性別変更の指向を示す場合には、FTM又はFtM（female to male）と表される。

2　法律上の定義

平成15年7月10日、性同一性障害者の性別の取扱いの特例に関する法律（以下「性別特例法」という。）が成立し、同月16日に公布され、翌16年7月16日より施行された。この法律によって、初めて法律上、性同一性障害者が認知され、その性別の変更に関する取扱いについて規定がなされた。

この法律で対象とする性同一性障害者とは、同法2条において、

　　第二条　この法律において「性同一性障害者」とは、生物学的には性別が明らかであるにもかかわらず、心理的にはそれとは別の性別（以下「他の性別」

---

(14)　山内俊雄『性の境界からだの性とこころの性』（2000年、岩波書店）58頁以下、80頁。Zhou, J. N., Hofman, M. A., Gooren, L. J., & Swaab, D. F.（1995）. A sex difference in the human brain and its relation to transsexuality. Nature, 378（6552）, 68-70, Ivanka Savic Alicia Carcia-Falgueras Dick F Swaab Sexual hormones and the brain: an essential alliance for sexual identity and sexual orientation. Prog Brain Res. 2010; 186:41-62.

(15)　埼玉医科大学倫理委員会「『性転換治療の臨床的研究』に関する審議経過と答申」埼玉医科大学雑誌23号（1997年）314頁。

(16)　埼玉医科大学倫理委員会・前掲注(4)320頁。

という。）であるとの持続的な確信を持ち、かつ、自己を身体的及び社会的に他の性別に適合させようとする意思を有する者であって、そのことについてその診断を的確に行うために必要な知識及び経験を有する二人以上の医師の一般に認められている医学的知見に基づき行う診断が一致しているものをいう。

と定義付けられている。

　実質的には、上記医学的定義を受けて定められたものといえよう。

第 3　診 断 基 準

　性同一性障害の診断と治療のガイドライン第 4 版改（2018年・日本精神神経学会）によれば、以下の 3 項目について、二人の精神科医の一致した診断が必要とされている[17]。

1　ジェンダー・アイデンティティ（Gender Identity）の判定

　詳細な養育歴・生活史・性行動歴について聴取し、性別違和の実態を明らかにする。その際に、自己の性別に対する不快感・嫌悪感を検討するとともに、反対の性別に対する強く持続的な同一感を検討する。

2　身体的性別の判定

　身体的性別の判定は、原則として、男性から女性への変更は泌尿器科医が、女性から男性への変更は産婦人科医により実施される。染色体検査委、ホルモン検査、内性器並びに外性器の診察並びに検査、その他担当する医師が必要と認める検査を行い、その結果について診断を担当する精神科医が確認する。

　また、上記診察と検査結果に基づき、性分化疾患（性染色体異常など）や、身体的性別に関連する異常の有無を確認する。

3　除外事由として確認すべき事項

　精神疾患（統合失調症、人格障害、多重人格など）による自己の性意識（gender）を否定するものではないことを確認する必要がある。

---

(17)　日本精神神経学会 性同一性障害に関する委員会「性同一性障害の診断と治療のガイドライン 第 4 版改」（2018年 1 月30日）13頁以下。

　社会的理由による性役割の忌避、職業的利得のために別の性を求めるものではないことについても確認することが求められる。

第3款　性同一性障害の治療としての性別適合手術の起源及び　我が国での以前の実施状況

第1　性別適合手術の始まり

　この種の性別適合手術、当時は性転換手術と呼ばれていたので、ここでは、その呼び方で説明するが、その第一例は、1931年にドイツで行われ、その手術方法は、1953年にオランダ人医師クリスチャン・ハンバーガーによる症例報告で初めて周知のものとなった。それ以来、手術とホルモン療法の合併あるいは単独施行による性転換を希望し実施された患者の症例報告が各国で多数みられるようになったといわれている[18]。

　その後、ヨーロッパ等では、性転換に寛容であったため、性転換手術が広く行われるようになり、この面では保守的といわれていた米国においても、ジョーンズ・ホプキンス医学研究所（メリーランド州ボルティモア所在）に性別鑑定診療施設（Gender Identity Clinic）が設立され、性転換手術が実施されるようになった[19]。

第2　昭和時代における我が国での性転換手術に関する実態

　しかしながら、我が国では、昭和40年代に至っても、性転換手術が公然と実施されたり、その症例が発表されたということはなく、大都市の個人開業医が密かに行った例があるのではないかと窺える程度であり、公的にも私的にも性転換手術に関する委員会等の設立もなく、立法措置も採られていなかったのが実態である。

　また、当時の医学会の考え方としても、性転換手術を医療行為として肯定しない意見は多数見られ、その内容は、概ね次のようなものであった[20]。

　①　性転向症者の異常な精神的欲求を満足させることは、麻薬患者に麻薬

(18)　イラ・B・ポーリー「性転換手術の現況」。
(19)　東優子「非典型的な『性』をめぐる性科学の言説」（第3回講演・女性学連続講演会（2010））63頁。

を与えるのと同じであって、本質的に医学的な意味での治療行為とは認め難い。

②　性転換手術といっても解剖学的に類似させるだけであって生殖能力も付与できず、結局は中性化した人間に変えるにとどまるものであるから、医学倫理上許されない手術である。

③　性転向症について精神療法等による治癒が絶対不可能と云えない以上、性転換手術のような不可逆的手術はなすべきでない。

④　性転向症者に対する性転換手術を医学的にも治療行為として認める余地はあるが、現段階においてそれが最善の方法であるか否かは未確定であり、従って医学上、法律上の問題点を確認し、制度的な規制をしたうえで手術を行うべきである。

⑤　性転向症を装っている者や手術癖のある者が手術を受けてしまう危険性があるほか、性格異常、精神病、器質的障害等から引き起こされている性転向症や、精神病、神経症等が合併している性転向症の場合、精神療法等で治癒させ得る可能性のある者に対してまで手術をしてしまう危険性があるから、できるだけ不可逆的手術は避けるべきであるし、少くとも対象者の選択は厳格になされるべきである。

第4款　性別適合手術（性転換手術）の刑事法上の問題点

上記のような国内での状況下において、実際に性転換手術が実施されたことで、これが社会的な耳目を集め、その適法性、妥当性などが問題とされた。そこで、以下、性別適合手術における刑事法上の問題点と当該性別適合手術の合法性等について検討する。

第1　性別適合手術（性転換手術）に関する法律上の規定

そもそも、かつての優生保護法28条は、

　第二十八条　何人も、この法律の規定による場合の外、故なく、優生手術を行

---

(20)　後述する昭和44年2月15日東京地裁判決（判例時報551号26頁）における判示内容である。

つてはならない。

と規定して優性手術を禁じていたところ、そこでいう「優性手術」とは、同法2条1項において、

　　　第二条　この法律で**優生手術**とは、（中略）生殖を不能にする手術で命令をもつて定めるものをいう。

と規定されていた。つまり、生殖を不能にするような手術、つまり、性転換手術は、この法律によって基本的に禁じられていたのである。

　そして、その違反に対しては、同法33条において、

　　　第三十三条　第二十八条の規定に違反して、優生手術を行つた者は、これを一年以下の懲役又は五万円以下の罰金に処する。そのために、人を死に至らしめたときは、三年以下の懲役に処する。

と規定され、1年以下の懲役等の罰則が設けられていた。

　ただ、この優生保護法は、その後、平成8年の法律改正により、母体保護法と名称が改められるとともに、その規定も種々改正された。もっとも、上記の規定については、母体保護法28条において、

　　　第二十八条　何人も、この法律の規定による場合の外、故なく、生殖を不能にすることを目的として手術又はレントゲン照射を行つてはならない。

と規定されており、同様に、「生殖を不能にすることを目的」とする手術は、原則的に禁じられている。

　また、その罰則についても、同法34条において、

　　　第三十四条　第二十八条の規定に違反した者は、これを一年以下の懲役又は五十万円以下の罰金に処する。そのために、人を死に至らしめたときは、三年以下の懲役に処する。

としてほぼ同様の罰則が設けられている。

　以上のように、優生保護法の時代も、現在の母体保護法の時代においても、いずれにおいても、性別適合手術（性転換手術）は、「生殖を不能にする

ことを目的として手術」することにほかならないことから、この規定に反するおそれがあり、刑事処罰の対象とされているのである。

第2　性転換手術が優生保護法違反として審理された事例

1　事案の概要

　男性の性転換手術が優性保護法28条違反であるとして起訴された事案について、**昭和44年2月15日東京地裁判決（判例時報551号26頁）**及びその控訴審である**昭和45年11月11日東京高裁判決（判例時報639号107頁）**では、いずれも優生保護法違反であるとして有罪判決を言い渡した。

　この事案において、上記各判決において認定された罪となるべき事実は、概ね次のとおりである。

　被告人は、昭和23年9月、A医科大学を卒業後、インターンを経て医師国家試験に合格し、昭和25年医師免許証の交付を受けるとともに同大学産婦人科教室の助手となり、昭和31年に医学博士号を取得して、翌年から同産婦人科教室の講師を勤めていたが、その傍ら昭和26年以来、実兄Aが開設した診療所B病院において産婦人科の担当医として診療に従事してきたものであるところ、昭和39年5月13日頃から同年11月15日頃までの間、3回にわたり、同病院において、男娼から睾丸摘出、陰茎切除、造膣等一連のいわゆる性転換手術を求められるやこれに応じ、法定の除外事由がないのに、故なく、生殖を不能にすることを目的として、C、D及びEの3名に対し、いずれもその睾丸全摘出手術をしたものである。

2　本件東京地裁判決の判示内容

　本件東京地裁判決では、性転換手術が「生殖を不能にすることを目的として手術」することに該当するか否かについて、次のような判断を示した。

(1)　性転換手術が医療行為として適法化されるための要件

　すなわち、「現在日本においては、性転換手術に関する医学的研究も十分でなく、医学的な前提条件ないしは適用基準は、もちろん法的な基準や措置も明確でないが、性転換手術が法的にも正当な医療行為として評価され得るためには少なくとも次のような条件が必要であると考える。」と判示し、性転換手術に関する研究等が十分ではないし、その診断や適用の基準等も明確

ではないものの、これが正当な医療行為であるとするためには、以下のような条件が必要であるとしたのです。

① 「手術前には精神医学ないし心理学的な検査と一定期間にわたる観察を行うべきである。」

　性転換手術は前述のように不可逆的手術であるから、性転向症を装っている者や手術癖のある者が手術を受ける危険性をなくし、その患者が性転向症者であることの厳格な確認をするとともに、性転向症者であっても一時的な感情の動揺に支配されて手術を受けてしまうことを避けることが必要であるし、また精神病や神経症と合併している場合には精神療法等による治療をまず試みるべきものと考えられるからである。

② 「当該患者の家族関係、生活史や将来の生活環境に関する調査が行われるべきである。」

　性転換手術は患者の精神と肉体の不均衡を減少させるため肉体を変更して精神的安定をもたらし、社会適応性を付与することに積極的意義があるのであるから、その患者がこれまでどのような環境においていかなる人間関係を形成してきたか、また将来どのような生活の場を得られるか等について慎重な調査、検討を要するものと考える。

③ 「手術の適応は、精神科医を混えた専門を異にする複数の医師により検討されたうえで決定され、能力のある医師により実施されるべきである。」

　性転換手術が不可逆的手術であり、現段階にあっては未だ調査的、実験的要素を含んでいるから、精神科学的な治療の可能性に配慮し、患者の選択を厳格になすべきだからである。

④ 「診療録はもちろん調査、検査結果等の資料が作成され、保存さるべきである。」

　手術が右のような性格を持つから術後の治療や追跡的観察、調査に役立つよう手術に至るまでの経過を確認しうる資料が作成され保存さるべきである。

⑤ 「性転換手術の限界と危険性を十分理解しうる能力のある患者に対してのみ手術を行うべきであり、その際手術に関し本人の同意は勿論、配偶者のある場合は配偶者の、未成年者については一定の保護者の同意を得るべきである。」

と判示した。この判示事項はきわめて妥当なものであり、実際にも、その後、現在における性別適合手術の際の実施要領等にも全て取り入れられているも

のである。

⑵　本件性転換手術に関する治療行為としての適法・違法の判断

　本件東京地裁判決は、上記のような要件を示した上で、被告人が実施した性転換手術について、「被告人の本件手術は性転向症者に対する性転換手術の一段階と見うるから、表見的には治療行為としての形態を備えていることは否定できないであろう。」としながらも[21]、前述した①から⑤の各要件、特に、手術前の患者の意思確認等が十分ではなかったし、精神医学上の検査や問診等もほとんどしていなかったことなどから、上記の要件を満たすものではないとして、優生保護法違反が成立するとしたものであった[22]。

3　本件東京高裁判決の判示内容

　控訴審である本件東京高裁判決もほぼ同様の見解を示しており、次のように判示した。

　　すなわち、「被告人は、産婦人科専門医師に過ぎず、本件手術当時においては、いわゆる性転向症者に対する治療行為、特に本件のような手術の必要性（医学的適応性）及び方法の医学的承認（医術的正当性）について、深い学識、考慮及び経験があったとは認めがたい上、原判示のように、本件手術前被手術者等に対し、自ら及び精神科医等に協力を求めて、精神医学乃至心理学的な検査、一定期間の観察及び問診等による家族関係、生活史等の調査、確認をすることもなく、又正規の診療録の作成及び被手術者等の同意書の徴収をもしておらず、又性転向症者に対する性転換手術を医療行為として肯定しない医学上の諸見解があることが認められ、これ等の事実（中略）を総合考察すると、（中略）本件手術が右治療の方法として医学上一般に承認されているといいうるかについては、甚だ疑問の存するところであり、未だ本件手術を正当な医療行為と断定するに足らない。」として、同様に優生保護法違反の成立を認めた[23]。

---

(21)　性転換手術が法令上許容された手術でないことから、本件東京地裁判決が治療としての一定の効果を認めることに疑問を呈する見解として、高木武「公法判例研究」東洋法学13巻1号（1969年）141〜142頁がある。また、性転換手術に関する当時の医師らの認識やその技術レベルなどからして治療行為として認められないとする見解として、富田孝三「性転換と刑事責任」法律のひろば23巻5号（1970年）22頁）がある。

(22)　本件判決の判旨を是認するものとして、町野朔「性転換手術」藤木英雄編『続刑法判例百選』（1971）261〜262頁。

　なお、上記高裁判決が、性転換手術そのものに対し、未だ医学上一般的に承認されていないとして、その未成熟さゆえに正当な医療行為として認められないとしたことは、前記東京地裁判決が性転換手術自体は適法となり得る治療行為であると判断したこととは異なっていると評価されよう。

第5款　性同一性障害の診断と治療のガイドラインの策定

　上記東京地裁判決も同高裁判決も、その判断内容は相当なものであり、当時の被告人の手術に対して違法であるとした判断は極めて妥当なものであったと思われる。しかしながら、性転換手術を実施した医師が有罪とされたという事実だけが独り歩きをした結果、その後、そのような手術を実施しようとする医師はいなくなり、我が国では、約三十数年間にわたって性別適合手術が実施されないという時代を迎えることとなった。

　そのような中で、平成7年5月22日、埼玉医科大学倫理委員会に「性転換治療の臨床的研究」という申請がなされた。これは、同大学の形成外科の教授らによるもので、性同一性障害者が性転換を希望してもそれが叶わないという我が国の現実に疑問を持ったことによるものであった。そして、同大学倫理委員会の答申では、精神療法、ホルモン療法を経た上で、性別適合手術が選択されるべき場合もあるとの認識の下で、関連する学会や専門家集団による診断基準の明確化と治療に関するガイドラインを策定することなどを答申したのである[24]。

　そこで、このような答申の結果を受けて、日本精神神経学会は、上記ガイドラインの策定に乗り出すこととし、同学会の性同一性障害に関する特別委員会は、米国でのガイドラインなどを参考にした上、多くの意見を集約して、平成9年5月28日付けの「性同一性障害に関する答申と提言」の中で「性同一性障害の診断と治療のガイドライン」（初版ガイドライン、以下「治療等

---

(23)　この判断を妥当とする見解として、髙島学司「性転換手術と優性保護法28条」宇津木伸ほか編『医事法判例百選』（2006年）202頁、金澤文雄「新判例評釈」判例タイムズ280号（1972年）89頁等。

(24)　田中雄喜「『性同一性障害に関する診断と治療のガイドライン』の作成と改訂に関する分析」（2015年度科学技術インタープリター養成プログラム修了論文）47頁以下。

ガイドライン」という。）を公表した[25]。この治療等ガイドラインにおいて、性同一性障害は医療の対象とされ、性別適合手術は、性同一性障害の治療として正当な医療行為であると位置付けられたのである。

そして、これを受けて、平成10年10月16日、埼玉医科大学において、我が国で初めて公に性同一性障害の治療として性別適合手術が実施された。以後、本件ガイドラインに基づいて性別適合手術が実施されてきている中で、平成15年7月10日、性別特例法が成立し、同法律による性別変更の手続き上、性別適合手術がむしろ要件とされることとなり、これが適切かつ必要な治療として法的にも認められることとなった。

性別適合手術の実施例は、性別特例法の適用を受けた事例だけでも、平成16年から同30年までの間において8,676件に上っている[26]。

第6款　ガイドライン一般についての法的性質についての検討

埼玉医科大学の関係者の尽力により、性別適合手術を実施するためのガイドラインが策定されたのであるが、そもそも、このガイドラインにどのような法的効力があるのか、また、これに従った場合には、刑事的にも免責されることになるのか問題となる。そこで、ガイドラインの法的性質について検討しておくこととする。

そもそもガイドラインとは、「政府や団体が指導方針として掲げる大まかな指針」（大辞林）のことであるが、これは法的には、法律でもなければ、命令でもない。したがって、それ自体としては法的な効力や効果は何もない[27]。

しかしながら、ここで検討の対象とするガイドラインは、行政官庁や学会などが自ら制定した指示・方針にすぎないとしても、誰しもそれに従って行動することが予定されているものである。

それゆえ、「ガイドラインは、直接的な法的拘束力はないものの、それが

---

(25)　2018年（平成30年）1月18日付け「性同一性障害に関する診断と治療のガイドライン（第4版改）」6頁。

(26)　藤戸敬貴「法的性別変更に関する日本及び諸外国の法制度」レファレンス830号（2020年）81頁。

(27)　甲斐克則「終末期医療のルール化と法的課題」医事法学24（2009年）82頁。

定着している場合（これが重要であるが）、それを遵守していれば、一定の法的効力と同等の効果を有することも期待できる。」[28]のであり、したがって、ガイドラインに沿った行動は、時間を要するとはいえ、自ずと医療水準[29]を構成することとなり、法的な適否の判断に当たって、是認される方向に強く働くという作用を有することとなり、これに沿って行動した場合には、原則的に合法性、適切性が認められる[30]。有識者等を集めて十分な検討をした上で作成されたものである以上、その内容の合理性、妥当性などは当然に満たしているものと考えられ、そうであるなら、それに従った行動が原則として違法なものとなるとは考え難いであろう。

　さらに、ガイドラインと立法の比較として、ガイドラインは、「その策定の場面でも適用の場面でも関係者等の合意が取得しやすいだけでなく、個々の事例に内在する問題に対して柔軟な対応ができる。一方、（中略）ルール化している点で定立した規範が明示され、批判的吟味が可能であるだけに、立法に近く、公共的な権威がその分、取得しやすいのである。」[31]として、その柔軟性というメリットだけでなく、定立した規範の明示に基づく効果により、立法に近い性質をも有するとの指摘もなされている[32]。

　それらガイドライン等に従った行為には、適法性が推認されるのであり、

---

(28)　甲斐・前掲注(16)。いわば、ソフトローともいえるものであるとしている。

(29)　医療水準は、医師の注意義務の基準（規範）となるものであるが、新規の治療法が普及するには一定の時間を要し、医療機関の性格、その所在する地域の医療環境の特性、医師の専門分野等によってその普及に要する時間に差異があり、その知見の普及に要する時間と実施のための技術・設備等の普及に要する時間との間にも差異があるのが通例であるとされている（平成7年6月9日最高裁決定（民集49巻6号1499頁）、平成8年1月23日最高裁判決（民集50巻1号1頁）等）。

(30)　阿部泰隆『行政法解釈学Ⅰ』（2008年、有斐閣）279頁では、ガイドラインについて、「当該法律の主務官庁の見解であるが、裁判所に対して拘束力ある法令ではなく、民間企業を指導するものでもない。専門家の見解として、企業としては、これに沿って判断すれば、株主代表訴訟で責任を問われる可能性が軽減されるものであろう。」として、法的な拘束力はないものの、一定の法的効果が期待できるものとして捉えている。

(31)　飯島祥彦「医療現場の臨床倫理問題の解決方法としてのガイドラインの省察」医事法学31号（2016年）24頁。また、樋口範雄「医療情報保護ガイドライン」法学教室291号（2004年）3頁では、「ガイドラインか法律かは、見かけほど大きな違いがない」、「重要なのは形式ではなく、むしろ医療分野に適合したルールを盛り込めるかどうかである。」と指摘する。

その実際上の効果について、以下検討する。

第7款　治療等のガイドラインに従った性別適合手術の適法性

　たしかに法的な建前としては、ガイドライン自体はあくまで指針にすぎないものであって、それ自体が適法性を担保するものとはなり得ない。しかしながら、日本精神神経学会において十分に検討され、性同一性障害の治療等の指針として策定されたものであるところ、それが合理的なものであることは、上記学会において承認され、また、多くの精神科医等からの反対もないという事実に裏付けられているものと考えられる。

　このような合理的な内容として認められるガイドライン沿った行為であるということは、それが適切な医療行為であると評価されることとなり、これが刑法35条における「正当業務行為」の内容を構成することになって、違法性阻却事由となると考えてよいと思われる[33]。

---

(32)　民事法の領域ではあるが、平成23年12月9日東京地裁判決（裁判所ウェブサイト〔医事法学28号（2013年）151頁以下〕）では、子宮脱治療のための手術を受けた女性が、術後に肺血栓栓塞症を発症し、意識障害に陥り、重篤な後遺障害が残ったという事案において、担当医師が、学会等の定めた肺血栓栓塞症予防や治療に関するガイドラインに準拠しないで医療を提供したとして、当該医師に対して注意義務違反を認めたが、この場合、ガイドラインに従っていないことが過失の内容となることから、当該ガイドラインは法規に準じた役割を担っていることになると思われる。

(33)　なお、条文上は、「『故なく』、生殖を不能にすることを目的」とする手術等を禁じていることから、正当な治療目的であれば、「故なく」なされたものではない以上、構成要件該当性が欠如すると解することも可能なようにも読める。しかしながら、「故なく」との用語は、例えば、刑法130条の住居侵入においても、刑法が口語化される以前は、「『故なく』人の住居（中略）に侵入し」とされていたところ、この点の解釈として、「『故なく』とは、正当な理由がなく、すなわち、違法にの意味である。違法な侵入のみが犯罪となりうることは当然であるから、この語は、語調の上から加えられた修飾語にすぎない。」（大塚仁『刑法概説（各論）』（1974年、有斐閣）104頁）とされており、「故なく」という文言は、実質的な意味を持たないと解されるところ、この文言については、口語化の際に、「正当な理由がないのに」と変更され、その後の解釈においても「特に正当な理由がないものだけが本罪を構成することを注意的に規定したもの解されている。」、「正当性の判断に実質的な利益考量を伴う場合には、違法性阻却事由の有無の問題として処理すべきである。」（前田雅英編集代表『条解 刑法［第4版］』（2020年、弘文堂）406頁）と解されていることに照らしても、違法性阻却事由である刑法35条の問題として、その適法性の判断をすべきこととなる。

　この点について、治療等ガイドライン第4版改では、「初版ガイドライン
に従って性別適合手術を行った医師は、当然、刑事責任を問われてはいない。
なぜなら、性同一性障害に対する性別適合手術は、母体保護法28条の『生殖
を不能とすることを目的』にしているのではなく、あくまで性同一性障害に
対する治療を目的としており、代替えの方法が現在のところ存在しないこと
から、母体保護法に違反しないとの考えが法曹界でも趨勢を占めていると思
われる。」[34]としている。

　この見解においては、性別適合手術は、そもそも母体保護法28条に規定さ
れる構成要件に該当しないと判断しているものと思われる[35]。しかしながら、
治療を「目的」[36]としているから、「生殖を不能とすることを目的」としてい
ないと解するのは、解釈上無理があるものと思われる。究極の目的は、もち
ろん性同一性障害に苦しむ患者の治療にあるとはいえ、そのためには、生殖
を不能にすることで達成する性別適合手術をしなければならないのであり、
不可避的に生殖を不能にしなければ治療ができないのである以上、そこに生
殖を不能する目的は存しないといっても単なる言い換えであるとしか評価し

---

(34)　前掲注⑳治療ガイドライン6頁。大島俊之『性同一性障害と法』（2002年、日本評
　　論社）18頁。

(35)　このような見解と思われるものとして、性転換を目的とする手術は、不妊化を目的
　　とするものではないため、本法の対象外であるとする見解（猪田真一「性転換手術の治
　　療行為性に関する一試論」帝京法学20巻1・2号（2011年）103頁）もあるが、上述し
　　たように、性転換をするためには不妊化が不可避的に伴うのであり、前者の目的は存す
　　るが後者の目的は存しないという解釈は無理があるものと思われる。

(36)　この「目的」は、目的犯のうちで、「客観的に規定されている行為医それ自体が正
　　当ないしは価値中立であり、客観的行為では違法であると判断することができず、規定
　　の目的が加わることによって違法性が付与される場合」とするもので、相場操縦罪の目
　　的や、売春防止法の売春目的での客待ちと同様に扱われる類型に含まれるものと思われ
　　るが、「全くの正当な行為に違法性の要素を付与することによってこれを限定的に解す
　　ることで、正当な行為が違法な目的の存在によって違法な行為と判断」とされるのであ
　　るから、その「目的」は「目的が実現することの未必的認識認容では足りず、強度の内
　　容が要求されるものとかいすべきである」（以上、伊藤亮吉「目的犯の目的の内容（2・
　　完）」名城法学63巻4号（2013年）23～28頁）としても、ここでの「生殖を不能にする
　　目的」は、性別適合手術における一連の客観的行為それ自体から明らかになるものであ
　　り、どのように厳格に解しても、施術者において、この「目的」が存在することは否定
　　できないものと思われる。

得ないところである。

　しかしながら、そのような「目的」が存して構成要件に該当したとしても、前述したように、正当業務行為として違法性阻却事由が認められるのであるから、なんら不都合はない。

　また、刑事責任を問われていないとする点については、治療等ガイドラインの当初の策定に関与した埼玉医科大学山内俊雄教授が「当時の優生保護法違反といった過去の判例があるので、司法が何か言うかと思ったんです。この点については法務省にあらかじめ問い合わせても返事はもらえなかったので、結果的には、『そういう（ガイドラインで定められた）手続きを踏んでるからいい』ってことだったと思います。そういう司法からのクレームはなかったということですよね。」[37]と述べていることに照らしても、治療等ガイドラインについて、司法関係者も、事実上、法令などと同様の効果を認めていたことを表しているものといえよう。

　なお、これまで述べたように、性別適合手術が母体保護法違反とならないにしても、傷害罪となるのではないかとの問題は残っている。しかしながら、この点については、被害者となる患者の同意があることや、治療目的でなされる行為であること、更には、治療等ガイドラインに従った適切な方法でなされていることに鑑みれば、これも正当業務行為として違法性が阻却されるものと考えてよいであろう[38]。

　もっとも、治療等ガイドラインに従わず、患者の意思確認が不十分であったり、精神医学的な診断等が不備であったり、医師としての専門性が欠けていたりしたような場合には、母体保護法28条違反や刑法204条の傷害罪として捜査の対象になるのはもちろんのことである。

　このように、治療等ガイドラインが法令等でなく、単に、学会が策定したにすぎない手術上等の指針にすぎないものであっても、それが性同一性障害者の治療上、すぐれて適応性があるものであり、当該医療行為の正当性を基礎付けるものであることから、司法関係者もこれらの点を重視し、捜査、起

(37)　田中・前掲注(13)52頁。
(38)　前掲注(24)治療ガイドライン6頁。

訴の対象としないのであって、事実上、法令等と同様の効果をもたらすものとなったと評価されるものといえよう。

第8款　手術療法である性別適合手術の概要

　事実上、法令等と同様の効果がある治療等ガイドラインに沿った性別適合手術の概要は、以下のとおりである[39]。

　手術の実施に当たっては、形成外科医、泌尿器科医、産婦人科医等が協力して実施する。

　女性化のためには、精巣摘出術、陰茎切除術、造膣術、外陰部形成術、豊胸術、甲状軟骨形成術、下肢の脱毛などを行い、また、男性化のためには、①乳房切除術、②卵巣摘出術、子宮摘出術、尿道延長術、膣閉鎖術、③陰茎形成術、睾丸形成術などを段階的に実施することになる。

　なお、現在では、性器に係る手術と乳房切除術は、平成30年4月1日より保険適用になっている。

第9款　性同一性障害者の性別の取扱いの特例に関する法律に関する諸問題
第1　対　象　者

　平成16年7月、性別特例法が公布、施行されたことで、初めて法律上、性同一性障害者が認知され、その性別の変更に関する取扱いについて規定が設けられることとなった。もっとも、この法律は、あくまで同法2条に規定されている性同一性障害者に関してのものであり、同性愛者などを対象としたものではない。

第2　性同一性障害者における性別変更の手続及び問題点（その1）
1　性別変更のための要件

　本法により性同一性障害者に対して、その性別の変更が認められることになったが、その手続としては、性別特例法3条により、家庭裁判所は、性同一性障害者からの請求により、家庭裁判所による性別の変更の審判に拠るこ

（39）　前掲注⑭治療ガイドライン24頁以下、山内・前掲注⑶81頁以下による。

ととなった。

　ただ、その審判のための要件としては、同条1項各号及び同条2項において、次の要件が求められている。すなわち、

①　20歳以上であること（3条1項1号）

②　現に婚姻をしていないこと（3条1項2号）

③　現に未成年の子がいないこと（3条1項3号）

④　生殖腺がないこと又は生殖腺の機能を永続的に欠く状態にあること（3条1項4号）。

⑤　その身体について他の性別に係る身体の性器に係る部分に近似する外観を備えていること（3条1項5号）

⑥　性同一性障害者に係る診断の結果並びに治療の経過及び結果等が記載された医師の診断書（3条2項）

といった事項の要件を充足することが求められている。

2　上記①から⑥までの各要件についての問題点

(1)　上記①の要件について

　まず、①については、これは、性別特例法制定当時の民法上の成年年齢が20歳であること（民法第4条）、性別はその人の人格そのものに関わる重大な事柄であり、また、その変更は不可逆的なものであるから、本人に慎重に判断させる必要があること、日本精神神経学会のガイドラインが第3段階の治療（性器に関する手術）の条件として20歳以上であることを求めていたことなどが考慮されて立法されたものである[40]。

　この点については、民法の成人年齢が法改正により18歳に下げられ、令和4年4月からはこれが施行されることや、民法961条が

　　　第九百六十一条　十五歳に達した者は、遺言をすることができる。

と規定されていることなどに照らし、より若い年齢での性別変更を可能にするべきではないかとの意見もある。しかしながら、本人の精神的発達状況が

_____

(40)　南野千恵子監修『〈解説〉性同一性障害者性別取扱特例法』(2004年、日本加除出版)87～88頁。

青少年の場合には幅があり、必ずしも精神的に成熟していない者もいると思われるところ、そのような者に人生を左右させるような判断をさせることは妥当ではないし、また、これを法定代理人の意思で代理させるのも適当とは思われないので、現行法の規定が妥当しているといえよう。

(2)　**上記②の要件について**

次に、②の要件であるが、このような規定が設けられたのは、現に婚姻している性同一性障害者について性別変更を認めると、同性婚の状態が生じてしまうからである[41]。なお、この要件は、性別変更の審判の際に「現に」婚姻していないことを要求するものであるから、離婚等により婚姻が解消されていれば性別変更は可能である上、性別変更後に、変更後の性別で婚姻することは当然に可能である。

(3)　**上記③の要件について**

次に、③の要件であるが、性別特例法の立法当初は、現在のような「未成年の子」ではなく、「子」がいないことが要件とされていた。というのは、「女である父」とか、「男である母」が生じ得ることによる家庭秩序の混乱や子への福祉への影響を懸念する議論に配慮して設けられたものである[42]。

その後、この点が憲法13条等に違反するとして争点とされた平成19年10月19日最高裁決定（家庭裁判月報60巻3号36頁）では、「性同一性障害者につき性別の取扱いの変更の審判が認められるための要件として『現に子がいないこと』を求める性同一性障害者の性別の取扱いの特例に関する法律3条1項3号の規定は、現に子のある者について性別の取扱いの変更を認めた場合、家族秩序に混乱を生じさせ、子の福祉の観点からも問題を生じかねない等の配慮に基づくものとして、合理性を欠くものとはいえないから、国会の裁量権の範囲を逸脱するものということはできず、憲法13条、14条1項に違反するものとはいえない。」と判示している。

しかし、親子の関係性は多様であることを理由に、現に子がいる性同一性障害者について一律に性別変更を不可とすることには問題も多いとして、平

(41)　南野監修・前掲注(29)88頁。
(42)　南野監修・前掲注(29)89頁。

成20年の法改正により、現在のように改められたものである。そのため、成年の子との関係では、「女である父」や「男である母」が生じることになったので、家庭秩序の混乱という観点からは、もはやこの③の要件は説明がつかなくなった。それゆえ、もっぱら未成年の子の福祉のためにということでこの③の要件が維持されている。

　もっとも、未成年の子の福祉のためにとはいっても、親の外観上の変化に対し、既に直面している子にとって法的な性別の取扱いの変更は特に影響を与えるものではないだろうとの指摘や、仮に、子の福祉というのであれば、家庭裁判所が性別変更の審判の際に、子の意見を聴取した上で、総合的に判断すれば足りるので、この③の要件は不要ではないかとの意見なども出されている[43]。

　しかしながら、法的にも親の性別が変更されたという事実は、子に対しても影響を与えないとはいえず、また、家庭裁判所において、親の強い影響下にある子が適切に意見を表明できるかという問題もあるのであって、上記各指摘は必ずしも十分な理由となるものではないといえよう。

⑷　上記④及び⑤の要件について

　次に、④及び⑤の要件であるが、これらは手術要件といわれるもので、④は生殖不能要件、⑤は外観要件といわれるものである。

　まず、④については、生殖腺の機能を残存させると、元の性別の生殖機能によって子が生まれることで種々の混乱や問題が生じかねないことや、生殖腺から元の性別のホルモンが分泌されることで何らかの身体的、精神的な悪影響が生じる可能性を否定できないからとされている[44]。

　また、⑤については、公衆浴場の問題等、社会生活上の混乱が生じる可能性が考慮されたものであるとされている[45]。

　もっとも、これらの要件は、上記のような立法趣旨はもちろん理解できるものの、その一方で問題がないわけではない。例えば、女性に性別を変えたいと思う男性であれば、男性機能を有したままでは、性別を変更することが

---

(43)　藤戸・前掲注⒂91頁。

(44)　南野監修・前掲注㉙93頁。

(45)　南野監修・前掲注㉙93〜94頁。

できず、あくまで戸籍上の性別を変更したいのであれば、生殖腺を除去し、外観要件に適合するための性別適合手術を受けなければ、これらの要件を満たさないことになる。つまり、この要件は、戸籍上の性別を変えたいのであれば、性別適合手術を受けなさいと言っているに等しいといえるものだからである（もちろん、元々生殖腺の能力がない人や、他の性別に係る身体の性器に係る部分に近似する外観を備えている人もいることから、必ずしも手術をしなければならないというわけでないが。）。

そのため、このような規定は、その意思に反して身体に侵襲を受けることを受忍させるものであるから、憲法13条で保障される幸福追求権などを侵害しているものであって無効ではないかとの主張が出されるようになった。そして、特に、特例法3条1項4号の要件に関して、これが違憲であるとして裁判になり、それに対して、近時、最高裁の見解が示された。

第3　平成31年1月23日最高裁決定（裁判集261号1頁）
1　本件最高裁決定の法廷意見[46]

この最高裁決定においては、まず、「性同一性障害者につき性別の取扱いの変更の審判が認められるための要件として『生殖腺がないこと又は生殖腺の機能を永続的に欠く状態にあること』を求める性同一性障害者の性別の取扱いの特例に関する法律3条1項4号の規定（以下「本件規定」という。）の下では、性同一性障害者が当該審判を受けることを望む場合には一般的には生殖腺除去手術を受けていなければならないこととなる。本件規定は、性同一性障害者一般に対して上記手術を受けること自体を強制するものではないが、性同一性障害者によっては、上記手術まで望まないのに当該審判を受けるためやむなく上記手術を受けることもあり得るところであって、その意思に反して身体への侵襲を受けない自由を制約する面もあることは否定できない。」として、前述したように、性別特例法3条1項4号の規定の問題点を指摘した。

---

(46)　最高裁判所の裁判において、「反対意見」がなく、「補足意見」のみが付されている場合に、全員一致の意見は「法定意見」と呼ばれる。

　そして、それに続けて、「もっとも、本件規定は、当該審判を受けた者について変更前の性別の生殖機能により子が生まれることがあれば、親子関係等に関わる問題が生じ、社会に混乱を生じさせかねないことや、長きにわたって生物学的な性別に基づき男女の区別がされてきた中で急激な形での変化を避ける等の配慮に基づくものと解される。これらの配慮の必要性、方法の相当性等は、性自認に従った性別の取扱いや家族制度の理解に関する社会的状況の変化等に応じて変わり得るものであり、このような規定の憲法適合性については不断の検討を要するものというべきであるが、本件規定の目的、上記の制約の態様、現在の社会的状況等を総合的に較量すると、本件規定は、現時点では、憲法13条、14条１項に違反するものとはいえない。」として、この規定は、憲法に違反するものではないとして合憲であるとした。

　たしかに、審判により性別の変更が認められておりながら、身体的には元の性のままであった場合、性別変更をしていながら、元の性による生殖行為が行われる余地がある。そのような場合には、元は男性であった戸籍上の女性が、他の女性との間で子をもうけることがあり得るのであって、その場合、幼稚園や小学校に通う児童の戸籍上の女性が父親ということも生じることになり、戸籍制度がほとんど破綻することになると思われる。したがって、この最高裁の法廷意見は納得のできるものといえよう。

2　本件最高裁決定の補足意見

(1)　性別変更のための要件における問題提起

　もっとも、この最高裁の判断においては、補足意見として、２名の裁判官から次のような問題提起がなされている。

　すなわち、本法３条１項４号について、「本件規定は、本人の請求により性別の取扱いの変更の審判が認められるための要件の一つを定めるものであるから、自らの意思と関わりなく性別適合手術による生殖腺の除去が強制されるというものではないが、本件規定により、一般的には当該手術を受けていなければ、上記のような重要な法的利益を受けることができず、社会的な不利益の解消も図られないことになる。」として問題点の指摘をした。

　これは前述したように、結局、戸籍上の性別の変更のためには、性別適合手術をしなければならないという実情を指摘したものである。

(2)　性別適合手術が事実上強制されるとの指摘

その上で、本件補足意見は、「性別適合手術については、特例法の制定当時は、原則として、第1段階（精神科領域の治療）及び第2段階（ホルモン療法等）の治療を経てなおその身体的性別に関する強い苦痛等が持続する者に対する最終段階の治療として行うものとされていたが、その後の臨床経験を踏まえた専門的な検討を経て、現在は、日本精神神経学会のガイドラインによれば、性同一性障害者の示す症状の多様性を前提として、この手術も、治療の最終段階ではなく、基本的に本人の意思に委ねられる治療の選択肢の一つとされている。したがって、生殖腺を除去する性別適合手術を受けていない性同一性障害者としては、当該手術を望まない場合であっても、本件規定により、性別の取扱いの変更を希望してその審判を受けるためには当該手術を受けるほかに選択の余地がないことになる。」旨判示し、現在では、前述したような各段階での療法を経ることなく性別適合手術が可能になり、ただ、先にも申しましたように、そのような手術が事実上強制されてしまうことを認めたものである。

(3)　性別適合手術を強制することの問題点

そして、性別適合手術の受けなければ性別の変更ができないことの問題として、「性別適合手術による卵巣又は精巣の摘出は、それ自体身体への強度の侵襲である上、外科手術一般に共通することとして生命ないし身体に対する危険を伴うとともに、生殖機能の喪失という重大かつ不可逆的な結果をもたらす。このような手術を受けるか否かは、本来、その者の自由な意思に委ねられるものであり、この自由は、その意思に反して身体への侵襲を受けない自由として、憲法13条により保障されるものと解される。（中略）本件規定は、この自由を制約する面があるというべきである。」として、性別適合手術は、自由な意思によってなされたものでない場合には、憲法上保障された身体への侵襲を受けない自由を侵害するおそれがあるとしたのである。

(4)　憲法上保障された自由への侵害の有無

ア　そこで、そのような自由を制約してしまうことの妥当性に関して、「このような自由の制約が、本件規定の目的、当該自由の内容・性質、その制約の態様・程度等を総合的に較量して、必要かつ合理的なものとして

是認されるか否かについて検討する。」として、以下のように検討結果が判示された。

　すなわち、まず、「本件規定の目的については、法廷意見が述べるとおり、性別の取扱いの変更の審判を受けた者について変更前の性別の生殖機能により子が生まれることがあれば、親子関係等に関わる問題が生じ、社会に混乱を生じさせかねないことや、長きにわたって生物学的な性別に基づき男女の区別がされてきた中で急激な形での変化を避ける等の配慮に基づくものと解される。

　しかし、性同一性障害者は、（中略）生物学的には性別が明らかであるにもかかわらず、心理的にはそれとは別の性別であるとの持続的な確信を持ち、自己を身体的及び社会的に他の性別に適合させようとする意思を有する者であるから、性別の取扱いが変更された後に変更前の性別の生殖機能により懐妊・出産という事態が生ずることは、それ自体極めてまれなことと考えられ、それにより生ずる混乱といっても相当程度限られたものということができる。」として、先に述べたような、元の性による生殖活動による混乱はさほど起きないのではないかと認定している。

イ　しかしながら、この論理は、確実な根拠に基づく推定とはいえないものであり、性同一性障害があったんだから、元の性による生殖活動は起きないだろうといっているにすぎないものである。実際のところ、性同一性障害者であっても、その障害の程度には差があるのが当然であり、やっぱり元の性のほうがいいと思って戻ろうとする者もいないはずはないのであって[47]、上記補足意見のように言い切っていいかはかなり疑問である。

(5)　社会の変化への対応

ア　さらに続けて、本件補足意見は、「また、上記のような配慮の必要性等は、社会的状況の変化等に応じて変わり得るものであり、特例法も、平成15年の制定時の附則2項において、『性別の取扱いの変更の審判の

(47)　「神奈川県茅ケ崎市の40代元男性は2006年、戸籍上の性別を女性に変えた。それをいま、強く後悔している。家裁に再変更の申し立てを繰り返すが、『訴えを認める理由がない』と退けられ続けている。」平成29年10月29日付け朝日新聞。

請求をすることができる性同一性障害者の範囲その他性別の取扱いの変更の審判の制度については、この法律の施行後3年を目途として、この法律の施行の状況、性同一性障害者等を取り巻く社会的環境の変化等を勘案して検討が加えられ、必要があると認めるときは、その結果に基づいて所要の措置が講ぜられるものとする。』と定めていた。これを踏まえて、平成20年、特例法3条1項3号の『現に子がいないこと』という要件に関し、これを緩和して、成人の子を有する者の性別の取扱いの変更を認める法改正が行われ、成人の子については、母である男、父である女の存在があり得ることが法的に肯定された。そして、その改正法の附則3項においても、『性同一性障害者の性別の取扱いの変更の審判の制度については、この法律による改正後の特例法の施行の状況を踏まえ、性同一性障害者及びその関係者の状況その他の事情を勘案し、必要に応じ、検討が加えられるものとする。』旨が定められ、その後既に10年を経過している。

特例法の施行から14年余を経て、これまで7,000人を超える者が性別の取扱いの変更を認められ、さらに、近年は、学校や企業を始め社会の様々な分野において、性同一性障害者がその性自認に従った取扱いを受けることができるようにする取組が進められており、国民の意識や社会の受け止め方にも、相応の変化が生じているものと推察される。

以上の社会的状況等を踏まえ、前記のような本件規定の目的、当該自由の内容・性質、その制約の態様・程度等の諸事情を総合的に較量すると、本件規定は、現時点では、憲法13条に違反するとまではいえないものの、その疑いが生じていることは否定できない。」として、憲法違反とまではいわないものの、その疑いが生じていると指摘した。

イ　たしかに、性同一性障害者が社会的に受け入れられていることや、その数が相当多数に上っていることも事実として認められると言えるとことだと思われる。ただ、だからといって、直ちに、性別適合手術を経ていない、つまり、身体的には全く元の性のままであるにも関わらず、戸籍上は異なる性として扱うのであれば、些末な例であるとは思われるが、公衆トイレや銭湯なども戸籍上の性に従って立ち入ることが可能で

あるとしなければ一貫性がないと思われる。

　しかしながら、そのようなことまで現在の社会は容認しているとみて
よいのか、例えば、女性が女性専用施設である女湯への立ち入りに関し
て、たとえ精神的には女性であるにしても、外見上、男性そのままで
あったような場合に、これを容認して一緒に入浴するようなことを許容
するのかは疑問を禁じ得ないところである⁽⁴⁸⁾。

(6)　世界的な潮流

ア　さらに、本件補足意見は、「世界的に見ても、性同一性障害者の法的
　　な性別の取扱いの変更については、特例法の制定当時は、いわゆる生殖
　　能力喪失を要件とする国が数多く見られたが、2014年（平成26年）、世
　　界保健機関等がこれを要件とすることに反対する旨の声明を発し、2017
　　年（平成29年）、欧州人権裁判所がこれを要件とすることが欧州人権条
　　約に違反する旨の判決をするなどし、現在は、その要件を不要とする国
　　も増えている。

　　　性同一性障害者の性別に関する苦痛は、性自認の多様性を包容すべき
　　社会の側の問題でもある。その意味で、本件規定に関する問題を含め、
　　性同一性障害者を取り巻く様々な問題について、更に広く理解が深まる
　　とともに、一人ひとりの人格と個性の尊重という観点から各所において
　　適切な対応がされることを望むものである。」と判示した。

イ　たしかに参考になる点を多々含む補足意見であり、今後、我々が考え
　　なければならない問題を多くの角度から検討させるものであるとはいえ
　　るところであろうが、果たしてそのような建前だけの議論に社会が納得

---

(48)　この点については、公衆浴場等の問題は、そもそも法的な性別の問題とは関係な
　　く、当事者の利用マナーと周囲への啓発によって解決すべき問題である（藤戸・前掲注
　　⒂94頁）との見解などがみられるが、果たしてそのような軽々な認識で足りるものであ
　　るのか極めて疑問である。結局、世の中の一般女性がどのように感じるのか、受け入れ
　　可能なのかという視点を捨て去って、単なるマナーの問題であるとして、法的に女性と
　　して認められた者が、男性の外観のままでは、女性用の浴場への立入をマナー上として
　　も禁止するとされたら、それはまさに外観による「差別」に他ならないのであって、こ
　　の点は、あくまで法的な問題として処理されなければならない事項であると考えるべき
　　であろう。

　　　なお、この問題については、小林・城＝前掲注⑾196頁以下参照。

するのかは相当に疑問が残るところである。

3　本件最高裁決定の法廷意見に対する批判的見解

本件決定の法廷意見が、「親子関係等に関わる問題が生じ、社会に混乱を生じさせかねないこと」と述べていることに関して、次のような批判がなされている。

すなわち、「すでに現行法においても同様の『混乱』は生じうるという。たとえば、2号の非婚要件を充足するために婚姻を解消し、性別取扱い変更の審判を受けたMtFについて、婚姻解消の300日以内に元配偶者が出産した場合である。民法772条によれば嫡出推定が及ぶはずであるが、これは懐胎の時点を基準とするから、当時男性であったMtFは女性でありながら父であるということになる。あるいは、MtFが男性であったときに婚姻関係のない女性との間にもうけ、認知をしていなかった子について、性別取扱いの変更後に認知を行うことができるのか、できるとした場合、女性でありながら父ということになるのか、あるいは、認知には遡及効があるから（民法784条）、3号の子なし要件を満たしていなかったとして性別取扱いの変更が無効になるのか、といった問題がある。さらに、現在の人工生殖技術の発展に鑑みれば、性別取扱い変更の前に精子や卵子を保存しておき、変更後にそれを用いて子をもうけることも可能であり、これは特例法によっては防ぐことはできない。そもそも、補足意見も認めるように、3号の子なし要件が2008年に改正され、「現に未成年の子がいないこと」とされた以上、20歳以上の子については父＝法的女性あるいは母＝法的男性でるという事態はすでに生じているはずなのである。」[49]と批判する。

しかしながら、これらの問題は、上記批判でも述べられているように、既に、「未成年の子」がいないことを条件から外した段階で起き得る問題であって、このことが④の要件に直結するものではない。ただ、これらのことが起きるにしても、実際に、女性から男性に性別変更が認められた者が、実際に、出産をして子を産むという現実と、上記の例で挙げられている法律の適用に

（49）　春山習「性同一性障害者特例法における生殖能力喪失要件の合憲性」早稲田法学95
　　巻1号3（2019年）34頁。

よって、かつての性に基づいて子が生じるというのとは、本質的な違いがあると考えるべきであろう。最高裁の法廷意見も、このような問題を想定して、「社会に混乱をもたらず」といっているのであって、これを批判するために、些末な例外を挙げて、根本的な問題を否定するのは、問題のすり替えであるとの批判がなされ得るものと思われる。

第2　性同一性障害者における性別変更の手続及び問題点（その2）

1　前記⑥の要件について

前述した⑥の要件である「性同一性障害者に係る診断の結果並びに治療の経過及び結果等が記載された医師の診断書」の提出義務については、これを求めることに批判的な見解もある。

というのは、これを求めない国々、アルゼンチン、フランス、デンマーク、ノルウェーなど多数あることを理由に、性別特例法においても不要とすべきであると主張するのである[50]。

しかしながら、このような立場に立てば、それはもはや、医療的見地から、性同一性障害者の苦痛等を緩和し、精神的障害を取り除くために、戸籍制度との調和を図った上で制定された特例法という本来の目的から完全に外れたものとなろう。

すなわち、性同一性障害の問題は、自己の性的アイデンティティと現実の身体状況との食い違いが精神的な苦痛をもたらし、また、併せて社会生活上の不都合を生じさせることから、これを解消することに主眼がある。これはあくまで医学的治療の領域であり、異なる性別への指向や性別選択の権利、更には同性婚の容認というものとはレベルの異なるものである。

しかしながら、この問題の議論は、しばしばそれらが混同されたままなされており、性同一性障害者の上記苦痛等の解消の問題が、性別変更の選択権や同性婚を認めるような性的自由を多角的に許容している諸国の制度などを理由に、その解消の方法が限定的であるとか、性別変更のための要件が不適切であるなどの批判がなされており、本件最高裁決定に対する批判において

(50)　藤戸・前掲注⒂96頁。

も、同様の見地からの批判がなされている。しかしながら、性別選択の自由
や同性婚の自由を認めるかどうかの議論は、性同一性障害の問題を利用して
行われるべきものではなく、それはそれで別の立法を検討するなどの過程に
おいて議論されるべき問題である。

　上記のように医師の診断書の提出を求めない国々は、そもそも生殖不能要
件や外観要件なども要求していないほか、同性婚に対しても容認する方向性
を持っている国々であって、そのような文化的、社会的ベースが異なる国々
の制度を、そのまま我が国に当てはめて、それらの国々の制度が「進んでお
り」、我が国の制度が遅れているかのような指摘は、社会の実態を無視した
机上の論理にすぎず、根本的に誤っているものといえよう。

2　性別特例法に基づく手続による法的効果

　性別特例法4条1項は、

> 第四条　性別の取扱いの変更の審判を受けた者は、民法その他の法令の規定の
> 　適用については、法律に別段の定めがある場合を除き、その性別につき他の
> 　性別に変わったものとみなす。

と規定していることから、基本的には、すべての面で他の性別に変わったも
のとして扱われることになる。

　また、同条2項は、

> 2　前項の規定は、法律に別段の定めがある場合を除き、性別の取扱いの変更
> 　の審判前に生じた身分関係及び権利義務に影響を及ぼすものではない。

と規定しており、従来の身分関係等に変化が及ぶことはない。

　なお、性別変更の審判を受けた者の戸籍に記載されている者がほかにいる
ときは、当該審判を受けた者について新戸籍が編製される（戸籍法20条の4）。
その際、身分事項欄には、審判の年月日と「平成拾五年法律第百十一号三条
による裁判発効」という文字が記載される。したがって、「性同一性障害」
などという文言が戸籍上に出ることはないが、特例法の法律番号などが記載
されることから、性別変更の審判がなされたことは判明することとなる。

第3章　刑法における性犯罪に関する規定

第1款　は じ め に

　性犯罪は、古典的には物理的に非力な女性に対する犯罪であった（もっと
も、年少男児に対する性犯罪は古くから存在していたが。）。例えば、男性医師
が、麻酔により意識喪失状態にある女性を強いて姦淫したり、また、診察と
称して女性にわいせつ行為に及ぶなどの事件もしばしば見られたところであ
る。

　しかしながら、今日では、性的欲求の多様性や男女間の種々の格差が減少
してきたことなどを背景に、男性が性犯罪の被害者となるケースも見られる
ようになってきた。

　一方、平成29年の刑法改正においては、女性に対する性犯罪であった**強姦
罪**を廃止し、新たに、被害者の性別を問わない**強制性交等罪**が新設されるな
ど、時代に応じた改正がなされるに至っている。

　そこで、ここでは、性に関する現在の法制度において、古典的な女性に対
する性犯罪のみならず、男性に対する性犯罪としてもどのようなものが想定
されるのか、刑法犯上、どのような行為が違法とされるのかなどについて解
説することとする。

第2款　平成29年の刑法改正について

　平成29年6月16日、第193回国会において、「刑法の一部を改正する法律」
（以下「改正法」という。）が成立し、同月23日、公布された。

　この改正法では、近年における性犯罪の実情等に鑑み、事案の実態に即し
た対処を可能とするため、強姦罪の構成要件及び法定刑を改めて強制性交等
罪とするとともに、監護者わいせつ罪及び監護者性交等罪を新設するなどの
罰則の整備を行い、さらに、強姦罪等を親告罪[51]とする規定を削除した。こ
こではそれら改正のうち、**強制性交等罪**、**強制わいせつ罪**等に限定して説明
する。

第3款　改正された刑法の強制性交等罪について

第1　法改正の内容について

改正前刑法では、刑法177条において強姦罪を規定していた。その規定は、

> 第百七十七条　暴行又は脅迫を用いて十三歳以上の女子を姦淫した者は、強姦
> の罪とし、三年以上の有期懲役に処する。十三歳未満の女子を姦淫した者
> も、同様とする。

というものであった。

これに対して、改正刑法177条は、

> 第百七十七条　十三歳以上の者に対し、暴行又は脅迫を用いて性交、肛門性交
> 又は口腔性交（以下「性交等」という。）をした者は、強制性交等の罪とし、
> 五年以上の有期懲役に処する。十三歳未満の者に対し、性交等をした者も、
> 同様とする。

と規定している。

このような改正は、女子に対する姦淫、すなわち、女性を被害者とする性
交のみを対象としていた強姦罪を見直し、行為者及び被害者の性別を問わな
いとしたほか、処罰対象となる行為として、通常の**膣性交**のほか、**肛門性交**
及び**口腔性交**を含むものとした。また、その法定刑も下限を懲役3年から懲
役5年に引き上げたものである。

第2　本罪の客体について

本罪の客体、つまり、被害者であるが、これは法改正により女性に限定さ
れないこととされた。

というのは、本罪の保護法益が、性的自由ないし性的自己決定権であると
解されることから、その侵害により身体的・精神的に重大な苦痛を受けるこ

---

(51)　親告罪とは、被疑者を公判請求した場合、その訴訟の要件として、被害者の告訴が
必要とされる犯罪をいう。以前は、強姦の被害を受けた者らが自己の被害を公にしたく
ないなどの気持ちへの配慮から強姦罪等は親告罪とされていた。それが法改正により告
訴がなくてもよいとして訴訟要件ではなくなったのである。

とについて、男性と女性との性差はないと考えられたからである。

　したがって、これまでは女性が男性と共謀して別の女性を強姦する場合などに、共同正犯として女性も強姦罪の主体となることはあったものの、法改正により、女性が暴行又は脅迫を用いて自己の性器に男性の性器を挿入させたような場合（年少男性に対する場合などがあり得よう。）には、単独で本罪の主体となり得ることになった。

第3　本罪の実行行為について

1　「性交」とは、「肛門性交」とは、「口腔性交」とは

　そもそも「性交」とは、膣に陰茎を挿入する行為である一方、「肛門性交」とは、肛門内に陰茎を挿入する行為であり、「口腔性交」とは、口腔内に陰茎を挿入する行為である。したがって、男性が暴行又は脅迫により他の男性から肛門に陰茎を挿入された場合、肛門性交による被害者となり、強制性交等罪が成立する。

　また、これは自らが他者の性器等に挿入する場合のみならず、「挿入させる」行為、つまり、自己の性器や肛門又は口腔内に被害者の陰茎を入れる行為も、同様に「性交」等の概念に含まれる以上、それが暴行又は脅迫によりなされた場合には、本件の構成要件に該当する行為であるといえる。それゆえ、男性がその陰茎を女性の性器等に挿入させられた場合、当該男性は、強制性交等罪の被害者となることがあり得る。

2　ここでいう「陰茎」や「膣」とは何を指すのか。性別適合手術による造膣術によって形成されたものであっても「膣」に含まれるのか

　ここでいう「陰茎」や「膣」は医学的観点から認定される臓器であるが、前章で述べた性別適合手術における造膣術によって形成されたものであっても、「膣」に含まれると解すべきである。本罪の保護法益が性的自由ないし性的自己決定権であると解される以上、それが医学的、後天的に形成されたものであっても、別異に扱う必要はないからである。このような場合において、もともとは男性であった者が、暴行又は脅迫によって、その「膣」に男性器を挿入された場合、強制性交等罪の「性交」をさせられたとして同罪の被害者になる。

　一方、もともと女性であった者において、性別適合手術により人工的に陰茎が形成された場合、そのような陰茎であっても、暴行又は脅迫によって女性器の膣に挿入させられた場合には、同様に解して強制性交等罪の被害者となる。

3　肛門性交及び口腔性交が追加されたのはなぜか

　肛門性交及び口腔性交が追加されたのは、これらは従来、強制わいせつ罪に該当するものとして法的に処理されてきたが、自己の性器を他者の身体に挿入するという濃厚な身体的接触を行うという点で、性交と同等の悪質性や重大性があるものと考えられるに至ったからである。したがって、これらの行為は性器を挿入するものであることから、異物を他者の性器や肛門に挿入する行為はこれに該当しない。

　また、従来、口腔性交や肛門性交は強制わいせつとされていたものであるが、強姦の対象である性交と同等に評価されるものとなったことから、量刑上の評価としても全く同等のものとして扱われることになる。

　したがって、例えば、被害者となる年少男性の陰茎を加害者となる女性がその口腔に含む行為は、法的判断として、これまで男性が女性を強姦した場合と全く同様の法的評価及び量刑が与えられることになる。

4　自己の性器を舐めさせる行為は「口腔性交」に該当するか

　ここで問題となるのは、自己の性器を舐めさせる行為が「口腔性交」に該当するかどうかである。例えば、ある男性が自己の陰茎を暴行又は脅迫を用いて別の男性に舐めさせるという場合があり得るが、この場合に何罪が成立するかという問題である。

　他者の口腔内に自己の性器を挿入すれば、先ほどから述べているように、口腔性交に該当するが、挿入する代わりに舐めさせるという行為に出た場合、口腔内の舌は外に出すことも可能な臓器であることから、舌を外に出して他者の性器と濃厚な身体的接触をすることが可能である以上、口腔内と外とでそれほど違いがあるのかという疑問があるから問題となるのである。

　しかしながら、法文上「口腔性交」としてある以上、性器間の「性交」や「肛門性交」と同様に解する必要があり、後者がいずれも性器の挿入を犯行形態としている以上、口腔性交の場合も口腔内に性器を挿入するものと解さ

ざるを得ず、性器を舐めさせるにとどまった場合には、強制わいせつ罪が成立すると解するしかないと思われる。

5　上記の性交等は「暴行又は脅迫を用いて」なされる必要があるが、それはどの程度の暴行又は脅迫である必要があるのか

上記の性交等は「暴行又は脅迫を用いて」なされる必要がある。この解釈については、法改正前後によって変更はないが、従来から、この暴行等の程度は、相手方の反抗を著しく困難にする程度で足り、反抗を抑圧する程度に達するまでの必要はないと解されている。

第4款　改正された刑法の強制わいせつ罪について

第1　法改正の内容について

改正前刑法では、刑法176条において、次のように、強制わいせつ罪を規定していた。

> 第百七十六条　十三歳以上の男女に対し、暴行又は脅迫を用いてわいせつな行為をした者は、六月以上十年以下の懲役に処する。十三歳未満の男女に対し、わいせつな行為をした者も、同様とする。

そして、改正刑法176条は、

> 第百七十六条　十三歳以上の者に対し、暴行又は脅迫を用いてわいせつな行為をした者は、六月以上十年以下の懲役に処する。十三歳未満の者に対し、わいせつな行為をした者も、同様とする。

と規定している。ほとんど同じであるが、「13歳以上の男女」が、「13歳以上の者」などと表現のみが変更されている。内容的には何も変更はされていない。

第2　基本的構成要件について

1　強制わいせつ罪の手段として規定されている「暴行又は脅迫」の程度はどの程度のものである必要があるのか

強制わいせつ罪の手段として規定されている「暴行又は脅迫」の程度は、

被害者の意思に反してわいせつ行為を行うに足りる程度の暴行で足り、強制性交等罪の場合のように、反抗を著しく困難にする程度に達する必要はない。

　したがって、例えば、自転車に乗って女性とすれ違いざまに、その乳房に触れるなどの行為であっても、「暴行」を加えたことになり、強制わいせつ罪が成立する。

2　強制わいせつ罪の「わいせつな行為」には、どのような行為が含まれるのか

　強制わいせつ罪の「わいせつな行為」には、強制性交等罪の性交等に該当する「性交、肛門性交又は口腔性交」以外の性的な行為として、次のような行為が挙げられる。

　すなわち、女性の陰部に触れる、乳房を弄ぶ、自らの陰茎を手淫させる、被害者の陰茎を手淫する、自己の陰茎を舐めさせる、被害者の陰茎を舐めるなどの具体的な行為が挙げられる。そのほか、股間部付近を舐めたり、口唇に接吻して自己の舌を差し入れるという行為も、いずれも性的な嫌悪感をもたらすものであり、それを強いて行う行為は、強制わいせつ罪を構成するものと考えてよい。ちなみに、接吻については、昭和50年6月19日最高裁決定（裁判集196号653頁）において、「被告人の接吻行為を強制猥褻行為に該当するとした原判断は正当である。」旨判示されている。

3　被害者を裸体にして写真撮影をする行為は、強制わいせつ罪に該当するのか

　被害者を裸体にして写真撮影をする行為も本罪に該当する。昭和29年5月29日東京高裁判決（高等裁判所刑事判決特報40号138頁）もこれを認めている。

　もっとも、そのような撮影行為において、自己の性欲を刺激、興奮、満足させるという性的意図が必要であるかどうかは問題である。この点、昭和45年1月29日最高裁判決（刑集24巻1号1頁）は、女性を脅迫して裸にし、撮影した事案について、上記のような性的意図がなく、専ら報復、虐待等の目的でなされた場合には、本罪は成立しないとした。

　しかしながら、平成29年11月29日最高裁大法廷判決（刑集71巻9号467頁）では、上記最高裁判決を変更し、次のとおり判示した。

　すなわち、「今日では、強制わいせつ罪の成立要件の解釈をするに当たっ

ては、被害者の受けた性的な被害の有無やその内容、程度にこそ目を向けるべきであって、行為者の性的意図を同罪の成立要件とする昭和45年判例の解釈は、その正当性を支える実質的な根拠を見いだすことが一層難しくなっているといわざるを得ず、もはや維持し難い。」、「刑法176条にいうわいせつな行為に当たるか否かの判断を行うためには、行為そのものが持つ性的性質の有無及び程度を十分に踏まえた上で、事案によっては、当該行為が行われた際の具体的状況等の諸般の事情をも総合考慮し、社会通念に照らし、その行為に性的な意味があるといえるか否かや、その性的な意味合いの強さを個別事案に応じた具体的事実関係に基づいて判断せざるを得ないことになる。したがって、そのような個別具体的な事情の一つとして、行為者の目的等の主観的事情を判断要素として考慮すべき場合があり得ることは否定し難い。しかし、そのような場合があるとしても、故意以外の行為者の性的意図を一律に強制わいせつ罪の成立要件とすることは相当でなく、昭和45年判例の解釈は変更されるべきである。」として、性的意図は成立要件ではないとした。

　したがって、写真撮影をした際に被疑者に性的な意図まで求められるものではないものの、ただ、それでもその行為について、社会通念に照らして性的な意味の有無とその強さがどの程度であるのかが問われることになる。通常であれば、裸体を撮影する行為には積極的な性的な意図が含まれているであろうが、仮にそのような積極的な意図が認められないとしても、裸体の写真を撮影するという行為は、プロの写真家が出版の意図で撮影するような場合でもない限り、通常は、社会通念に照らしてその行為に性的な意味があるといえると思われる。

第3　参考となる裁判例

1　平成26年7月18日神戸地裁判決（公刊物未登載）

　この判決の事案は、児童指導員が、勤務先の児童養護施設で少年に性的虐待を繰り返したとして、強制わいせつ罪に問われたものである。

2　平成22年3月5日京都地裁判決（公刊物未登載）

　この判決の事案は、少林寺拳法の指導者が自己の道場に通っていた男児に対してわいせつ行為に及んだものである。

3　平成29年12月20日横浜地裁判決（公刊物未登載）

この判決の事案は、被告人が家庭教師をしていたり、ボランティアでキャンプのリーダーとなった立場を利用して年少男児に対してわいせつ行為を繰り返していたものである。

第5款　改正された刑法の準強制わいせつ及び準強制性交等について
第1　法改正の内容について

改正前刑法では、刑法178条において、次のとおり、**準強制わいせつ罪及び準強姦罪**を規定していた。すなわち、178条1項において、

> 第百七十八条　人の心神喪失若しくは抗拒不能に乗じ、又は心神を喪失させ、若しくは抗拒不能にさせて、わいせつな行為をした者は、第百七十六条の例による。

と規定しており、同条2項において、

> 2　女子の心神喪失若しくは抗拒不能に乗じ、又は心神を喪失させ、若しくは抗拒不能にさせて姦淫した者は、前条の例による。

と規定していた。なお、この178条1項は本改正による変更はされていないが、同条2項は、準強制性交等罪として、

> 2　人の心神喪失若しくは抗拒不能に乗じ、又は心神を喪失させ、若しくは抗拒不能にさせて、性交等をした者は、前条の例による。

と規定されて改正されている。

ここでは、女性に限らず、男性も対象とするため、「女子」を「人」と変更している。また、その行為態様についても、「姦淫した」が「性交等をした」に改められたものである。その理由等は、強制性交等罪で述べたのと同様である。

この準強制わいせつ罪及び準強制性交等罪は、暴行又は脅迫を手段として用いることなく、それ以外の方法で心神喪失や抗拒不能にさせたり、既にそのような状態になっていることを利用したりして、わいせつ行為や性交等に

及んだ場合に成立する。したがって、男性がそのような状態になってわいせつ行為の被害者になることはあり得るものの、心神喪失等に陥っている男性と性交等をなし得るのかは、やや想定し難いものがあると思われる。

第2　本罪の立証上の問題点

　この準強制わいせつ及び準強制性交等罪は、暴行又は脅迫を手段として用いることなく、それ以外の方法で心神喪失や抗拒不能にさせたり、既に、そのような状態になっていることを利用してわいせつ行為や性交等に及んだ場合に成立する。近時は、睡眠薬を用いた事例が多い。そのため、薬理作用により、被害者が朦朧状態になり、また、記憶も不明になることがあるため、その被害の立証に困難を伴う場合もめずらしくない。

第3　参考事例：平成29年12月4日長野地裁判決（公刊物未登載）

　この事案は、睡眠薬等を用いたものではないものの、医師が患者を騙して治療行為と信じさせる行為が「抗拒不能」にさせる行為であるとして、強制わいせつ行為が認定されたものである。

　事案の概要は次のとおりである。

　被告人は、長野市内のX病院に精神科医として勤務していたものであるが、自らが担当医を務めていた入院患者A子が自閉症スペクトラムを患っており、かつ、同人の担当医（指導医）としてその退院を決定できることに乗じ、早期退院に必要な行為であるかのように装って同人にわいせつな行為をしようと考え、平成27年12月20日午後9時28分頃から同月21日午前零時8分頃までの間、埼玉県内、群馬県内又は長野県内において、同人に対し、被告人が使用する携帯電話機からアプリケーションソフト「LINE」を利用して、「今夜診察した方がよければ、それが早期退院につながるかもですね。」、「今夜どうしても自分と会って、どんな診察になっても最短で退院になるのを望むしか無いでしょうね。」「産婦人科の検査をやらないと退院できない。」などとメッセージを送信し、または、通話した上で、同日午前零時20分過ぎ頃、前記X病院本館1階B病棟内において、被害者に対し、「ズボンを脱いで。」、「パンツも脱いで。」などと言い、同人に早期退院に必要な行為であると誤信

させて同人を抗拒不能の状態に陥らせ、同人の膣内に手指を挿入し、乳房をなめるなどし、もって、人の抗拒不能に乗じてわいせつな行為をしたものである。

第4章　宗教上の理由による輸血拒否（傷害罪・保護責任者遺棄致死罪等）

第1款　序　　論

　患者があくまで医療行為を拒否しているにもかかわらず、その意思に反して治療行為を実施した場合、その身体に注射針を刺すなどの行為が傷害罪を構成するおそれがある[52]。特に、宗教上の理由で輸血を拒否する**エホバの証人**の信者の場合、その命を救うために必要があるからとして輸血を強行した場合、当該治療行為が傷害罪を構成するとして告訴されたり、民事上の損害賠償を請求されるおそれもないとはいえない。また、逆に、輸血が必要であるにもかかわらず、これをせずに手術を継続したことが原因で当該患者が死亡した場合、当該医師に対し、保護責任者遺棄致死罪[53]や業務上過失致死罪[54]の刑責が問われるおそれもないとはいえない。

　そこで、本章では、「エホバの証人」の信者が輸血を拒否していたにもかかわらず、その手術においてこれを実施した場合の法律上の問題点に関し、いわゆる**東京大学医科学研究所付属病院事件**や**川崎事件**などを題材にしなが

---

(52)　前述したように医療行為は、基本的には、刑法35条の正当業務行為として違法性が阻却されて犯罪は成立しないが、患者側があくまで明示的に拒否する医療行為をその意に反して実施した場合には、当該行為が果たして「正当」業務行為といえるかどうか問題となるからである。患者の拒否が明確な医療行為は、正当業務行為とは認められないおそれもある。

(53)　刑法218条では、「（前略）病者を保護する責任のある者が（中略）その生存に必要な保護をしなかったときは、三月以上五年以下の懲役に処する。」と規定され、また、刑法219条では、「前二条の罪を犯し、よって人を死傷させた者は、傷害の罪と比較して、重い刑により処断する。」とされており、患者を手術している医師は、「病者を保護する責任のある者」に該当し、輸血をしないことが「生存に必要な保護をしな」いことに当たる可能性があるから、同罪の成立する可能性があるのである。

(54)　医療過誤として問題とされるおそれがあるが、これについては第5編第4章で説明する。

ら検討する。

第2款　エホバの証人とは

「エホバの証人」とは、1870年代に米国でチャールズ・ラッセルにより創始されたキリスト教系の団体（「もみのきの塔聖書冊子協会」）であり、聖書の教示に基づき輸血を受けることができないという信念を有している[55]。

具体的には、聖書に、

> 「生きている動く生き物はすべてあなた方のための食物としてよい。緑の草木の場合のように、わたしはそれを皆あなた方に確かに与える。ただし、その魂つまりその血を伴う肉を食べてはならない。」（創世紀9章3、4節）
> 「ただ、血を食べることはしないように堅く思い定めていなさい。血は魂であり、魂を肉と共に食べてはならないからである。それを食べてはならない。それを水のように地面に注ぎ出すべきである。それを食べてはならない。こうしてエホバの目に正しいことを行うことによって、あなたにとってもあなたの後の子らにとっても物事が良く運ぶためである。」（申命記12章23節ないし25節）
> 「というのは、聖霊とわたしたちとは、次の必要な事柄のほかは、あなた方にその上何の重荷も加えないことがよいと考えたからです。すなわち、偶像を犠牲としてささげられた物と血と絞め殺されたものと淫行を避けていることです。これらのものから注意深く身を守っていれば、あなた方は栄えるでしょう。健やかにお過ごしください。」（使徒たちの活動15章28、29節）

などと記載され、そこに「血を避けなさい。」という趣旨の言葉が何度も出てくるが、これは、エホバ神が人間に対し血を避けることを指示していると考え、人間は、血を避けることによって身体的にも精神的、霊的にも健康であると確信しているからである。したがって、「エホバの証人」の信者は、ひとたび体の外に出た血を体内に取り入れることは医学的な方法によってもできない、即ち、輸血を受けることはできないとの信念を有しているのであ

---

(55)　萩原由美恵「宗教上の理由による輸血拒否と医師の刑事責任」岩瀬徹ほか編『刑事法・医事法の新たな展開 下巻──町野朔先生古稀記念』（2014年、信山社）109頁。

る[56]。

　また、同宗派では「血を避けるように」との聖書の教えは医療上の処置としての輸血にもあてはまると解し、聖書の教えに従えば、たとえ輸血を受けずに一命を失つてもやがて復活し、永遠の生命を得られると信じている[57]。

第3款　東京大学医科学研究所付属病院事件（平成12年2月29日最高裁判決（民集54巻2号582頁））

第1　事案の概要

1　患者の立場及び医師の立場

　甲野花子は、昭和4年1月5日に出生し、昭和38年から「エホバの証人」の信者であった。花子は、宗教上の信念から、いかなる場合にも輸血を受けることは拒否するという固い意思を有していた。花子の夫である甲野太郎は、「エホバの証人」の信者ではなかったが、花子のそのような意思を尊重しており、花子の長男である甲野次郎は、その信者であった。

　一方、乙野太郎は、東京大学医科学研究所付属病院（以下「本件病院」という。）に勤務していた医師であったが、乙野は、輸血を伴わない手術をした例を有することで広く知られていた。このことは、「エホバの証人」の信者に協力的な医師を紹介するなどの活動をしている「エホバの証人」の医療機関連絡委員会（以下「連絡委員会」という。）のメンバーの間でも有名であった。

　しかし、本件病院においては、外科手術を受ける患者が「エホバの証人」の信者である場合、右信者が、輸血を受けるのを拒否することを尊重し、できる限り輸血をしないことにしてはいたものの、輸血以外には救命手段がない事態に至ったときは、患者及びその家族の諾否にかかわらず輸血する、という方針を採用していた。

2　患者が本件病院で治療を受けることとなった経緯

　花子は、平成4年6月17日、F病院に入院し、同年7月6日、悪性の肝臓

---

(56)　平成9年3月12日東京地裁判決（判例タイムズ964号82頁）より引用。

(57)　昭和60年12月2日大分地裁決定（判例時報1180号113頁）より引用。

血管腫との診断結果を伝えられたが、同病院の医師から、輸血をしないで手術することはできないと言われたことから、同月11日、同病院を退院し、輸血を伴わない手術を受けることができる医療機関を探した。

そこで、連絡委員会のメンバーが、平成4年7月27日、乙野医師に対し、花子は肝臓がんに罹患していると思われるので、その診察を依頼したい旨を連絡したところ、同医師は、これを了解し、上記メンバーに対して、癌が転移していなければ輸血をしないで手術することが可能であるから、すぐ検査を受けるようにと述べた。

花子は、平成4年8月18日、本件病院に入院し、同年9月16日、肝臓の腫瘍を摘出する手術（以下「本件手術」という。）を受けたが、その間に、花子、太郎及び次郎は、乙野医師、並びに本件病院に医師として勤務していたG及びH（以下、この3人の医師を「乙野医師ら」という。）に対し、花子は輸血を受けることができない旨を伝えた。次郎は、同月14日、乙野医師に対し、花子及び太郎が連署した免責証書を手渡したが、右証書には、花子は輸血を受けることができないこと及び輸血をしなかったために生じた損傷に関して医師及び病院職員等の責任を問わない旨が記載されていた。花子は、当時63歳であったが、手術をしなかった場合には、約1年間の余命とみられていた。

ただ、乙野医師らは、花子らに対し、上述した本件病院の方針である「輸血以外には救命手段がない事態に至ったときは、患者及びその家族の諾否にかかわらず輸血する」という方針をきちんと説明していなかった。

3　手術及びその後の状況

乙野医師らは、平成4年9月16日、花子の手術を実施するに当たり、輸血を必要とする事態が生ずる可能性があったことから、その準備をした上で本件手術を実施した。そして、乙野医師らが患部の腫瘍を摘出した段階で出血量が約2245ミリリットルに達し、低血圧、頻脈当が顕著になったことから、乙野医師らは、輸血をしない限り花子を救うことができない可能性が高いと判断して輸血をした。手術後の同年11月頃、乙野医師は、太郎らに花子に輸血をしたこと及びそれがやむを得なかったことについて説明した。

花子は、本件院を退院した後、約5年間生存し、平成9年8月13日死亡した。

第２　問題の所在（その１）

　この事案で最初に考えなければならないのは、「エホバの証人」に輸血をしたことの当否ではない。この事案での最初の問題点は、乙野医師の説明義務違反の有無であり、インフォームド・コンセントの問題である。つまり、この花子は、「エホバの証人」として、輸血に拒否感を持っており、そのためには自己の生命、身体に害が生じてもやむを得ないと考えていたところ、そのような考え方をもった患者に対して、東京大学医科学研究所付属病院の方針として、万一の場合には輸血をすることがあるということを、乙野医師は明確かつ正確に花子に伝えたかということが問題となったのである。これをきちんと伝えた上で、本件病院での治療を受けたのであれば、輸血を受けるかもしれないということを覚悟して手術を受けたのであるから、信仰より治療を優先するという自らの判断を経ているため、少なくとも花子に輸血をすることの法律上、倫理上の問題は大きく解消されたはずである。

　しかしながら、本件の事実関係からは、乙野医師による、そのような不利益を伝達する行為が明確には認められなかった。そのようなこともあって、花子は乙野医師らに対する説明義務違反等による債務不履行に基づく損害賠償請求や、信教上の良心を侵害したとして不法行為に基づく損害賠償請求をしたものである（なお、花子は裁判の途中で亡くなっているが、その裁判は相続人である太郎や次郎に承継された。）。

　ただ、乙野医師らは、万一の輸血が必要であるのは手術に臨む上で当然のことであり、花子の命を救うことが第一で、そのようなことまでの説明が必要であるとは考えていなかったものと思われる。そのため概括的な説明となっていたと考えられよう。それゆえ、乙野医師に対しては、医師としての説明義務違反があったのかなかったのか、必要なインフォームド・コンセントがなかったとしてもそこに問題があったのかなかったのかなど点が裁判で争点となったのである。

１　平成９年３月12日東京地裁判決（判例タイムズ964号82頁）の判示内容

　本件東京地裁判決の判示内容は以下のとおりであるが、判決文中、原告というのが花子であり、被告というのが病院側で、乙野医師らである。

(1)　手術中にいかなる事態になっても輸血をしないとの特約の有効性

　まず、花子が主張していたのは特約の存在である。花子と乙野医師は、手術中にいかなる事態になっても輸血をしないとの特約を合意したのであるから、これに反した乙野医師らの行為は契約違反であって債務不履行として損害賠償義務があると主張していた。

　本件東京地裁判決は、この点について、「医師が患者との間で、輸血以外に救命方法がない事態が生ずる可能性のある手術をする場合に、いかなる事態になっても輸血をしないとの特約を合意することは、医療が患者の治療を目的とし救命することを第一の目標とすること、人の生命は崇高な価値のあること、医師は患者に対し可能な限りの救命措置をとる義務があることのいずれにも反するものであり、それが宗教的信条に基づくものであったとしても、**公序良俗**に反して無効であると解される。」として、そのような合意が仮にされたとしても、その合意は、公序良俗に反して無効であると判示した。

　ここで判示された「公序良俗」とは、民法90条において、

　　第九十条　公の秩序又は善良の風俗に反する事項を目的とする法律行為は、無効とする。

と規定されている「公の秩序又は善良の風俗」のことである。これは、「公の秩序」、つまり、国や社会における平穏かつ安定的な秩序と、「善良の風俗」、つまり、社会における一般的な道徳観念に反するような行為を指し、これを略して、公序良俗と呼ぶが、これに反する行為は無効であるとされている。これは、要するに、強者が弱者に対して一方的に強要するような行為や、社会人としての良識に反する反社会的な行為などについては、法は助力せず、その効力を認めないというものである。

　そこで、本件に照らしてみると、たしかに、医師と患者の間で、万一の時に救命できる方法があるけれども、それは使いませんというような約束は、人命軽視も甚だしいものになることから、そのような合意に法的な効力を認めることはできず、公序良俗に反するものであり無効であるという判断は当然であるといえる。

(2)　乙野医師らの説明義務違反の有無

次に、本件東京地裁判決は、乙野医師らの説明義務について次のとおり判示した。

すなわち、「被告医師らが手術中いかなる事態になっても輸血を受け入れないとの原告の意思を認識していたことは明らかであり、被告医師らはその原告の意思に従うかのように振る舞って原告に本件手術を受けさせたというべきであって、その結果として、本件輸血がされたことになる。したがって、原告は、被告医師らから手術中に輸血以外に救命方法がない事態になれば必ず輸血をすると明言されれば、本件手術を受けなかったはずであるから、被告医師らは、前記行為によって、原告が本件手術を拒否する機会を失わせ、原告が自己の信条に基づいて本件手術を受けるか受けないかを決定することを妨げたものである。」として、乙野医師らが説明義務に違反し、花子の自己決定権を侵害していることを明確に認定した。

ただ、そのように説明義務に違反し、花子の自己決定権を侵害したとしても、これが債務不履行として法的に違法であるかどうかは、この花子が当時置かれていた状況によるとして、次のとおり判示した。

すなわち、「そこで、被告医師らが手術中に輸血以外に救命方法がない事態になれば必ず輸血をするとは明言しなかったことが違法であるかどうかを検討する。

まず、手術は患者の身体を傷害するものであるから、治療を受けようとする患者は、当該手術を受けるかどうかを自分で決定することができると解される。この解釈は、患者がエホバの証人の信者であると否とに拘わらず、治療を受けようとする患者すべてに共通するものである。そして、患者が当該手術を受けるかどうかを決定するには、当該手術の内容・効果、身体に対する影響・危険及び当該手術を受けない場合の予後の予想等を考慮することが前提となるので、その反面として、患者に対し手術をしようとする医師は、当該手術の内容・効果、身体に対する影響・危険及び当該手術を受けない場合の予後の予想等を患者に対し説明する義務を負うものと解される。しかし、この説明義務に基づく説明は、医学的な観点からされるものであり、手術の際の輸血について述べるとしても、輸血の種類・方法及び危険性等の説

明に限られ、いかなる事態になっても患者に輸血をしないかどうかの点は含まれないものである。」として、医師として患者に対する手術の内容・効果等に関する説明をする義務はあるにしても、輸血をするかどうかについてまでの詳細な点についてまでの説明義務はないとしたのである。

そして、本件東京地裁判決は、更に、「一般的に、医師は、患者に対し可能な限りの救命措置をとる義務があり、手術中に輸血以外に救命方法がない事態になれば、患者に輸血をする義務があると解される。ところか、患者がエホバの証人の信者である場合、医師から、手術中に輸血以外に救命方法がない事態になれば必ず輸血をすると明言されれば、当該手術を拒否する蓋然性が高く、当該手術以外に有効な治療方法がなく、手術をしなければ死に至る可能性の高い病気では、当該手術を受けないことが患者を死に至らしめることになる。そうとすれば、患者がエホバの証人の信者であって、医師に診察を求めた場合、医師は、絶対的に輸血を受けることができないとする患者の宗教的信条を尊重して、手術中に輸血以外に救命方法がない事態になれば輸血をすると説明する対応をすることが考えられるが、患者の救命を最優先し、手術中に輸血以外に救命方法がない事態になれば輸血するとまでは明言しない対応をすることも考えられる。

そして、後者の対応を選んでも、医師の前記救命義務の存在からして、直ちに違法性があるとは解せられない。結局、この場合の違法性は、患者と医師の関係、患者の信条、患者及びその家族の坑道、患者の病状、手術の内容、医師の治療方針、医師の患者及びその家族に対する説明等の諸般の事情を総合考慮して判断するべきものである。」と判示し、医師としての救命義務がある以上、説明義務の尽くし方が不十分であっても違法ではなく、その他の色々な事情を総合的に判断して決められるべきであるとし、結局、その総合的な判断として、乙野医師らには不法行為は認められないとして、花子の損賠賠償請求を認めなかったのである。

ここでは、「エホバの証人」の信者である花子に万一の際には輸血をすることを説明するという対応も考えられるが、患者の救命を最優先し、その説明をしないことも許容されるとしているわけであるが、このような考え方は、パターナリズムの典型といえるであろう。この東京地裁の裁判官は、花

子の命を救うことが第一であり、そのために説明義務の履行が不十分であったとしても、それは人命の重要性を考えればやむを得ないと考えたものである。

2　平成10年2月9日東京高裁判決（判例時報1629号34頁）の判示内容

　この東京高裁判決では、上記東京地裁判決とは立場を異にし、乙野医師らの説明義務違反を認定し、花子の訴訟を継続した相続人の太郎らの損害賠償請求を認めた。その判示するところは、次のとおりである。

　まず、前提となる事実認定として、この東京高裁判決は、乙野医師らは、できる限り輸血しないこととするが、輸血以外に救命手段がない事態になった場合には輸血する治療方針、すなわち、これを「相対的無輸血の治療方針」とこの判決では呼んでいるが、その治療方針を採用していながら、花子に対し、この治療方針に説明をしなかったという事実を明らかにしている。これは先の東京地裁判決の事実認定と同じである。

(1)　患者の自己決定権の尊重

　本件東京高裁判決は、「本件のような手術を行うことについては、患者の同意が必要であり、医師がその同意を得るについては、患者がその判断をする上で必要な情報を開示して患者に説明すべきものである。（中略）この同意は、各個人が有する自己の人生のあり方（ライフスタイル）は自らか決定することができるという自己決定権に由来するものである。乙野医師らは自己の生命の喪失につながるような自己決定権は認められないと主張するが、当裁判所は、特段の事情がある場合は格別として（自殺をしようとする者がその意思を貫徹するために治療拒否をしても、医師はこれに拘束されず、また交通事故等の救急治療の必要のある場合すなわち転医すれば救命の余地のないような場合には、医師の治療方針が優先される。）、一般的にこのような主張に与することはできない。すなわち、人はいずれは死すべきものであり、その死に至るまでの生きざまは自ら決定できるといわなければならない（例えばいわゆる尊厳死を選択する自由は認められるべきである。）。本件は、後腹膜に発生して肝右葉に浸潤していた悪性腫瘍（手術前の診断は、肝原発の血管性腫瘍、肝細胞癌、悪性後腹膜腫瘍等の疑い）であり、その手術をしたからといって必ずしも治癒が望めるというものではなかった（これは、現に当審係属中に花子が

死亡したことによっても、裏付けることができる）。この事情を勘案すると、花
子が相対的無輸血の条件下でなお手術を受けるかどうかの選択権は尊重され
なければならなかった。」と判示し、自己決定権の尊重が極めて重要である
と述べた。

　自己決定権をどこまで重視するかについての一つの考え方ではあるが、こ
れ自体は了解可能なものであり、本件東京地裁判決においても、患者の自己
決定権を尊重すべきであり、花子の自己決定権を侵害したとの事実は認定し
ていたように、本件東京高裁判決についても必ずしも不当な考え方というこ
とにはならないであろう。ただ、問題は、それをどの程度まで尊重するかと
いう点に帰結しよう。

(2)　**自己決定権に対応するための説明義務の存在**

　その上で、そのような自己決定権を行使している患者に対する説明義務に
関して、本件東京高裁判決は、「輸血（同種血輸血）は、血液中の赤血球や凝
固因子等の各成分の機能や量が低下したときにその成分を補充することを主
な目的として行われるものであり、ショック状態の改善、事故や手術の際の
大量出血による生命の危険に対して劇的な効果を収め得る治療手段である
が、ときにウィルスや細菌などの病原体による感染症や免疫反応に起因する
副作用などがある（中略）。したがって、医師が患者に対して輸血をする場
合には、患者またはその家族にこれらの事項を理解しやすい言葉でよく説明
し、同意を得た上で行うことが相当である（中略）とはいえるが、手術等に
内在する可能性として同意が推定される場合も多く、一般的にそのような説
明をした上での同意を得べきものとまではいえない。

　しかし、本件では事情が異なる。花子は、エホバの証人の信者であったと
ころ、エホバの証人患者は、その宗教的教義に基づいて輸血を拒否すること
が一般的であるが、（中略）輸血拒否の態度に個人差があることを看過するこ
とはできない。（中略）医師は、エホバの証人患者に対して輸血が予測され
る手術をするに先立ち、同患者が判断能力を有する成人であるときには、輸
血拒否の意思の具体的内容を確認するとともに、医師の無輸血についての治
療方針を説明することが必要であると解される。」と判示した。

　この説明義務については、先の東京地裁判決の考え方と対極的な判断であ

る。個人の自己決定権を極力重視し、本件と全く関係のない尊厳死も認められるべきであるなどといったことまで言及するほど、この自己決定権の尊重を図るべきであるとしたことに照らし、輸血を拒否する「エホバの証人」の信者に対しては、その配慮から輸血するかどうかの治療方針の説明は不可欠であるとしたものである。

(3)　乙野医師らの説明方法の妥当性の検討

また、この東京高裁での審理の過程において、乙野医師らは、「花子の生命を守るためには、本件手術を実施せざるを得ないと考えていたところ、本件手術に関し輸血がどの程度必要であるのか輸血をしなければどうなるかについて説明すれば、花子が手術を拒否すると考えて、あえて説明をしなかったものであって、このような行為は正当であって許される。」と主張していた。

これは先の東京地裁が、救命義務を優先する上で許容されるとしていた考え方と同様の立場に立つものであった。

しかしながら、本件東京高裁判決は、「手術等に対する患者の同意は、各個人が有する自己の人生のあり方（ライフスタイルないし何に生命より優越した価値を認めるか）は自らが決定することができるという自己決定権に由来するものであるところ、右主張は、この自己決定権を否定し（中略）、いかなる場合であっても医師が救命（本件ではむしろ延命）のため手術を必要と判断すれば患者が拒否しても手術してよいとすることに成り兼ねないものであり、これを是認することはできない。すなわち、現状においては、ガン告知等医師の裁量によって説明の要否及び内容を判断すべき場合があることは確かであるが、本件については、前判示の病名、患者の意思の強固さ等の諸事情からいってそのような裁量によって説明をしないことが許される場合でないことは明らかである。」として、乙野医師らの主張を認めず、同医師の花子に対する説明の仕方は妥当性を欠くものと判断した。

3　平成12年2月29日最高裁判決の判示内容

以上のような下級審での審理を経て、乙野医師らが上告したため、本件最高裁判決が出されたのであるが、同判決は、「本件において、乙野医師らが、花子の肝臓の腫瘍を摘出するために、医療水準に従った相当な手術をしようとすることは、人の生命及び健康を管理すべき業務に従事する者として当然

のことであるということができる。しかし、患者が、輸血を受けることは自己の宗教上の信念に反するとして、輸血を伴う医療行為を拒否するとの明確な意思を有している場合、このような意思決定をする権利は、人格権の一内容として尊重されなければならない。そして、花子が、宗教上の信念からいかなる場合にも輸血を受けることは拒否するとの固い意思を有しており、輸血を伴わない手術を受けることができると期待して東京大学医科学研究所付属病院に入院したことを乙野医師らが知っていたなど本件の事実関係の下では、乙野医師らは、手術の際に輸血以外には救命手段がない事態が生ずる可能性を否定し難いと判断した場合には、花子に対し、本件病院としてはそのような事態に至ったときには輸血するとの方針を採っていることを説明して、本件病院への入院を継続した上、乙野医師らの下で本件手術を受けるか否かを花子自身の意思決定にゆだねるべきであったと解するのが相当である。

　ところが、乙野医師らは、本件手術に至るまでの約一か月の間に、手術の際に輸血を必要とする事態が生ずる可能性があることを認識したにもかかわらず、花子に対して本件病院が採用していた右方針を説明せず、同人及び太郎らに対して輸血する可能性があることを告げないまま本件手術を施行し、右方針に従って輸血をしたのである。そうすると、本件においては、乙野医師らは、右説明を怠ったことにより、花子が輸血を伴う可能性のあった本件手術を受けるか否かについて意思決定をする権利を奪ったものといわざるを得ず、この点において同人の人格権を侵害したものとして、同人がこれによって被った精神的苦痛を慰謝すべき責任を負うものというべきである。」として、東京高裁判決と同じく、説明義務違反を認めて、乙野医師らの行為は、民法715条の不法行為責任を負うとされたのであった（ただ、その認められた金額は、わずか55万円であり、これについては、太郎らが強く不満に思っていた。）。

4　本件各判決の比較検討

　本件では、東京地裁と、東京高裁及び最高裁との間で判断が正反対に異なる結果となった。パターナリズムであるとの批判を受けても花子の命を救おうとした乙野医師らの行為に妥当性を認めるか、他の病院への転院の可能性を与えるなど、自己決定権を重視しようとするか、いずれに重きを置くかに

よって判断が分かれたものである。

　法的にみれば、どちらの考え方にも理由があり、いずれも筋の通った見解であると思われる。もっとも、最終的に乙野医師らは敗訴になったが、花子を救おうとした乙野医師らの医師としての姿は決して卑下されるものとは誰も思わないであろう。「病いを得て医療の場で主体性をとにかく失いがちな患者に、望まれる限り、可能な限りの主体性を確保するための仕組みがインフォームド・コンセントである。しかし具体的にそれがどのように展開され実現されるべきかについて、一定の共通見解があるわけではない。われわれはインフォームド・コンセントを自明のものと受け流すことなく、その奥行と制約とを探りつづけていかなければならない。」、「医療者の視点から離れてみたインフォームド・コンセントの価値を十分認識することは前提条件として必須である。医師が医学的に価値がある行為を重要視するのは、良かれ悪しかれ、極めて自然かつ避け難いことである。その事実を自覚した上で、自分が医学的パターナリズムに『毒されている』ことを自覚しつつ、かつ、それを患者に明らかにしつつ、自分が最良と思う行為を彼または彼女に勧めるべきであろう。」[58]というのは、インフォームド・コンセントとパターナリズムの微妙なバランスを的確に捉えたものであり、傾聴すべき意見であるといえよう。

第3　問題の所在（その2）

　乙野医師らに対する本件損害賠償請求訴訟では、説明義務違反等による債務不履行責任に加えて、そもそも花子の意思に反する輸血行為自体が患者の自己決定権や信教上の良心の自由を侵害する不法行為を構成するとして損害賠償請求がなされていた。そのため、説明義務違反がないとした本件東京地裁判決では、たとえ説明義務違反がなかったとしても、花子の意思に反する輸血行為が適法であるか違法であるかについては更に判断を示す必要があった。

　また、本件東京高裁判決では、乙野医師らについては説明義務違反がある

---

(58)　浅井篤ほか『医療倫理』（2009年、勁草書房）69〜71頁。

と認定したことで、その時点で乙野医師に対して損害賠償請求が認められたことから、同医師に対する関係では、もはや輸血行為の適法・違法を検討するまでもなかったものの（既に同医師の敗訴が決まっていたからである。）、当該説明行為に全く関与してない、つまり、説明義務違反が成立していない、その他の麻酔科医G及びHにも損害賠償請求がされていたため、それら医師の関係では、本件輸血行為の適法・違法について判断が示されなければならなかった。

　ここでは、患者を救命するためにその意思に反してなされる治療行為と、これを拒否する自己決定権の対立について、法的、倫理的にどのように考えるべきかが問われたのである

1　本件東京地裁判決の判示内容

　まず、東京地裁判決では、「本件輸血は、原告の意思に反するものである。しかし、本件手術において閉腹操作を完了した時点で術前に被告医師らが予測した以上の2245ミリリットル余りの出血があり、原告が完全なショック状態までは至っていないが、進行性の機能障害へ進む過程にあったので、原告の生命を救うために、被告医師らは本件輸血をしたものであって、右のような状況では、本件輸血は、社会的に正当な行為として違法性がないというべきである。」と判示し、患者の意に反する治療行為であっても、患者の生命を救うためになされた輸血は、社会的に正当な行為として違法性がないとした。つまり、民法上の不法行為が成立しないとしたものである。刑事法の観点からみても、このような場合には、救命のための行為であるから、刑法35条の「正当業務行為」となり、傷害罪が成立することはないといえよう。極めて常識的で妥当な判断であろう。

2　本件東京高裁判決の判示内容

　本件東京高裁判決では、「本件輸血の必要性について（中略）は、次のとおりであった。出血量は、2245ミリリットル余りで、低血圧、頻脈、創浮腫が著明となっていた。この時点で、適切な対処をしなければ、花子が不可逆的なショック状態に陥り、生命の維持が困難となる状況であった（中略）。乙野医師は、この時点でも、できれば輸血しないようにしたい意向であった。しかし、ショック状態の管理については一般に麻酔医の方が外科医より専門

的な知見と経験を有するところ、麻酔医（中略）が、どうしても輸血しない
と生命の維持ができないという判断を示したことから（中略）本件輸血をす
ることとした（中略）。この時点においては、輸血に代えて代用血漿剤を使
用することは、同剤が酸素運搬機能に欠け、凝固因子を有しないため、救命
手段として適切なものとはいえず、他の適切な救命手段はなかった（中略）。
以上の事実によれば、本件輸血の必要性はこれを肯定することができる。し
たがって、（中略）本件輸血が違法であるとはいえ」ないとした。

　本件東京高裁判決においても、花子の生命を救うためには輸血しかない状
況に至ったのであるから、その場合には、花子の自己決定権を侵害する結果
となっても、救命のため必要性が認められる以上、輸血行為は違法ではない
としたのであった。

　この東京高裁判決も、救命という正当な目的があり、必要性があれば、自
己決定権に優先して輸血をしても適法であるとしたものである[59]。

3　輸血拒否の場合における輸血行為に関するその他の見解

　輸血をするに当たっては、一般的に、患者の同意が必要であると考えられ
る。厚生労働省による「輸血療法の実施に関する指針」（平成17年９月――令
和２年３月一部改正）によれば、輸血をする際の医療従事者に対し、「患者又
はその家族が理解できる言葉で、輸血療法にかかわる以下の項目を十分に説
明し、同意を得た上で同意書を作成し、一部は患者に渡し、一部は診療録に
添付しておく（電子カルテにおいては適切に記録を保管する）。」としており、
その説明の際には、輸血の必要性、その使用する血液製剤の種類と使用量、
輸血によるリスク等について説明する義務を課している。

　もっとも、輸血を拒否する「エホバの証人」については、それが真意に基
づくものである限り輸血はできないというのが一般的な見解のようである。
日本医師会の生命倫理懇談会は、「エホバの証人」の信者が輸血を拒否する
場合、「医師は、治療上で輸血が必要ならば、患者を説得して輸血の同意を
得るようにすべきである。しかし、患者があくまでも輸血を拒否するのであ

（59）　なお、この点については最高裁判決では触れられていない。説明義務違反が争点で
　　あり、この点は審理の対象となっていなかったからである。

れば、それが患者にとってたとえ不利であっても、本人の意思によるもので
あるから、やむを得ないとことであり、医師がそれについて法的な責任を負
うことはないと考えられる。」[60]との見解を表明しているところである。

　たしかに患者本人の生命を救おうとして手術に及び、それが成功裏に終
わっても、その後、自己決定権を侵害されたとして損害賠償請求を起こされ
る余地があるのであれば、どんな良心的な医師であっても、その手術は行え
ないというのは、そのとおりだろうと思われる[61]。

　もちろん、すべてのリスク、場合によっては、自己の生命を失うことまで
了解した上での患者自身の判断であれば、それを尊重するのも一つであろう
とは思われるが、それでも、本当に救済できる患者に対して、手をこまねい
ているのが（仮に転院を勧めるにしても）医の倫理に背いていないか疑問がな
いわけではないと思われる（もっとも、このような考え方自体がパターナリズ
ムの悪しき影響であるなどと批判の対象になることはあり得るであろう。）。

第4款　子供の治療のために輸血が必要であるにもかかわらず、「エホバの証人」である親権者が反対した場合の問題

　更にいえば、本当に、患者本人がそのような輸血拒否の判断をしたのかど
うか疑問であるような場合には、問題はより深刻になる。

第1　川崎事件が提起した問題

　具体的には、いわゆる川崎事件と呼ばれる当時10歳の男児が交通事故で死
亡した事件が参考になる。この事件の概要は、次のとおりである。

　昭和60年6月6日午後4時半過ぎ頃、川崎市内の県道交差点で、自転車に
乗って信号待ちしていた小学校5年生（当時10歳）のA君の自転車が、ダン
プカーの後輪に巻き込まれて転倒し、A君は両足を開放性骨折した。A君
は、救急車で近くの聖マリアンナ医科大学病院に運ばれ、病院側では救命救

---

(60)　日本医師会ウェブサイト「日本医師会第II次生命倫理懇談会の「『説明と同意』に
　　ついての報告」（平成2年1月9日）。
(61)　もっとも、輸血を強行したことで、本件最高裁判決の事案のように民事訴訟を提起
　　されたものはあるが、刑事事件として処罰の対象とされた事例は一件も存しない。

急センター長の指示で直ちに手術ができるように態勢を整えていた。そして、病院側は、駆けつけてきたＡ君の両親に手術の同意を求めたが、両親は共に「エホバの証人」の信者であったため、信仰上の理由で輸血を拒否し、同時に「決意書」という書面を病院に提出した。その書面には、「今回、私達の息子Ａ（10歳）がたとえ、死に至ることがあっても輸血無しで万全の治療をして下さるよう切にお願いします。輸血を受けることは、聖書にのっとって受けることは出来ません。」と書いてあり、両親が署名していた。

　それでも、担当医らは、Ａ君の意識があったことから、同人に対し、「生きたいだろう。」と声をかけたところ、同人も「死にたくない。生きたい。」と答えたものの、父親は、「聖書にある復活を信じているので輸血には応じられない。」と言って、輸血を拒み通した。このように医師らは、輸血の必要性を説き、両親の説得に当たったが、両親はそれを受け入れず、更に、「エホバの証人」の信者グループが病院に集まり、病院側の両親に対する説得にも立ち入って混乱した状況が続いた。

　その結果、手術ができない状態が続き、輸血をしないまま処置していたところ、同日午後９時過ぎ頃、Ａ君は出血性ショックで死亡した。

第2　本件親権者による輸血拒否は事故に遭った子の真意に沿ったものといえるのか

　このような場合の輸血拒否は、Ａ君の真意に沿ったものであったのかどうか疑問も残ると思われる。Ａ君の両親は法定代理人である以上、Ａ君の法律行為[62]を全面的に代理できるので、法的にはＡ君と病院との間の診療契約を締結しないという行為をすることは可能である。

　しかし、それが果たしてＡ君本人の利益にかなっていたかどうかは問題が残るところであろうと思われる。「倫理的に考えると、エホバの証人信者が宗教的信念に基づいて、自分の子供への輸血を拒否している場合、それをそのまま受け入れてよいかは大きな問題となろう。」[63]と指摘されている。

---

(62)　意思表示により法的効果が発生する行為を指す。
(63)　浅井ほか・前掲注(7)7頁。

第3　川崎事件における刑事事件としての処分

　まず、本件のダンプカーの運転手については、業務上過失致死罪の刑責が問われた。本件の医師らは、速やかに輸血をしていればA君は助かったとの見解を示したようであるが、輸血拒否と死亡との因果関係に関して鑑定をした監察医の意見によれば、「輸血されたとしても必ずしも生命が助かったとはいえない。」というものであったことから、ダンプカーの後輪で巻き込んだ行為とA君の死亡との間に因果関係が認められることに問題はなく、結局、運転手は、昭和63年8月20日、川崎簡易裁判所において、業務上過失致死罪により、罰金15万円の有罪となった。

　ただ、この事案では、A君の両親と治療に当たった医師らにも、保護責任者遺棄致死罪として刑事責任が問われる可能性はあったといえる。つまり、両親については、子の生命を保護すべき立場であるにもかかわらず、その責任を放棄して輸血せずに死に至らしめたことが保護責任者遺棄致死罪となる可能性があるし、医師においても、自らが手術をすれば救命できたにもかかわらず、これをしなかったことが、同様に保護責任者遺棄致死罪となる可能性があった。

　しかしながら、実際には、警察はそれらの犯罪の立件をしなかったようである。両親については信仰上の理由に基づくものであり、あえて保護責任者遺棄致死罪として立件することも適切ではないと考えたのであろうし、医師らについては、両親らの抵抗にあって手術ができなかったのであるから、意図的にA君の保護を放棄したわけではないので、保護責任者遺棄致死罪が成立しないと考えられたのであろうと思われる。

第5款　宗教的輸血拒否に関するガイドライン

　そこで、上記川崎事件や、その後も同様の輸血拒否による患者の死亡[64]が相次いだことなどの問題を受けて、日本輸血・細胞治療学会、日本麻酔科学

---

(64)　例えば、平成元年8月には、オートバイの後部座席に乗っていた高校生が事故で重体になったにもかかわらず、その家族が「エホバの証人」の信仰に基づき、あくまで輸血を拒否したため、同高校生は失血による要因が大きい外傷性ショックにより死亡した（平成元年8月23日読売新聞）事例などがある。

会、日本小児科学会、日本産科婦人科学会及び日本外科学会により構成された宗教的輸血拒否に関する合同委員は、平成20年2月28日、「宗教的輸血拒否に関するガイドライン」[65]を発表した[66]。

これによると、輸血治療が必要となる可能性がある患者について、患者の年齢、判断能力及び親権者の態度を考慮して対応することとなっており、①18歳以上、②15歳以上18歳未満、③15歳未満の場合に分けた上、医療に関する判断能力と親権者の態度に応じた対応が示された。なお、ここでいう「医療に関する判断能力」については、主治医を含めた複数の医師によって評価することとなっている。

以下、ガイドラインの規定を引用し、それについて述べることとする。

1）　当事者が18歳以上で医療に関する判断能力がある人の場合

---

(1)　**医療側が無輸血治療を最後まで貫く場合**
　　当事者は、医療側に本人署名の「免責証明書」を提出する。
(2)　**医療側は無輸血治療が難しいと判断した場合**
　　医療側は、当事者に早めに転院を勧告する。

この1）の場合は、基本的に、患者本人の意思を尊重するということである。輸血拒否を人格権の発露として捉え、前記最高裁判決の判断を踏まえて、輸血をしないという治療方法の選択を患者本人の意思に委ねるということである。

まず、(1)の場合は、要は、患者自身が無輸血治療をあくまで希望し、医療側がこれに応じることができる場合である。この場合には、万一、無輸血治療によって生命に危機が及んでも医師側に責任が及ばないようにするため、

---

(65)　日本輸血学会等ウェブサイト。
(66)　このガイドラインができる前後頃においても、「エホバの証人」の信者が輸血をしなかったことでの死亡事故は相次いでいる。平成19年5月、「エホバの証人」の信者である妊婦が帝王切開の手術中に大量出血したが、輸血をしなかったため数日後に死亡したという事件や、平成23年4月、「エホバの証人」の女性信者が急性硬膜種の手術中、出血が止まらなくなったが、意思確認のできない本人に代わって家族（非信者）が輸血拒否を申し出たため手術が打ち切られ、その後死亡したという事件が起きていた（萩原・前掲注(4)109頁）。

「免責証明書」の提出を求めておくということである。

　次に、(2)の場合は、医療側としては、無輸血治療はできないとして治療を拒否する場合である。そのため、他の病院を当たってもらうために早期の転院を勧めるということである。

　なお、本ガイドラインでは、18歳以上で医療に関する判断能力がない人の場合については触れていない（なお、救急の場合については後述する。）。ガイドラインとして確たるものを提供できるだけの社会的背景が整っていないということであろう。

2)　当事者が18歳未満、または医療に関する判断能力がないと判断される場合

　　この場合においては、次の2通りの対応が規定されている。

---

(1)　**当事者が15歳以上で医療に関する判断能力がある場合**
　①　親権者は輸血を拒否するが、当事者が輸血を希望する場合
　　　当事者は輸血同意書を提出する。
　②　親権者は輸血を希望するが、当事者が輸血を拒否する場合
　　　医療側は、なるべく無輸血治療を行うが、最終的に必要な場合には輸血を行う。親権者から輸血同意書を提出してもらう。
　③　親権者と当事者の両者が輸血拒否する場合
　　　18歳以上に準ずる。

　まず、①の場合は、患者本人が15歳以上で判断能力があるのであれば、その判断結果を信頼してよいと認められることから、親権者の判断よりも本人の意思を優先して輸血を伴う治療をするということである。ただ、その際、輸血同意書を提出してもらうことになる。

　次に、②の場合は、患者本人が拒否していても、親権者が輸血による治療を希望しており、親権者は法定代理人として当該治療契約を締結することができる立場であるため、最終的に必要な場合は、輸血して治療を行うということである。また、その際には、親権者から輸血同意書を提出してもらうことになる。

　最後に③の場合は、患者本人も親権者も輸血拒否をする場合であり、15歳

以上の患者本人が拒否しており、その法定代理人も拒否しているのであれば、もはやその意思を尊重するしかないので、上記1)の場合と同様に扱い、医療側が無輸血治療が可能であると判断するのであれば、「免責証明書」を提出してもらって、その治療方法で最後まで行うが、それが難しいようであれば他の病院に移ってもらうということである。

> **(2)　親権者が拒否するが、当事者が15歳未満、または医療に関する判断能力がない場合**
> ①　親権者の双方が拒否する場合
> 　医療側は、親権者の理解を得られるように努力し、なるべく無輸血治療を行うが、最終的に輸血が必要になれば、輸血を行う。親権者の同意が全く得られず、むしろ治療行為が阻害されるような状況においては、児童相談所に虐待通告し、児童相談所で一時保護の上、児童相談所から親権喪失を申し立て、あわせて親権者の職務停止の処分を受け、親権代行者の同意により輸血を行う。
> ②　親権者の一方が輸血に同意し、他方が拒否する場合
> 　親権者の双方の同意を得るよう努力するが、緊急を要する場合などには、輸血を希望する親権者の同意に基づいて輸血を行う。

　ア　この場合において、まず、②の場合であれば、少なくとも一方の親権者の同意があるので、これを根拠に輸血を行うということである。その結果の妥当性は誰も疑わないと思うが、民法の規定からすれば若干の問題はないわけではない。
　そもそも親権とは、民法820条において、

　　第八百二十条　親権を行う者は、子の利益のために子の監護及び教育をする権利を有し、義務を負う。

と規定されていることから分かるように、親権とは、子の利益のために子の監護及び教育をする権利・義務のことである。
　そして、その親権の行使に関しては、民法818条3項において、

　　3　親権は、父母の婚姻中は、父母が共同して行う。

と規定されていることから、原則として、父母双方の同意がなければ親権の行使としては有効ではないということになっている。

　ただ、そのような場合でも、どちらか一方だけが親権を行使した場合の効力について、民法825条は、

　　第八百二十五条　父母が共同して親権を行う場合において、父母の一方が、共同の名義で、子に代わって法律行為をし又は子がこれをすることに同意したときは、その行為は、他の一方の意思に反したときであっても、そのためにその効力を妨げられない。ただし、相手方が悪意であったときは、この限りでない。

としていることから、親権の共同行使という形で一方が同意した場合には、それが他方の意思に反していても有効であると定められている。

　この規定からすれば、上記②の場合は、一方の親権者が同意しているのであるから、輸血の同意があったとしてよいかのようにもみえるが、同条の但し書では、「相手方が悪意であったときは、この限りでない」としていることが問題である。ここでいう「悪意」というのは、法律上は「知っている」ということを意味しているので、相手方である医師らは、親権者の他方が反対していることを知っている以上、医師らの認識は「悪意」であったと認められ、共同親権の行使としては有効ではないということになるからである。

　ただ、民法上、そのような結果になろうとも、現実の問題として、親権者のどちらかが同意している以上、その意思に沿って救命行為を行うことに問題ないという倫理的な判断を優先させたということである。

　イ　問題は、①の場合である。この場合には、患者本人の意思が定かではなく、仮に患者本人が生き続けたいと願っても、親権者双方が反対した場合には、法的には、輸血を伴う診療契約を締結することができない。
　　しかしながら、子の生命を守るためには、最終的に必要であれば、輸血を行ってでも治療を完遂すべきであるとしたものである。ただ、前記川崎事件でもみられたように、単に、輸血を拒否する意思表示をするにとどまらず、積極的に手術を妨害しようとする場合もないとはいえないであろう。

　そして、そのための法的手続として、親権喪失の申立てなどの方法が記載されているが、これらについては法的な概念を伴うことから以下に改めて説明する。

第6款　親権の喪失等に関する法的規制並びにその実施例

第1　親権の喪失等に関する規定の概要

　前述したように、親権者は、子の監護、教育等のために、共同して親権を行使することとされているが、親権者が親権を適切に行使しない場合もあり得る。

　そこで、そのような場合に備えて、民法834条本文は、

　　第八百三十四条　父又は母による虐待又は悪意の遺棄があるときその他父又は
　　　母による親権の行使が著しく困難又は不適当であることにより子の利益を著
　　　しく害するときは、家庭裁判所は、子、その親族、未成年後見人、未成年後
　　　見監督人又は検察官の請求により、その父又は母について、親権喪失の審判
　　　をすることができる。（後略）

と規定して、親権喪失の審判について定めており、また、民法834条の2第1項は、

　　第八百三十四条の二　父又は母による親権の行使が困難又は不適当であること
　　　により子の利益を害するときは、家庭裁判所は、子、その親族、未成年後見
　　　人、未成年後見監督人又は検察官の請求により、その父又は母について、親
　　　権停止の審判をすることができる。

と規定して、親権停止の審判について定めている。親権喪失の場合のほうがより悪質重大なケースを想定しており、そこまで至らない場合に親権停止が求められるということである。

第2　実　施　例

1　平成17年２月15日大阪家裁岸和田支部審判（家庭裁判月報59巻４号135頁）

(1)　事案の概要

本件で保護の対象となる子のＡは、胎児の時期から既に脳の異常を指摘されていながら出生した子（平成17年生）であって、これをそのまま放置すれば重度の精神運動発達遅滞を負うか、又は死亡する可能性が極めて高い状況にあった。そのため、その治療に当たった医師は、父母（親権者）に対し、Ａの手術の必要性を説明したが、父母は自らの信仰する宗教上の考えからＡの手術に同意しなかった。

(2)　採られた方策

本件では、いくら信仰する宗教上の理由であるにせよ、Ａが死亡するおそれもあったことから、このまま放置することはできないため、病院側は、治療をさせないことが虐待行為であり、Ａが両親からそのような虐待を受けていたものと認定し、児童虐待防止法６条１項の

> 第六条　児童虐待を受けたと思われる児童を発見した者は、速やかに、これを（中略）児童相談所に通告しなければならない。

との規定などに基づき、児童相談所に通告した。

そして、同相談所長は、児童福祉法33条の７の

> 第三十三条の七　児童等の親権者に係る民法第八百三十四条本文、第八百三十四条の二第一項（中略）の規定による親権喪失、親権停止（中略）の審判の請求（中略）は、これらの規定に定める者のほか、児童相談所長も、これを行うことができる。

とされている規定に基づき、家庭裁判所に対し、親権喪失審判を申し立てた。

ただ、その審判確定までには手続上時間がかかることから、短期間で判断が示される保全処分[67]を申し立てた。具体的には、父母の親権者としての職務執行を停止し、患者の疾患を専門とする元大学医学部教授のＢ医師をその間の職務代行者として選任する審判前の保全処分を申し立てた。

(3)　本件家庭裁判所の判断

　大阪家庭裁判所岸和田支部は、この申立を認容し、その理由として、父母が「未成年者の手術に 同意しないことは、たとえこれが宗教的信念ないしは確信に基づくものであっても、未成年者の健全な発達を妨げ、あるいは生命に危険を生じさせる可能性が極めて高く、未成年者の福祉および利益の根幹をなす、生命及び健全な発達を害する結果になるものといわざるを得」ず、「本案審判事件の結果を待っていたのでは、その生命の危険ないしは重篤な障害を生じさせる危険があり、これを回避するためには可及的早期に手術を含む適切な治療を行う必要性があることから、未成年者の福祉及び利益のためには、本案審判が効力を生じるまでの間、事件本人（父母）の親権者としての職務執行を停止する必要がある」と判示した。

　また、代行者については、Ｂ医師が、当該疾患に精通し、患者の病状、手術への適応、手術の危険性等の諸条件を子細かつ慎重に検討した上で、「最も適切な医療処置を選択する能力がある」と認められるとしたものである。

　その結果、Ｂ医師が親権者の代行者としてＡの手術に同意し、無事に手術が実施された。

2　平成18年7月25日名古屋家裁審判（家庭裁判月報59巻4号127頁）

(1)　事案の概要

　患児Ａは、出生直後にチアノーゼ症状がみられ、エコー検査の結果、先天性心疾患が疑われた。Ａは、肺への血流量が絶対的に少なく、酸素飽和度の正常値が98ないし100であるところ、Ａの場合は60台後半、最近はときに50台となっており、このままであれば、低酸素症での合併症として重度の障害が予想され、突然死も考えられる状況にあった。

　この疾患に対する治療として、肺血管の発育が期待できる乳児期に、一連の適切な手術を段階的に行う必要があるところ、これらの手術は、極めて一般的なものであり、これによる新生児の身体に及ぼす危険性は非常に低く、

---

(67)　これは、家事審判手続法105条1項の「本案の家事審判事件（中略）が係属する家庭裁判所は、この法律の定めるところにより、仮差押え、仮処分、財産の管理者の選任その他の必要な保全処分を命ずる審判をすることができる。」との規定に基づいてなされる仮の処分である。

手術の成功率は99.9パーセントといわれているものであった。

しかしながら、一方で、上記一連の手術を適切な時期に行わなければ、その後、ある程度成長してからの根治手術を施すことは不可能となることが予測され、そうなれば、Aは常に突然死のリスクと背中合わせであり、成人に到達する可能性は高くないと考えられた。

そのため、上記病院の主治医は、Aの両親（親権者）に対し、再三にわたってAに関する上記の病状と手術の必要性の説明をしたが、その両親は、自らの信仰する宗教上の考えから、いずれの場合もAの手術には同意しなかった。

(2) **採られた方策**

上記(1)とまったく同様の対策が採られ、児童相談所長からの親権喪失の申立てがなされた。そして、その審判確定まで待つことができないことから、Aの親権者につき、親権者としての職務執行を停止し、その代行者としてB弁護士を選任する保全処分の審判を求めた。

(3) **本件家庭裁判所の判断**

本件家庭裁判所は、概ね次のとおり判示した。

すなわち、「Aの両親は、Aの親権者として、適切に未成年者の監護養育に当たるべき権利を有し、義務を負っているところ、Aは、現在、重篤な心臓疾患を患い、早急に手術等の医療措置を数次にわたって施さなければ、近い将来、死亡を免れ得ない状況にあるにもかかわらず、Aの両親は、信仰する宗教上の考えから、手術の同意を求める主治医らの再三の説得を拒否しているものであって、このまま事態を放置することはAの生命を危うくすることにほかならず、Aの両親の手術拒否に合理的理由を認めることはできないものである。

してみると、Aの両親の手術の同意拒否は、親権を濫用[68]し、未成年者の福祉を著しく損なっているものというべきである。

したがって、事件本人らの親権者としての職務の執行を停止させ、かつ、未成年者の監護養育を本案審判確定まで図る必要があるから、その停止期間

---

(68) 「同意拒否が親権の濫用であるとの司法判断がされた意義は大きい。」（神谷遊「未成年者への医療行為と親権者による同意の拒否」判例タイムズ1249号（2007年）61頁などと評価されている。

中はＢ弁護士をその職務代行者に選任するのが相当である。」というもので
あった。

第3　上記実施例等を踏まえた対策の検討及びガイドラインへの反映

　以上の実施例にみられたように、親権者の同意拒否が親権の濫用であり、
児童に対する虐待であると認定できるような場合には、児童相談所への通告
をし、同所長から親権喪失の審判の申立てを行い、その際に、保全処分とし
て、親権者としての職務執行停止及び代行者の選任を求め、その代行者によ
り手術の同意を得るという対策がなし得るものといえよう。

　このような知見を得て、「宗教的輸血拒否に関するガイドライン」2)(2)①
において、「親権者の同意が全く得られず、むしろ治療行為が阻害されるよ
うな状況においては、児童相談所に虐待通告し、児童相談所で一時保護の
上、児童相談所から親権喪失を申し立て、あわせて親権者の職務停止の処分
を受け、親権代行者の同意により輸血を行う。」という記載が設けられたの
である。

　また、本件ガイドラインが設けられた後、平成20年夏にも、消化管内の大
量出血で重態となった１歳男児への緊急輸血を親が拒んだため、病院から通
報を受けた児童相談所が医療ネグレクトであると判断し、親権の一時停止を
家庭裁判所に求めたところ、この保全処分請求は、僅か半日で認められたと
いうことがあった[69]。

　しかしながら、いくら児童相談所が協力しても、また、家庭裁判所が保全
処分の判断を早急にしたとしても、それでも緊急事態には間に合わないこと
が当然にあり得る。このような場合、本件ガイドラインは、子供の生命を第
一に考え、2)(2)①において、「なるべく無輸血治療を行うが、最終的に輸血
が必要になれば、輸血を行う。」と断定的に記載しているのであるから、必
ずしも、児童相談所や家庭裁判所を経由する手続を採ることに執着する必要
はないものと思われる。上記平成20年夏の事件についても、「当時既に子供
の生命に危険が生じているときには輸血は可能であるという点ではほぼ一致

---

(69)　萩原・前掲注(4)129頁。

をみていたのに、医師はなぜ児童相談所に通告し、家庭裁判所による解決を
求めたのであろうか。」[70]として疑問を呈する向きもあるところである。

第7款　宗教的輸血拒否に関するガイドラインにおいて残された問題と解決の方向性

　このガイドラインでは、前述したように、子供の生命をどのように救うか
などについては一定の方向性を出してはいたものの、それでも、成人の生命
に危険が生じ、転院させる時間的余裕のない場合の対処方法については、明
確な指針を出してはいなかった。

　そこで、平成23年1月付けの「宗教上の理由による輸血拒否への対応につ
いて」と題する東京都立病院倫理委員会報告では、「救急対応の場合」として、

　　　救急対応における緊急時とは、救急搬送された患者について、患者・家族
　　の意向を確認する、若しくは患者・家族の意向は確認できても十分に話合い
　　をする時間的余裕がない場合をさす。この場合、輸血を避けて治療の努力を
　　するが、明らかに輸血のみが生命維持の治療法であれば、輸血をせざるを得
　　ないこともある。

と明記した。

　このガイドラインは、現場で一番対処に苦慮する緊急時の対応に特化した
ものであり、「明らかに輸血のみが生命維持の治療法であれば、輸血をせざ
るを得ないこともある。」として、成人に関しても緊急時には生命を優先す
るという見解を示したものである[71]。

　結局のところ、現時点では、患者本人の意思が明確な場合には、その意思
を尊重するが、それが明確でない場合などにおいて、輸血なしでは救命でき
ない場合には、同意がなくても輸血して救命するという方向性が出されたも
のといえよう。

---

(70)　同上。もっとも、医師としても、いくらかでも時間的余裕があれば、家庭裁判所の
　　保全処分をしてもらいたいと思うこと自体は否定できないと思われる。
(71)　萩原・前掲注(4)128頁は、このガイドラインの見解を高く評価している。

　この点について、「医師は、まず時間的な余裕があれば輸血の必要性に関する説明を十分行うべきであろう。それでも輸血の同意が得られない場合には輸血拒否の意思を重視し、輸血なしの治療を心掛け、それが不可能なら無輸血治療を専門に行う病院への転院を促すのもやむをえない。しかし、エホバの証人の信者が意識不明状態で救急搬送されてきたり、手術中容態が急変し救命の為輸血が必要になったような場合には、患者の承諾がないまま輸血を行っても許されるのではなかろうか。緊急時まで患者の輸血拒否の自己決定権を尊重する必要があるのか。」[72]という指摘は参考になるものといえよう。

第5章　医療過誤（業務上過失致死傷罪）

第1款　序　　論

　第2編第1章で述べたように、診療契約を医師側と患者側との間で締結した以上、民法で規定される契約に関する規定にしたがって誠実に債務を履行しなければならない。

　ただ、その診療行為の過程において、意図したところと異なる結果が生じることがある。それが不可避的に生じたものであればともかく、医療を提供する側において、何らかの**過失**があったことで好ましくない結果が発生したような場合には、民事法上又は刑事法上で責任が問われることがある。

　そのため、医療行為における「過失」の有無が問題とされる事件は、総称して**医療過誤事件**と呼ばれる。そして、そのような医療過誤事件においても、民事事件として損害賠償が問題とされる**民事医療過誤**と、刑事責任が問われる**刑事医療過誤**があり得るが、ただ、それらを理解するために、そもそも「過失」とはどのようなもので、法的には、どのような構造をもっているのかを理解する必要がある。

（72）　萩原・前掲注(4)110頁。

第2款　過失の法的構造

　結論からいって、過失の法的構造として、検討するべき概念としては、**結果回避義務、結果回避可能性、予見義務、予見可能性**といった4つの要素があり、いずれについても認定された場合に、はじめて医師ら医療行為者に過失が認められることになる。

第1　結果回避義務違反

　このようなことが問題となる場合には、必ず何らかの不都合な結果が発生しているはずである。その不都合な結果が誰かの権利、利益を侵害している、要は、患者の生きる権利を侵害して死なせてしまったとか、健康な生活を送る権利があるのに手術で失敗して不自由な生活しか送れなくしてしまったとかいう結果がもたらされていることになる。

　このような場合には、関与した医師や看護師等がどうすべきであったのかということが問われる。基本的に、医師や看護師等は、例えば、手術を例にとると、手術中の患者の生命、身体等の安全を確保する義務があるといってよいであろう。当該患者は、全く無力の状態に置かれていることの反面として、医師らには、患者の生命、身体等の安全を確保する義務があるといえるはずだからである。そうなると、医師らには、手術中の患者が死亡したり、健康上不具合が起きるような結果を回避する義務があるといえるであろう。これを法律的には「結果回避義務」という。過失が認められるかどうかは、まず、この結果回避義務がある立場であるかどうかにかかってくる。

　このような義務のない立場、例えば、手術の仕方を勉強するために手術室にいた医師や学生などは、患者に対する何の義務もないことから、いくら患者の手当に執刀医らが大わらわになっていて、患者の生命、身体の安全等が害されそうになっても、その結果を回避する義務はない。したがって、このような立場の者には過失が問題とされる余地はない。それゆえ、医療事故として問題を検討するに当たっては、このような結果回避義務を負う立場にあるのは誰かということを特定することが最初のテーマとなる。

第2　結果回避可能性

ただ、結果回避義務があるといっても、その結果を回避できるだけの状況、可能性がない場合には、やはり、過失は認められない。そのような場合は、誰にとっても、いわばどうにもできない状況である以上、そのようなことで責任を負わせることはできないため、そこに過失があったとして何らかの責任を負わせるのは不適切だからである。

つまり、患者の死亡等といった結果を回避することができないような不可抗力によるものであった場合、例えば、手術中に突然、停電になり、電力が必要な人口心臓等の機器が停止してしまったような場合には、少なくとも手術をしていた医師や看護師らにはどうすることもできなかったのであるから、患者の死亡等といった結果を回避できる可能性はなかったことになる。このような場合には、「結果回避可能性」がなかったとして過失の成立が否定される。つまり、過失の成立要件として、先に述べた結果回避義務の他に、結果回避可能性も必要であるということなのである。それゆえ、過失の有無を検討するにおいては、結果回避義務を負う者において、その結果を回避できるだけの可能性があったかなかったかを、次に検討することになる。

第3　予見義務・予見可能性

しかしながら、そのように、立場上、結果回避義務も結果回避可能性があっても、それだけでは、まだ過失が認定されるには足りない。例えば、手術中に、患者がそれまでに実施した全ての検査によっても見つからなかった特異体質があって、それが原因で手術中にショックを起こして死亡してしまったとしよう。この場合には、結果回避義務はあるし、特異体質であることを知っていれば結果を回避することは可能であったので、結果回避可能性もあるといえそうである。

しかしながら、このような場合には、その特異体質を有する患者であることを予見して手術する義務があったのか、また、それを予見することは可能であったのかが、更に問われるべきであろう。手術をする以上、患者がどんな特異性をもっているかは、医学上の全ての見地、角度からチェックすべきであって、歴史上数例しかないような異常体質までをも検討すべきであると

考えるのであれば、予見可能であり、予見義務があったということになりそうである。

　しかしながら、そのような予見義務を課した場合、医師らにとって患者を手術することは実際上著しく困難なものとなってしまい、逆に、十分な治療が行い得ないという事態をも迎えることにもなりかねないであろう。法は不可能を要求するものではないはずである。仮に不可能までとはいえないにしても、およそ一般的なレベルの医師において予見することが困難であるような場合には、予見できる可能性はないとすべきであろうし、そのような義務を課すことはできないと考えてよいと思いわれる。したがって、このような場合には、「予見可能性」がなく、また、「予見義務」がないとして過失の成立は否定されると考えるべきである。したがって、過失の有無が問題となった場合に、当該不都合な結果を生じさせた原因となる事項について、それを予見することが可能であったか、その義務を負わせることが不当だということにならないかという点についても同様に考えなければならないということである。

第4　上記4要素と善管注意義務との関係

　以上述べたように、過失の有無・成否を検討するに当たっては、発生した結果から遡って、結果回避義務、結果回避可能性、予見義務、予見可能性が、それぞれ存したかという順序で考えることになる[73]。

　したがって、そのうちの一つでも満たされない場合には、過失はないということになって責任を問われることはなく、民事法上では、損害賠償義務を負うことはないし、刑事法上では、過失犯として処罰されることはないということである。

---

(73)　ただ、例えば、過失犯の成否の問題として、刑法の教科書などでは、一般的には、その逆の順序で、次のように説明されている。すなわち、過失犯が成立するためには、その際に発生した結果について、それが予見できること、つまり、予見可能性があること、そして、その際に、それを予見すべき立場にあったこと、つまり、予見義務があったこと、更に、その結果を回避できる可能性があり、つまり、結果回避可能性があること、そして、最後に、その結果を回避する義務があること、つまり、結果回避義務があることを要件としていると説明している。

　ただ、診療契約が、第2編第1章で述べたように準委任契約である以上、そこで要求される善管注意義務と、この過失の構造における各要素、結果回避義務などとの関係をどのように考えたらよいのであろうか。この点については、結果回避義務や予見義務を尽くしたといえるかどうかの判断において、善管注意義務として当該医師らに期待されるだけの注意を払っていたかどうかという判断がなされると理解してもらえばよいかと思われる。つまり、一定の行為をすれば結果を回避できたとして、その行為に及ぶに当たって、通常、期待されるだけの注意を払っていればこの結果回避義務などを果たすことができたかどうかというレベルで両者がリンクするものと考えてよいであろう。

　民事上の損害賠償請求などにおいては、上記4要素について細かく主張される場合もあるが、一方で、単に、注意義務に違反したかどうかというように善管注意義務違反の有無が争点とされる場合も多い。これに対し、刑事上の責任追及がされる場合は、上記4要素について細かく検討されるのが通常である。

第5　因果関係

　なお、最後に一つ追加して説明しておくべきこととして、民法上の損害賠償責任を負ったり、刑事法上での過失犯が成立するためには、過失行為と結果との間の**因果関係**が要求されるということである。つまり、何らかの注意義務違反があったから、それが原因で患者が死亡したという関係が必要であるということである。したがって、手術中に不手際があり、そのまま手術を続ければ患者が死亡した蓋然性が極めて高かったものの、それが原因で患者が死亡等をしたわけではなく、まったく別の原因で患者が死亡してしまった（例えば、自然現象に基づく不可抗力による場合や、不審者が手術室に乱入して患者を刺殺したという場合）には、手術の失敗と患者の死亡との間に因果関係がなくなるので、当該医師らには、民事法上も刑事法上も、患者の死亡に対する責任が問われることはないことになる。

第3款　民事医療過誤における重要なポイントである医療水準について

第1　医療水準の概念

　前述したように、過失の有無を判断するにおいては、善管注意義務を尽く
したかどうかということが争点として問題とされる場合が多いにしても、そ
うなると、今度は、具体的に、どの程度のレベルの注意義務を果たせば、そ
の期待に応えることとして義務を尽くしたことになるのかが問題になる。

　この場合に用いられる概念が、医療水準という概念である。これは、過失
の有無を判断するに当たって、当時の実践的な医療のレベル（これが医療水
準であるが）に照らして、十分な注意義務を尽くしたかどうかという観点で
過失の有無を判断するものである。

　この点について、**昭和57年3月30日最高裁判決**（判例時報1039号66頁）
では、「人の生命及び健康を管理すべき業務に従事する者は、その業務の性
質に照らし、危険防止のため実験上必要とされる最善の注意義務を要求され
るが、右注意義務の基準となるべきものは、診療当時のいわゆる臨床医学の
実践における医療水準である」と述べられている。

　ここでは、善管注意義務の内容として、「実験上必要とされる最善の注意
義務」と表現されている。その基準は、問題とされた事象が発生した当時の
医療水準に照らして判断すべきであるとしている。つまり、問題となった事
象の発生が、当時の医療水準に照らして、予見可能であったかとか、当該事
象による不都合な結果を回避することが可能であったか、また、その義務を
果たしていたかどうかなどという形で過失の有無等の判断に用いられるので
ある。

　ただ、この場合、本件最高裁判決が、「不当に高い注意義務を医師に課し
た場合には、医療現場からの医師の逃避や萎縮診療をもたらし、患者にとっ
ても不利益な事態を招来することになり、他方、医師に不当に低い注意義務
しか認めない場合には、医療現場の弛緩をもたらし、医師の怠慢の結果を患
者に負担させることとなり、いずれも望ましいものではない。医師の注意義
務の基準としての医療水準の問題は、このような患者と医師の利害を調節す
る重要な役割を果たすものである。そこで、医療水準をどのようなものとし
て理解するかであるが、最大の問題は、当該医師又は医療機関の置かれてい

る社会的・経済的・地理的諸環境、研究機関の附属する大学病院であるか、地域の基幹となる国公立の総合病院であるか、小規模病院であるか、一般開業医の診療所であるかなどを医療水準の内容を決するについて考慮すべきであるか否か、換言すると、右の諸環境を医療水準決定の判断要素とすべきであるか否かにある。」(74)と判示したように、当該医療機関の置かれた現場の実情が、医療水準の判断に当たって、どの程度反映されるのかという点が大きな問題となってくるのである。

　そこで、この点の問題の検討を含めて、医療水準について述べた代表的な判例として、いずれも民事事件の判決であるが、次の各最高裁判決を例として挙げて説明する。

第2　平成7年6月9日最高裁判決（民集49巻6号1499頁）

　この判決では、昭和49年12月に出生した未熟児Aが未熟児網膜症に罹患した場合において、その診療に当たった医療機関に対して、当時の医療水準を前提とした注意義務違反があるかどうか問題とされたものであった。

1　未熟児網膜症の概要及び治療方法の発展の経緯

　まず前提として、未熟児網膜症の概要及びその治療方法の発展の経緯について説明するが、概略は次のとおりである。

(1)　未熟児網膜症の発生機序及びその対処方法

　未熟児網膜症（以下「本症」という。）は、在胎32週末満、出生体重1600グラム以下の未熟児に多く発生する未熟な網膜に起こる血管の増殖性変化を本態とする疾病であって、最悪の場合には、網膜剥離から失明に至る。ここでいう「増殖性変化」というのは、要は、血管が異常な発達をして、それが網膜に悪影響を与えることである。

　本件事件当時の医学的見解として、その原因につき、患児の網膜血管の発達の未熟性を基盤とし、保育器内での酸素投与が引き金となって発症することがあることは否定できないとされていたが、その正確な発症機序については当時は不明な点が多いとされていた。

---

(74)　田中豊『最高裁判所判例解説 民事篇 平成7年度下』（1998年、法曹会）567頁。

現在では、その原因として、網膜の血管は在胎14週頃から成長を始め、36週頃に完成するところ、予定より早く生まれた新生児は、網膜血管が未完成で血液が不足しているため、新しい血管を作ろうとして血管内皮増殖因子と呼ばれる物質が過剰に生産される。そして、その物質が新生血管と呼ばれる病的な組織、つまり、余分な血管であるが、この発生を誘導し、増殖した組織によって網膜が引っ張られ、網膜剥離を引き起こすなどと説明されている[75]。

本症についての我が国の研究や診断は、従来、オーエンスが昭和30年までに確立した分類法（本症の臨床経過を活動期、寛解期及び瘢痕期の三期に分けるもの）に従って行われてきたが、昭和46年頃から、本症の病態についての研究が進み、右分類に修正が加えられ、さらに急激に進行する激症型の存在も確認されるに至った。

我が国においては、未熟児に酸素を投与することが少なかったため本症の発生は少なかったものの、本症の発生予防のための酸素投与の方法については、昭和40年代後半まで、一般的指針となるような統一見解はなく、酸素濃度を40％以下にとどめ、投与期間が極端に長くならないように注意するというのが一般臨床医の間での一応の指針となっていた。

(2)　**光凝固法の発見・施行**

天理よろず相談所病院の眼科医であるN医師は、昭和42年秋の日本臨床眼科学会において、同年3月に本症2例について光凝固法を施行して病勢の進行を停止させることに成功した旨を報告した。そして、昭和43年4月、この報告が雑誌「臨床眼科」22巻4号に掲載され、治療の可能性を示して注目され、さらに、同医師は、昭和45年5月、4例の光凝固法施行結果を発表した。

ここでいう光凝固法であるが、大雑把にいえば、レーザー光線を当てて、増殖した血管を焼いて固めるという方法のことである。

その後、昭和46年頃から、各地の先駆的研究者によって光凝固法の追試が行われ、光凝固法が本症の進行を阻止する効果があるとの報告が相次いだ。

---

(75)　国立研究開発法人国立成育医療研究ウェブサイト、日本小児眼科学会ウェブサイト
　　　等。

また、昭和47年頃には、本症の発生率が約10％であり、そのうち自然治癒するものが70％前後ある反面、急激に症状が悪化する症例があることも明らかになり、光凝固法について、右の自然治癒率との関係から施術の適応について議論がされ、また、施術の適期等についてはなお研究を要することが指摘されながらも、その課題解明の努力が続けられていた。

(3) 厚生省研究班による光凝固法の治療基準の策定

このように光凝固法は、本症の治療について新しい局面を開いたが、本症の病態、光凝固法の施術の適期等に関して研究者間で区々の報告がされるきらいがあったので、厚生省は、昭和49年、本症の診断と治療に関する統一的基準を定めることを主たる目的として、本症の指導的研究者らによる研究班を組織した。厚生省研究班は、昭和50年3月、当時における研究成果を整理し、最大公約数的な診断基準となるものを作成し、発表した。そして、これは、同年8月、雑誌「日本の眼科」46巻8号に掲載された。

上記の厚生省研究班報告は、本症を、主に耳側周辺に増殖性変化を起こし、活動期の経過が比較的緩徐で自然治癒傾向の強いⅠ型と、主に極小低体重児の未熟性の強い眼に起こり、初発症状から急速に網膜剥離に進むⅡ型に大別し、そのほかに両者の混合型もあるとした。

そして、進行性の本症活動期病変に対して適切な時期に行われた光凝固法が本症の治療法として有効であることが経験上認められるとして、Ⅰ型については、活動期の三期に入り、更に進行の徴候があることを見極めて凝固治療をすべきであり、Ⅱ型については、血管新生期から突然網膜剥離を起こすことが多いので、治療の決断を早期に下さなければならず、無血管領域が広く全周に及ぶ症例では、血管新生と滲出性変化が起こり始め、後極部血管の紆曲怒張が増殖する徴候がみえたら直ちに凝固治療をすべきであるなど光凝固法の適応・適期・方法などについて一応の治療基準を示した。

2　本件最高裁判決の事案の概要

未熟児Aは、昭和49年12月11日午後2時8分、姫路市内の聖マリア病院において在胎31週、体重1508グラムの未熟児として出生し、同日午後4時10分、姫路赤十字病院（以下「姫路日赤」という。）に転医し、小児科の「新生児センター」に入院した。未熟児Aの担当医は、小児科のC医師外一名で

あった。未熟児Ａらは、右転医の際、日本赤十字社との間で、未熟児Ａの保育、診断、治療等をすることを内容とする診療契約を締結した。

　Ｃ医師は、同日、未熟児Ａを保育器に収容し、昭和50年１月23日までの間、濃度が30％以下になるようにして酸素投与を開始し、症状をみながら、保育器から出したりもしながら、その酸素濃度を調整して酸素投与し、その後、保育器から出した後も必要に応じて酸素ボックスを用いるなどして酸素吸入を継続した。

　この間、未熟児Ａは、昭和49年12月27日、姫路日赤の眼科のＤ医師による眼底検査を受けたが、同医師は、未熟児Ａの眼底に格別の変化がなく次回検診の必要なしと診断した。その後、昭和50年２月21日の退院時まで眼底検査は全く実施されなかった。

　未熟児Ａは、退院後の同年３月28日、Ｄ医師による眼底検査を受け、異常なしと診断されたが、同年４月９日、同医師による再度の検査の際、眼底に異常の疑いありと診断され、同月16日、Ｃ医師に紹介されて、兵庫県立こども病院の眼科において診察を受けたところ、既に両眼とも未熟児網膜症瘢痕期三度であると診断された。未熟児Ａについては、その後の裁判時の視力は、両眼とも0.06という極度の弱視であった。

3　本件の下級審である大阪高裁判決の概要

　上記の事実関係を前提に、本件の下級審である大阪高裁判決は、次のとおりの判断を示し、昭和50年８月以前の段階では、光凝固法により治療を図ることは、当時の医療水準ということはできず、姫路日赤の医師らには過失はないと判示した。

　すなわち、「医療に従事する者は、最善を尽くして患者の生命及び健康を管理する注意義務を負うが、その注意義務の基準は、診療当時のいわゆる臨床医学の実践における医療水準であり、医療従事者がこの義務に違反して患者の生命、身体を害する結果をもたらした場合には、診療契約上の不完全履行の責任を問われるが、医療行為が医療水準に照らして相当と認められる限り、義務違反はなく責任を負うことはない。

　未熟児に対する眼底検査は、光凝固法が未熟児網膜症の有効な治療方法であって、酸素投与をした未熟児については常に光凝固法の施術を念頭に置い

て観察すべきことが医療水準として定着している場合に、光凝固法施術の適期を把握するのに必要な手段として機能するものであるところ、（中略）未熟児Ａが出生した昭和49年当時、光凝固法は、有効な治療法として確立されていなかったものであり、治療基準について一応の統一的な指針が得られたのは厚生省研究班の報告が医学雑誌に掲載された昭和50年8月以降であるから、姫路日赤が本症を意識して、未熟児に対する眼底検査をし、本症の発生が疑われる場合に転医をさせていたとしても、担当医師において、未熟児に対し定期的眼底検査及び光凝固法を実施すること、あるいは、これらのために転医をさせることが法的義務として確立されていたものとすることはできない。

　したがって、Ｃ医師及びＤ医師が生後16日に未熟児Ａの眼底検査を実施しただけで、その後退院まで実施せず、そのための転医をさせなかったからといって、右両医師に義務違反があるとはいえない。また、未熟児網膜症の臨床経過は多様で、これを的確に診断することは特別の修練と経験を積まなければ困難であるから、その経験のないＤ医師が未熟児Ａの診断時に本症の発生を確認することができなかったとしても、やむを得ない。」としたのであった。

　つまり、昭和50年8月以前の段階では、光凝固法は確立した治療法とはなっておらず、それが医療水準であったから、そのような治療方法を採らなかったとしても、医師Ｃらには過失はないとしたのである。

4　本件最高裁判決の概要

　しかしながら、本件最高裁判決は、上記大阪高裁の判断を否定し、審理のやり直しを命じて、本件を大阪高裁に差し戻した。その理由は、次のとおりである。

(1)　医療水準に関する一般的な概念

　まず、一般論として、医療水準などに関し、最高裁は、次のように述べた。

　すなわち、「被上告人は、昭和49年12月11日午後4時10分に未熟児Ａが聖マリア病院から姫路日赤に転医をするに際し、その法定代理人らとの間で、未熟児として出生した未熟児Ａの保育、診断、治療等をすることを内容とする診療契約を締結したのであるが、被上告人は、本件診療契約に基づき、人

の生命及び健康を管理する業務に従事する者として、危険防止のために経験
上必要とされる最善の注意を尽くして未熟児Aの診療に当たる義務を負担し
たものというべきである（中略）。そして、右注意義務の基準となるべきも
のは、診療当時のいわゆる臨床医学の実践における医療水準である（中略）。」
とした。

　この医療水準の概念に関しては、先に述べた大阪高裁の判断内容と同様で
ある。

(2)　**医療水準に関する本件最高裁判決の判断内容**

　ただ、その医療水準の内容についての判断が異なったのである。そこで示
された判断は、次のようなものであった。

　　すなわち、「そこで、診療契約に基づき医療機関に要求される医療水準
とはどのようなものであるかについて検討する。

　ある疾病について新規の治療法が開発され、それが各種の医療機関に浸透
するまでの過程は、おおむね次のような段階をたどるのが一般である。

　すなわち、まず、当該疾病の専門的研究者の理論的考案ないし試行錯誤の
中から新規の治療法の仮説ともいうべきものが生まれ、その裏付けの理論的
研究や動物実験等を経た上で臨床実験がされ、他の研究者による追試、比較
対照実験等による有効性（治療効果）と安全性（副作用等）の確認などが行
われ、この間、その成果が各種の文献に発表され、学会や研究会での議論を
経てその有効性と安全性が是認され、教育や研修を通じて、右治療法が各種
の医療機関に知見（情報）として又は実施のための技術・設備等を伴うもの
として普及していく。疾病の重大性の程度、新規の治療法の効果の程度等の
要因により、右各段階の進行速度には相当の差が生ずることもあるし、それ
がほぼ同時に進行することもある。また、有効性と安全性が是認された治療
法は、通常、先進的研究機関を有する大学病院や専門病院、地域の基幹とな
る総合病院、そのほかの総合病院、小規模病院、一般開業医の診療所といっ
た順序で普及していく。そして、知見の普及は、医学雑誌への論文の登載、
学会や研究会での発表、一般のマスコミによる報道等によってされ、まず、
当該疾病を専門分野とする医師に伝達され、次第に関連分野を専門とする医
師に伝達されるものであって、その伝達に要する時間は比較的短いが、実施

のための技術・設備等の普及は、当該治療法の手技としての難易度、必要とされる施設や器具の性質、財政上の制約等によりこれに要する時間に差異が生じ、通常は知見の普及に遅れ、右の条件次第では、限られた医療機関のみで実施され、一般開業医において広く実施されるということにならないこともある。

　以上のとおり、当該疾病の専門的研究者の間でその有効性と安全性が是認された新規の治療法が普及するには一定の時間を要し、医療機関の性格、その所在する地域の医療環境の特性、医師の専門分野等によってその普及に要する時間に差異があり、その知見の普及に要する時間と実施のための技術・設備等の普及に要する時間との間にも差異があるのが通例であり、また、当事者もこのような事情を前提にして診療契約の締結に至るのである。したがって、ある新規の治療法の存在を前提にして検査・診断・治療等に当たることが診療契約に基づき医療機関に要求される医療水準であるかどうかを決するについては、当該医療機関の性格、所在地域の医療環境の特性等の諸般の事情を考慮すべきであり、右の事情を捨象して、すべての医療機関について診療契約に基づき要求される医療水準を一律に解するのは相当でない。そして、新規の治療法に関する知見が当該医療機関と類似の特性を備えた医療機関に相当程度普及しており、当該医療機関において右知見を有することを期待することが相当と認められる場合には、特段の事情が存しない限り、右知見は右医療機関にとっての医療水準であるというべきである。そこで、当該医療機関としてはその履行補助者である医師等に右知見を獲得させておくべきであって、仮に、履行補助者である医師等が右知見を有しなかったために、右医療機関が右治療法を実施せず、又は実施可能な他の医療機関に転医をさせるなど適切な措置を採らなかったために患者に損害を与えた場合には、当該医療機関は、診療契約に基づく債務不履行責任を負うものというべきである。また、新規の治療法実施のための技術・設備等についても同様であって、当該医療機関が予算上の制約等の事情によりその実施のための技術・設備等を有しない場合には、右医療機関は、これを有する他の医療機関に転医をさせるなど適切な措置を採るべき義務がある。」と判示した。

　つまり、医療水準については、その知見の普及や、個々の医療機関の特性

等に配慮して考察すべきであり、全国一律に決せられるようなものではな
く、個々の医療機関に応じて、新規の治療法に関する知見を有することを期
待するのが相当といえるかどうかで判断すべきであるとしたのであった。

(3)　**上記理論の本件への当てはめ**

　その上で、本件の事件にその理論を当てはめて、「これを本件についてみ
ると、

　　ア　光凝固法については、天理よろず相談所病院のN眼科医による施術の
　　　報告後、昭和46年ころから各地の研究者によって追試が行われ、右治療
　　　法が未熟児網膜症の進行を阻止する効果があるとの報告が相次いでいた
　　　ところ、厚生省は、本症の病態や光凝固法の施術時期等に関する各地の
　　　研究者による研究成果を整理して、診断と治療に関する最大公約数的な
　　　基準を定めることを主たる目的として、昭和49年度厚生省研究班を組織
　　　し、右研究班は、昭和50年3月、進行性の本症活動期病変に対して適切
　　　な時期に行われた光凝固法が治療法として有効であることが経験上認め
　　　られるとし、一応の診断治療基準を示した研究成果を発表した。

　　イ　姫路日赤においては、昭和48年10月ころから、光凝固法の存在を知っ
　　　ていた小児科医のC医師が中心になって、未熟児網膜症の発見と治療を
　　　意識して小児科と眼科とが連携する体制をとり、小児科医が患児の全身
　　　状態から眼科検診に耐え得ると判断した時期に、眼科のD医師に依頼し
　　　て眼底検査を行い、その結果本症の発生が疑われる場合には、光凝固法
　　　を実施することのできる兵庫県立こども病院に転医をさせることにして
　　　いた、

　　ウ　姫路日赤は、既に昭和49年には、他の医療機関で出生した新生児を引
　　　き受けてその診療をする「新生児センター」を小児科に開設しており、
　　　現に、未熟児Aも、同年12月11日に聖マリア病院で生まれたが、姫路日
　　　赤の診療を受けるために転医をしたというのである。

　　　そうすると、姫路日赤の医療機関としての性格、未熟児Aが姫路日赤
　　　の診療を受けた昭和49年12月中旬ないし昭和50年4月上旬の兵庫県及び
　　　その周辺の各種医療機関における光凝固法に関する知見の普及の程度等
　　　の諸般の事情について十分に検討することなくしては、本件診療契約に

基づき姫路日赤に要求される医療水準を判断することができない筋合いであるのに、光凝固法の治療基準について一応の統一的な指針が得られたのが厚生省研究班の報告が医学雑誌に掲載された同年8月以降であるというだけで、未熟児Aが姫路日赤の診療を受けた当時において光凝固法は有効な治療法として確立されておらず、姫路日赤を設営する被上告人に当時の医療水準を前提とした注意義務違反があるとはいえないとした原審の判断には、診療契約に基づき医療機関に要求される医療水準についての解釈適用を誤った違法があるものというべきであり、右違法は原判決の結論に影響を及ぼすことが明らかである。」と判断した。

エ　つまり、本件最高裁判決は、上記大阪高裁判決が、姫路日赤には、光凝固法による治療を実施できるだけの医療水準を満たしていたのかどうか明らかにせずに、昭和50年8月の厚生省研究班の報告以前には注意義務違反がないと一律に判断したのは違法であると判示し、本件を大阪高裁に差し戻したのであった。

5　差戻審である平成7年12月4日大阪高裁判決（判例時報1637号34頁）

そこで、差戻審の大阪高裁判決では、姫路日赤には、昭和49年当時、本症の治療法としての光凝固法の知見を有していたといえるし、少なくとも右知見を有することを期待することが相当であったといえるから、右知見は、姫路日赤にとって医療水準であったといえると判断された。そのため、医師Cらには、未熟児に対する眼底検査を、事情が許す限り生後できるだけ早い時期にしかも頻繁に実施し、その検査結果に基づき、時期を失せずに適切な治療を施すなり、本症の疑いがあれば兵庫県立こども病院に転医させて失明等の危険の発生を未然に防止すべき注意義務を負っていたものといえると判断され、過失が認められたものである。

この事件は、未熟児網膜症という疾病に対し、新しい知見や治療法が発見され、それが普及される過程における事件であるという特殊性があるものだが、医療水準という概念がどのように適用されるのかについて先例となるものである。

第3　平成8年1月23日最高裁判決（民集50巻1号1頁）

1　事案の概要

　本件判決の事案は、昭和49年9月に虫垂炎に罹患した少年X（当時7歳5か月）がY1病院で虫垂切除手術を受けたところ、手術中に心停止に陥り、蘇生はしたものの重大な脳機能低下症の後遺症が残ったことについて、Xとその両親がY1病院と手術を担当した医師Y2らを相手に、債務不履行又は不法行為を理由に損害賠償を求めた事件である。

2　麻酔薬の使い方に関する問題点

　ここで問題となったのは、麻酔薬の使い方であった。本件の手術は、麻酔剤ペルカミンS（主成分はジブカイン）を用いた腰椎麻酔によって行われたものであるところ、麻酔を実施したのは手術当日の午後4時32分頃であり、執刀開始は4時40分であった。そして、その使用した麻酔剤の添付文書（能書）には、「副作用とその対策」の項に血圧対策として、麻酔剤注入前に1回、注入後は10分ないし15分まで2分間隔に血圧を測定すべきことが記載されていたが、Y2は、手術に当たり介助の看護師に5分ごとに血圧を測定して報告するよう指示していた。そのような間隔をあけた血圧測定の遅れが原因で、Xの症状の変化への対応が遅れ、そのためXは心停止に陥ってしまったのであった。

　本件麻酔剤の副作用として、麻酔剤注入後に血圧降下があることはかなり古くから知られており、昭和30年代にはこれによる医療事故も多発したため、腰椎麻酔中は「頻回に血圧の測定をすることが必要である」ということ自体は臨床医の間に広く認識されていた。しかし、この「頻回」とはどの位の間隔をいうのかについては必ずしも一致した認識があったわけではなかったのである。

　そのため、本件麻酔剤の添付文書に2分間隔という具体的数値をもって注意事項が記載されるようになったのであるが、他方、本件事故があった昭和49年頃は、麻酔剤注入後の血圧については少なくとも5分間隔で測るのが一般開業医の常識であったようである。仮にそのような常識があり、一般開業医がそのように実践していたとすると、そのことと添付文書の使用上の注意事項との関係はどのようになるのか、つまり、実際には添付文書の注意事項

が守られていなかったのが一般的、つまり、医療慣行であったことから、この医療慣行に従ったやり方で実施したことに過失があるといえるかが問題となったのである。

3　本件最高裁判決の判示内容

この事案において、本件最高裁判決は、「人の生命及び健康を管理すべき業務（医業）に従事する者は、その業務の性質に照らし、危険防止のために実験上必要とされる最善の注意義務を要求されるのであるが（中略）、具体的な個々の案件において、債務不履行又は不法行為をもって問われる医師の注意義務の基準となるべきものは、一般的には診療当時のいわゆる臨床医学の実践における医療水準である（中略）。そして、この臨床医学の実践における医療水準は、全国一律に絶対的な基準として考えるべきものではなく、診療に当たった当該医師の専門分野、所属する診療機関の性格、その所在する地域の医療環境の特性等の諸般の事情を考慮して決せられるべきものであるが（中略）、医療水準は、医師の注意義務の基準（規範）となるものであるから、平均的医師が現に行っている医療慣行とは必ずしも一致するものではなく、医師が医療慣行に従った医療行為を行ったからといって、医療水準に従った注意義務を尽くしたと直ちにいうことはできない。」と判示した。

つまり、医師の注意義務の基準となる医療水準は、平均的医師が現に行っている医療慣行とは必ずしも一致するものではなく、医師が医療慣行に従った医療行為を行ったというだけでは医療水準に従った注意義務を尽くしたと直ちにいうことができないとした上で、医師が医薬品を使用するに当たって添付文書に記載された使用上の注意事項に従わず、それによって医療事故が発生した場合には、これに従わなかったことにつき特段の合理的理由がない限り、当該医師の過失が推定されるとしたのであった。

したがって、本件麻酔剤の能書の指示を守らなかった医師らには、「医療機関に要求される医療水準に基づいた注意義務を尽くしたものということはできない」として過失があるとしたのである。

4　善管注意義務の判断基準が「診療当時のいわゆる臨床医学の実践における医療水準」であるということ

ここでは、医業に従事する者には、その業務の性質上、危険防止のために

治療行為等の実施に当たって必要とされる最善の注意義務、これが善良なる管理者の注意義務の内容とされるわけであるが、その注意義務の判断基準となるものは、「診療当時のいわゆる臨床医学の実践における医療水準」とされるものであるといっているのである。

　これは、これまで説明しているように、学術上の研究者などのレベルでの医療水準まで高くなくてもよいものの、あくまで、医療の実践の現場での水準となるものである。そして、その基準は、全国一律ではなく、その医療機関の性質、例えば、大学病院と個人の開業医とでは当然に異なるレベルとしての医療水準を考えればよいものの、ただ、だからといって現に行っている医療慣行と一致するものではなく、それ以上のものが医療水準となることもあり得るとし、本件では、簡単に守ることのできる麻酔薬の能書に従った医療行為を実施しなかったのは、それと異なる医療慣行があったとしても、それをもって医療水準に基づいたことにはならないとしたものである。

第4款　刑事医療過誤

第1　刑事法上の過失と民事法上の過失の違い

　以上述べてきたものは、民事法上の過失についての理解であり、その基準として用いられるものが医療水準であるが、だからといって、これに従っていない診療行為が直ちに刑事法上の過失レベルになるということではない。一般的にいえば、民事法上の過失の認定に比べて、刑事法上の過失の認定はより厳しいものが要求されており[76]、そういった観点からいえば、医療水準に満たない医療行為であっても、必ずしも刑事法上の過失とされるわけではないと考えるべきである。

　ただ、刑事法上の過失を考えるに当たっても、このような医療水準に照らして、当時の医療関係者の行為が注意義務を怠ったといえるか、具体的には、医療水準に照らして、予見義務を怠ったといえるか、結果回避義務を怠ったといえるかという形で検討されることになることに留意しておくべきである。

---

(76)　佐伯仁志「医療安全に関する刑事司法の現状」ジュリスト1323号（2006年）28頁。

第2　刑事法上の過失犯規定

1　刑法の基本的なスタンス

　我が国の刑法の規定は、基本的には、故意犯、つまり、意図的にした行動により一定の犯罪を実現した場合を主に規定している。殺人罪の場合には、殺意という故意が必要で、その上で「人を殺す」という行為があった場合に、殺人罪が成立することになる。そうではない場合、つまり、故意がない状態で、他人の生命とか身体などに害を加えてしまった場合、つまり、それらに対する侵害を意図していなかったにもかかわらず、自己の不注意でこれを実現してしまった場合を、刑法は、過失犯として特別に規定を設けて処罰の対象としている。

　具体的には、刑法209条から211条に基本的なものは規定されている[77]。

2　過失傷害罪

　まず、刑法209条1項は、

　　第二百九条　過失により人を傷害した者は、三十万円以下の罰金又は科料に処する。

と規定し、単純な過失によって人を怪我させた場合には、30万円以下の罰金等に処せられることになる。具体的には、自転車に乗っていて、脇見運転をしていたため、前を歩いていた人にぶつかってしまって、その人に怪我をさせてしまったような場合が挙げられる。これを過失傷害罪という。

3　過失致死罪

　次に、刑法210条は、

　　第二百十条　過失により人を死亡させた者は、五十万円以下の罰金に処する。

と規定し、先と同様の過失により、人を怪我させただけにとどまらず、その行為の結果、人を死亡させてしまった場合は、50万円以下の罰金という処罰がされるということである。具体的には、先の自転車での事故の場合に、たまたま当たり所が悪く、そのぶつかった相手が死んでしまったという場合が

（77）　もっとも、これら以外にも、刑法116条の失火罪等の過失犯の規定はある。

例として挙げられるであろう。これは過失致死罪と呼ばれる。

4　重過失致死傷罪

上記のような事故を起こした場合で、その際の過失の程度が著しい場合、つまり、自転車の事故を例に挙げれば、雨が降っている中で傘を差しながら前をよく見ずに、しかも坂道を高速度で駆け下りてくるなどの行為をした結果、前方を歩いていた人に怪我をさせたり、死亡させてしまったりした場合などは、単に脇見をして自転車を運転していた場合に比べて不注意の度合いが大きいといえるであろう。

このような場合は、**重大な過失**があると評価されるので、**重過失致死傷罪**と呼ばれる犯罪により処罰される。そのような行為に対する処罰としては、刑法211条後段に

> 第二百十一条　（前略）重大な過失により人を死傷させた者も、同様とする。

と規定されており、この規定が処罰の根拠となる。ただ、ここでは「同様とする」という文言が使われており、その言葉の意味が不明であるが、ここでは、詳細は後に説明するが、「5年以下の懲役若しくは禁錮又は100万円以下の罰金に処する」という意味である。

このように重過失致死傷罪では、先に説明した過失傷害罪や過失致死罪よりも、ずっと罪が重くなっている。

5　業務上過失致死傷罪

上述した過失致傷罪、過失致死罪及び重過失致死傷罪については、誰でもが犯してしまうことがあるもので、刑事医療過誤事件で登場する医師等の医療関係者でなければできないというものではない。つまり、一般的な過失犯規定ということができるものである。

それらに対し、いわゆるプロ的な立場の者でないとできない過失犯が**業務上過失致死傷罪**と呼ばれるものである。これについては、刑法211条前段に規定されており、

> 第二百十一条　業務上必要な注意を怠り、よって人を死傷させた者は、五年以下の懲役若しくは禁錮又は百万円以下の罰金に処する。（後略）

と規定されている。なお、先の重過失致死傷罪は、この業務上過失致死傷罪の後に設けられており、この罪と同じ刑にしていることから、「同様とする」という文言で刑の内容を示しているのである。

そして、ここでいう「**業務**」とは、日常的に反復継続して行っている行為で、人の身体等に危害を加えるおそれのあるものを指すといわれている[78]。医師や看護師等の仕事は、まさにこれに該当するので、その「業務」の上で、必要な注意を怠って、人を死傷させた場合には、最大で５年の懲役等という刑が定められているということである。

第３　刑事医療過誤として起訴された事例

以下、これまでに刑事医療過誤として問題となった著名事件を含めた５件の刑事事件を紹介することとする。

1　福島県立大野病院事件

(1)　事案の概要

この事案では、産婦人科医師の帝王切開手術の際の手当ての仕方が適切であったかどうかが問題になったものである。

ここで起訴されたＡ医師は、福島県立大野病院において、産婦人科医師として医療業務に従事していた。そして、Ａ医師は、この病院に出産のために入院していたＢ（当時29歳）の執刀医として帝王切開手術を担当することになった。

ただ、このＢは、帝王切開手術歴１回を有する前置胎盤患者であった。

ここでいう「前置胎盤」というのは、「胎盤が正常より低い位置（膣に近い側）に付着してしまい、そのために胎盤が子宮の出口（内子宮口）の一部／全部を覆っている状態を『前置胎盤』といいます。全分娩のおおよそ１％弱を占めています。通常、経膣分娩（下からのお産）では赤ちゃん→胎盤の順に出てきますが、前置胎盤では、胎盤が赤ちゃんよりも下（膣）側にあります。胎盤→赤ちゃんの順に下から出てしまうと、胎盤が出る時に大出血してしまい、また、胎盤が出た時点で赤ちゃんは『胎盤からの栄養が途切れ』『自分

---

(78)　高橋則夫『刑法各論［第３版］』（2018年、成文堂）72頁。

はまだ子宮内にいるから呼吸もできず』という状態になってしまいます。したがって、前置胎盤の場合には、ほぼ100％が帝王切開分娩です。」[79]というものである。

　その上、術前検査において、Bには、前回の帝王切開をした部分への胎盤の付着が認められた。

　そのような状況の中、A医師は、平成16年12月17日午後2時26分頃から、この大野病院において、Bの帝王切開術を実施したのであるが、同日午後2時37分頃に女児を娩出した後、Bの胎盤を子宮から剥離しようとした際、胎盤が子宮に癒着してしまっているのを認めた。そこで、A医師は、同日午後2時50分頃までの間、右手指を胎盤と子宮の間に差し入れて胎盤を剥離しようとし（これを「用手剥離」という）、また、医療器具を用いて胎盤の癒着部分を剥離しようとした。しかしながら、その結果、胎盤剥離面から大量出血をさせてしまい、Bを死亡させてしまったというものである。

(2)　過失の有無に関する問題点

ア　公訴事実[80]の概要

　ここでは、A医師は、胎盤が子宮に癒着していることを認識したのであるから、このような場合、胎盤の剥離を継続すれば、子宮の胎盤剥離面から大量に出血し、Bの生命に危険が及ぶおそれが予見できたはずであるので、直ちに胎盤の剥離を中止して子宮摘出手術等に移行すべき義務があったのに、それを怠ったことが過失であるとして起訴されたのであった。具体的には、以下のとおりである。

　被告人は、福島県双葉郡内の福島県立大野病院において、産婦人科医師として医療業務に従事していたものであるが、平成16年12月17日午後2時26分頃から、同病院において、B（当時29歳）に対し、執刀医として帝王切開術を実施した際、同女は帝王切開手術歴1回を有する全前置胎盤患者であり、術前検査において、前回帝王切開創部への胎盤の付着を認めていた上、同日午後2時37分頃に女児を娩出した後、Bの臍帯を牽引しても胎盤が子宮から

───────────────

(79)　公益社団法人日本産婦人科学会ウェブサイト。
(80)　起訴状に書かれた犯罪とされる事実のことである。

剥離しなかったため、右手指を胎盤と子宮の間に差し入れ胎盤を用手剥離しようとして、胎盤が子宮に癒着していることを認識したのであるが、このような場合、胎盤の剥離を継続すれば、子宮の胎盤剥離面から大量に出血し、同女の生命に危険が及ぶおそれがあったから、直ちに胎盤の剥離を中止して子宮摘出手術等に移行し、胎盤を子宮から剥離することに伴う大量出血による同女の生命の危険を未然に回避すべき業務上の注意義務があるのに、これを怠り、直ちに胎盤の剥離を中止して子宮摘出手術等に移行せず、同日午後２時50分頃までの間、クーパーを用いて漫然と胎盤の癒着部分を剥離した過失により、胎盤剥離面から大量出血させ、同日午後７時１分頃、同所において、同女を失血死させたものである。

　つまり、胎盤を子宮から剥離することに伴う大量出血によるＢの生命の危険を未然に回避すべき業務上の注意義務があるのに、これを怠ったとして刑事責任の追及がなされたのであった。

　この事件では色々な点で争われたが、これまでに説明してきた過失犯の構造に関するものとしては、①出血についての予見可能性の有無や、②大量出血による死亡という結果を回避するための措置として、剥離行為を中止して子宮摘出手術に移行すべき義務という結果回避義務の有無などが問題となった。

イ　出血の予見可能性の有無

　まず、①の出血の予見可能性であるが、これを肯定する見解としては、次のような主張が考えられる。

　すなわち、Ａ医師は、本件手術前の検査で、Ｂが帝王切開手術既往の前置胎盤患者であり、その胎盤が前回帝王切開創の際の子宮切開創に付着し、胎盤が子宮に癒着している可能性が高いことを予想していた上、本件帝王切開の過程において、児娩出後に容易に胎盤が剥離せず、癒着胎盤を無理に剥がすと、大量出血、ショックを引き起こし、母体死亡の原因になることを、産婦人科関係の基本的な医学文献の記載等から知っていたのであるから、胎盤の剥離を継続すれば、子宮の胎盤剥離面から大量に出血し、本件患者の生命に危険が及ぶおそれがあることを予見することが可能であったとの主張があり得るであろう。

　これに対し、出血の予見可能性を否定する見解としては、癒着胎盤であることを認識したとしても、前置胎盤及び癒着胎盤の場合、用手剥離で出血があることは当然であり、出血を見ても剥離を完遂することで、子宮収縮を促して止血を期待し、その後の止血措置をするのが我が国の医療の実践であるから、大量出血を予見したことにはなり得ないと主張することが考えられる。

　ウ　剥離行為を中止して子宮摘出手術に移行すべきという結果回避義務の有無

　次に、②の結果回避義務については、これを肯定する見解としては、次のような主張が考えられる。

　すなわち、A医師が胎盤剥離を継続すれば、大量出血により、Bを失血死、ショック死させる蓋然性、危険性が高いことを十分に予見できた上、子宮摘出手術等に移行することが容易であったことに照らせば、癒着胎盤であると認識した以上、直ちに胎盤剥離を中止して子宮摘出手術等に移行することにより、Bの死亡という結果を回避する義務があった、そして、このような義務を課したとしても、それが本件当時の**医学的準則**である以上、不可能を強いるものではないとの主張が考えられるであろう。ここでいう「医学的準則」とは、いわば医師であれば誰でも行動の指針とする規範ともいうべきもので、平たくいえば、医学上の常識といってもよいかと思われる。

　つまり、本件に即していえば、癒着胎盤であると分かれば、医師であれば、誰でも無理に剥離させれば大量出血に至ることは分かる以上、直ちに剥離を中止して、子宮摘出をすべきであり、そのように行動すべきことを義務付けても不可能を強いるものではないことから、この場合には、Bの生命を守るべきA医師としては、剥離中止義務と子宮摘出手術への移行義務が課されているのであって、この場合のA医師は、その結果回避義務を怠ったとすると考え方である。

　これに対し、結果回避義務の存在を否定する見解としては、癒着胎盤で胎盤を剥離しないのは、開腹前やたとえ開腹後であっても、その癒着の程度が特に強固であると判明した場合であるか、胎盤剥離を試みても癒着していて最初から用手剥離ができない場合などであって、一旦、用手剥離を開始し得た後は、出血をしていても胎盤剥離を完了させ、子宮の収縮を期待するとと

もに止血操作を行い、それでもコントロールできない大量出血をする場合に初めて子宮を摘出することになるのであって、この手順に沿っている限り、剥離中止義務はなく、また、子宮摘出手術への移行義務も存しないし、これが我が国の臨床医学の実践であるとの主張が考えられる。

(3)　**平成20年8月20日福島地裁判決（判例時報2295号3頁）の判示内容**

上記の各主張に対して、本件福島地裁判決はどのような判断を示したのであろうか。

ア　出血の予見可能性についての本件判決の判断

まず、①の出血の予見可能性について、本件判決は、次のように述べて、予見可能性を肯定した。

すなわち、「癒着胎盤を無理に剥がすことが、大量出血、ショックを引き起こし、母体死亡の原因となり得ることは、被告人が所持していたものも含めた医学文献に記載されている。通常の胎盤では、胎盤剥離の際に脱落膜から剥離して、その後の子宮収縮によって血管の止血効果が働くのに対し、癒着胎盤を剥離した場合は、絨毛組織[81]が直接筋肉に接しているため、剥離した部分の絨毛間腔から出血する。また、癒着により子宮筋の厚さが薄くなっているため、子宮収縮が悪くなり、収縮による止血が働きにくいことにより、出血多量となるおそれがあると説明されている。したがって、癒着胎盤と認識した時点において、胎盤剥離を継続すれば、現実化する可能性の大小は別としても、剥離面から大量出血し、ひいては、本件患者の生命に危機が及ぶおそれがあったことを予見する可能性はあったと解するのが相当である。」と判示した。

この判決では、要するに、医学文献によれば、癒着胎盤を剥離した場合には、出血多量になることが記載されているのである以上、医師としては、胎盤剥離を継続すれば、剥離面から大量出血が起きて、患者の生命に危険が及ぶことは予見可能であったとしたのであった。

---

(81)　「絨毛組織」とは、胎盤の胎児側の構成組織のことである。

イ　剥離行為を中止して子宮摘出手術に移行すべきという結果回避義務の有無についての本件判決の判断

次に、②の結果回避義務については、本件判決は、次のように述べて、その義務の存在を否定した。

すなわち、「実際のところ、癒着胎盤の剥離を開始した後に剥離を中止し、子宮摘出手術等に移行した具体的な臨床症例は一件も見出されていない。また、医学文献における本件に関する医療措置の概要としては、用手剥離を行う前から胎盤の癒着が強固なものであることが明確である場合、あるいは剥離を試みても全く胎盤剥離できない場合については、用手剥離をせずに子宮摘出をすべきという点では、概ね一致が見られるものの、用手剥離開始後に癒着胎盤であると判明した場合に、剥離を中止して子宮摘出を行うべきか、剥離を完了した後に止血操作や子宮摘出を行うのかという点については、医学文献から一義的に読みとることは困難である。」と判示した。

つまり、胎盤剥離開始後に剥離を中止して子宮摘出手術に移行すべきであると明確に示したものは、臨床例としても、文献上においてもいずれも存在しないので、用手剥離開始後に剥離を中止して子宮摘出に移行すべきかということについては必ずしも明らかではないと判示したのである。

その上で、「臨床に携わっている医師に医療措置上の行為義務を負わせ、その義務に反したものには刑罰を科す基準となり得る医学的準則は、当該科目の臨床に携わる医師が、当該場面に直面した場合に、ほとんどの者がその基準に従った医療措置を講じていると言える程度の、一般性あるいは通有性を具備したものでなければならない。なぜなら、このように解さなければ、臨床現場で行われている医療措置と一部の医学文献に記載されている内容に齟齬があるような場合に、臨床に携わる医師において、容易かつ迅速に治療法の選択ができなくなり、医療現場に混乱をもたらすことになるし、刑罰が科せられる基準が不明確となって、明確性の原則が損なわれることになるからである。」と判示した。

ここでいう「齟齬」とは食い違いのことであり、「明確性の原則」とは、刑罰を科すためには、その要件等が明確に示されていなければならないという原則である。

　要するに、この判決では、医師らの間では、癒着胎盤の剥離を開始した後に剥離を中止し、子宮摘出手術等に移行すべき義務があると広く認識されているようなことはないし、そのような認識に基づく臨床例が存在するといったこともない以上、これが医学的準則ということにはならず、そうである以上、A医師に胎盤剥離を中止する義務があったとはいえないとして、結局、A医師には結果回避義務がないことから過失はなく、無罪と判示したものであった。

ウ　本件判決の評価

　以上のような本件福島地裁判決の結論は、被告人の医学的判断が必ずしも医学的準則に反するものではなく、そのような方策も取り得る手段の一つであることから、結果回避義務違反とはならないとしたものであり、このような裁判所の判断は妥当であって合理性を持つものと思われるところである。

2　横浜市立大学病院における患者取り違え事件

(1)　事案の概要

　これは、平成11年1月11日、横浜市立大学医学部付属病院において、心臓手術（以下「A手術」という。）を受ける予定だった74歳の男性患者（X）と、肺手術（以下「B手術」という。）を受ける予定だった84歳の男性患者（Y）を取り違えて、病状と無関係な手術が行われた医療事故に関するものである。

　この事件においては、A手術の主務的立場にあった執刀医S1とB手術の主務的立場にあった執刀医S2、A手術担当の麻酔医M1と、B手術担当の麻酔医M2、更に、患者引継ぎの際に取り違えた当事者である看護師K1及びK2の合計6名について、いずれも業務上過失傷害罪に問われた。

　本件では、病棟の看護師（K1）が1人で患者2名を手術室に引き継いだ際、受け取った手術室の看護師（K2）に明確に患者の名前を告げず、同看護師（K2）も明確に確認しなかったため、両患者を取り違え、手術の介助担当の看護師らをして誤った手術室に搬送させた。

　各手術における手術の関係者は、執刀医が3名ずつ、麻酔医が2名ずつ、看護師が2〜3名ずつおり、それらの者のほか、見学等で入室した医師を含めると、両手術室には合計20数名がいた。

　実際のところ、両患者の容貌は相当に異なっており、手術中の病状の所見

は、手術前の検査結果等と全く異なっていたにもかかわらず、誤った手術が最後まで実施された。

　なお、本件では、麻酔医（M1）が、YをXと軽信して麻酔導入したものの、その後、外見的特徴や病状の相違等から、同一性に疑念を抱き、他の医師らにその疑念を告げ、電話により看護師をして病棟看護師にXが手術室に搬送されたか否かを問い合わせたりしたが、他の医師からは取り合ってもらえなかったとの経緯などもあった。

　本件では、S1、S2、M1、M2、K1、K2の6名が起訴されたが、その6名を含む18名（病院長を含む。）が送検されていたが、残りの12名については不起訴となっており、その中には、M1の疑念を摘み取った医師らも含まれている。

(2)　過失の有無に関する問題点

　チーム医療における、患者の同一性確認に関しては、手術に関与する医療関係者（執刀医、麻酔医、看護師）の負う義務の内容・程度が、どのようなものであるか問題となるし、また、患者の同一性について疑いが生じた場合、どの程度の確認措置を採れば注意義務を尽くしたといえるのかなども同様に問題となる。

　なお、チーム医療で事故が発生した場合の刑事処罰の在り方、すなわち、起訴された6名は、本当に責任のある者を対象として起訴されているのか、その選択は形式にとらわれすぎていないか、M1の疑念を摘み取った医師（M1の指導的立場にあり在室していた麻酔医、助手として執刀していた主治医2名）を不起訴にしておきながら、M1に禁錮を求刑したことが実態に沿った処理といえるのかなども検討すべき事柄であるといえるであろう。

　また、本件に関連して、そもそもこのようなチーム医療における構造上のエラーについては、過失判断の基準の対象を個人とせず、端的に組織の責任とすべきであるなどの主張もあるが[82]、この点については、組織の責任と個人の責任はあくまで別ものであり、組織に対する責任追及が必要であっても、だからといって個人責任があるのであれば、それを放置してよいという

---

(82)　大野勝則『最高裁判所判例解説 刑事篇 平成19年度』（2011年、法曹会）86〜7頁。

ことにはならないと考えるべきだと思います。

(3)　**平成13年9月20日判決横浜地裁（判例タイムズ1087号296頁）**

ア　主　　文

　この判決では、麻酔導入後、患者の外形的特徴や検査所見から患者の同一性について疑いを持った麻酔医（M1）については無罪とした。

　これに対し、患者を取り違えて受け取った手術室の看護師K2については、禁錮1年執行猶予3年の判決を、他の起訴された医師等（S1、S2、M1、K1）については、それぞれ30万円ないし50万円の罰金刑に処した（なお、求刑は、執刀医・麻酔医についてはいずれも禁錮1年6月、看護師についてはいずれも禁錮1年。）。

イ　争点についての判断内容

(ア)　本件横浜地裁判決は、本件チーム医療における患者の同一性確認について、次のとおり判示した。

(ⅰ)　すなわち、

①　手術はチーム医療としてなされており、各自がそれぞれ役割を分担し、その分担を誠実に努めることが予定されている。

②　容貌等の外見的特徴による患者の同一性確認は、高度の医療知識や技量等を必要とするものではなく、その能力の点では医師でも看護師でも差がなく、病棟からの患者の搬送当初から同一性を確認することが要求され、当該病院でも通常実践されていた。

③　手術室入室前の方が、患者確認が容易で格別の困難もないが、手術室入室後は、暗示性が強く、医師は手術に集中しているため、所見の違いから取り違えに気付く契機はあるにせよ、気付くことの困難性が増す。

④　全国的には取り違えの事故が起こっているが、数は少なく、当該病院でも、同一時刻の手術等により取り違えの危険はあったが、これまでに事故もなく、予見可能性は高くなかった。

⑤　当該病院では、通常、搬送過程で、病棟看護師と手術部看護師との間の声掛けなどによって同一性確認がなされ、続いてカルテ等が引き渡され、手術部看護師や麻酔医が姓での呼び掛けをし、これらが相まって患者確認に相当の役割を果たしてきた。

旨判示しており、これをみると、Ⓐ他のチーム員による確認に任せてよい場合があり得ることを認めることをうかがわせており、また、Ⓑ声掛けやカルテ等の引渡しで患者の同一性確認がなされていることなどをもって、その手順等が妥当であることを前提にしていることがうかがわれる。

（ⅱ）　しかしながら、このような横浜地裁判決のスタンスにはかなり問題があるといわざるを得ないと思われる。

というのは、まず、①の問題について、そのように他のチーム員による確認に任せてよいとするなら、その前提として、「構成員間で明確な役割・責任の分担が確立しており、それが業務運営の上で危険な結果を回避するに足りるものであることが必要である」[83]と指摘されているように、患者の同一性確認のための責任や役割の分担が取り決められており、全員にその分担内容などが周知徹底されていなければならないはずである。

しかしながら、本件では、関与する個々の医師や看護師の役割や責任等が明確にされておらず、誰かが確認しているだろうなどという他人任せの意識で患者の本人確認に臨んでいたのが実態であることに照らしても、本件では、およそ他のメンバーにその確認を期待してよいというなどという余地はなく、各自がその職責や持ち場に応じて責任をもって患者の同一性を確認する義務があったというべき状況だったからである。

また、②の点についても、患者の姓を呼んで声掛けをしても、患者は、手術を前にして不安や緊張状態にあり、それを聞き取っているかも問題である上、たとえ、違った姓を呼ばれても、単に言い間違えているだけだと思って訂正しない可能性もある。したがって、姓を呼ぶという声掛け程度で患者の同一性確認が十分であるとはおよそいえないところであると思われる。この点について、「本件のように、患者に意識がある場合には、その姓名を名乗らせるのが容易かつ確実」[84]と指摘されているところでもある。

さらに、カルテについても患者と同一の機会に渡されるというだけのシステムであったことから、患者の同一性を誤るのと同様にカルテの受渡しも

---

(83)　大野・前掲注(81)89頁。
(84)　大野・前掲注(81)90頁。

誤ったのであり、これが患者の同一性確認に何の役にも立っていなかったのは明らかである。

(イ)　いずれにせよ、本件横浜地裁判決は、先のような患者の同一性確認についての認定を踏まえて、被告人各人の責任について、以下のとおりに判示した。

（ⅰ）　執刀医S1について

患者の同一性の確認については、日頃患者に接する主治医や看護師の方が執刀医より長けており、このように他に有効な手段がある以上、麻酔導入前に入室するか否かは、執刀医の裁量の範囲に属するとした。

そして、Xの執刀医であったS1は、Xの主治医ではないので、入室時には、特段の事情がない限り、同一性を確認する義務はなく、入室後に、術前検査の結果との著しい違いを知りながら手術を継続した点についてのみ過失ありとして責任を負うとしたのである。

この点の認定についても若干の問題がある。結論として、執刀医に対しても患者の本人確認義務を認めて過失があったとしているが、その時点としては、麻酔導入後だけに限定している点が妥当かということである。

たしかに執刀医に対する麻酔導入前の患者の同一性確認義務については、手術への集中の必要性の高さから、ほかに有効な手段があるなら、患者の同一性確認の義務まで課す必要はなく、主治医において最終的な責任を負えば足りるとする見解[85]もある。しかしながら、単に、患者が自ら執刀すべき相手であるかどうかを確認するだけのことであるから、このことをもって手術への集中性を欠落させるほどのこととは思われないし、また、自らしなくても助手等により確認させることも可能なのであるから、執刀医にも、麻酔導入前の時点で、患者の確認義務があるとしても不当ではないと思われる[86]。

この点に関する本件横浜地裁判決に対する批判として、同判決は、「チーム医療の名の下に医療従事者の責任を分断して、各人が自己の分担部分についてのみ責任と義務を負えば足りるとする点において、『患者の安全の確認』

---

(85)　大塚裕史「判批」宇都木伸ほか編『医事法判例百選』〔別冊ジュリスト183号〕（2006年、有斐閣）193頁。

(86)　大野・前掲注(81)94頁。

という医療の基本的視点を欠落しているものといわざるを得ない。とりわけ、本件では、『患者の同一性確認』という初歩的、基本的な注意義務について、関係者全員の意識が希薄であり、患者の取り違えをうかがわせる多くの予兆が存在していたにもかかわらず、ことごとく無視されていることを考えれば、そもそもチーム医療の前提となる責任の分担を認めること自体が相当ではなく、患者の安全確認のためにはダブルチェックが不可欠であり、執刀医が麻酔措置の前に入室して患者を確認しないという（悪しき）慣行に合理的根拠があるとは思われない。」[87]とする厳しい批判があることも指摘しておきたい。

　また、実際にも、後述する本件の控訴審である東京高裁判決では、執刀医に対しても、麻酔導入前からの患者の同一性確認義務があることを認めている。

(ⅱ)　執刀医S2について

　本件横浜地裁判決は、S2について、S1と同様、執刀医としての麻酔導入前の同一性確認義務を否定したものの、S2は患者Yの主治医であり、患者の容貌等をよく知るものであるから、入室時期に見合った確実な確認方法を採るべきであり、自らの入室後は進んで同一性を確認する義務があると判示した。

　したがって、これを怠った点と、術前検査の結果との違いを知りながら手術を継続した点を過失と認めて責任を負うとした。

　この主治医としての患者の同一性確認義務についての判断には特段の問題はなく、妥当と思われる。実際にも、執刀医S2は、自らの過失を争うようなことはなかった。

(ⅲ)　麻酔医M1について

　本件横浜地裁判決は、麻酔医M1について、麻酔導入前にYに声掛けをしており、意識混濁等のうかがわれない患者であれば、同一性確認は、麻酔科の慣行からみて一般的な方法である声掛けが不十分であるとはいえず、それ以上の問診の必要はなく、外見的特徴については、本件の患者両名は多数の

---

(87)　飯田英男『刑事医療過誤Ⅱ［増補版］』（2007年、判例タイムズ社）14頁。

患者の中では大きく見れば似ているとさえいえるし、暗示性が強い上、ヘアーキヤップ等で判別困難であり、かかる不確かな方法より、声掛けやカルテ等が確認として劣るとはいえず、外見的特徴から同一性に気付かなかったことは、注意義務違反といえないと判示した。

　また、同一性に疑問を持った後の措置につき、病棟への問い合わせは取り違え防止としては不十分であったことは否めないが、麻酔科の指導医師らに疑義を訴えたのに、在室していた主治医の発言等により疑義が解消してしまっており、最も若い医師の一人である被告人の問題提起は正当に評価されるべきであって、病棟への問い合わせの不十分さを補って余りあり、先輩医師らが検査の食い違いにつき医学的説明ができるとして執刀を開始した以上、自己の思い違いと思ったとしても無理からぬところであり、先輩医師らは同一性確認に関してより豊富な情報量を持ち、Ｍ１を指導補佐すべき立場にあるのに、安易な発言でＭ１の疑問を排斥し、これら在室者の罪が問われず、正当な問題提起や相応の努力をしたＭ１に更に義務を課すのは過酷にすぎるとして、注意義務は尽くされているとした。

　したがって、結果回避義務を尽くしていることから、結果回避義務違反はなく、過失はないとしたものである。

　この麻酔医Ｍ１の刑事責任については、控訴審、上告審でも問題とされている。そのため、麻酔医Ｍ１の刑事責任についてどのように考えるべきかについては、後で、まとめて検討することにする。

　(iv)　麻酔医Ｍ２について

　本件横浜地裁判決は、麻酔医Ｍ２の麻酔導入前の過失につき、Ｓ１と同様、容貌等の同一性確認をしなかったことについては注意義務違反とまではいえないとしたものの、フランドルテープが貼付されていたこと[88]や、カルテと異なる手術痕を認めた点で異常を認識すべきであり、患者の同一性を確認す

（88）　フランドルテープは、心臓のまわりの冠動脈を広げて血流量を増やし、心臓に酸素などを補給することで、全身の血管抵抗を減らして心臓の負担を軽くする薬を塗ったテープであることから、通常、心臓病の患者に用いられるものである。したがって、肺の手術をする患者に貼られていたら、それはおかしいと感じなければいけないということが指摘されたものである。

る義務があったとして、過失責任を認めた。

また、麻酔医M2が研修医であったことについては、そのような立場であっても正式に医師免許を取得し、患者の治療等に当たっていた以上、そのことをもって責任が軽減されるということにはならないと判示された。たしかに研修医であったことをどのように評価すべきであるかは問題もあると思われるが、正式に医師となった以上、主治医らと同様の責任があるものと考えられても、プロとして認められる立場である以上、やむを得ないこと考えるべきであろう。

(v) 看護師K1について

本件横浜地裁判決は、看護師K1について、患者引き渡しの際、同一性を確認して一人ずつ確実に搬送して引き渡すか、仮に2名を同時に搬送する場合は、患者の氏名等を一名ずつ確実に伝え、カルテ等を同時的に引き渡して取り違えを防止する義務があると判示した。

同一時間帯の手術予定患者を遅滞なく搬送して引き渡す必要上、患者両名を同時に搬送したのに、交換ホールで患者両名の姓を同時に告げたのみで、Xを引き渡した際にK2にその氏名を確実に伝えず、K2の指示に漫然と従い、Xのカルテを引き渡す前に、Yについてもその氏名を伝えることなく引き渡し、その後に両名のカルテを手渡した過失により、患者両名を誤った手術室に搬送させたことに重大な過失があるものと認定されている。

(vi) 看護師K2について

本件横浜地裁判決は、看護師K2について、患者両名を受け取った際、氏名等を患者ごとに確認し、カルテ等を同時に受け取る際にも逐一確認するなどして、取り違えを未然に防止する義務があると判示した。

その上で、Xの引き渡しを受けた際、K1がYの姓を告げたものと思い、曖昧さを残したまま、XをYとして受け取り、かつ、Xのカルテの引き渡しを済ませていないのに、K1に2人目の患者Yを引き続き引き渡すように指示し、同患者の名前を聞かないまま同患者YをXとして引き渡しを受けた過失により、患者両名を誤った手術室に搬送させたことに重大な過失があると認定した。

本件横浜地裁判決では、この看護師K2についてだけ、他の被告人より過

失の程度が重いとされて、他の被告人のように罰金ではなく、執行猶予付き
の懲役刑が言い渡された。しかしながら、この判断は妥当とは思われない。
他の被告人の過失の程度と比べても、この看護師 K 2 だけが特に重大であっ
たとまではいえないと思われるからである。したがって、この点については
後述する控訴審で是正されて、結果的に、他の被告人と同様の罰金刑に下げ
られている。

⑷　**平成15年 3 月25日東京高裁判決（東京高等裁判所判決時報54巻 1 ～12
号15頁）**

ア　主　　文

　 6 名全員の関係で控訴され、控訴審判決は、事実誤認や量刑不当等を理由
に 6 名全員の関係で一審判決を破棄し、一審無罪であった M 1 を罰金25万
円に、その他の 5 名を罰金50万円とした。

イ　争点についての判断内容

⑺　チーム医療における患者の同一性確認について

　患者の取り違えの可能性がある大規模病院においては、その防止につい
て、病院全体が、組織的に確実な同一性確認のシステムを構築すべきであ
り、医師や看護師のチーム医療の中でも、同一性確認の責任・役割の分担を
取り決め、チーム全員にその分担を周知徹底すべきであると判示した（この
点は、先の横浜地裁判決に対して指摘しておいたことと同様。）。

　患者の同一性確認は、医療行為を正当化する大前提であり、医師・看護師
の初歩的・基本的な注意義務であって、病院全体が組織的なシステムを構築
し、チーム医療においても役割分担を取り決め、周知徹底することが望まし
く、これらの状況を欠いていた本件の事実関係を前提にすると、手術に関与
する医師、看護師等の関係者各人がその職責や持ち場に応じて責任を持って
重畳的に同一性を確認する義務があり、遅くとも患者の身体への侵襲である
麻酔導入前に最優先して同一性が確認されるべきであるとして、各人の義務
と過失につき、以下のとおり判示した。

⑷　執刀医 S 1 について

　執刀医は、手術の最高かつ最終の責任者であり、その他の医師や看護師は
全てその補助等の立場にあるから、執刀医には麻酔導入前に患者確認の手立

てを講じる義務があり、自分で入室しなくとも、助手や主治医を立ち会わせるなど手立てが可能であり、また、麻酔導入前に注意義務を尽くさずに麻酔導入後に入室した場合には、執刀を開始する前に進んで患者の同一性を確認する義務があるとした。

　この点は、横浜地裁判決の判断を否定して、前述したとおり、執刀医においても、麻酔導入前に患者の同一性確認義務があるとしたものである。ただ、これは、あくまで、本件の事案におけるような、その確認についての組織的なシステムがない場合であり、これが確実に実施されるだけのシステムが構築されれば、話は別である。

　㋡　執刀医Ｓ２について

　Ｓ１と同様、麻酔導入前の同一性確認義務を認め、そのことは主治医であるか否かを問わないと判示した。

　㋣　麻酔医Ｍ１について

　麻酔導入前については、手術中の患者の全身状態を管理する麻酔医として、患者への問い掛けや容貌等の外見的特徴等、患者の状況に応じた適切な方法で同一性を確認する注意義務があり、患者の姓だけを呼び、更には姓に挨拶等を加えて呼ぶ方法は不十分であり、また、Ｍ１は術前回診等をしており、容貌等を意識的に慎重に確認していれば取り違えに気づけたはずであるので、過失があるとした。

　麻酔導入後については、患者を取り違えたまま麻酔を導入した場合であっても、患者の同一性を確認する注意義務があり、患者の同一性を疑うべき所見等があれば、これを慎重に検討して早期に発見し、患者に対する侵襲をできるだけ少なくする義務があると判示した。

　本件では、頭髪の色及び形状、歯の状態、手術室での検査結果等が、いずれもＸのものと相違し、患者の同一性に疑念を抱いたのであるから、自ら又は手術を担当する他の医師や看護師らをして病棟及び他の手術室に問い合わせるなどして患者の同一性を確認し、患者の取り違えが判明した場合には、Ｙに対する手術の続行を中止するとともに、直ちに連絡して、Ｘに対する誤った手術をも防止し、事故発生を未然に防止する義務があったのに、同一性に疑念が生じた後も、他の医師らにその疑念を告げ、電話により介助担当

看護師をして病棟看護師にＸが手術室に搬送されたか否かを問い合わせはしたものの、他の医師からは取り合ってもらえず、病棟からＸを手術室に搬送した旨の電話回答を受けただけであるのに、その身体的特徴を確認するなどの措置を採ることなく、麻酔を継続し、Ｘの現在する手術室に取り違えを連絡する機会を失わせた過失があると認定され、第一審の無罪が破棄されて有罪とされたものである。

　この点についての判断は、後述する最高裁でもなされているので、それをも踏まえて、後に検討する。

　㋑　麻酔医Ｍ２について

　Ｍ１と同様、麻酔医としての麻酔導入前、導入後の同一性確認の義務を認め、過失を肯定した。

　㋕　看護師Ｋ１について

　第一審の認定事実どおり、患者引き渡しの際、同一性を確認して１人ずつ確実に搬送して引き渡すか、仮に２名を同時に搬送する場合は、患者の氏名等を１名ずつ確実に伝え、カルテ等を同時的に引き渡して取り違えを防止する義務があるとし、過失があることは明らかであるとした。

　㋖　看護師Ｋ２について

　患者両名を受け取った際、氏名等を患者ごとに確認し、カルテ等を同時に受け取るなどして、取り違えを未然に防止する義務があるとした点は第一審判決どおりであった。ただ、第一審判決が同人だけを罰金刑ではなく執行猶予付禁錮刑したことについては、他の被告人とさほど刑責の違いはないとして、Ｋ２についても罰金刑とした。

(5)　平成19年３月26日最高裁決定（刑集61巻２号131頁）

ア　主　　文

　本件で上告したのは、麻酔導入後に患者の同一性に疑問を抱いた麻酔医Ｍ１だけであったが、その上告は棄却された。したがって、控訴審判決のとおり罰金25万円で確定、つまり、最終的に裁判が終了した。

イ　争点についての判断内容

　㋐　チーム医療における患者の同一性確認義務について

　本件最高裁決定は、「医療行為において、対象となる患者の同一性を確認

することは、当該医療行為を正当化する大前提であり、医療関係者の初歩的、基本的な注意義務であって、病院全体が組織的なシステム構築し、医療を担当する医師や看護師の間でも役割分担を取り決め、周知徹底し、患者の同一性確認を徹底することが望ましいところ、これらの状況を欠いていた本件の事実関係を前提にすると、手術に関与する医師、看護師等の関係者は、他の関係者が上記確認を行っていると信頼し、自ら上記確認をする必要がないと判断することは許されず、各人の職責や持ち場に応じ、重畳的に、それぞれが責任を持って患者の同一性を確認する義務」があるとした。

　前述したように、他の医療関係者との役割分担などの組織的なシステムがあれば別であるが、本件では、そのようなものがない以上、関与した者すべてにおいて、重畳的に確認する義務があるとしたものであり、先の東京高裁判決と同様の判断である。

　そして、この同一性の確認は、「遅くとも患者の身体への侵襲である麻酔の導入前に行わなければならないものというべきであるし、また、麻酔導入後であっても、患者の同一性に疑念を生じさせる事情が生じたときは、手術を中止し又は中断することが困難な段階に至っている場合でない限り、手術の進行を止め、関係者それぞれが改めてその同一性を確認する義務がある。」としている。極めて当然のことであるといえよう。

　(イ)　M1の刑事責任について

　本件最高裁決定は、「①麻酔導入前にあっては、患者への問い掛けや容貌等の外見的特徴の確認等、患者の状況に応じた適切な方法で、その同一性を確認する義務があるものというべきであるところ、上記の問い掛けに際し、患者の姓だけを呼び、更には姓にあいさつ等を加えて呼ぶなどの方法については、患者が手術前に極度の不安や緊張状態に陥り、あるいは病状や前投薬の影響等により意識が晴明でないため、異なった姓で呼び掛けられたことに気付かず、あるいは言い間違えと考えて言及しないなどの可能性があるから、上記の呼び掛け方法が同病院における従前からの慣行であったとしても、患者の同一性の確認の手立てとしては不十分であったというほかなく、患者の容貌その他の外見的特徴なども併せて確認しなかった点において、②更に麻酔導入後にあっては、外見的特徴や経食道心エコー検査の所見等から

患者の同一性に疑いを持つに至ったところ、他の関係者に対しても疑問を提起し、一定程度の確認の措置は採ったものの、確実な確認措置を採らなかった点において、過失があるというべきである。」とし、さらに、「他の関係者が被告人の疑念を真摯に受け止めず、そのために確実な同一性確認措置が採られなかった事情が認められ、被告人としては取り違え防止のため一応の努力をしたと評価することはできる。しかしながら、患者の同一性という最も基本的な事項に関し相当の根拠をもって疑いが生じた以上、たとえ上記事情があったとしても、なお、被告人において注意義務を尽くしたということはできないといわざるを得ない。」と理由を述べて、Ｍ１の上告を棄却したのであった。

(6)　取り違えに気づいた麻酔医Ｍ１の刑事責任について

ア　問題の所在

これまでみてきたように、本件で刑事責任が問題となるのは、実質的には、麻酔科医Ｍ１だけである。他の被告人は、どのように弁解しようとも何らかの過失があったことは明らかであり、漫然と違った患者を本来の患者と扱っている以上、その責任を逃れることはできないであろう。

ただ、麻酔医Ｍ１だけは、患者の違いに気づいて、それなりの対応をしているので、それが結果回避義務を尽くしたといえるかどうか問題となるのである。

イ　麻酔導入前における注意義務を尽くしたか

まず、麻酔導入前の段階における麻酔科医Ｍ１の行為を検討する。

(ア)　麻酔医Ｍ１は、当日、午前８時40分頃、三番手術室に入室したが、既にＸと取り違えられ手術台に仰臥していたＹを見て別人と気づかないまま、Ｙに対し、「Ｘさんおはようございます。金曜日にお会いした麻酔科のＭ１です。」などと声を掛けたのを始め、前投薬の効果等を確認する必要もあり、何度かＸさんと声を掛けたが、Ｙは頷くなどし、Ｘではないことを主張することはなかった。

また、その際、麻酔医Ｍ１は、Ｙのまつげを触って反応を見て麻酔が効いていることを確認したが、Ｘの眉毛が黒色であるのに対し、Ｙの眉毛は白色であったのに、その違いに気付かなかった。

㈣　このような麻酔医Ｍ１の行為をどのように評価するかにつき、まず、声掛け行為について、第一審判決の横浜地裁判決は、「意識混濁等のうかがわれない患者であれば、同一性確認は、麻酔科の慣行からみて一般的な方法である声掛けが不十分であるとはいえず、それ以上の問診の必要はな」いとした。

　　しかしながら、声掛けについては、先にチーム医療の態勢のところで述べたように、患者の同一性確認の手立てとしては不十分なものであることは明らかである。そもそも、同姓の患者もあり得るし、知的障害等がある者らに対してもどの程度有効に確認ができるかは疑問もあるところである。

　　この点について、控訴審判決である東京高裁判決では、「手術中の患者の全身状態を管理する麻酔医として、患者への問い掛けや容貌等の外見的特徴等、患者の状況に応じた適切な方法で同一性を確認する注意義務があり、患者の姓だけを呼び、更には姓に挨拶等を加えて呼ぶ方法は不十分であ」るとし、また、最高裁も、上記高裁判決が述べるような方法での声掛けであっても、「患者が手術前に極度の不安や緊張状態に陥り、あるいは病状や前投薬の影響等により意識が晴明でないため、異なった姓で呼び掛けられたことに気付かず、あるいは言い間違えと考えて言及しないなどの可能性があるから、上記の呼び掛け方法が同病院における従前からの慣行であったとしても、患者の同一性の確認の手立てとしては不十分であったというほかな」いとして、そのような方法での患者の同一性確認では、医師に求められるだけの注意義務を果たしたことにはならないと判断したものであった。患者の取り違えによる誤った手術を防止するという結果回避義務を十分に尽くしたことにはならないとされたわけである。

　　なお、最高裁は、声掛けだけで患者の同一性確認をするのが本件病院での慣行であったことに言及しているが、それが医療慣行であっても、医療機関に要求される医療水準に基づいた注意義務を尽くしたことにならないことについては、先に説明したとおりであり、実際に、麻酔医Ｍ１の行為では、患者の同一性確認として不十分であるとされたのである。

㈥　次に、麻酔医Ｍ１による患者の容貌からの確認について、第一審判決の横浜地裁判決は、「本件の患者両名は多数の患者の中では大きく見れば似

ているとさえいえるし、暗示性が強い上、ヘアーキャップ等で判別困難であり、かかる不確かな方法より、声掛けやカルテ等が確認として劣るとはいえず、外見的特徴から同一性に気付かなかったこと」について過失はないとした。

　しかしながら、「患者の外見的特徴等による確認も、暗示性等による困難性が生じているとしても、声掛けで代替すべきものでなく、重畳的に併せて採るべき措置と思われる。そして、被告人について見た場合、眉や入れ歯等の身体的特徴、自ら貼付を指示したフランドルテープ等により．同一性を確認することは困難ではなかったものと考えられ」るとの批判がある[89]。そもそも、ＸとＹは、その容貌では一見して別人と分かるほど違うのであるから、麻酔医Ｍ１がヘアーキャップやアイパッチを外してみるだけで直ちに人違いと分かるはずであったにもかかわらず、その程度のことすらしていないことには批判が向けられても仕方のないものと思われる。

　そして、この点についての本件東京高裁判決では、「Ｍ１は術前回診等をしており、容貌等を意識的に慎重に確認していれば取り違えに気づけたはずである」として、患者の外表検査について不十分であると判断しており、さらに、前記最高裁決定では、「患者の容貌その他の外見的特徴なども併せて確認しなかった」として注意義務を尽くしておらず、過失は免れないとしているところである。

ウ　麻酔導入後における注意義務を尽くしたか

次に、麻酔導入後の段階における麻酔科医Ｍ１の行為を検討する。

㋐　麻酔医Ｍ１は、口から気管内挿管をしようとした際、術前回診の際に、上前歯左付近に入れ歯があるようなことを聞いており、入れ歯があれば外してくるように指示しておいたのに、上前歯左付近の歯が全部揃っていたため、その辺りの歯に触ってみた。しかし、それが抜けなかったため、手術部看護師に病棟看護師からの申し送りがないか聞いたが、特段の申し送りがないということであったため、そのまま気管内挿管にとりかかった。その際、Ｙに聴診器を当てたが、心雑音がないことや、心臓手術の患者な

---

(89)　大野・前掲注(81)92頁。

のに、胸毛が剃毛されていないことに気付かなかった。

　麻酔医Ｍ１は、午前９時15分頃までに、各種カテーテルの挿入作業に取りかかり、この時、ヘアーキャップがずれてＹの右側頭髪が見えたが、その際に、髪の毛の長さや色が違うのではないかと気づき、他の医師に確認を求めたが、同医師は特に疑問を差し挟むようなことはしなかった。

　午前９時20分頃、麻酔医Ｍ１は、経食道心エコー検査のため、プローブを患者の食道内に挿入し、その後、肺動脈圧の平均圧を見ると、術前の検査では42であったのが、13に下がっていたため、同所にいた医師にそのことを報告した。

　麻酔医Ｍ１は、経食道心エコー検査のモニターから、前尖と後尖は接合し、逸脱状態がなく、腱索断裂もないことが分かったことから[90]、再度、当該患者とＸとの同一性に疑問を持った。このような結果からすれば、僧帽弁からの逆流が少なく、手術の必要性自体に疑問がもたれるものであった。

　そこで、主治医グループでＸのことを良く知る医師らに患者の確認を求めたが、はっきりした返事がなく、かえって、その中の医師からは「散髪に行ったのではないか。」などと疑問を否定する話しかされなかった。

　しかし、麻酔医Ｍ１は、７－１病棟にＸと似た名前の患者が３人位いたはずなので、違う人が降りているかもしれないと思い、手術室看護師に病棟に電話し、Ｘが手術室に降りているか確認するよう指示するとともに、他の意思らにも患者がＸであるか確認するよう求めた。

　すると、間もなく、病棟からＸは降りている旨の回答があり、同所にいた医師の中からは、「胸の形がＸである。」とする趣旨の発言などがあった。また、主治医グループの医師らは、術前の所見と術中の経食道心エコー検査等の違いについて検討していたが、経食道心エコー検査に関してはその学識と経験において横浜市立大学で一目置かれている医師が麻酔の影響かもしれない旨発言したため、その場にいた誰もが納得し、麻酔医Ｍ１も、自分の勘違いだったのかと思って、それ以上患者の同一性確認の措置を取

（90）　これで心臓の弁膜等が正常に機能していることが分かるところである。

ることはなかった。

(イ)　この状況をみると、麻酔医M1は、それなりに患者の取り違えを心配して、種々の手当てをしていたことがうかがわれるところである。

　　そこで、本件横浜地裁判決では、たしかに、病棟への問い合わせは取り違え防止としては不十分であったことは否めないとしたものの、麻酔科の指導医師らに疑義を訴えたのに、在室していた医師らの発言等により疑義が解消してしまっていたこと、先輩医師らが検査の食い違いにつき医学的説明ができるとして執刀を開始した以上、自己の思い違いと思ったとしても無理はないといえること、一方、それに比較して、先輩医師らは同一性確認に関してより豊富な情報量を持ち、M1を指導補佐すべき立場にあるのに、安易な発言でM1の疑問を排斥し、これら在室者の罪が問われていないこと、逆に、正当な問題提起や相応の努力をしたM1に更に義務を課すのは過酷にすぎると考えられることとして、麻酔医M1については、注意義務は尽くされており、過失はないと判断して無罪を言い渡したのであった。

(ウ)　しかしながら、このような横浜地裁判決の判断に対しては、「病棟への連絡をしても、Xが三番手術室にいることの確認はできないし、髪の点については、散髪との説明には何らの根拠もなく、髪の毛の色の違いは全く説明し得ていない。麻酔の影響も、麻酔医M1を含めて、検査結果の激変をそれで完全に説明し得ていたというものではない。そして、麻酔医M1自身が、ヘアーキャップやアイパッチを外して容貌を再確認する、聴診により心雑音を確認する、患者の体位を変え、背中に手を当ててフランドルテープの有無を確認するなどの方法で確認が可能であり、これらは困難とはいい難い。主治医らも、同様の方法等で確認しておらず、散髪や胸の相似等は、明らかにその場の思い付きの発言であって、結局、被告人の抱いた疑問を解消させるような事情はなく、これらの措置が不十分であることは明らかである」(91)との批判がある。

(エ)　そして、本件東京高裁判決では、麻酔医M1は、「同一性に疑念が生じ

―――――――――――――――――――――――――――――――――

(91)　大野・前掲注(81)92頁。

た後も、他の医師らにその疑念を告げ、電話により介助担当看護師をして病棟看護師にＸが手術室に搬送されたか否かを問い合わせはしたものの、他の医師からは取り合ってもらえず、病棟からＸを手術室に搬送した旨の電話回答を受けただけであるのに、その身体的特徴を確認するなどの措置を採ることなく、麻酔を継続し、Ｘの現在する手術室に取り違えを連絡する機会を失わせた過失がある」と判断された。

　いくら若手の医師であるといっても、患者の同一性について問題となった以上、中途半端なことで納得することは許されないという考え方を示したものと思われる。

　また、上告審の本件最高裁決定でも、「外見的特徴や経食道心エコー検査の所見等から患者の同一性に疑いを持つに至ったところ、他の関係者に対しても疑問を提起し、一定程度の確認の措置は採ったものの、確実な確認措置を採らなかった」ところ、たとえ「他の関係者が被告人の疑念を真摯に受け止めず、そのために確実な同一性確認措置が採られなかった事情が認められ」るにしても、「患者の同一性という最も基本的な事項に関し相当の根拠をもって疑いが生じた以上、たとえ上記事情があったとしても、なお、被告人において注意義務を尽くしたということはできないといわざるを得ない。」として、いずれにおいても、過失があると認定されたのであった。

　これらの見解によれば、麻酔医Ｍ１は、やはり十分な結果回避措置を講じたとはいえず、その刑事責任は免れないといえそうだと思われる。つまり、事は患者の生命にかかわるのであるから、発言がしにくかったなどという理由で注意義務が免除されたり、軽減されるべきものではないであろうし、当該発言を制限した他の者が処分されていないからといって、麻酔医Ｍ１の過失がなくなるという関係にあるわけではないともいえるかと思われる。

　もっとも、このような最高裁の結論に反対する見解もあり、自分の疑念を確認する手段を講じながらも、他の医師からは取り合ってもらえなかった事情があるのに、なお、麻酔医Ｍ１に過失責任を認めるのは酷なように思われるとの見解[92]、麻酔医Ｍ１の同一性確認は事後的にみれば不十分で

あり客観的に危険を減少・消滅させてはいないが、経験の浅い29歳の麻酔科医であり、麻酔医Ｍ1が提起した患者の同一性の疑義について、他の経験豊富な医師らから否定的回答があれば、これ以上確認を求め危険を消滅させることは事実上困難であるから、麻酔医Ｍ1に過失責任を負わせるのは酷であるように思われるとの見解[93]、さらに、組織としての対策が欠落していた状況下において現実に若年の被告人にどこまでの行動を要求できるかを考えるとき、第一審の判示には傾聴すべきものが含まれているように思われるとの見解[94]などがある。

エ　患者取り違えの過失に対する裁判所の考え方

結局のところ、患者の取り違えという最も基本的な誤りに対しては、裁判所は、相当に厳しい注意義務を課しているということがいえるであろう。患者を取り違えるおそれはどんな手術にもある以上、その誤りに関する予見可能性は当然に認められるし、それを予見する義務は手術をする以上、どんな場合にもあるであろう。そして、それを回避するための措置は、様々にあるのであって、それが無理ということは考えられないことから、回避可能性はあるものと考えられるし、取り違えがあってよいという場合は絶対にないことから、結果回避義務は当然に認められる。そうなると、患者の取り違えに関与し、それ相当の立場であれば、必ず刑事責任を問われるということになるであろう。

これは医療技術の程度とか、治療方法の選択、更には、治療の可能性に対する高度な判断とかいう医療レベル上の問題ではなく、純粋に、基本的な注意を怠ったか否かというレベルの話であるから、過失の大小はともかくとして、過失それ自体を否定するということにはならないであろう。

たしかに麻酔医Ｍ1にしてみれば、自分はこれだけ結果回避のために尽力したのだから、結果回避義務を尽くしたというように考えるのはもっともと思われる。そこで、一般的にいって、Ｍ1に過失がないとは思われないもの

---

(92)　甲斐克則『医事刑法への旅Ⅰ［新版］』（2006年、イウス出版）143頁。
(93)　大塚裕史「麻酔と過失」中山研一＝甲斐克則編著『新版 医療事故の刑事判例』（2010年、成文堂）111頁。
(94)　照沼亮介「判批」判例セレクト2007〔法学教室330号別冊〕（2008年）26頁。

の、だからといって起訴するまでに値するかというと、評価も分かれるだろうとは思われる。しかしながら、取り違えられた両患者は、その後、相当長期間にわたって誤手術のために苦しんだのであり、非常に気の毒な状態に置かれた患者らのことと考えると、そこにＭ１の責任もないとはいえないという評価もできるかとは思われる。

　ただ、そうなると麻酔医Ｍ１の疑問をつみ取ってしまった他の医師らの刑事責任も麻酔医Ｍ１と同程度にはあるのではないかとの疑問も出てくるであろう。

　これらについては、実際の証拠関係に依拠することから、判決文だけから判断しきれるものでもないところであるが、やはり、結果回避義務を誰が負うのかという観点からすると、その手術の中での役割が、判断上、大きな影響を与えることになろうかと思われる。その役割の大きさによって、医師としての先輩・後輩や年次などではなく、患者に対する責任の重さが異なってくるということはあり得るかと考えられるところである。その観点からすると、他の医師らの役割と比較して、麻酔医Ｍ１の役割の重要性に照らして、結果回避義務を負う者として、他の医師らより重い責任があったということになるかと考えられよう。

3　杏林大学病院割りばし死事件

(1)　事案の概要

　これは、**平成18年３月28日東京地裁判決**（判例時報2301号13頁）及びその控訴審である**平成20年11月20日東京高裁判決**（判例タイムズ1304号304頁）の事案であり、事故に遭った患児を当初に診察した医師Ａが起訴され、業務上過失致死罪の被告人として、その刑事責任が問題とされた事案である。

ア　本件事故の状況

　患児（当時４歳９か月）は、平成11年７月10日（土曜日）午後６時過ぎ頃、東京都杉並区の知的障害者更生通所施設「Ｄ」の土の中庭において、割りばしに巻き付けられた綿あめを口にくわえて走っていた際、前のめりに転倒し、割りばしを軟口蓋に突き刺して負傷した。患児は、その直後、割りばし（途中で折れて体内に残された以外の部分）を口の中から引き抜いて投げ捨てたが、直ぐに意識を失ったような状態になった。

　Dに勤務していた看護師Eは、その2、3分後に現場に駆け付け、救急車を要請するように述べ、さらに、患児の口内の異物の有無を確認するとともに気道を確保しようと考え、地面に寝かせた患児のあごを下に引いたところ、患児は、意識を取り戻したように泣き出した。Eは、泣いている患児を抱き抱えて保健室に運び、救急車が到着するまで患児をベッドに寝かせておいた。患児は、保健室で、Eから口を開くように声を掛けられると、自ら口を開けた。Eは懐中電灯を使って口中を見たが、その限りでは、軟口蓋にへこみのような傷が見られたものの、出血をしている様子はなかった。また、患児は、特に嘔吐をしたり吐き気を催したりはしていなかったが、泣いている以外に声を出しておらず、目は閉じたままであった。

　午後6時11分、Dに駆けつけた消防署の救急隊員Fは、直ぐに患児を抱いたEを救急車に運び入れた。そして、Fは、救急車に乗り込んできた患児の母Gから、歩行中に転倒して、綿あめの割りばしがのどに刺さったと聞き、更に、近くにいた中高年の女性から、割りばしは患児が抜いたという説明を受けたため、割りばし全体が体内から既に抜けているものと考えた。Fは、救急車を出発させる前に、患児の状態をみるために、患児に口を開けるように言うと、患児は直ぐに口を開けた。Fがペンライトを使って見たところでは、軟口蓋に小さくて浅そうに見える傷口があり、にじむ程度の出血が見られたが、傷の深さは分からなかった。Fは、患児に目を開けられるかを尋ねると、患児が直ぐに反応して目を開けたことから、意識状態は良いものと判断した。その時点で、患児の瞳孔径や対光反射に異常はなく、呼吸、脈拍、動脈血酸素飽和度も正常値であり、嘔吐や吐き気もなかった。

　Fらは、午後6時20分頃、患児を耳鼻咽喉科のある杏林大学附属病院に搬送することを考え、同病院に対し、綿あめの割りばしがのどに刺さったが、割りばし自体は抜けている、傷の深さは不明である、患者は4歳でバイタルサインは正常である旨を電話で伝え、患児を搬送することの了解を得た上、同病院に向けて救急車を出発させた。搬送途中で、患児は、午後6時30分頃、前兆がないまま、いきなり一気に吹き出すように嘔吐しました。その後、患児は、何度か吐き気を示したが、それほど強いものではなく、それ以上の嘔吐はなかった。

イ　患児の処置状況

　患児は、午後６時40分頃、杏林大学附属病院救命救急センターの救急外来に到着し、Ｆらによって、その処理室に運び込まれ、処置台に移された。同病院の看護師Ｈは、運び込まれた患児が目を閉じてぐったりしている様子であったため、Ｆに対し、意識状態を尋ねたところ、意識状態は良いとの回答であった。Ｈは、更に、Ｆから、患児が綿あめの棒をくわえて土のグランドを走っていて転倒し、綿あめの棒がのどに刺さった、棒は見当たらないが、自分で抜いたようである、救急車の中で１回嘔吐した、といった情報を聴き取った。患児は、Ｈから口を開けるように言われて、やや小さ目に口を開け、もう少し大きく開けるように言われて、更に大きく口を開けた。また、Ｈは、患児のまぶたを指で開き、瞳孔を確認したが、異常はなかった。その後、患児は、何かをつかもうとするかのように手を動かし、Ｈから、抱いてほしいのかという趣旨の質問をされて、うなずいた。患児は、Ｈに抱き上げられ、そのまま体を預けて、手でその制服のエプロンをつかむようにして抱かれていたが、まもなく、嗚咽を何度か繰り返すうち、膿盆に、若干の血液が混入した甘い匂いのする透明な内容物を嘔吐した。

　他方、医師Ａは、病棟回診をしていた際、救急外来の事務員から、口腔内を怪我した患者が耳鼻咽喉科の救急外来に搬送されてくるとの連絡を受け、午後６時50分頃、患児のいる処置室に到着した。

　医師Ａは、Ｆから、患児につき、転倒して綿あめの割りばしがのどに刺さったが、割りばしは抜けている、患児が割りばしを抜いた、搬送途中に１回嘔吐したなどといった情報を聴いた。また、Ｆは、患児に口を開けるように声を掛け、患児が自ら開けた口の中をペンライトで照射して、被告人に傷の部位を示した。医師Ａは、傷口が小さく、止血していることを確認し、Ｆに特に質問を発することなく、Ｆの提示した傷病者搬送通知書の傷病名欄に「軟口蓋裂傷」と記入し、その初診時程度別欄の「５（軽症・軽易で入院を要しないもの）」に印をし、署名をして、救急隊員からの引き継ぎを終えた。

　患児は、その後、Ｈに抱き抱えられて耳鼻咽喉科診察室に運ばれたが、その移動中にも、何度か嗚咽をしながら、少し嘔吐した。医師Ａは、移動中、Ｈの少し前を歩いており、その途中で、受付手続を終えて待機していた母親

Gが合流した。Gは、Hに患児を抱いて診察を受けるように言われ、ぐったりしていた患児を自分のももの上に乗せ、その頭を自分の胸に寄り掛からせるようにして抱き抱え、診察台に座った。

医師Aは、Gに対し「どうしましたか」と問い掛け、「転んで割りばしがのどに刺さった」という返事を聞きましたが、それ以上に、受傷時の状況や受傷後の症状等を尋ねたりはせず、Gにおいても、自分から患児の症状等を説明しなかった。

医師Aは、患児に口を開けるように述べ、患児が開けた口の中をのぞいて軟口蓋の傷口の部位、大きさ等を観察し、傷の深さは不明であったものの、既に止血しており、その周囲にも特段の異変がみられなかったことなどから、軟口蓋の傷にとどまると判断し、治療として、傷口に消毒及び炎症止めの薬を塗った。

医師Aは、傷自体が小さかったことなどから、経過をみた上で7月12日（月曜日）に縫合をするかどうかを決定することとし、その間の服用薬として、抗生剤と消炎鎮痛剤を処方することとした。そして、Gに対し、傷口を縫うかどうかは月曜日に決めるので、月曜日に患児を連れて来るように指示するとともに、今日はゆっくり休ませる、風呂には入れない、薬は必ず飲ませる、軟らかい物を食べさせる、吐いた物が詰まると困るので、横向きに寝かせるといった注意事項を伝え、処方した薬の説明を行った。その際、被告人は、Gから、ぐったりしているのに、本当に連れて帰って良いかと尋ねられたが、疲れて寝ているだけだから大丈夫であると答えた。なお、患児は、耳鼻咽喉科診察室においても、一度嘔吐したほか、何度か嗚咽をしていた。

ウ　上記処置後の患児の状況

患児は、上記診察が終わってから翌11日午前6時までの間、特に大きな変化がなく、Gの呼び掛けに対して反応を示していたものの、同日午前7時30分にGが異常に気付いた時点では、唇が真っ青になった状態で全く反応しなくなっていた。患児は、午前7時44分に救急車が到着した時点で既に心肺停止状態にあり、直ちにB病院救命救急センターに搬送され、救命のための措置が施されたが、午前9時2分、死亡するに至った。

⑵　**公訴事実の要旨**

医師Aは、業務上過失致死罪として起訴されたが、その際の公訴事実は概ね次のとおりであった。

被告人医師Aは、東京都三鷹市内の杏林大学附属病院において耳鼻咽喉科医師として医療業務に従事していたものであるが、上記病院内救命救急センター第一次・第二次救急当直医師として、平成11年7月10日午後6時50分頃、同救命救急センター第一次・第二次救急診察室において、救急車によって搬送されてきた患児（当時4歳9か月）に対する初期治療を行った際、救急隊員から、患児が割り箸をくわえたまま転倒して軟口蓋に受傷し、搬送中に嘔吐した旨申告され、診察中も嘔吐し、意識レベルが低下してぐったりした状態であって、割り箸の刺入による頭蓋内損傷が疑われたのであるから、このような場合、付き添っていた患児の母親Gから、患児が受傷直後数分間意識喪失状態にあったことや上記割り箸の全部が発見されていないことなどについて十分聴取した上、患児の上咽頭部をファイバースコープで観察し、又は頭部をCTスキャンで撮影するなどして頭蓋内損傷を確認した上、直ちに脳神経外科医師に引き継いで、頭蓋内損傷による頭蓋内圧亢進の抑制、割り箸除去等の適切な治療処置を行わせるべき業務上の注意義務があるのにこれを怠り、軟口蓋を貫通した割り箸が患児の頭蓋内に刺入して頭蓋内損傷を生じさせていることに気付かないまま、患児の傷は単に軟口蓋の損傷のみにとどまる軽度の刺創であるものと軽信し、十分な聴取や上咽頭部のファイバースコープによる観察又は頭部のCTスキャンによる撮影などをせず、刺創部に消毒薬等を塗布し、抗生剤等を処方したのみで適切な措置をしないまま患児を帰宅させた過失により、頭蓋内損傷による出血等を放置して同損傷を悪化させ、同月11日午前7時30分頃、患児を心肺停止状態に陥らせ、よって、同日午前9時2分頃、再度搬送された上記杏林大学医学部附属病院において、患児を脳損傷・硬膜下血腫・脳浮腫等の頭蓋内損傷群により死亡させたものである。

⑶　**被告人における本件診察の際の注意義務違反の有無**

ア　**検察官の主張**

上記の事実関係に基づき、検察官は、まず、被告人である医師に対して、

当時の患児の症状からして、割り箸の刺入による頭蓋内損傷を疑うべき状況があったのであるから、頭蓋内損傷を予見することは可能であり、医師としてそのことを予見すべき義務があったと主張していた。そして、ファイバースコープや、CTスキャンを実施して、上記損傷を発見し、脳神経外科医に引き続くことで患児の死亡という結果を回避することが可能であり、その義務を果たすべきであったのに、被告人は、これを怠ったとして注意義務違反を認定していたのである。

　つまり、前提事実として、①4歳児である患児が割り箸をくわえたまま転倒して軟口蓋に受傷したこと、②患児は頻繁に嘔吐を繰り返していたこと、③患児は意識レベルが低下してぐったりした状態であったことの前提事実が存在した以上、大学の医学部付属病院の耳鼻咽喉科医師であり、本件当日、同病院の救命救急センターの耳鼻咽喉科の当直医であった医師Aとしては、考えられる病態の一つとして、「割り箸の刺入による頭蓋内損傷」を想定すべきであったとして予見義務を認めていたのである。

　その上で、検察官は、医師Aとしては、除外診断として、次の二段階の行為を順次行うべきであると考えていた。すなわち、第一段階として、患児に付き添っている母親Gに対する問診であり、患児の受傷直後の状態や割り箸の所在について十分事情を聴取すべきであったとしていた。そうすれば、患児が受傷直後意識喪失状態にあったことや割り箸の全部が発見されていないことなどの新たな情報が判明したはずであり、これらの情報が判明した以上、医師Aとしては、第二段階の行為を行うべきであると考えていた。

　その第二段階としては、ファイバースコープでの上咽頭部の観察ないし頭部のCTスキャンの撮影の実施である。これらの検査を行えば、軟口蓋を貫通した割り箸は、上咽頭腔や左頸静脈孔を経由して頭蓋内の小脳をも損傷したこと、折れたその一部が上咽頭腔から小脳にかけて刺さったまま残っていることが確認できたであろうと主張していたのである。

　その上で、医師Aの結果回避義務として、上記の確認をした上で、被告人は、直ちに患児を脳神経外科医師に引き継いで、頭蓋内圧亢進の抑制、割り箸の除去等の適切な治療処置を行わせるべき義務があったにもかかわらず、被告人は、軟口蓋の単なる裂傷にすぎないと軽信し、傷口に消毒薬等を塗布

し、抗生剤等を処方しただけで患児を帰宅させてしまったという結果回避義務違反、つまり、医師としての注意義務違反が認められるとしたのであった。

　そして、患児は、半日後に死亡したが、その死因は、脳損傷・硬膜下血腫・脳浮腫等の頭蓋内損傷群であり、被告人である医師Aが上記の予見義務及び結果回避義務を果たしていれば患児の命を救うことができたと主張した。

イ　弁護側の反論

(ア)　まず、検察官が「割り箸の刺入による頭蓋内損傷」を想定すべきであった主張した点については、単に軟口蓋の奥には脳があるという抽象的な理由から頭蓋内損傷を疑うべきであるとする一般論であって、具体的な根拠もないのに、それを想定すべきものとしているのは不当であると批判していた。

　そして、複数回の嘔吐については、救急車による車酔いや、舌圧子の使用による咽頭反射、さらには口腔内の裂傷による出血を飲み込んだことによる反応などとしてそれぞれ理解できるものであり、中枢神経系のものではないと理解してもおかしくないものであると主張し、さらに、意識レベルの低下については、単なる「元気のない状態」の域を超えるものではないのであると主張していた。

(イ)　次に、傷の程度については、

①　傷の形状や出血が止まっていることからみて軟口蓋を貫通していないと判断しても不当ではない

②　軟口蓋を貫通していても、傷はそれほど大きくなく止血しており、緊急の処置の必要性はない

③　軟口蓋を貫通し上咽頭を通過して上咽頭後壁に刺入したとしても、頭蓋内にまで刺入するということがなければ、やはり緊急の処置の必要性はない

④　軟口蓋から粘膜下を側方にそれて上咽頭側壁の筋肉組織内に刺入したときは、頸動脈や頸静脈といった大血管を損傷する可能性はあるが、その場合には大出血が起こるところ、本件はそのような場合ではない

⑤　軟口蓋に刺入した割り箸が頭蓋内に到達するルートとしては、頸静脈孔を通過するルートと頭蓋底を穿破するルートの二つが考えられるところ、頸静脈孔を通過するルートについては、前例となる症例が本件以前

には皆無であって、経験則上これを想定して診察にあたることはなかった

⑥　頭蓋底を穿破するルートについては、頭蓋底は厚い骨であり、割り箸のような木片が頭蓋底を穿破した症例報告は確認できないことからすれば、このルートからの刺入を念頭におくべきであるともいえない

⑦　脳幹部に割り箸が刺入したときは多くの場合は即死であり、幸いそれを免れた場合でも、高度の意識障害や四肢麻痺が起こるのに、本件ではそれがみられない

と各主張していました。

㈦　そして、除外診断のための方策としての二段階の行為、すなわち、第一段階の問診と第二段階の上咽頭腔のファイバースコープ検査ないし頭部のCT撮影、さらには結果回避行為としての脳神経外科医に引き継いで適切な治療処置を行わせることの各行為については、

①　そもそも「割り箸の刺入による頭蓋内損傷」を想定すべき義務がないのであるから、問題とする余地はない

②　第一段階の問診をした結果として、受傷直後に意識喪失状態があったことを聞き出したとしても、患児が自分で割り箸を抜いたという情報もあるのであるから、受傷直後の意識喪失状態は実はなかったと判断する余地があり、この判断が特に不当であるとは認められない

③　これまでの症例報告からすると、四肢麻痺等の症状がみられていなかった本件において、受傷直後の意識喪失状態という情報を割り箸の刺入による頭蓋内損傷と結びつけて考えることは極めて困難であったというべきである

④　割り箸の全部が未発見であるという情報についても、その一方で、割り箸は本人が自分で抜いたという情報もある以上、割り箸は折れたりなどせずその全部が抜かれ、かつ、深い傷は生じていないと判断するのが通常であり、その判断が特に不当であるとは認められない

⑤　以上を要するに、第一段階の問診の結果得られた新たな情報を加味して検討しても、第二段階の上咽頭腔のファイバースコープ検査ないし頭部のCT撮影を行うべきであるという結論にはならない

⑥　各種検査は、ある疾患が疑われたときにその疑いを確定・除外・鑑別するために行われるものではあるが、これを実施するか否かは、当該検査の侵襲性や患者に対する負担（経済的負担も含む）等も考慮に入れて決せられるべきものであって、疾患の可能性が考えられても、その可能性が検査閾値にまで達していなければ検査は行われないものであるところ、本件において被告人が得ていた情報及び診断時の患児の状態からすれば、このような特殊な検査が必要と判断される状態ではなかった

⑦　上咽頭腔のファイバースコープ検査については、本件割り箸はそもそも上咽頭腔を通過していないから、検査を実施してもこれを発見することができないというべきであるし、仮に上咽頭腔を通過しているとしても、ファイバースコープでは細部にわたる正確な視認が困難である上に、小児では肥大したアデノイド等の存在によってその困難性は倍加する

⑧　頭部のCT撮影については、頭蓋内損傷の確認のための頭部のCT撮影の義務を耳鼻科医師に負わせるのは酷である

⑨　被告人が診察した時点で頭部のCT撮影を行ったとしても、割り箸の映像が写っていたとは限らず、出血も当初から写っていたとは限らず、空気が入ったことが分かる程度であり、頭部のCT撮影を行えば頭蓋内損傷を確認できたと断定することはできない

と各主張していた。

ウ　本件東京地裁判決の認定

被告人である医師Aに注意義務違反が存したかどうかについて、本件東京地裁判決は、次のとおり判示して、注意義務違反があったと認定しました。

㋐　上述したような前提事実があった場合、「大学の医学部付属病院の耳鼻咽喉科医師であり、本件当日、同病院の救命救急センターの耳鼻咽喉科の当直医であった被告人としては、考えられる病態の一つとして『割り箸の刺入による頭蓋内損傷』を想定すべきである。

すなわち、転倒した際に割り箸が軟口蓋に刺さったという受傷機転を聞けば、通常は、割り箸の持ち手側が地面に着き、反対側が口腔内に入り込んで軟口蓋に刺入したことを想定することができるというべきところ、こ

の場合、割り箸の角度や転倒した際の体勢いかんによっては、軟口蓋に刺さった割り箸の先には相当強度の力（直達力）がかかることは容易に想像できる。そして、本件では、割り箸が刺さったが、その後、本人が抜いたとの情報も存在するところ、軟口蓋がせいぜい厚さ一センチメートル程度の薄い器官であることにもかんがみると、軟口蓋を貫通したのはもちろん、上咽頭後壁ないし上咽頭側壁の筋肉組織内に刺入し、場合によっては、頭蓋底に衝突したことも想定できなくはない。

　一方、患児は意識レベルが低下してぐったりした状態であり、嘔吐も頻回にわたったというのであるから、頭蓋内に何らかの異変があったことを疑うことが可能である。

　以上を総合すれば、被告人としては、考えられる病態の一つとして、割り箸が頭蓋底に強く衝突し、その衝撃により、脳の頭蓋底に接する部分等に出血を起こすなどの損傷が生じた可能性を想定すべきである。」と判示し、頭蓋底に接する部分の損傷についての予見義務を認めた。

(イ)　さらに、「検察官も指摘するように、診察とは、患者の身体状態や受傷機転等の情報に基づいて、考えられる限りの病態を想定し、その病態の中から真実の病態を発見するため、問診や各種の検査を実施しつつ除外診断を行い、想定される病態の範囲を絞り込みつつ、真実の病態発見に至ろうとするプロセスであり、診察の初期において頭蓋内損傷が可能な病態の一つとして想定されたときは、この病態が患者の死に直結し得る極めて危険なものである以上、必ず除外診断を行うべきなのである。

　ところが、被告人は、本件は軟口蓋の単なる裂傷にすぎないと軽信し、傷口に消毒薬等を塗布し、抗生剤等を処方しただけで患児を帰宅させてしまったものであり、もとより後記の結果回避措置を講ずることもなかった。」と認定し、結果回避義務違反も認定した。

(ウ)　その上で、結果回避義務が課される行為として、本件東京地裁判決は、次のように述べている。

　「ところで、上記のように、考えられる病態の一つとして、『割り箸の刺入による頭蓋内損傷』を想定した場合には、その可能性を否定するために、付き添いの母親Gに対し、患児が転倒したところを見ているのか、患

児はどのように転倒したのか、頭を打ったことはないのか、割り箸はどのくらい深く刺さったのか、割り箸は全部抜けたのか、抜いた割り箸はどこにあるのか、受傷直後ないし搬送中の患児の様子はどうだったのか、などについて問診をすべきである。さらに、母親Gが転倒の瞬間を見ていなかったというときには、患児に対しても、問診を試みるべきである。

そして、問診の結果、母親Gから、受傷直後の患児は意識喪失状態であったこと、救急車内での嘔吐は一気に吹き出すようなものであったこと、患児はぐったりしていて普段とは全く違う様子であること、割り箸の全部が発見されていないことなどを聞き出すことができた蓋然性は高いものと考えられる。ここにおいて、上記の『割り箸の刺入による頭蓋内損傷の疑い』は、否定されるどころか、かえって強まることになる。

そこで、次の段階であるが、ここから先は、二つの選択肢があると思われる。一つは、ひとまず耳鼻咽喉科という自分の専門分野の範囲内において、できる範囲で情報を集めてみることである。具体的には、ファイバースコープにより上咽頭の観察を行い、これにより傷の深さや方向を調べることである。もっとも、本件においては、割り箸は上咽頭腔を通過してはいるものの、咽頭側壁に近いところを通っていることなどから、ファイバースコープ検査によって体内に残ったままの割り箸片を発見できなかった可能性は残る。そして、発見できた場合には、『割り箸の刺入による頭蓋内損傷の疑い』はいっそう強まり、発見できなかった場合でも、疑いを否定しきれないということで、いずれにせよ、頭部のCT撮影を行うということになる。もう一つの選択肢は、直ちに頭部のCT撮影を行うことである。なお、頭部のCT撮影を行うについては、いずれの場合も、救命救急センターの脳神経外科の当直医に相談し、同人に行ってもらうのが相当である。

本件の場合、頭部のCT撮影により、頭蓋内に空気が入っていることが判明するであろう。また、硬膜下血腫が発見された可能性も否定できない。いずれにしても、患児は入院の対象となったものと認められる。

そして、そこから先は、直ちに脳神経外科医に引き継いで、頭蓋内損傷による頭蓋内圧亢進の抑制、割り箸除去等の治療処置を講ずることにな

る。なお、この場合、頭蓋内に空気や血腫が存在していることから直ちに割り箸が左頸静脈孔から頭蓋内に刺入したものであることを判断することは容易ではない。そこで、さらに頭部のMRI（磁気共鳴映像法）や血管造影を行って上記のような異変が生じた原因を究明することが考えられる。他方、硬膜下血腫の量や意識状態の推移いかんによっては、原因究明はさておいて後頭蓋窩の硬膜下血腫を緊急に除去する必要ありとして直ちに開頭手術を行うことも考えられる。いずれを選択するにせよ、また、一筋縄というわけにはいかないではあろうが、最終的には、軟口蓋を貫通した割り箸が左頸静脈孔を通って頭蓋内にまで刺入し、小脳にも刺さっているという本件の事故の全貌が分かるものと思われる。」などとして、結果回避義務を尽くすための措置を挙げ、それらをしなかったことによる結果回避義務違反を認め、過失があるものと判示したのである（もっとも、後述するように、被告人に過失はあるものの、当該過失行為と死亡という結果との間には因果関係がないとして、結局は、無罪としている。）。

エ　本件東京高裁判決の認定

上記東京地裁判決の判断に対し、その控訴審である本件東京高裁判決では、次のとおり判示して、被告人に注意義務違反を認めず、過失がないことを理由として無罪とした。

(ア)　まず、「前記認定にかかる事情等を前提にした場合に、当時の医療水準に照らし、耳鼻咽喉科の医師として第1次・第2次救急外来の当直を担当していた被告人において、救急隊員からの情報や患児の診察時の状態等によれば、割りばしの刺入による頭蓋内損傷を疑い、その確認をするべきであったといえるかどうかについて検討する。」として、「割り箸の刺入による頭蓋内損傷の疑い」を想定すべきであったかについて検討した。

(イ)　そして、「本件における受傷機転は、患児が転倒して綿あめの割りばしがのどに刺さったというものであり、その傷口は、軟口蓋に認められている。当時、口腔内損傷に対する診察・治療に関しては、その診療指針や診療標準は確立しておらず、口腔内の刺創、裂創の救急治療の手順について、まず止血を行い、異物が創内にあれば除去が必要であるものの、止血されていれば、ほとんどの創では縫合の必要性はなく、そのままでも自然

治癒する、経過をみていくが、念のため、感染防止に抗生物質を投与する、と書かれた専門書もあった。一般的には、せいぜい、外傷の原因となった異物の残存の可能性を念頭に置きつつ、傷の深さ、方向等を確認するべきであると考えられていた程度であった。

　もっとも、解剖学的にいえば、軟口蓋の後方には大血管や神経、頭蓋、頸椎等があり、異物が軟口蓋に刺入した場合、抽象的には、その直達力の程度、方向によってはそれらを損傷する可能性があるといい得る。

　しかしながら、軟口蓋に刺入した異物が頭蓋内に至る主な可能性としては、①本件と同様に頸静脈孔を通って頭蓋内に刺入する道筋と、②頭蓋底を穿破して刺入する道筋があり得るが、①の道筋は、本件をきっかけとしてそのようなものがあり得るということが認識されたものであって、診察・治療当時においては、そのような事例はなく、そのような可能性があることさえ知られていなかった。また、②の道筋についてみると、頭蓋底は脳幹を保護するため、比較的骨の厚い部分が多いことなどから、割りばしのような異物が頭蓋底を穿破することはないだろうと考えられていた。文献上も、頭蓋底を穿破した事例の報告は見当たらず、わずかに、頭蓋の下の斜台と頸椎の境目から塗りばしが刺入した事例が『小児頭部外傷』という書物に掲載されてはいるものの、当該書物は耳鼻咽喉科の医師が一般に見るものではなかった。

　加えて、割りばしが頸静脈孔に嵌入すれば、頸静脈を損傷して相当の出血が生じ、また、割りばしが頭蓋底を穿破すれば、髄液漏が生じることが十分に考えられるが、本件ではそれらの兆候はなかった。本件は、特異な例である。なお、異物が脳幹を直接損傷した場合にはほとんど即死で、非常に幸運であったとしても高度の意識障害、四肢麻痺が起きるが、患児の症状はそのような状態ではなかった。

　以上のような事情を総合すると、本件の受傷機転及び創傷の部位からは、第1次・第2次救急外来の当直を担当していた耳鼻咽喉科の医師において、割りばしの刺入による頭蓋内損傷の蓋然性を想定するのは極めて困難であったと考えられる。」と判示した。

　つまり、当時の耳鼻咽喉科の医療水準に照らせば、同様又は類似の症例

は報告されておらず、一般的に、割りばしが刺入することで頭蓋内損傷の蓋然性を想定するのは極めて困難であるとして、予見可能性・予見義務を否定したのである。

㈦　ただ、意識障害や嘔吐などの別の症状があることから、それらの症状から、頭蓋内損傷を予見すべき義務が認められるかどうかの検討もなされた。

　　すなわち、「頭部外傷によってみられる症候は、年少児になるほど一律ではなくなる傾向があるものの、嘔吐、意識障害、けいれん発作等が、脳の機能的変化を示す重要な症候であると考えられている。」として、それらの兆候から脳の損傷が予見できるかどうかの検討をした。

（i）　まず、意識障害の点については、次のとおり判示した。

　　すなわち、「被告人が患児を診察・治療した時点における患児の意識状態をみると、前記のとおりであって、その表情等を観察する限り、目を閉じ、発語がなく、かなりぐったりした様子であったと認められる。他方、救急隊員が患児を救急車内で観察した際には、患児は、救急隊員の問い掛けに応じて、目を開けたり、口を開けたりしたことから、意識状態は良いと判断され、また、瞳孔径や対光反射、呼吸、脈拍、動脈血酸素飽和度も正常であったため、患児のバイタルサインは正常であると引き継がれている。看護師及び被告人が患児の軟口蓋裂傷を観察した際も、患児は、問い掛けに応じて口を開けたりしている。患児の意識状態は明瞭ではなかったが、高度の意識障害はなかったと認められる。

　　そして、一般に、幼小児の意識障害を把握することは容易でなく、受傷後に意識障害とは無関係に眠り込むことも多いし、暑い中で疲れたり、泣き疲れたりして、ぐったりしたり眠くなったりすることも多いとされている。」として、特段、頭蓋内損傷をうかがわせるまでの兆候はみられていなかったと認定した。

（ii）　次に嘔吐の状況等については、次のとおり判示した。

　　すなわち、「患児の嘔吐等の状況をみると、前記のとおり、患児は搬送中の救急車内で1回嘔吐しており、被告人は、救急隊員から、その旨の情報を聞いている。一気に吹き出すように吐いたという態様は、脳の障害により頭蓋内圧が亢進して直接嘔吐中枢を刺激した場合の嘔吐の態様と同様

であったとうかがわれる。そして、頭蓋内圧が亢進している場合に、このような嘔吐の現象が生じることは、脳外科医の中ではよく知られていた。また、患児は、病院に到着した後も、処置室の中、処置室から耳鼻咽喉科診察室への移動中、及び耳鼻咽喉科診察室の中で、何度か嗚咽しながら、数回嘔吐をしている。ただし、その際の嘔吐は、前記のような、脳の障害により頭蓋内圧が亢進して直接嘔吐中枢を刺激した場合の嘔吐の態様とは異なっていた。

そして、嘔吐の原因としては、軟口蓋の傷自体によっても嘔吐反射が起き得る上、口腔・鼻咽腔内出血やその胃内流入による舌咽・迷走神経刺激、車酔い、何らかの精神的要因等もあり得る。

そのほか、患児には、けいれん発作や片麻痺など、中枢神経に影響があった際に生じ得る他の症状は認められていない。」として、嘔吐の状況から特に頭蓋内損傷を疑わせるような状況等もみられず、その他にけいれん発作や片麻痺などの症状もなかったと認定した。

(iii) それらの認定に基づいて、本件東京高裁判決は、「以上によれば、被告人の診察・治療時、患児の意識は明瞭でなく、数回の嘔吐も見られたが、高度の意識障害はない上、嘔吐の状況も明らかに異常であるとはいえず（救急車内における嘔吐は、前記のとおり、脳の障害により頭蓋内圧が亢進して嘔吐中枢を刺激した場合の嘔吐の態様と同様であったとうかがわれるが、1回限りである上、被告人が直接目撃した嘔吐の状況はそのようなものではなく、耳鼻咽喉科の医師である被告人において、救急車内の嘔吐の態様に注目してその点を問い質すべきであるとはいい難い。救急隊員においても、救急車内で1回嘔吐した、という情報だけを引き継いでおり、単に事実経過を聞くだけでは、母親Gにおいて、嘔吐の具体的態様まで詳細に説明したはずであるともいい難い。）、それぞれ、頭蓋内損傷以外の理由によるものと考えておかしいとはいい難い状況であったと考えられる。そして、本件の受傷機転及び創傷の部位からは、割りばしの刺入による頭蓋内損傷の蓋然性を想定するのは極めて困難であったのは、前記のとおりである。」と判示した。

つまり、「割りばしの刺入による頭蓋内損傷の蓋然性」を想定するの

は困難で、予見義務はないとしたのであった。したがって、その点を意識した問診をするべき義務があるとはいい難いとし、たとえ母親Gに対するより詳細な問診をしたとしても、そこで得られる情報から、直ちに頭蓋内損傷を疑うべきであるとはいい難いので、結果回避可能性はなかったとしたのである。

㈡　ただ、診察時の情報のみから、直ちに頭蓋内損傷を疑って、患児の脳に対してCT検査やMRI検査を行えば、割りばしによる損傷を発見することもできないわけではなく、結果を回避する余地もあったと認定したが、「そうなると、被告人が問われている、頭蓋内損傷を疑い、これを確認するべき注意義務というのは、結局、第1次・第2次救急の耳鼻咽喉科の当直医として患児を初めて診察した段階で、直ちに頭蓋内損傷を疑ってCT検査やMRI検査をするべき義務に他ならないこととなる。」とし、そのような結果回措置をとるための結果回避義務があるかどうかを検討した。

そして、「患児の意識状態が明瞭でなく、数回の嘔吐等がされているものの、明らかに異常なものとはいえず、本件の受傷機転及び創傷の部位からは、割りばしの刺入による頭蓋内損傷の蓋然性を想定するのは極めて困難であるし、当時、口腔内損傷に対する診察・治療に関しては、その診療指針や診療標準は確立しておらず、口腔内の刺創、裂創の救急治療の手順について、まず止血を行い、異物が創内にあれば除去が必要であるものの、止血されていれば、ほとんどの創では縫合の必要性はなく、そのままでも自然治癒するなどと書かれた専門書もあることは、前記のとおりである。加えて、T医師は、原審公判において、埼玉医科大学総合医療センターの救命救急センターにおいては、年間4万6000人の救急患者のうち口腔内を刺した人が年間30ないし40人くらいいるが、本件以前には1度もCT撮影をしていなかったものの、本件以降になって必要に応じて撮影するようになった、と供述している。」ことなどに照らすと、「当時の医療水準に照らした場合、被告人に対し、第1次・第2次救急の耳鼻咽喉科の当直医として患児を初めて診察した段階で、直ちに頭蓋内損傷を疑ってCT検査やMRI検査をするべき注意義務がある、とするのは困難というほかない。」として、CT検査やMRI検査をするべき義務はないとして、そのような検

査による結果回避義務についても否定したのであった。

　　結局、本件東京高裁判決は、過失犯の構造上、予見義務や結果回避義務も認めることはできないとして、無罪としたのである。

(4)　被告人の注意義務違反と死因との間の因果関係

　本件東京高裁判決は、そもそも被告人に対し、注意義務違反がないとして過失を否定したことから、業務上過失致死罪は、その時点で不成立となり、無罪となっている。

　しかしながら、本件東京地裁判決のように、注意義務違反があるとした場合には、過失が存在することから、業務上過失致死罪が成立して有罪となる可能性がある。ただ、そのような場合でも、当該過失行為と死亡という結果との間に因果関係が認められなければ、やはり犯罪は不成立であるから、この点も検討しなければならない[95]。

　そこで、本件東京地裁判決では、前述したように、注意義務違反を認めたが、死亡との間の因果関係を否定し、結局、無罪としているのである。ただ、どうしてその因果関係が認められなかったのかという点については、本件東京地裁判決は、次のように述べている。

　すなわち、「結果回避可能性ないし因果関係について判断するに、患児の死亡は、被告弁護側が主張するとおり、割り箸の左頸静脈孔嵌入により頸静脈が穿通され、左頸静脈洞内に血栓が形成されて、左頸静脈が完全に閉塞したが、他のルートで静脈還流を完全に処理することができなかったために、致死的な静脈還流障害が生じたことによる蓋然性が高いというべきである。そうすると、本件割り箸片により挫滅した左頸静脈を再建することが患児の死を回避する唯一の措置であるところ、仮に被告人が患児を直ちに脳神経外科医に引き継いでいたとしても、脳神経外科医において左頸静脈を再建することは技術的・時間的にみて極めて困難であったと認められる。したがって、患児の救命可能性はもとより、延命可能性も極めて低かったとの合理的疑い

---

(95)　ただ、この因果関係の問題は、結局のところ、結果回避可能性がなかったという見方もできるものであり、その観点からは、そもそも過失犯が成立しなかったという評価もできるものではある。もっとも、どちらであっても、過失犯としての構成要件該当性が欠如することになるので、犯罪不成立ということでは同じことである。

が残るというべきである。」とした上で、「以上の次第で、被告人には、予見義務や結果回避義務を怠った過失があるというべきであるが、過失と死亡との間の因果関係の存在については、合理的な疑いが残るので、被告人は本件業務上過失致死被告事件について無罪である。」と判示した。要は、医師Aが仮に脳神経外科医に引き継いだとしても結局は助からなかったとして、過失はあるものの、だからといってそれが原因で死亡したわけではない、つまり、どうしようもなかったと認定して無罪としたのである。

　なお、本件東京高裁判決も、既に過失がないとして無罪の判断をしていたのであるが、一応、死亡原因との因果関係についても検討を加えていたところ、結局、本件東京地裁判決と同様に患児の救命可能性を否定するに至っている。

4　埼玉医大病院事件

　本件は、抗がん剤投与計画の誤りにより、薬剤の投与単量を一週当たりと一日当たりによるものを誤って過剰投与したことにより患者を死亡させたという**平成17年11月15日最高裁決定**（刑集59巻9号1558頁）の事案である。

(1)　事案の概要

ア　被告人の地位及び医療チームの構成員並びにそれらの業務内容等

　被告人は、埼玉医科大学総合医療センター（以下「本センター」という。）の耳鼻咽喉科科長兼教授であり、同科の医療行為全般を統括し、同科の医師を指導監督して、診察、治療、手術等に従事させるとともに、自らも診察、治療、手術等の業務に従事していた。

　医師Aは、本件当時、医師免許を取得して9年目の医師であり、埼玉医科大学助手の地位にあって、被告人の指導監督の下に、耳鼻咽喉科における医療チームのリーダー（指導医）として、同チームに属する医師を指導監督して、診察、治療、手術等に従事させるとともに、自らも診察、治療、手術等の業務に従事していた。

　医師Bは、本件当時、医師免許を取得して5年目の医師であり、本センター病院助手の地位にあって、被告人及び医師Aの指導監督の下に、耳鼻咽喉科における診察、治療、手術等の業務に従事していた。

イ　本センターの診療体制

本センターの耳鼻咽喉科における診療は、日本耳鼻咽喉科学会が実施する耳鼻咽喉科専門医の試験に合格した医師を指導医として、主治医、研修医各1名の3名がチームを組んで当たるという態勢が採られていた。

その職制上、指導医の指導の下に主治医が中心となって治療方針を立案し、指導医がこれを了承した後、科の治療方針等の最終的決定権を有する科長に報告をし、その承諾を得ることが必要とされていた。難しい症例、まれな症例、重篤な症例等では、チームで治療方針を検討した結果を医局会議（カンファレンス）にかけて討議し、科長が最終的な判断を下していた。

なお、耳鼻咽喉科では、原則として毎週木曜日、被告人による入院患者の回診（教授回診）が行われ、それに引き続いて医局でカンファレンスが開かれていた。

ウ　患者Xの病状及びその対応

患者Xは、平成12年8月23日、本センターで、医師Bの執刀により、右顎下部腫瘍の摘出手術を受け、術後の病理組織検査により、上記腫瘍は滑膜肉腫であり、再発の危険性はかなりあるという検査結果が出た。滑膜肉腫は、四肢大関節近傍に好発する悪性軟部腫瘍であり、頭頸部領域に発生することはまれで、予後不良の傾向が高く、多くは肺に転移して死に至る難病であり、確立された治療方法はなかった。

同年9月7日、上記検査結果がカンファレンスで報告されたが、同科には、被告人を始めとして滑膜肉腫の臨床経験のある医師はいなかった。Xの治療には、前記専門医の試験に合格している医師Aを指導医に、医師Bを主治医とし、これに研修医が加わった3名が当たることになった。

エ　患者Xの治療方法としてVCA療法の選択

その後、患者Xは、同年9月25日から再入院することとなった。医師Bは、同月18日か19日頃、患者Xに対し、VAC療法を実施しようと考えた。

VAC療法とは、横紋筋肉腫に対する効果的な化学療法と認められているもので、硫酸ビンクリスチン、アクチノマイシンD、シクロフォスファミドの3剤を投与するものである。硫酸ビンクリスチンの用法・用量、副作用、その他の特記事項は、同薬剤の添付文書に記載されているとおりであり、用

法・用量として通常、成人については0.02〜0.05mg/kgを週1回静脈注射する、ただし、副作用を避けるため、1回量2mgを超えないものとするとされていた。そして、重要な基本的事項として骨髄機能抑制等の重篤な副作用が起こることがあるので、頻回に臨床検査（血液検査、肝機能・腎機能検査等）を行うなど、患者の状態を十分に観察すること、そして、異常が認められた場合には、減量、休薬等の適切な処置を行うこととされ、さらに、本剤の過量投与により、重篤又は致死的な結果をもたらすとの報告があるとされていた。

　また、各種の文献においても、その用法・用量について、最大量2mgを週1回、ないしはそれ以上の間隔をおいて投与するものとされ、硫酸ビンクリスチンの過剰投与によって致死的な結果が生じた旨の医療過誤報告が少なからずなされていた。

オ　VCA療法の薬剤投与計画策定及び了承

　同年9月18日か19日頃、医師Bは、本センターの図書館で文献を調べ、整形外科の軟部腫瘍等に関する文献中にVAC療法のプロトコール（薬剤投与計画書）を見付けた。ただ、同文献に記載された「week」の文字を見落とし、同プロトコールが週単位で記載されているのを日単位と間違え、同プロトコールは硫酸ビンクリスチン2mgを12日間連日投与することを示しているものと誤解した。

　そのころ、医師Bは、医師Aに対し、上記プロトコールの写しを渡し、自ら誤解したところに基づき、硫酸ビンクリスチン2mgを12日間連日投与するなどの治療計画を説明して、その了承を求めたが、医師AもVAC療法についての文献や同療法に用いられる薬剤の添付文書を読まなかった上、上記プロトコールが週単位で記載されているのを見落とし、医師Bの上記治療計画を了承した。

　さらに、9月20日ころ、医師Bは、被告人に、患者Xに対してVAC療法を行いたい旨報告し、被告人はこれを了承した。被告人は、その際、医師Bに対し、VAC療法の具体的内容やその注意点などについては説明を求めず、投与薬剤の副作用の知識や対応方法についても確認しなかった。

カ　患者Ｘへの誤った量の薬剤の投与開始

同年９月26日、医師Ｂは、医師注射指示伝票を作成するなどして、Ｘに硫酸ビンクリスチン２mgを９月27日から10月８日まで12日間連日投与するよう指示するなどし、実際に、９月27日からＸへの硫酸ビンクリスチン２mgの連日投与が開始された。同日、医師Ｂは、看護師から硫酸ビンクリスチン等の使用薬剤の医薬品添付文書の写しを受け取ったが、Ｘの診療録（カルテ）に綴っただけで、特に読むこともしなかった。９月28日のカンファレンスにおいても、医師ＢはＸにVAC療法を行っている旨報告したのみで、具体的な治療計画は示さなかったが、被告人はそのままこれを了承した。

キ　患者Ｘにおける体調の異常発生

同年９月27日から10月３日までの７日間、Ｘに硫酸ビンクリスチン２mgが連日投与されたところ、10月１日には、歩行時にふらつき等の症状が生じ、10月２日には、起き上がれない、全身けん怠感、関節痛、手指のしびれ、口腔内痛、咽頭痛、摂食不良、顔色不良等がみられ、その際、体温は38.2度であった。

さらに、10月３日には、強度のけん怠感、手のしびれ、トイレは車椅子で誘導、口内の荒れ、咽頭痛、前頸部に点状出血などが認められ、血液検査の結果、血小板が急激かつ大幅に減少していることが判明した。

そこで、同日、医師Ｂの判断により、血小板が輸血され、硫酸ビンクリスチンの投与は一時中止された。

ク　患者Ｘの死亡

被告人は、同年９月28日の教授回診の際、Ｘを診察した後、10月初め頃、病棟内でＸが車いすに乗っているのを見かけた際、抗がん剤の副作用でＸの身体が弱ってきたと思った。そして、10月４日にはＸの様子を見て重篤な状態に陥っていることを知ったが、硫酸ビンクリスチンの過剰投与やその危険性には思い至らず、Ｂらに対し何らの指示も行わなかった。

そして、10月６日夕方、Ａ、Ｂ医師らにおいて、医師Ｂが参考にしたプロトコールを再検討した結果、週単位を日単位と間違えて硫酸ビンクリスチンを過剰に投与していたことが判明した。

しかし、Ｘは、10月７日午後１時35分、硫酸ビンクリスチンの過剰投与に

よる多臓器不全により死亡した。

(2)　**本件における被告人の過失の内容**

　本件では、①医師Bの誤った薬剤投与計画を漫然と承認した被告人の対応に問題はなかったか、②仮に薬剤投与計画が適正であっても、患者の病状等を把握し、適切に対応する義務が被告人にはなかったかという点について、被告人の過失の有無が問題とされた。

(3)　**本件最高裁決定の判示内容（上記①について）**

　そして、本件最高裁決定では、まず、①の点については、「右顎下の滑膜肉腫は、耳鼻咽喉科領域では極めてまれな症例であり、本センターの耳鼻咽喉科においては過去に臨床実績がなく、同科に所属する医局員はもとより被告人ですら同症例を扱った経験がなかった。また、Bが選択したVAC療法についても、B、Aはもちろん、被告人も実施した経験がなかった。しかも、VAC療法に用いる硫酸ビンクリスチンには強力な細胞毒性及び神経毒性があり、使用法を誤れば重篤な副作用が発現し、重大な結果が生ずる可能性があり、現に過剰投与による死亡例も報告されていたが、被告人を始めBらは、このようなことについての十分な知識はなかった。さらに、Bは、医師として研修医の期間を含めて4年余りの経験しかなく、被告人は、本センターの耳鼻咽喉科に勤務する医師の水準からみて、平素から同人らに対して過誤防止のため適切に指導監督する必要を感じていたものである。

　このような事情の下では、被告人は、主治医のBや指導医のAらが抗がん剤の投与計画の立案を誤り、その結果として抗がん剤が過剰投与されるに至る事態は予見し得たものと認められる。そうすると、被告人としては、自らも臨床例、文献、医薬品添付文書等を調査検討するなどし、VAC療法の適否とその用法・用量・副作用などについて把握した上で、抗がん剤の投与計画案の内容についても踏み込んで具体的に検討し、これに誤りがあれば是正すべき注意義務があったというべきである。

　しかも、被告人は、BからVAC療法の採用について承認を求められた9月20日ころから、抗がん剤の投与開始の翌日でカンファレンスが開催された9月28日ころまでの間に、Bから投与計画の詳細を報告させるなどして、投与計画の具体的内容を把握して上記注意義務を尽くすことは容易であったの

である。ところが、被告人は、これを怠り、投与計画の具体的内容を把握しその当否を検討することなく、VAC療法の選択の点のみに承認を与え、誤った投与計画を是正しなかった過失があるといわざるを得ない。」と判示した。

　すなわち、十分な臨床経験を積んでいない医師Bらを指導する立場の被告人としては、医師Bらが薬剤投与計画を誤ることは十分に予見できたものとして、予見可能性を認め、また、医師Bから同計画の詳細を報告させれば、患者の死亡という結果を回避することは容易であったことから、結果回避可能性は十分にあったと認められる上、そのような結果回避のために、被告人において、VAC療法の適否とその用法・用量・副作用などについて把握した上で、抗がん剤の投与計画案の内容についても踏み込んで具体的に検討し、これを是正すべき結果回避義務があったと認定したものである。被告人の立場を考慮すれば、当然の認定であろうと思われる。

　(4)　**本件最高裁決定の判示内容（上記②について）**

　次に、本件最高裁決定において、上記②については、「抗がん剤の投与計画が適正であっても、治療の実施過程で抗がん剤の使用量・方法を誤り、あるいは重篤な副作用が発現するなどして死傷の結果が生ずることも想定されるところ、被告人はもとよりB、Aらチームに所属する医師らにVAC療法の経験がなく、副作用の発現及びその対応に関する十分な知識もなかったなどの前記事情の下では、被告人としては、Bらが副作用の発現の把握及び対応を誤ることにより、副作用に伴う死傷の結果を生じさせる事態をも予見し得たと認められる。

　そうすると、少なくとも、被告人には、VAC療法の実施に当たり、自らもその副作用と対応方法について調査研究した上で、Bらの硫酸ビンクリスチンの副作用に関する知識を確かめ、副作用に的確に対応できるように事前に指導するとともに、懸念される副作用が発現した場合には直ちに被告人に報告するよう具体的に指示すべき注意義務があったというべきである。

　被告人は、上記注意義務を尽くせば、遅くとも、硫酸ビンクリスチンの5倍投与（10月1日）の段階で強い副作用の発現を把握して対応措置を施すことにより、Xを救命し得たはずのものである。被告人には、上記注意義務を怠った過失も認められる。」と判示した。

　ここでは、被告人としては、経験の浅い医師Ｂらが患者の副作用の発現の把握及び対応を誤ることは予見できたものであるとして予見可能性を認め、また、そうである以上、被告人には医師Ｂらに対して、事前の指導や懸念される副作用が発現した際の報告等を指示していれば、患者の死亡という結果を回避できたものであるから、結果回避可能性があり、さらに、被告人がその結果を防止すべき結果回避義務を怠ったことも明らかであるとして、被告人に過失を認めたものである。

　この判断についても、被告人の立場を考えれば当然のことであろう。

5　独立行政法人国立国際医療研究センター病院事件

　本件は、脊髄造影検査を実施する際、脊髄造影用造影剤イソビストを使用すべきところを、誤って使用が禁止されているウログラフイン60％注射液を使った事故であり、**平成27年7月14日東京地裁判決（公刊物未登載）**の事案である。

(1)　事案の概要

　本件判決において認定された罪となるべき事実は、概ね、次のとおりである。

　被告人は、東京都新宿区内の独立行政法人国立国際医療研究センター病院で整形外科医として医療業務に従事していたものであるが、平成26年4月16日午後2時頃から同日午後3時40分頃までの間、同病院の中央棟2階Ｘ線TV室1において、Ａ（当時78歳）に対し、脊髄造影検査を行う際、使用する造影剤を選定するに当たり、造影剤の添付文書等でその薬理作用を確認するなどして、造影剤の誤用による同人の生命身体への危険を未然に防止すべき医師としての業務上の注意義務があるのにこれを怠り、造影剤であるアミドトリゾ酸ナトリウムメグルミン注射液（ウログラフイン60％注射液）を脳・脊髄腔内に投与すると重篤な副作用が発現するおそれがあるため、これを脊髄造影等に使用してはならず、その旨が同造影剤の添付文書等に明記されていたにもかかわらず、同添付文書等を確認することなく漫然と同造影剤約8mlを注射器でＡの脊髄腔内に注入した過失により、同日午後8時3分頃、同病院において、同人を同造影剤の誤投与による急性呼吸不全により死亡させたものである。

⑵　被告人の過失の内容及び程度

そもそも造影検査では、実施する検査の部位によって使用する造影剤が異なり、その選択を誤ると、患者の生命を脅かす重大な副作用を起こす場合もある。

医師として5年程度の経験しかない研修医である被告人は、このような基本的な知識を持ち合わせておらず、かつて立ち会った股関節造影検査で使用されていたとの経験に基づく思い込みから、添付文書を検討せず、薬剤部への問い合わせ等もしないまま、脊髄造影検査に使用してはならない造影剤を被害者に誤って投与したものである。

このような被告人の過失の程度に関して、本件東京地裁判決は、「造影剤に限らず、薬剤の種類の選択を誤れば患者の生命身体に不測の事態を招く危険があり、患者の命を預かる医師としては、造影剤の投与の方法や時期等に過誤がないよう注意するだけではなく、使用する造影剤の確認や選定に過誤がないよう、十分な注意を払うべきことは明らかである。しかも、本件で使用された造影剤には、その誤用を防ぐために、添付文書の冒頭に、『警告』の表題の下、『本剤を脳・脊髄腔内に投与すると重篤な副作用が発生するおそれがあるので、脳槽・脊髄造影には使用しないこと』と朱書されているが、それだけでなく、箱の3か所やアンプル本体にも、『脊髄造影禁止』と、目立つように朱書されていたのであって、被告人が、使用すべき造影剤の種類について、ほんの少しの注意を払っていれば、その薬理作用、とりわけ、それが脊髄造影検査に使用してはならないものであることに容易に気付くことができた。その意味で、本件で犯した被告人の過誤は、初歩的であって、その過失の程度は重いというべきである。」と判示した。

極めて初歩的な注意義務違反であり、過失が認められることは当然であろう。

第5款　チーム医療における信頼の原則

第1　信頼の原則とは

刑法上の過失犯の概念に関連して、信頼の原則という概念がある。これは、自分が法規等を遵守して行動する以上、相手もそれに従って行動してくれる

はずで、それを逸脱した行動に及ぶ可能性を考慮しなくてもよく、それを逸脱した行動を相手方がとったことによって事故等が起きた場合には、自らには過失は認められないという考え方である。

　分かりやすい例でいえば、自動車を運転して道路を走行している場合、誰もが信号の表示を遵守して走行するものと信じてよく、自らの進路が青色信号であれば、それに従って走行している以上、赤色信号を無視して進行してくる車両の存在を予見したり、それを予見して回避する措置を講じる必要はなく、仮に、赤色信号を無視した車両が進入して事故が起きた場合には、自らには過失は存在しないと評価されることになる。

　これを医療の現場に当てはめて考えると、例えば、チーム医療がなされる場合、自らが法規等を遵守し、適正かつ責任をもって担当職務を遂行している以上、別の担当者が自らの責任を全うしてくれるものと信頼し、その信頼が許容される範囲内においては、当該担当者の責任範囲内の行為については適正になされるものと信頼してよく、あえてその行為内容について詮索することなく適正妥当なものとの前提で行動して差し支えないという考え方を示すことになる。

　具体的にいえば、手術に用いるメスに滅菌処理をして使用可能な状態にしておくのは看護師の業務であって、それを信頼して執刀医が当該メスを用いたところ、実は看護師が滅菌処理を怠っていて、患者が敗血症等に感染したという事態が起きたとする。このような場合、看護師の過失責任はもちろん認められるが、執刀医に過失責任を問うことはおそらく無理であろう。そんなことまで医師が確認しなければならないということでは、およそ手術などできなくなってしまうからである。

　このような場合には、看護師の基本的な業務を遂行してくれてメスの滅菌処理をしてくれているはずであると信頼してよく、執刀医については、看護師の業務遂行に対する信頼の原則が認められ、そのチェックをしなくても、そのことで執刀医の過失責任を問われることはないという結果になる。

　ただ、これとは逆に、最新式の手術用の器械が導入されており、その操作等が修練した医師でないとできないようなものであった場合、それが的確に作動するかどうかを看護師にチェックさせただけで、医師自らは何もせずに、

そのまま手術で用いたところ、実は整備不良があって的確に作動せずに患者の動脈を傷つけて大出血をさせてしまったというケースを考えてみよう。このような場合には、当該器械の扱いに慣れた医師でないと作動状況の適切な確認などはできないものと思われる。そのような状況であるにもかかわらず、看護師任せにすることは、自らの責任を放棄しているに等しいことであって、信頼の原則の前提である、自らは法規等を遵守して適切に行動しているとの前提を欠くことになるといえるであろう。したがって、このような場合は、信頼の原則が適用されることにはならない。

　ただ、実際のところ、チーム医療の参加者間で、どこまで信頼の原則が適用されるのかは問題となる。そこで、次の裁判例を検討した上で、先の横浜市大学病院事件において、信頼の原則が適用される余地はなかったのか検討することとする。

第2　北大電気メス事件

1　事案の概要及び問題の所在

　本件は、電気手術器（いわゆる電気メス）の操作ミスに基づく熱傷事故について、右手術器の設定・準備などを担当した看護師Aにケーブル交互誤接続の過失ありとしながらも、右手術の執刀医Bには右接続の点検等の注意義務違反が認められないとされた事案である。

　この事案では、第一審である**昭和49年6月29日札幌地裁判決**（判例時報750号29頁）においても、その控訴審である**昭和51年3月18日札幌高裁判決**（判例時報820号36頁）においても、いずれも看護師Aについては過失があるとして有罪とされたものの、執刀医Bについては、いずれも過失はないとして無罪とされた。

　この事案では、看護師については、過失が認められ、有罪とされているので、その判決で認定された看護師の過失行為である罪となるべき事実は、概ね次のとおりである。

　被告人看護師Aは、北海道大学医学部附属病院手術部配属の看護婦として、傷病者に対する療養の世話、医師の診療、特に医師による手術執刀の介助等の業務に従事し、昭和45年7月17日午前9時20分頃、同病院手術部第一

手術室において、医師Bが執刀医となり、電気メス器を用いるなどして患者
Cに対する動脈管開存症の根治手術を行った際、間接介助看護婦として同手
術に加わったものであるところ、電気メス器についてはケーブルの接続、ダ
イヤルの調整などの取扱いを担当し、右電気メス器のメス側ケーブルのプラ
グは、手術器本体の出力端子に、対極板付ケーブルのプラグは、同対極端子
に各接続すべきものであること、並びに、右手術に際しては、本来の附属品
でない子供用対極板付ケーブルを使用することになったことから、交互誤接
続の余地があり得ることを知っており、かつ、電気手術器は高周波電流を患
者の身体に通じ、その回路中に発生する高熱を利用する機械であることに照
らし、ケーブルを誤って接続した場合には電流の流路に変更が生ずるなどし
て患者に対し危害を及ばすおそれがないわけでないことを知り得たものであ
るから、これを正しく接続して事故の発生を未然に防止すべき業務上の注意
義務があるにもかかわらずこれを怠り、不注意にも右各ケーブルと各端子を
互いに誤接続させたまま、これを手術の用に供した過失により、医師Bが右
電気メス器を使用した際、手術器本体の出力端子から流れる高周波電流の一
部が対極板ケーブルをへて対極板の装着された同患者の右下腿部、同部位に
接近して装着されていた心電計の接地電極、心電計、そのアース、および電
気メス器のアース、対極端子を結ぶ回路に分流し、右回路中、電気抵抗の高
い右対極板装着部に高周波電流による多量の発熱を生じさせ、そのため同患
者に対し右下腿部切断を余儀なくさせる右足関節直上部に第三度熱傷の傷害
を負わせたものである。

このような看護師の本件電気メス器のケーブル接続ミスにより、患者に対
して熱傷の傷害を負わせた事案において、執刀医Bには、果たして過失があ
るのかどうか問題とされたのである。

2　札幌地裁及び札幌高裁の判示内容

本件札幌地裁判決は、本件事案の特殊事情を考慮して、次のように判示し
た。すなわち、①北大病院の機構上の特殊性に照らすと、手術部が各診療科
（本件の執刀医は第二外科に所属していた。）から独立して管理運営されており、
手術に必要な器具等の整備や介助にあたる看護婦の人選は、同手術部看護婦
長のもとで行われる仕組みになっていたこと、次に、②本件の事故原因と

なったケーブルの交互誤接続は、その構造上一般にはそもそも生じ得ない事柄であり、かつても全く発生したことがない現象であったが、本件患者が幼児であったため、手術部で特に工夫された付属装置が用いられた上、担当看護婦の通常予想できないような重大な不注意が重なったことから発生したものであり、本件執刀医には、右誤接続の発生する余地に対する認識はなく、かつ、容易にはそれを認識し得ない事情にあったと認められること、さらに、③本件病院の業務分担関係からみると、本件執刀医Bは、そもそも誤接続が不可能なケーブルを手術部が準備することを期待してよい立場にあり、現に同部の業務に対しそのような信頼をよせていたことなどの事情に鑑みると、執刀医Bには、本件事故に対する刑事責任を問うべき過失は認められないとした。

　そして、本件札幌高裁判決においても、上記の札幌地裁判決の判断は是認された。

　上記いずれの判決においても、手術器械の整備・提供が手術部の任務とされ、実際上は介助看護師が準備するという役割分担がなされていた状況で、信頼の原則の適用により、執刀医Bにはケーブル接続の確認義務が存在せず、したがって、この点検・確認をしなかったことに過失はないとしたものである。

第3　北大電気メス事件及び横浜市立大学病院における患者取り違え事件におけるチーム医療と信頼の原則の適用について

　まず、北大電気メス事件では、手術器械の整備について病院全体で組織的システムが構築され、医療チーム内で確たる役割分担の取り決め・周知徹底がなされていたという理想の状況にはなかった。それにもかかわらず、危険性の高い手術の執刀に精神集中する必要から、手術機器から生じる事故防止の手段は手術部の講ずるべきものとして執刀医に信頼の原則を認めたものである[96]。

---

(96)　樋口亮介「チーム医療における過失——最二小決平成19・3・26」ジュリスト1382号（2009年）144頁。

　これに対し、横浜市立大学病院における患者取り違え事件においては、患者の同一性確認における信頼の原則を適用するに足るだけのシステム構築がされていなかったことが指摘できよう。ただ、この事件においても、例えば、「責任者となる主治医を確定した上で、同一性確認のために主治医が手術室への患者の搬送に同行するといった役割分担がなされている場合には、病院全体としてのシステムが構築されていなくても、執刀に精神集中する必要が高い執刀医については、その同一性確認義務を免除するといった判断を本（最高裁）決定が否定する趣旨までは含まないと理解すべきであろう。」[97]として、本件取り違え事件における最高裁決定を前提としても、チーム医療の場における患者の同一性確認において、信頼の原則を適用する余地はあるものとする見解も参考になると思われる。

　チーム医療の実践は、今後も医療における現実的必要性と相まって、益々盛になるものと期待されるが、そこでは信頼の原則を適用できるだけの病院全体を通したシステムの構築等が望まれることになろう。

第6章　安楽死・尊厳死（殺人・嘱託殺人）

第1款　序　　論

　安楽死・尊厳死をめぐる議論は、森鴎外の「高瀬舟」を始めとする文学上での問題提起や、**昭和37年12月22日名古屋高裁判決（判例タイムズ144号175頁）**などをきっかけとして、種々の見解や提案等も出され、以前には法案化への動きなども存した[98]ところである。

　ただ、今日においても、その問題は解決したわけではなく、未だ深刻な状況にあるといわなければならない。令和元年6月2日に放送されたNHKス

（97）　樋口・前掲注(95)144頁。
（98）　中山研一『安楽死と尊厳死——その展開状況を追って——』（2000年、成文堂）93頁、大谷實「立法問題としての終末期医療」判例時報2373号（2018年）138頁、緒方あゆみ「昏睡状態の治療中止が許容されるための要件——川崎協同病院事件上告審決定——」同志社法学67巻3号（2015年）148頁。

ペシャル「彼女は安楽死を選んだ」は、多系統萎縮症に罹患した女性がスイスに赴いて安楽死を遂げるという内容であったが、安楽死に反対する団体からは、同番組が安楽死を推奨するものであって不適切であるなどとして、放送倫理・番組向上機構（BPO）に審査の申立てがなされた（なお、同じ内容で出版されたものとして、宮下洋一「安楽死を遂げた日本人」がある。）。

　ここでは、安楽死・尊厳死がどのようなものとして捉えられるべきか、社会的に受け入れることが可能であり、法的に違法性が阻却されて適法とされるべきものであるのか、また、その在り方や要件などはどのように考えるべきであるのかなどについて、代表的な裁判例を紹介しながら解説し、更には、尊厳死を実施する上でのガイドラインの役割などについても検討することとする。

第2款　安楽死・尊厳死の概念等に関する基本的な問題

第1　なぜ安楽死・尊厳死が問題となるのか

1　安楽死・尊厳死が基本的に殺人罪等に該当すること

　安楽死や尊厳死は、それらが人を死に至らしめる行為である以上、それを実行した者に対しては、刑法199条の

　　　第百九十九条　人を殺した者は、死刑、無期若しくは五年以上の懲役に処する。

という殺人罪の規定が適用されることになる。

　もっとも、安楽死・尊厳死の場合には、相手側から死なせてほしいと頼まれて実行する場合もあり、このような場合において、それが犯罪として成立する場合には、先の殺人罪定ではなく、刑法202条の

　　　第二百二条　人を教唆し若しくは幇助して自殺させ、又は人をその嘱託を受け若しくはその承諾を得て殺した者は、六月以上七年以下の懲役又は禁錮に処する。

という嘱託殺人罪の規定で処罰されることになる。

　それゆえ、以後は、この両者をまとめて、殺人罪又は嘱託殺人罪といういい方か、あるいは、殺人罪等といういい方で説明することとする。

　いずれにせよ、このような安楽死・尊厳死を社会的に受け容れ、これを実行した者を処罰しないとすることが法的に可能かどうか問題となる。

2　安楽死・尊厳死で殺人罪等が成立しない場合

　例えば、医師による治療行為において、それが患者の治療上必要なことであっても、結果的に死期を早めるような場合もあるところ、そのような行為をも安楽死の概念に含めるのであれば（「間接的安楽死」といういい方がされることもある。）、それを違法と評価するのが妥当ではないことは明らかであろう。

　具体的には、肉体的苦痛の緩和を目的として、生命短縮の危険を承知しつつ、モルヒネなどの鎮痛剤を繰り返し投与する行為などが挙げられる。

　医師の主観面としては、そのような鎮痛剤を繰り返し投与すれば、その薬理作用により、いずれ患者が死亡するということは分かっているものと思われる。そうなると、この場合、患者の死という結果を認識し、認容しているものといえ、殺人罪又は嘱託殺人罪の故意を充足する。そして、繰り返しの鎮痛剤の投与が死へ近づけるものであるなら、それは殺人罪又は嘱託殺人罪の客観的要件である「殺害行為」の構成要件を充足することになる。

　しかしながら、この場合、そのような医師の行為は、刑法35条が、「法令又は正当な業務による行為は、罰しない。」と規定しているところの「正当な業務による行為」として、違法性が阻却されることとなって処罰されない。すなわち、医師としては、耐え難い苦痛に苦しんでいる患者を放置することはできず、その苦痛を緩和ないし除去することは医師として、「正当な業務による行為」であることは明らかであるから、その結果、患者の生命がやや早期に失われることになっても違法ではないとして、犯罪が不成立と考えられるのである。この点については、医学者はもちろんのこと、法学者の間にも異論はないものと思われる。

　では、上記のように正当業務行為とされる場合以外においては、安楽死と呼ばれるものは、違法性が阻却されるようなことはないのであろうか。それらの行為は、前述したように、当然に、殺人罪又は嘱託殺人罪の構成要件に該当することになるが、刑法では特に条文で定められていないものの、違法性阻却事由としての安楽死・尊厳死という概念を認めてよいのかどうか、仮

に認める場合、その違法性阻却事由の実質的根拠を何に求めるのかということが問題になる。

3　安楽死・尊厳死は違法性阻却事由となるのか

そこで、この問題を検討するに当たって、ここで改めて違法性阻却事由がどういうものか検討しておく。

そもそも、刑法の条文に規定されている「構成要件」は、違法な行為を類型化したもの、つまり、誰からみても悪いことであるとされるような行為を条文にして規定したものである。したがって、構成要件に該当する行為は、基本的に違法な行為である。

ただ、そのような構成要件に該当する違法な行為であっても、場合によっては、犯罪の成立を否定したほうがよい場合がある。一番分かりやすい例は、先に示した刑法35条の「正当業務行為」である。これに関する別の例を挙げれば、例えば、死刑の執行は絞首刑により刑務官が行うところ、この刑務官の行為は明らかに殺人である。絞首している以上、「人を殺す」行為であることは明らかである。しかしながら、刑務官は、刑事訴訟法475条1項の

　　第四百七十五条　死刑の執行は、法務大臣の命令による。

との規定に基づき、法務大臣の命令を受けて執行するので、これは法令に基づく正当な業務行為である以上、刑法35条の条文に「罰しない」と記されているように犯罪にならない。そして、この犯罪にならない理由として、絞首刑の執行は、「人を殺す」という構成要件に該当する行為ではあるものの、正当業務行為として「違法性が阻却される」ことから、犯罪が成立しないとされるのである。

このように犯罪が成立するためには、構成要件に該当する行為をすること、そして、違法性阻却事由が存在しないことという条件を満たすことが必要である[99]ことが分かるであろう。

---

(99)　犯罪が成立するためには、正確には、その他に、当該行為者に責任能力が必要である。

　ただ、先に説明した「正当業務行為」や、その他の違法性阻却事由である正当防衛や緊急避難などは、いずれも刑法上の条文で明らかにされているが、安楽死・尊厳死については、もちろん、条文上、何も規定されていない。そこで、条文に規定もないようなものを違法性阻却事由として認められるのかという問題が生じることになる。

　しかしながら、この点については、例えば、第1編第4章で説明した「被害者の承諾」というものは、刑法の条文上に規定はされていないものの、違法性阻却事由であると一般的に認められている。つまり、被害者が納得していることであれば、たとえ構成要件に該当したとしても、そして、それが刑法の条文上に規定されていなくても、違法性はないとしてよいという考え方である。ただ、命についてはその対象とはならないと考えられている。その貴重さからして、被害者が承諾しても、先に挙げた嘱託殺人罪になるだけである。もっとも、被害者が嘱託したり同意しているということで、通常の殺人罪よりは軽く処罰されるの、その限りにおいては、被害者の承諾が一定の効力を持っているともいえるところであろう。

　そこで、これと同様に考えれば、そして、安楽死・尊厳死が社会内で相当な行為であると誰しも認めるのであれば、安楽死・尊厳死についても、違法性阻却事由の一つとして認めてよいのではないかという議論が出てくるわけである。

　もっとも、安楽死・尊厳死を違法性阻却事由として認めるか否かについては、これを肯定する見解も否定する見解もあり、現在のところ、統一的な見解は存しないといってよいと思われる。

第2　安楽死の概念等

1　安楽死の概念

　そもそも、安楽死とは、どのように観念されるべきものであろうか。これは、尊厳死の概念とも区別が曖昧で、これらの用語を使う医師の方々によっても異なった意味で使っていると思うこともしばしばである。

　この点に関して、倫理学的観点からは、「合理主義的発想に支えられて、他者の生命を多かれ少なかれ死の方向に意識して、人為的にコントロールし

ようとする人間的行為」[100]とする見解、端的に「人為的な生命短縮行為」[101]とする見解、あるいは、「苦痛に満ちた屈辱的状態から解放されるための死」をもたらす行為[102]とする見解などが挙げられるほか、更には、「ターミナル段階にある患者を消極的にであれ積極的にであれ何らかの『死なせる』行為に着目した概念」[103]などとも表されている

　これに対し、法律学的観点からは、「安楽死は、死期が切迫している病者の耐え難い肉体的苦痛を除去・緩和して、安らかな死を迎えさせる処置」[104]とする見解や、「傷病者が激烈な肉体的苦痛に襲われ、死期が迫っている場合に、傷病者の嘱託に基づき、その苦痛を緩和・除去するために、傷病者に安らかな死を迎えさせる措置」[105]とする見解などが挙げられる。

　これらの定義などをみる限り、基本的には殆ど同じであるものの、倫理学的には、傷病者が置かれた状況等よりも、死なせる行為それ自体を重視して安楽死を捉えており、法律学的には、傷病者の死期が切迫している状況など一定の条件下において死亡させる行為であること着目して安楽死を捉えていることがうかがえる。

2　安楽死の分類

　安楽死には、**直接的安楽死、間接的安楽死、積極的安楽死、消極的安楽死**などという用語で分類がなされることがあるが[106]、これ自体にはあまり意味はないと考えている。というのは、どのような分類がなされようと、要は、それらで分類される行為自体が殺人罪や嘱託殺人罪として構成要件に該当しても、刑法35条の規定による「正当業務行為」として認められて違法性が阻

---

(100)　宮川敏行『安楽死の論理と倫理』（1979年、東京大学出版会）10頁。

(101)　谷田憲俊「安楽死・尊厳死をめぐる生命倫理の問題状況」甲斐克則＝谷田憲俊編『シリーズ生命倫理学 第5巻 安楽死・尊厳死』（2012年、丸善出版）2頁。

(102)　葛生栄二郎＝河見誠『いのちの法と倫理［第3版］』（2004年、法律文化社）196頁。

(103)　清水哲郎「死を看取る医療」坂井昭宏編著『安楽死か尊厳死か』（1996年、北海道大学出版会）65頁。

(104)　中山・前掲注(97)51頁、日髙義博「安楽死ならびに尊厳死の許容性について」警察公論50巻3号（1995年）42頁。

(105)　高橋則夫『刑法総論［第4版］』（2018年、成文堂）340頁、前田雅英編集代表『条解刑法［第4版］』（2020年、弘文堂）116頁。

(106)　葛生＝河見・前掲注(101)198頁以下。

却されるか、あるいは、前述したように、刑法上規定はないものの、安楽死を一種の違法性阻却事由として認め、結局、犯罪不成立となるかどうかは、結局のところ、各行為が違法性阻却事由としての実質を有しているかどうかに係っている問題なのであって、どの分類だから違法性阻却事由となるという関係にはないからである。

したがって、延命治療を不開始又は中止する行為を例とする消極的安楽死といわれる分類に含まれる行為であっても、それが常に違法性が阻却されて犯罪が成立しないかどうかは一概にはいえないのである。それゆえ、消極的安楽死だから常に犯罪不成立という関係にならない以上、そのような分類に意味はないので、ここでは、上記のような安楽死の分類に拠らないで論を進めることとする。

ただ、医学者の間でも、積極的安楽死という用語はよく使われているようであるので、ここで安楽死といえば、基本的には、積極的安楽死、つまり、確定的に死をもたらす意図をもって、死期を早めるために、作為によって生命の断絶を行う行為を指すものとして用いることとし、必要に応じて、積極的安楽死という用語も用いることとする。

第3　尊厳死の概念

1　尊厳死の沿革

次に、尊厳死の概念の成立過程をみると、上記の安楽死の概念がかなり古くからみられた古典的なテーマであるのに対し、尊厳死は、人工呼吸器や、人工心肺、人工腎臓、人工肝臓などといった生命維持装置の発達とともに現れてきた概念であり[107]、また、米国での**カレン・クインラン事件**[108]などをきっかけとして社会的関心が高まってきたことにより認識されるに至ったものである[109]。

そして、平成6年の日本学術会議の「死と医療特別委員会」が提出した「尊厳死について」と題する報告書では、生命維持装置の進歩等により、「末期状態にある患者の延命も可能になり、ガンなどの激痛に苦しむ末期状態の患

---

(107)　葛生＝河見・前掲注(101)202頁。

者や回復の見込みがなく死期が迫っている植物状態の患者に対しも延命医療を施していることが多い。尊厳死は、こうした助かる見込みがない患者に延命治療を実施することを止め、人間として尊厳を保ちつつ死を迎えさせることをいうものと解されている。」、「単に延命を図る目的だけの過剰な治療が果たして患者の利益になっているのか、むしろ患者を苦しめ、その人間としての尊厳を害する結果になっているのではないかということが問題となってきた。」[110]と述べられているように、また、「実際、一般人は教育レベルが低いほど、医学生では学業成績が低いほど延命措置を望む。一言でいって、『医療の提供者と受給者双方の医療に対する誤解と幻想が意味のない延命措置につながった。』と表せる。」[111]と述べられているように、過剰な延命治療がかえって患者を苦しめているだけの結果になっていないか、また、そのことで尊厳を保った死を迎えられなくしてしまっているのではないかとの反省から、その中でも、不必要な延命治療の中止を中心に据えて「尊厳死」という概念が生まれたものである。

　実際のところ、このような尊厳死の問題は、現代医療の進歩のひずみの中で生まれたものであり、いかに生命の価値が尊いものとして謳われようとも、現実の問題として、その必要性を否定することはできないと思われる。

2　尊厳死の定義

　その上で、尊厳死の定義としては、「医学におけるテクノロジーの高度発達という現代の福音から皮肉にももたらされる過剰延命からの解放」[112]と

---

(108)　1975年、ニュージャージー州に住む21歳のカレン・アン・クインランは、昏睡状態に陥り、病院に運ばれて人工呼吸器が取り付けられ、植物状態であると診断された。カレンの両親は、彼女は植物状態では生きていたくないだろうと考え、医師に人工呼吸器の取り外しを依頼した。しかし、医師は、人工呼吸器を取り外すことは医師には許されてないと、その依頼を拒否したため、父親は、同州の裁判所に、生命維持装置を停止させる訴えを起こした。すると、同州の最高裁判所は、1976年、カレンの生命維持装置の停止は合法であるという、父親の訴えを認める判決が下された。そのため、カレンの人工呼吸器は取り外された。ただ、その後、カレンは自発呼吸を始め、意識がないまま、約9年間にわたって生き続けた。

(109)　安原正博「安楽死と尊厳死」伏木信次ほか編『生命倫理と医療倫理』（2004年、金芳堂）108頁。

(110)　国立研究開発法人科学技術振興機構J-Stageウェブサイト。

(111)　谷田・前掲注(100)14頁。

か、「人の不治かつ末期に際して、自己決定をして自己の死に方、延命措置
の不開始又は中止を求めた自然死のこと。」[113]とか、「患者が治癒不可能な病
気に冒され、回復の見込みがなく死の回避不可能の状態において、患者の自
己決定権に基づき医師の治療義務の法的限界において、医学的に意味のない
治療を中止し、人間としての尊厳を保って自然な死を迎えること。」[114]とか、
「回復の見込みのない末期状態の患者に対して、生命維持治療を中止し、人
間としての尊厳を保たせつつ、死を迎えさせることをいうもの。」[115]などと
表されている。

　これらの考え方に鑑みれば、尊厳死の対象となる状況は、当該患者の傷病
が回復不能であって、死期が迫っている状態であり[116]、患者本人による自
己決定という観点を重視するものの、必ずしも患者本人からの延命中止要請
は前提としておらず、ただ、一方で耐え難い苦痛の存在などは要件としてい
ない「延命医療の不開始又は中止行為」であることがうかがわれる。結論と
して尊厳死の現実的必要性を認めるなら、問題は、それをいかなる場合に、
いかなる要件、どのような手続きの下において適法なものとして認めてゆく
かの法技術的な整合性の形成であろう。

第4　なぜ安楽死・尊厳死を処罰しないでよいと考えるのか

　安楽死・尊厳死が法的に認められるべきものかどうかを考える前に、そも
そも、我が国において、安楽死・尊厳死を文化的、社会的、倫理的観点から、
これを認めようとする国民的合意や、合意とまではいかなくてもその素地は
あるのであろうか。いくら法的な評価を検討しても、そもそも国民がそのよ

---

(112)　葛生＝河見・前掲注(5)203頁。
(113)　一般社団法人日本尊厳死協会『新・私が決める尊厳死──「不治かつ末期」の具
　　体的提案──』（2013年、中日新聞社）13頁。
(114)　安原・前掲注(108)101頁。
(115)　中山・前掲注(97)52頁。
(116)　これに対し、尊厳死は、必ずしも死期が迫っているものだけを対象とするのでは
　　ないとの見解もあるが（中山・前出注(97)163頁、入江猛『最高裁判所判例解説 刑事篇
　　平成21年度』568頁）、上記の各定義などからみても終末期にあることは要件であると解
　　され、ここでは死期が迫っているものを対象として尊厳死と呼ぶこととする。

うなものを一切受け容れないというのであれば、あえて安楽死・尊厳死を適
法としなければならない必要性は乏しいように思われる。そこで、多角的に、
安楽死・尊厳死の是非についてのさまざまな考え方を紹介して検討すること
とする。

1　文学にみる古典的な肯定論

　まずは、森鴎外の「高瀬舟」が挙げられる。ここでは、病気になった実弟
が剃刀で喉を切ったものの、死にきれずにいたところ、主人公の喜助が喉に
刺さった剃刀を引き抜いて死なせたという安楽死の場面が描かれている。

　この点について、森鴎外は、「高瀬舟縁起」において、「ここに病人があっ
て死に瀬して苦しんでいる。それを救う手段は全くない。傍からその苦しむ
のを見ている人はどう思うであろうか。たとい教えのある人でも、どうせ死
ななくてはならないものなら、あの苦しみを長くさせておかずに、早く死な
せてやりたいという情は必ず起こる。（中略）従来の道徳は苦しませておけ
と命じている。しかし医学社会には、これを非とする論がある。すなわち死
に瀬して苦しむものがあったら、楽に死なせて、その苦を救ってやるがいい
というのである。これをユウタナジイという。楽に死なせるという意味であ
る。高瀬舟の罪人は、ちょうどそれと同じ場合にいたように思われる。」と
述べている。

　ここでは、死に瀬して苦しんでいる者に助かる方法がないのであれば、い
たずらに苦しませて放置しておくのではなく、その苦しみを取り除くために
楽に死なせてやるべきではないかとの見解から、実兄の喜助による剃刀の抜
去行為が肯定的に描かれている。これが医師であり文学者である森鴎外によ
り述べられていることで、多くの一般国民が形成した安楽死のイメージの基
になるものであろう。

2　人間的同情心に基づく肯定論

　安楽死は、死の苦しみにある者を楽にしてあげたいという人間的同情から
出た行為であるから、人道にかなっているとする見解である[117]。先の森鴎
外の「高瀬舟」は、この見解に拠っているといえよう。

---

(117)　葛生＝河見・前掲注(101)206頁。

　この点について、安楽死に関する問題の核心は、「終末期の苦しみ等への対応である。」、現在の医療では緩和ケアが進んでいるとはいうものの、「神経因性疼痛については、40〜60％の患者に対して部分的疼痛緩和がもたらされるだけであるとの報告もある。」、「終末期の苦痛とは種類が異なるものの、ハンチントン病等の病状進行時の苦しさも尋常ではないといわれている。（中略）調査によれば、およそ 4 人に 1 人が自殺を試み、5.7〜10％の人が自殺で死亡している。」(118)といわれているように、終末期などの苦痛の中には、現代の医療においても取り除くことが不可能なものもあり、この耐え難い苦痛からの解放という理念は決して否定できない説得力を持つものである。なお、緩和ケアの進歩については後述する。

3　自己決定権に基づく肯定論

　自由社会において認められている自己決定権のなかには、「死ぬ権利」も含まれると理解した場合、あるいは、生命の短縮や断絶による死苦からの解放も患者の選択し得る医療行為の一つだと理解した場合、安楽死は、自己決定権の一表現として認められることになるとする見解である(119)。なお、自己決定権については、後述する。

　ただ、医療の分野における自己決定権は、医師側が圧倒的な決定力を持っていた時代における当該医療に対する不信から生まれたものである。そのため、インフォームド・コンセントという患者への十分な情報提供が求められるようになり、これが自己決定権の基礎として役立つことになった。その上で、患者の人生の方針を決することができるという意味で、自己決定権という概念が定着したものである。

　もっとも、死苦に喘いでいる患者が、適切かつ冷静に自己の治療中止などを判断できるのであろうかと、自己決定権について懐疑的な見方もある。

4　「人を殺すことは本来的に悪である」という考え方に基づく否定論

　あえて説明する必要もないくらいシンプルな反対論である。「一人の命は地球より重い」というフレーズに代表されるような人命至上主義に基づくも

---

(118)　飯田亘之「哲学的観点から見た安楽死」甲斐＝谷田編・前掲注(100)27頁。
(119)　葛生＝河見・前掲注(101)206頁。

のである。このような考え方があるのは当然に理解できるものの、この見解への反論を許さないスタンスが議論の余地をなくしてしまっていると思われる。

5　滑り坂論法（Slippery Slope Theory）に基づく否定論

安楽死を一度認めて、歯止めを外すと際限なく拡大するおそれがあることから、最初から否定するという見解である。このような論法に基づく反対論は、この分野に限らず、憲法問題などが論じられるときは必ず同様の論法による反対論が登場するので、むしろおなじみの理論ともいえるものである。

この理論の妥当性については、実際に安楽死を認めるようになった国々において、そこで際限なく拡大しているかを検証すれば判断できると思われるが、最初に安楽死を容認したオランダでは、「全体では"滑り坂"現象は認められなかった。」[(120)]とされている。

6　自己決定権には「死ぬ権利」は含まれないとの理論に基づく否定論

自由社会には、自己決定権を超える法原則として「生命の尊重」という原則があり、この制約には自己決定権といえども服するのであって、「死ぬ権利」は、自己決定権の範疇に含まれないとする主張である[(121)]。

しかしながら、「生命の尊重」と自己決定権はまったく別の概念であって、どちらかがどちらかの上に立つというものではないと思われる。もし、「生命の尊重」という概念がすべての上に立つものであれば、死刑は、国家による治安政策上の自己決定権に基づくものであるから、これをも否定しなければならないことになる（もっとも、死刑反対論者であれば、それこそ当然であるということになろう。）。

ただ、自己決定権に基づくものとして肯定する論者も、「死ぬ権利」というものを自己決定権の内容として直接的に認めているわけではなく、「死に至る経緯についての先の選択権を認めたにすぎないもの」[(122)]と考えているので、そもそもの反論自体が成立していないともいえるところである。

---

(120)　谷田・前掲注(100) 9頁。

(121)　葛生＝河見・前掲注(101)207頁。

(122)　日髙義博「東海大安楽死事件判決について」警察公論55巻1号（1999年）50頁。

7　人間的同情論は弱者への抑圧につながるとの反論に基づく否定論

　どれほど同情や哀れみを起こさせるような状態だったとしても、それは、「傍から見ていて気の毒だ。」という傍からの同情論でしかなく、このような「傍からの同情」は、常に社会的弱者の抹殺につながる危険があり、安易な同情は社会的弱者を切り捨てる結果になるとの主張である[123]。

　しかしながら、これはどうみても論理の飛躍であるといえないのではないかと思われる。同情が弱者の抹殺につながるというのは、先の滑り坂論法以上に先々このようなことが起きるかもしれないという不確定な事象を前提に否定するだけのものであろうと思われる。

第5　理論的な面からの安楽死・尊厳死が容認されるべき根拠

　上述した一般的な理解からの安楽死・尊厳死が受け容れられるとする見解のみならず、理論的にこれを分析すれば以下のとおりである。

1　平成7年3月28日横浜地裁判決（判例時報1530号28頁）における尊厳死を許容する根拠

　いわゆる**東海大学病院事件**における横浜地裁判決では、「一般論として末期患者に対する治療行為の中止の許容性について考えると、治癒不可能な病気におかされた患者が回復の見込みがなく、治療を続けても迫っている死を避けられないとき、なお延命のための治療を続けなければならないのか、あるいは意味のない延命治療を中止することが許されるか、というのが治療行為の中止の問題であり、無駄な延命治療を打ち切って自然な死を迎えることを望むいわゆる尊厳死の問題でもある。こうした治療行為の中止は、意味のない治療を打ち切って人間としての尊厳性を保って自然な死を迎えたいという、患者の自己決定を尊重すべきであるとの患者の自己決定権の理論と、そうした意味のない治療行為までを行うことはもはや義務ではないとの医師の治療義務の限界を根拠に、一定の要件の下に許容されると考えられるのである。」として、自己決定権の理論と、治療義務の限界という理論を併用することで、一般論として、延命医療の中止による尊厳死を認容している。

---

(123)　葛生＝河見・前掲注[101]207頁。

　ここで示されているように、尊厳死を容認する根拠としては、主に、自己決定権と治療義務の限界という二つの概念が挙げられている。これらの詳細については、以下のとおりである。

2　患者の自己決定権について

　まず、自己決定権については、憲法上の幸福追求権を根拠とする人権の一つとして自己決定権というものを観念し、この自己決定権を根拠として、安楽死・尊厳死を適法とする根拠としようとするものである。つまり、患者は、この自己決定権に基づき、自己の生命の短縮をすることが可能であり、それを基に延命医療の中止をすることができるとするものである[124]。

　ただ、刑法202条が、本人の死亡意図にもかかわらず、生命保護を貫徹しようとして嘱託による殺人を犯罪としていることに照らすと、刑法は死への自己決定権を認めていないともいえるところである。しかしながら、この点については、「治療中止を求める自己決定である限り、積極的に生命を捨てることへの自己決定ではなく、『それ以上の生を強制されないこと』への自己決定」[125]と解することで問題を回避できるとしており、また、そもそもこの場合の自己決定権は、「死ぬ権利というものを認めているわけではなく、どのような形で死を迎えるかを選択する権利がある」[126]と考えるべきであるとの主張もなされている。

　また、いわゆる**川崎協同病院事件**における**平成17年3月25日横浜地裁判決（判例時報1909号130頁）**では、この自己決定権について、「終末期における患者の自己決定の尊重は、自殺や死ぬ権利を認めるというものではなく、あくまでも人間の尊厳、幸福追求権の発露として、各人が人間存在としての自己の生き方、生き様を自分で決め、それを実行していくことを貫徹

---

[124]　自己決定権については、樋笠堯士＝樋笠知恵「患者の自己決定権の根拠について～安楽死・尊厳死を手がかりに～」嘉悦大学研究論集61巻1号（2018年）37頁以下に詳しい。その他に、米村滋人「再論・『患者の自己決定権と法』」岩瀬徹ほか編『刑事法・医事法の新たな展開 下巻──町野朔先生古稀記念──』（2014年、信山社）83頁以下参照。

[125]　井田良「再論・終末期医療と刑法』」岩瀬ほか編・前掲注[123]141頁。

[126]　山口厚ほか「〈座談会〉終末期医療と刑法」ジュリスト1377号（2009年）101頁〔橋爪隆発言〕。

し、全うする結果、最後の生き方、すなわち死の迎え方を自分で決めることができるということのいわば反射的なものとして位置付けられるべきである。」としている[127]。

以上のような各見解に照らせば、自己決定権を根拠として、安楽死・尊厳死を肯定することは可能であろう。

3　医療を提供する側の治療義務の限界

治療義務の限界とは、もはや提供できる治療措置がなくなるに至った場合であり、それ以上の延命措置は無意味でしかないと認められる場合[128]における治療行為の中断、終了を指すものである[129]。患者の生命維持・延長に何の効果もないものであれば、それはもはや「治療」ではないのであり、これを継続する義務はないといってよいであろう[130]。すなわち、医学的な治療行為についての限界は当然にあり得るのであり[131]、それを超えて更なる医療行為を求めるのは、法的観点からしても合理性がないことは明らかであることから[132]、延命措置の中止を認める根拠となるものである[133]。

いわゆる川崎協同病院事件における前記平成17年3月25日横浜地裁判決で

（127）　同事件の最高裁決定に対する解説の中で、入江・前掲注[115]580頁は、刑法が嘱託殺人罪等を規定している以上、自己決定権だけでは、尊厳死を適法化することはできず、後述する治療義務の限界という点が加えられて初めて説明が可能になるとする。また、神馬幸一「治療行為の中止」山口厚＝佐伯仁志編『刑法判例百選Ⅰ総論［第7版］』〔別冊ジュリスト220号〕（2014年、有斐閣）45頁も同旨。

（128）　実際にこのような場面があることについて、里見清一『医師と患者のコミュニケーション論』（2015年、新潮社）203頁。

（129）　治療義務の内容を自己決定権との関係性を考慮して詳細に検討したものとして、樋笠知恵「積極的安楽死および治療中止の要件と自己決定権」東京経営短期大学紀要27巻（2019年）52頁以下が詳しい。

（130）　武藤眞朗「刑事判例批評142」刑事法ジャーナル23号（2010年）90頁。

（131）　井田・前掲注[124]143頁もこれを肯定する。

（132）　これに対し、「患者が死を迎える以前に治療義務が終了することは肯定できないとする批判がある。」（井田良「終末期医療と刑法」ジュリスト1339号（2007年）44頁が、「ある病態にある患者に対し、一定の延命治療を最初から差控えることが適法であることは疑われておらず、その根拠は、当該治療行為を行う法的義務が否定されるところに求めざるを得ない。」（同上）として反論がなされている。

（133）　小林憲太郎「治療中止の許容性の限界——川崎協同病院事件——」刑事法ジャーナル2号（2006年）93頁は、医学的にみて有害ないし無意味な治療を中止することはある意味で当然の事理であるとする。

は、この治療義務の限界について、「医師が可能な限りの適切な治療を尽くし医学的に有効な治療が限界に達している状況に至れば、患者が望んでいる場合であっても、それが医学的にみて有害あるいは意味がないと判断される治療については、医師においてその治療を続ける義務、あるいは、それを行う義務は法的にはないというべきであり、この場合にもその限度での治療の中止が許容されることになる（実際には、医師が、患者や家族の納得などのためそのような治療を続ける場合もあり得るがそれは法的義務ではないというべきである。）。」として、患者が延命治療を望んでいても中止し得る場合もあることを認めている。

　ただ、今後の問題として、医学的にどのような場合に治療義務の限界を認めるのかという個別具体的な基準などの定立が求められることとなろう。

第3款　安楽死の行為主体性の問題
第1　安楽死は誰が行ってもよいのか
　この問題は、安楽死の議論をする際のそもそものスタートとなるものである。ここでは、昭和37年12月22日名古屋高裁判決を題材として、安楽死の行為主体の問題を検討することとする。
1　本件名古屋高裁判決の事案の概要
　本件判決の事案は、実子が実親を殺害したことによる尊属殺人事件である。
　被告人は、父A、母Bの間の長男として生れ、高校卒業後は、両親を助け、家業たる農業に精励し、地域の青年団長などを勤めたこともある真面目な青年であった。
　ところが、父Aは、昭和31年10月頃、脳溢血で倒れた後は、ずっと病床にあって、昭和34年10月頃、これが再発してからは全身不随となり、食事はもとより排泄の世話まですべて家人を煩わすことになった。その後、昭和36年7月初め頃からは、食欲も頓に減退し、衰弱も甚だしく、上下肢は曲ったままで、これを少しでも動かすと激痛を訴えるようになった。加えて、しばしばしゃっくりの発作に悩まされ、2、3時間もこれが止まらないこともあり、息も絶えそうになりながら、その発作に悶え苦しんでいた。
　父Aは、上記のような容態の悪化と身体を動かす度に激痛を訴えるように

289

なったことから、「早く死にたい」「殺してくれ」と大声で口走しるようになっていた。

そのため、それまで、ずっと同人の診察に当っていた医師Ｃも、昭和36年8月20日頃には、Ａについて「おそらくはあと7日か、よくもって10日だろう。」などと被告人らに告げるに至っていた。

被告人は、上記のような父Ａの病状をみるにつけ、子として堪えられない気持に駆られ、遂に、父Ａを病苦より免れさせることこそ、父親に対する最後の孝行であると考え、同人を殺害しようと決意するに至った。

そこで、被告人は、昭和36年8月27日午前5時頃、被告人方に配達されていた牛乳に、有機燐殺虫剤を混入し、同日午前7時30分頃、情を知らない母Ｂをして父Ａに上記牛乳を飲ませ、同人を有機燐中毒により死亡させるに至ったものである。

2　本件判決の判示内容

この事件で、名古屋高裁は、安楽死を認めるための要件として、

① 病者が現代医学の知識と技術からみて不治の病に冒され、しかもその死が目前に迫っていること

② 病者の苦痛が甚しく、何人も真にこれを見るに忍びない程度のものなること

③ もっぱら病者の死苦の緩和の目的でなされたこと

④ 病者の意識がなお明瞭であって意思を表明できる場合には、本人の真摯な嘱託又は承諾のあること

⑤ 医師の手によることを本則とし、これにより得ない場合には医師によりえない首肯するに足る特別な事情があること

⑥ その方法が倫理的にも妥当なものとして認容しうるものなること

という6つの要件を掲げた上、被告人の殺害行為がその要件を満たすかどうかについて検討した。

そして、上記の要件のうち、「医師の手によることを得なかったなんら首肯するに足る特別の事情を認められないことと、その手段として採られたのが病人に飲ませる牛乳に有機燐殺虫剤を混入するというような、倫理的に認容しがたい方法なることの2点において、右の⑤、⑥の要件を欠如し、被告

人の本件所為が安楽死として違法性を阻却するに足るものでないことは多言を要しない。」として、安楽死による違法性阻却を認めなかったものである。

　ただ、本件では、そのうちの⑤及び⑥の要件を満たさないとして安楽死の成立を認めなかったものの、父Aが死なせてほしいと懇願したことを認め、嘱託殺人罪の成立を認めた上で、被告人に対し、執行猶予の付いた懲役刑を言い渡したのである。

　このような基準は、本件名古屋高裁の考え方であって、これが以後のルールになったというわけではない。ただ、高等裁判所が一定の基準を示したことから、これを基に法律家も医療関係者も安楽死の要件がどうあるべきかの様々な議論を引き起こしたのであった。どのような議論があったかまではここでは触れないが、安楽死という方法をとって死に至らしめても、違法性が阻却されて犯罪が成立しない場合があり得るということを、裁判所が積極的に示したことで、医師らのあるべき対応について深く検討されるきっかけになった裁判例であることは間違いないといってよいものである。

3　医師以外の者が安楽死を実施することの問題点

　ここで考えなければならないのは、安楽死の当否を考えるに当たって、そもそも医師に頼らずに、自らが傷病者を安楽死させるという行為が、現代の社会状況下で必要であるのか、また、それが是認されるべきであるのかという問題である。

　この事件では、⑤として、医師の手によることを原則としながらも、医師以外の者でも安楽死を行い得る場合があるとして一般人による安楽死の実施を容認している。

　たしかに「高瀬舟」の喜助の時代には、おそらく医師に頼ることもできず、喜助の判断に委ねざるを得ないという面があったことは否定できないと思われる。しかしながら、現代社会において、医師による救助を求めることなく、素人判断で、これは死期が迫っており、しかも、本人が苦しんでいるから、さっさと死なせてやるべきであると判断しなければならない状況があり得るのであろうか。

　例えば、山の中で遭難したような場合で、医師に助けを求めることができず、同伴者が多発性骨折や臓器の損傷、更には、多量の出血などで、死が目

前に迫っており、その苦悶の状況が見るに堪えないという場合でも、安楽死をさせてはいけないのかという反論があり得ると思われる。

　しかしながら、たとえそのような状況であっても、本当に死期が迫っているのかどうか、救助を待つ時間が耐えられないかどうか、真に回復可能性があるのかないのかなどは、やはり素人には正確には判断できない事項であるといわざるを得ないであろう。

　さらに、もし、そのような場合において、同伴者の耐え難い苦痛を見るのが忍びないとして素人判断で安楽死をさせても犯罪とならないとするなら、その直後に医師を含めた救援隊が到着し、当該医師の処置を待てば生存し得たなどという場合は、どのように扱ったらよいのであろうか。理論的には、この場合の素人判断に違法性阻却事由の錯誤(134)を認め、犯罪不成立となるのであろうが、それが果たして妥当な結果といえるのであろうか。

　そもそも、前述した法律家による安楽死の概念に関する定義では、いずれも「死期が迫っている」という要件が含まれていたが、これは本来的に医師でなければできない判断である。

　また、仮に、医師の判断を待たずとも、素人目にも死にそうであることが分かる場合はあるはずであり、その際に、ひどく苦しんでおり見るに忍びないという事態もあり得るはずであるとの反論も考えられる。具体的には、「高瀬舟の事案のような具体的状況下では、死期が切迫していることは誰の目にも明らかであり、死苦を除去するために喉に突き込まれている剃刀を引き抜くことは医師でなくてもできることであり、必ず医師の手によらなければならないとする理由はない。被殺者のおかれていた具体的状況を勘案して判断すべきである。」(135)とする見解もある。

　しかしながら、素人目にも死期が切迫していることが明らかに分かるのであれば、いくら死苦にあえいでいようと、それをわずかに早めるためにあえて死亡させることが、果たして法的にも、倫理的にも意味のあることであろうか。また、いくら死期が切迫していることが誰の目にも明らかといっても、

---

(134)　純粋に刑法理論上の話であり、安楽死を違法性阻却事由の一つと認めた上、その要件を満たしていると誤信したことで殺人の故意がなくなるという理論である。

(135)　日髙・前掲注(103)46頁。

現代の医学であれば、剃刀をそのままにして医師の手当を行えば、死亡という結果を回避できる可能性がある場合もないとはいえないであろう。これと同様のことは、他のケースにもいえるのであって、あくまで人の生死の境にある者についての回復可能性の有無については、素人では判断できないのであるかから、結局のところ、医師以外では安楽死は行い得ないと考えるべきだと思われる。

　このように考えてくれば、我々の中に積極的安楽死としてイメージされているような、医師によらずして、素人が傷病者を死なせなければならないような場面は、実は、現代社会では存在しないといってよいと思われる。

4　医師以外の者による殺害行為でありながら安楽死の問題として取り上げた本件判決の問題点

　前述したことに照らせば、本件判決の事案において、医師でもない素人の息子が実父を死なせることが親孝行だと考えたにしても、仮に「死なせてくれ。」と実父から言われたとしても、それは単なる嘱託殺人の動機形成過程にすぎず、そもそも安楽死などということを俎上に乗せる必要もない事件であったといえるところである。

　特に、本件判決では、わざわざ安楽死の6要件を判示したものの、結局、そのうちの複数の要件に該当しないと結論付けるなら、最初から、安楽死などという問題設定をしなくても、嘱託殺人罪を普通に認定し、それを執行猶予にすればよいだけのことであったといえる。

　ただ、本件判決で、あえて安楽死の問題を大上段に掲げたのは、当時は、尊属殺がまだ残っていた時代であり、実際にも、第一審判決では、尊属殺人罪が認定されて実刑判決が下されていたので、被告人を執行猶予に付することをできるだけ正当化するために、あえて安楽死による嘱託殺人罪を引っ張りだしたともみられるところである[136]。

　そのような観点からこの判決を見直すと、この判決では、前記記載の⑤、⑥の要件以外は満たすとまでは明言していないものの、その書きぶりからして、一応それらの要件を認定していると読めるところであるが、それら要件

---

(136)　熊谷弘「安楽死の要件」判例タイムズ178号（1965年）89頁。

のうちで、特に、②の要件に関しては問題がある。本件被害者の障害が末期がんなどではなくて脳卒中の後遺症である中風であることを指摘した上で、「中風（脳卒中）などは、元々安楽死などはあまり問題になるべきものではないと思う。」、「本件は中風で、（中略）動かなくなった手足を動かそうとしたり、しゃっくりで身体を動かすと痛むというだけであるから、一時的な苦痛であり、（中略）これは言わば一時的なものと見るべきである。このような情況は、果たして病気の苦痛が甚だしく、何人もこれを見るに忍びない程度というべきであろうか。」[137]との指摘もあることに照らせば、②の要件を満たしていたか疑問もあり、さらに、このような観点からみれば、そもそも①の死が目前に迫っているという要件も充足していないおそれもあるといえるところである。

　したがって、これらの観点からしても、この名古屋高裁の事案で安楽死を論ずる必要性は乏しかったことが分かると思われる。

　更に、この判決では、⑤において、医師によらなくても安楽死が可能であるかのような要件を設定しているが、その具体的な場合などには触れられていない。もちろん、本件でも、医師でない者が行うに当たっての特別な理由がないというのも有罪の理由とされているが、そもそも、その要件設定として、医師以外の者によらなければならない特別な理由というもの自体が想定しがたいのではないかと思われるところである。

　実際のところ、この判決も、被告人を嘱託殺人罪として有罪とした根底の判断には、医師ではない者が実行した安楽死であるという点が大きかったのではないかと推測される。たしかに有機燐殺虫剤を飲ませた行為が倫理的に妥当でなく、⑥の要件を満たさないというのも理由にしてはいるが、では、これが医師から処方された睡眠薬を過剰に飲ませたような場合であったなら、安楽死として認めたのであろうか。おそらくは、そのような比較的穏やかな方法を用いても、嘱託殺人罪として有罪としたと思われる。というのは、本件判決の根底には、やはり医師でもない素人が、自己の判断で人を死に至らしめたとの判断があるからではないかと推測されるからである。

---

(137)　熊谷・前掲注(135)88頁。

第2　医師以外の者による殺害行為が安楽死と認められるか問題となった裁判例

1　平成27年7月8日千葉地裁判決（公刊物未登載）

(1)　事案の概要

この事件で起訴された被告人は92歳の男性であったが、83歳になる同居の妻から頼まれて同女を殺害したものである。この妻は、老齢により足腰の衰えが顕著になってからは、足腰に常に痛みを抱えていた。そこで、これを和らげるために病院を何度も受診し、処方された鎮痛薬を服用するなどしていたものの、効果は乏しく、絶えず痛みに苛まされながら、痛みに起因する不眠にも酷く苦しんでいた。そのため、妻は、死ぬ以外に痛みから逃れる方法はないのでないかという思いを抱き、家族に大きな負担をかけていることを耐え難く思う気持ちもあり、被告人らに対して、安楽死を望むかのような発言を繰り返すようになった。

被告人は、これを聞いて、妻を不憫に思う気持ちや無力感が強くなり、昼夜を問わずに眠る間もなく妻の介護に追われるうちに、被告人自身の疲労の色も濃くなっていった。

そして、ある日、自宅の廊下で転倒した妻の手助けに被告人が行った際、妻は、「もう生きていても苦しいだけなので、殺してほしい。」と懇願した。そこで、被告人は、妻を苦しみから解放するには、もはや自分が殺してやるしかないものと考え、苦渋の思いでその申出を了承した。被告人は、妻と2人で寝室に移動し、布団に横になった妻に添い寝をしながらしばらく思い出話をし、その後、素手で妻の首を絞めて殺害しようとしたものの、うまく絞めることができなかった。そのため、妻はネクタイを用いて首を絞めてくれるよう求めた。そこで、被告人は、洋服箪笥からネクタイを持ち出し、妻の首にネクタイを二重に巻き付け、本当に絞めていいのかと覚悟のほどを確かめたが、妻の決意は揺るがなかった。それで、被告人は、ネクタイで思い切り妻の首を絞めて殺害したのであった。

(2)　本件は安楽死として認められるか

このような事案では、被害者の苦痛からの解放を望む意図は十分うかがわれるものの、医師ではない被告人が殺害する行為には、医学的判断をした上

での行為ではないため、違法性が阻却されるための安楽死として認めることはできない。したがって、被告人に対して、嘱託殺人罪が成立することは明らである。

　なお、この事案では、被告人は有罪とされたものの、誰が考えても被告人が気の毒であるから、判決では、「被害者の命が失われた結果の重大性は重く受け止めなければならないものの、被告人が、被害者の介護に追われ、心身共に疲弊し、追い詰められた状況で、被害者から殺してほしいと懇願され、苦しみから解放するためには他に方法はないと考えて犯行に及んでおり、その判断を強く非難はできないことに照らすと、被告人の刑事責任に見合う刑罰として実刑が相応しいとはいえない。」として、執行猶予の付いた判決が言い渡されている。

2　平成13年10月24日名古屋地裁判決（判例タイムズ1107号301頁）

(1)　事案の概要

　被告人は、A（大正13年10月8日生）及びB（昭和17年3月1日生）の長男として出生し、両親、妹と共に暮らしていたが、昭和57年頃、母Bが脊髄を患って寝たきりの状態となった。そのため、父Aが仕事を辞めてその介護に専念し、被告人自身も妹と共にその介護を手伝っていた。その後、妹が昭和63年に結婚して家を出た後は、主に父Aと被告人とがその介護に努めていた。しかし、平成6年頃、父Aの負担が重くなってきたことから、被告人は、仕事を辞めてBの介護に力を注ぐようになった。

　ところが、被告人自身も、昭和61年頃から足が不自由となり、足を引きずって歩くようになっていた。更に、平成7年頃には、脊髄疾患による歩行困難な体幹機能障害となった上、回復の見込みがなく将来は車椅子生活となるなどと医師から言われるようになった。しかも、父Aも、平成9年頃、自転車に乗っていて転倒し、そのため頭部手術を受けた後、平成11年頃、パーキンソン症候群、変形性関節症による立ち上り困難な体幹機能障害となった。また、母Bは、リュウマチ、パーキンソン病などをも併発していた。被告人は、父Aがほぼ寝たきりの状態となった後、名古屋市内の自宅において、両親の介護を1人で続けていた。

　平成11年頃から、父A及び母Bが病身を憂い、いずれも死にたいなどと口

にするようになったが、被告人は、両親に対し「冗談言ってはだめだ。」と言ったり、「まだ頑張って生きていこうや。」と言ったり、「僕の足も動くので、面倒みれるで、もう少し生きよう。」などと言ったりして励まし、諫めるなどしていた。その間、被告人の足の具合が更に悪化し、平成12年12月頃には、右足が殆ど動かなくなり、壁の伝い歩きも時間を要するなどかなり歩行困難な状態になった。

　それでも、被告人は、平成13年に入ってからは、両親が入所施設あるいは病院に一時期入院したり、また、訪問や通所の公的な介護を受けたりもしていたが、それ以外の両親の食事、洗濯、排泄の世話など日常生活を営むのに必要な殆どの介護については自己の病をおして献身的に行っていた。

　被告人は、平成13年7月18日、両親の世話を終え、午後10時頃、就寝しましたが、同日午後11時頃、両親のいる和室6畳間のベルが鳴り、同室に行った際に、父A が睡眠薬を手にして「これ全部飲んで死んでやる。」と言ったので、その睡眠薬を取り上げた。しかしながら、同人がなおも胸を指し示しながら、「ここを包丁で刺してくれ、そうすれば楽になるから。殺して楽にしてくれ。」と言ってきたので、被告人は、台所から包丁を持ち出し、同人の胸などに着衣の上から包丁の刃先をあてて刺す振りをして、包丁では死ねないと言って諫めた。しかし、それでも、父A は、「足も動かんし、死にたい。」などと言い、また、B も「もう苦しいから、私も死にたい。」と言って、被告人に死を哀願した。

　これを聞くに及び、被告人は、自分の身体が不自由であり、いつまでも両親の介護を続けることもできないと思い、両親の介護に疲れていたことや、その介護ができなくなれば同人らは惨めな思いをするであろうと考え、両親の嘱託に応じて同人らを殺害して自分も自殺しようと決意した。

　そこで、被告人は、平成13年7月18日午後11時40分頃、前記和室6畳間において、父A（当時76歳）の殺してほしいとの嘱託に応じて、殺意をもって、同人の頸部を両手で強く絞めつけ、よって、そのころ、同所において、同人を扼頸により窒息死させ、もって、同人の嘱託を受けて同人を殺害した上、引き続き、同時刻の直後ころ、同所において、母B（当時59歳）の殺してほしいとの嘱託に応じて、殺意をもって、同人の頸部を両手で強く絞めつけ、

よって、そのころ、同所において、同人を扼頸により窒息死させ、もって、同人の嘱託を受けて同人を殺害した。

　なお、被告人は、上記犯行直後、手首を包丁で切るなどして自殺しようと試みたが、失敗に終わり、翌19日午前4時57分ころ110番通報するなどして自首したものである。

(2)　本件は安楽死として認められるか

　この事案も、先の千葉地裁判決の事案と同様に、医師でない被告人が両親の依頼・嘱託を受けて殺害しているが、いくら両親に身体の苦痛があったとはいえ、その殺害態様をも含めてみても、違法性阻却事由となる安楽死とは認められないであろう。

　事案としては、先の事案と同様に、被告人気の毒で同情できる余地も多々あるが、本件判決でも「両親から殺害を嘱託されたとはいえ、当時、両親の死期が迫っていたという状況や両親が激痛に苦しんでいた訳ではなく、妹や周囲の者に助力を求めたり相談することもできたのに、これをしないまま、被告人の判断で本件各犯行を敢行しており、思慮を欠いた短絡的な犯行であって、厳しく非難される。」と指摘されているように、やはり短絡的な犯行であるといわざるを得ず、安楽死の対象となるような事案ではないといえるところである。

3　その他の同種事案

　①平成2年9月17日高知地裁判決（判例時報1363号160頁）は、軟骨肉腫で苦しむ妻の首を絞めて殺害したものであり、②昭和52年11月30日大阪地裁判決（判例時報879号158頁）の事案は、胃がんで激痛に苦しむ妻の胸部を刃物で突き刺して殺害したものであり、③昭和50年10月16日神戸地裁判決（判例時報808号112頁）の事案は、脳内出血の後遺症でけいれん発作が続いた実母の首を絞めて殺害したものであり、④昭和50年10月1日鹿児島地裁判決（判例時報808号112頁）の事案は、不眠や全身の疼痛に苦悶する妻の首を絞めて殺害したものである。

　これらすべての事案に共通していえることとして、先の千葉地裁判決及び名古屋地裁判決と同様に、医師でない者が実行していること、その方法が通常の殺人事件における態様となんら異ならないこと、果たして被害者に死期

が迫っていたかどうか不明であることなどが挙げられ、いずれの事案においても、およそ安楽死として適法とされるような事案ではなかったものばかりである。

第3　安楽死の行為主体性についての帰結

　以上述べてきたような実情に照らしても、医師でない者による、違法性が阻却されるべき安楽死というのを観念することは困難であることが明らかであると思われる。

　したがって、安楽死が問題とされるべきは、すべて医療の現場においてであり、医師の行為を対象とするものであるということに帰結することになる。

第4款　安楽死が違法性阻却事由として認められるための患者側の要件
第1　序　　　論

　医師の手によるものでなければそもそも安楽死が適法とされる前提を欠くことは前述したとおりであるが、では、患者側がどのような要件を満たせば、その行為の違法性が阻却されることになるのであろうか。

　前記名古屋高裁判決でも一応の要件は示されており、安楽死の対象として考えられる患者側の要件としては、(a)死が目前に迫っていること、(b)その苦痛が見るに忍びないほどひどいものであること、さらに、意思が表示できる場合には、(c)その真摯な嘱託等があることとされている。

　このような要件のうちの前2者については、前述した人間的同情論の根拠とされていたものであり、最後の要件は、自己決定権を根拠とするものであるといってよいであろう。ただ、それらの患側に関する要件は、安楽死の定義に挙げられているほど基本的なものであり、安楽死を適法なものと認める場合に、それらの要件を否定する見解はないといってもよいと思われる。

　これらの要件は、患者の病状によるものであるところ、実際に、(a)、(b)のような状況に陥った患者から、苦痛の除去のための絶命措置を真摯に嘱託され、その上で、医師がそのための措置を適切に講じたとすれば、安楽死として違法性が阻却されるかどうかの検討が不可欠となり、そうなれば、事案によっては、当該安楽死は、違法性が阻却されるとして犯罪が不成立という場

合があってもよいだろうと考えられるであろう。

　ところが、そのような実例は、少なくとも刑事裁判となったものの中では存在しない。実際のところ、一般的な医師は、そのような事案であっても、安楽死を引き受けないからであろう。ただ、そのような理由以外にも、死期が目前に迫って、その苦痛が耐え難いような症状に陥っている患者は、往々にして意識を失っているか、また、それが鮮明でないこともあり、そのため、絶命措置を求める真摯な訴えができない状況であることが多いことも一つの原因だったのではないかと思われる。実際にも、以下に紹介する2件の安楽死事件と呼ばれるものも、いずれも患者は、意識がない状態下での絶命措置が問題とされたものである。したがって、結局のところ、安楽死の要件として、死期が迫っている上、見るに堪えない苦痛を感じている患者本人による明示的な意思表示による絶命措置の依頼を絶対必要条件とするのであれば、実際上は、安楽死が適用される場面はあまりないのかとも思われる。

　ただ、そうなると、仮に患者本人が明示的な意思表示がなくても、次善の策として、事前に患者のその旨の意思表示が書面などでなされていたらどうか、家族の意思から患者本人の意思を推認できるかどうかという点などが議論の対象となるであろう。先の名古屋高裁判決が示した要件のうちで、「意思が表示できる場合には、その真摯な嘱託等があること」としているが、ここでも意思表示ができない場合でも安楽死を適法とする余地があることを示している（もっとも、この場合に、本人の意思に代わるものとして、どのようなものが必要であるかは示されてはいない。）。

　そこで、患者本人の明示的な意思表示をどのように位置付けるか、それを絶対に必要な要件とするのか、その例外は存しないのかなどについて、医師が行った安楽死の事案である東海大学病院事件と川崎協同病院事件の2件紹介し、そこでは上記の問題点をも含めて、どのようなことが問題とされ、どのような結論が導き出されたのか検討することとする。

第２　東海大学病院事件——平成７年３月28日横浜地裁判決（判例時報1530号28頁）——

1　事案の概要

この判決の事案で問題とされたのは、当時、東海大学医学部付属病院に勤務していた医師Ａが、多発性骨髄腫で入院していた患者Ｂ（当時58歳）に対し、塩化カリウム製剤を注射して死亡させたことが安楽死として許容されるか、つまり、その殺害行為の違法性が安楽死として阻却されるかどうかという点であった。

この患者Ｂは、すでに末期状態にあって、死が迫っていたのであり、そのため、呼吸をするのも苦しそうな状況であった。そして、平成３年４月13日午後８時35分頃、東海大学医学部付属病院内の患者Ｂの病室において、被告人Ａは、その様子を見ていた長男Ｃや妻Ｄから、患者Ｂを苦痛から解放してやってほしい、すぐに息を引き取らせてやってほしいと強く要請された。そのため、被告人Ａは、逡巡したものの、患者Ｂに息を引き取らせることもやむを得ないと決意した。

そこで、被告人Ａは、徐脈、一過性心停止等の副作用のある不整脈治療剤である塩酸ベラパミル製剤（商品名「ワソラン注射液」）の通常の２倍の使用量に当たる２アンプル４ミリリットルを患者Ｂの左腕に静脈注射をした。しかし、患者Ｂの脈拍等に変化がみられなかったことから、続いて心臓伝導障害の副作用があり、希釈しないで使用すれば心停止を引き起こす作用のある塩化カリウム製剤（商品名「KCL」注射液）の１アンプル20ミリリットルを、希釈することなく患者Ｂに静脈注射をした。

その後、被告人Ａは、心電図モニターで心停止するのを確認し、心音や脈拍、瞳孔等を調べて、長男に「ご臨終です。」と告げ、患者Ｂを急性高カリウム血症に基づく心停止により死亡させたのであった。

2　本件横浜地裁判決の判示内容

この事案において、本件横浜地裁判決は、安楽死として違法性が阻却されるためには、「本件で起訴の対象となっているような医師による末期患者に対する致死行為が、積極的安楽死として許容されるための要件をまとめてみると、

① 　患者が耐えがたい肉体的苦痛に苦しんでいること

② 　患者は死が避けられず、その死期が迫っていること

③ 　患者の肉体的苦痛を除去・緩和するために方法を尽くし他に代替手段がないこと

④ 　生命の短縮を承諾する患者の明示の意思表示があること

ということになる。」と判示した。

　この横浜地裁判決と上記名古屋高裁判決と比較してみるに、①と②の要件は同じであるところ、②の要件に関していえば、安楽死が患者を死に至らしめる行為である以上、今後、回復する可能性があるのであれば、これを否定して死亡させることを正当化できるはずもないので、これが犯罪とならず、適法とされるためには、死が迫っており、これが避けられないものであることは必然的に要求されるものと考えてよいであろう。したがって、本件横浜地裁判決の②の要件は当然である。

　ただ、名古屋高裁が掲げた要件である、医師の手によることを原則としつつ、その方法が倫理的にも妥当なものであることという要件については、末期医療において医師の手により行われる限りでは当然のことであるし、また、その方法が倫理的にも妥当であることなども当然のことであって、特に要件とするまでの必要はないとして、敢えて要件として掲げることはしていない。したがって、本件横浜地裁判決において、この要件が挙げられていないからといって、医師以外の者がしてよいとか、倫理的に不相当な方法で死亡させてよいなどという判断を示しているわけではない。

　ただ、その一方で、新たに、③苦痛を除去・緩和するための代替手段がないことという要件を付加しているほか、名古屋高裁判決が病者の意識が明瞭で意思を表明できる場合についてのみ本人の真摯な嘱託または承諾を必要とするとしていたのに対し、④患者本人の明示の意思表示を例外なしに要求している点において、名古屋高裁判決と異なっている。

　その上で、「本件起訴の対象となっているワソラン及びKCLを注射して患者を死に致した行為については、積極的安楽死として許容されるための重要な要件である肉体的苦痛及び患者の意思表示が欠けているので、それ自体積極的安楽死として許容されるものではなく、違法性が肯定でき」るとした。

つまり、前記の要件のうち①と④が欠けているとして、安楽死として違法性が阻却されることはないと判断したものである。

3　本件事案における上記①の要件の位置付け

⑴　患者Bは本当に苦痛を感じていなかったのか

本件では、この①の要件が欠如しているとして違法性阻却事由となるべき安楽死とは認められないとされたが、実際のところ、患者Bは、苦痛を感じていなかったのであろうか。本件判決によれば、患者Bが苦しそうに見えたことと、息子が母親の苦痛に耐えている姿を見るのが忍びないとの懇願がなされたという事実が認められるが、患者Bに意識がなかったので、本当に苦しんでいたのかどうかは不明である。例えば、意識が朦朧としていても、「苦しい。」とか、「助けてくれ。」とか声に出していれば、死苦の苦痛の最中にあると認定してよいと思われるが、傍から見れば本人は苦しんでいるように見えても、実は、単に筋肉がけいれんするなどの生体反応によって起きているだけの現象も場合もある。

したがって、苦痛の意思表示が本人からなされていない場合には、これを家族などが推測して、耐え難い苦痛に苦しんでいるという事実を認定するというのは、医学的に困難であると思われる。また、逆に、本当は苦しんでいるんだけれども、それを表現するすべがなく訴えられないということも考えられないではない。

結局のところ、医学的には、意識がないとか不鮮明の場合には、患者からの何らかの意思表示でもない限り、患者自身が真実苦しいと感じているかどうかは明らかにできないというしかないであろう。そうなると、裁判の上では、患者が苦しんでいるという認定はできないとするしかないことにならざるを得ないこととなる。

⑵　上記①の要件には精神的苦痛も含まれるのか

本件では、この耐え難い苦痛の中に、身体的苦痛が含まれるのは当然であるが、精神的苦痛も含まれるのかどうかも争点とされていた。

この点について本件判決は、「末期患者には症状としての肉体的苦痛以外に、不安、恐怖、絶望感等による精神的苦痛が存在し、この二つの苦痛は互いに関連し影響し合うということがいわれ、精神的苦痛が末期患者にとって

大きな負担となり、それが高まって死を願望することもあり得ることは否定できないが、安楽死の対象となるのは、現段階においてはやはり症状として現れている肉的苦痛に限られると解すべきであろう。苦痛については客観的な判定、評価は難しいといわれるが、精神的苦痛はなお一層、その有無、程度の評価が一方的な主観的訴えに頼らざるを得ず、客観的な症状として現れる肉体的苦痛に比して、生命の短縮の可否を考える前提とするのは、自殺の容認へとつながり、生命の軽視の危険な坂道へと発展しかねないので、現段階では安楽死の対象からは除かれるべきであると解される。」と判示している。

　本判決が指摘するとおり、精神的苦痛は含まれないとするのもやむを得ないところであろう。

4　本件事案における上記②の要件の位置付け

　安楽死を検討する上で、上記②の要件にあるように、患者の病状としては、まず、死期が目前に迫っており、その回復が不能であるという状況が不可欠である。すなわち、早すぎる治療の中止を認めることは、生命軽視の一般的風潮をもたらす危険があることから、生命を救助することが不可能で死を避けられず、治療行為が単に延命を図るだけの措置でしかない状態になったとき、初めて安楽死・尊厳死の対象となり得ると考えるべきだからである。

　ただ、問題は、死期が目前に迫ったというのは、医学的に、どのような状態のものを指し、どの程度の死との近接性が求められるのかという点である。数時間後に死亡すると見込まれるものに限るのか、数日後ではどうなのか、1週間後ではどうかという問題である。また、数週間後、若しくは数か月後には死亡すると見込まれ、ある程度は生存すると考えられるものの、回復はほぼ絶対的に不能であるという場合は除かれるのかどうか、という点も同様に問題になろう

　日本医師会は、平成21年の「グランドデザイン2009」において、終末期を定義しており、これによると「担当医を含む複数の医療関係者が、最善の医療を尽くしても、病状が進行性に悪化することを食い止められずに死期を迎えると判断し、患者もしくは患者が意思を決定できない場合には患者の意思を推定できる家族が『終末期』であることを十分に理解したものと担当医が

判断した時点から死亡まで」としている[138]。しかし、「終末期」は、患者が有する疾病や状態（救急医療等における急性型終末期、がん等の亜急性型終末期、高齢者や認知症等の慢性型終末期等）によって異なるため、どのような状態が終末期かは、患者の状態を踏まえて、医療・ケアチームの適切かつ妥当な判断によるべき事柄であるとされている[139]。

　この点について、例えば、日本救急医学会は、平成19年11月、「救急医療における終末期治療に関する提言（ガイドライン）」を発表しており[140]、これによると、終末期とは、次のようなものとなる。

　救急医療における「終末期」とは、突然発症した重篤な疾病や不慮の事故などに対して適切な医療の継続にもかかわらず死が間近に迫っている状態で、救急医療の現場で以下1）〜4）のいずれかのような状況を指す。

　1）　不可逆的な全脳機能不全（脳死診断後や脳血流停止の確認後なども含む）と診断された場合

　2）　生命が新たに開始された人工的な装置に依存し、生命維持に必須な臓器の機能不全が不可逆的であり、移植などの代替手段もない場合

　3）　その時点で行われている治療に加えて、さらに行うべき治療方法がなく、現状の治療を継続しても数日以内に死亡することが予測される場合

　4）　悪性疾患や回復不可能な疾病の末期であることが、積極的な治療の開始後に判明した場合

とされている。このような状況は、救急の場合を前提としているだけに、特に4）などは通常のガン患者の終末期等とは若干異なるが[141]、基本的には、上記のような症状が患者にみられる場合に、死期が迫っており、回復不能と認定されることとなろう。

　もっとも、死期の見込みについては、医学的上、個々の患者のケースに

---

(138)　平成31年にも日本医師会は同様のグランドデザインを公表したが（日本医師会ウェブサイト）、ここでは終末期に関する定義づけはなされていない。

(139)　緒方・前掲注[97]141頁。

(140)　日本救急医学会ウェブサイト。

(141)　有賀徹「医療現場からみた人工延命措置の差控え・中止」甲斐＝谷田編・前掲注[100]153頁。

よって異なり、医師の見込み違いで余命宣告が誤るということはしばしばみられるところである[142]。したがって、医学上も正確には確定できないものである以上、一般的な医師が診て、上記救急医学会のガイドラインに沿った状況が見受けられ、死期が迫っていると判断される状態であれば、この要件は満たすものと考えるべきであろう。また、いくらかの生存期間が見込まれたとしても回復不能が確定しているのであれば、死期が迫っているという要件に該当するものと考えてよいのではないかと思われる。そのような回復不能状態の場合、多くは脳死か、それに近い状態であると考えられ、臓器移植法によれば脳死は人の死とされていること（同法6条1項）に鑑みて、死期が目前に迫っている場合と同様に扱っても差し支えないと考えられるからである。

　この点に関して、後述する川崎協同病院事件の平成17年3月25日横浜地裁判決では、被害者の脳波等の検査等が実施されていなかったため、被害者の回復の可能性や死期切迫の程度を正確に判断することは困難であったが、事後的に、これを鑑定した結果によれば、被害者の余命は、①昏睡が脱却できない場合（およそ50％程度の確率）、短くて約1週間、長くて約3か月程度、②昏睡から脱却して植物状態（完全に自己と周囲についての認識を喪失すること）が持続する場合（同40％）、最大数年などとされていたことから、被害者の病状が回復不可能で死期が切迫している場合に該当するとはいえないとされている。

　たしかに生存の可能性が相当程度残されていると判断されるのであれば、死期が迫っているとは評価しえないものと思われる。

5　本件事案における上記③の要件の位置付け

　本件判決では、前記名古屋高裁判決とは異なり、「患者の肉体的苦痛を除去・緩和するために方法を尽くし他に代替手段がないこと」を挙げているが、これは苦痛の除去における治療義務の限界を明示的に要件として挙げたものである。

---

(142)　余命宣告が正解するのは、せいぜい3分の1強という研究結果もある（"Can oncologists predict survival for patients with progressive disease after standard chemotherapies?" Current Oncology 2014 Apr; 21(2): 84–90)。

そのような治療義務の限界に達していなければ医療側としては更なる最善を尽くすべきであり、他に代替手段がない程度までに義務を尽くす必要があることはむしろ当然であろう。

6　本件事案における上記④の要件の位置付け

また、④の患者の明示の意思表示についても、本件の患者のように意識がない場合には、当然に不存在となる。しかしながら、本人の明示の意思を絶対的に要求した場合、意識が混濁し始めた以降の患者や、苦痛が甚だしく、そのような意思表示をする余裕のない患者には、一切安楽死の適用はないという結論になるが、そうなると苦痛の余り明瞭な意思表示ができない状況に陥った、ある意味では、最も安楽死が必要とされる患者には適用されないということにもなりかねず、そのような結論が妥当であるかは議論の余地があるといえよう。

(1)　家族の意思が患者本人の意思に代わり得るものとならないか

患者本人から生命の短縮を承諾する意思表示ができない場合には、家族の意思がそれに代わり得る、つまり、家族の意思表示から本人の意思を推認することができないかということが問題になる。この場合の表示されていない本人の意思については、法的に**推定的意思**といういい方もされるが、これは本人から明示の承諾の意思表示はなされていないものの、その承諾が合理的に推認できる場合には、承諾の意思があったものとみて差し支えないということである。

基本的には、いくら家族であるといっても、本人ではない以上、本人の意思に代わり得るものとはならないというのが原則であろう。しかしながら、そうなると意識不明に陥った場合には、安楽死は一切認められないのかという問題に直面することになる。いくら意識があることで本人が苦しがっている言動がみられ、死期も迫っているとしても、本人から「死なせてほしい。」という積極的な死を希求する意思表示がない限り、絶対に認められないかというと、それも一つの考え方ではあるが、やはり疑問も残ないではない。長年一緒に生活をしてきており、その考え方なども熟知している間柄であれば、家族による本人の意思の推認が合理性を持つ場合もあると思われる。そのような場合には、家族の意思をもって本人の意思であると推認しても差し

支えないのではないかと思料されるところである。

　これについては、「家族の判断が著しく不合理で患者の意思と合致しない可能性が高いと思われるような例外的場合を除いて、原則として、家族の意思から患者の意思を推定することが許されると考えるべきであるように思われる。」とする見解(143)があり、家族の意思から患者の意思を推定することも許容されると考えるべきであろう(144)。

　このような見解に対しては、家族の意思から患者の意思を推認するのは、所詮、フィクションにすぎないとか、擬制にすぎないとする反対意見(145)もあるが、他に推認の手立てがない以上、医師だけの判断に委ねるよりも妥当であると考えられることから、家族の意思から患者の意思を推認することもやむを得ないと考えるべきであると思われる。

　もっとも、何年連れ添って、どのように生活していたのか、相互の理解の程度はどの程度かなど、家族関係は様々であろうから、これを一律に認定することは困難である。

⑵　**家族による本人の意思の推認についての本件判決の判示内容**

　この点について、本件横浜地裁判決は、家族による本人の意思表示の推認について、次のように述べている。

ア　そもそも「家族の意思表示から患者の意思を推定することが許されるか、言い換えれば、患者の意思を推定させるに足りる家族の意思表示によることが許されるかが問題となる。（中略）医療の現場での現実や、今日国民の大多数の人が延命医療の中止を容認する意見を有していながら、具体的には事前といえども患者の実際の意思表示がある場合が圧倒的に少ないという現実間のギャップがあること、並びに、具体的に当該措置を中止すべきか否かについては、医師による医学的観点からの適正さの判断がなされ、家族の意思表示があったからといって全ての措置が中止されるわけ

(143)　佐伯仁志「末期医療と患者の意思・家族の意思」樋口範雄編『ケーススタディ生命倫理と法』〔ジュリスト増刊〕（2004年、有斐閣）90頁（同〔第2版〕（2012年、有斐閣）73頁）。

(144)　同様の見解として、井田・前掲注⑿140〜141頁。

(145)　土本武司「治療行為の中止と合法要件」判例評論627号〔判例時報2105号〕（2011年）168頁。

ではないこと、さらに、患者の過去の日常生活上の断片的あるいはエピソード的言動から患者の推定的意思を探ろうとするよりも、むしろ家族の意思表示による方が、はるかに治療行為の中止を検討する段階での患者の意思を推定できるのではないかと思われることなどを考慮すると、家族の意思表示から患者の意思を推定することが許されると考える。」として、家族の意思から患者の意思を推定することが許されるとして、いわば家族の意思で代替することを容認している。

イ　ただ、その際の要件としては、次のように厳格なものを要求している。すなわち、「こうした家族の意思表示から患者の意思を推定するには、家族の意思表示がそうした推定をさせるに足りるだけのものでなければならないが、そのためには、意思表示をする家族が、患者の性格、価値観、人生観等について十分に知り、その意思を適確に推定しうる立場にあることが必要であり、さらに患者自身が意思表示をする場合と同様、患者の病状、治療内容、予後等について、十分な情報と正確な認識を持っていることが必要である。そして、患者の立場に立った上での真摯な考慮に基づいた意思表示でなければならない。」と判示している。

　つまり、①家族が、患者の性格、価値観、人生観等について十分に知り、その意思を適確に推定しうる立場にあること、②患者の病状、治療内容、予後等について、十分な情報と正確な認識を持っていること、③患者の立場に立った上での真摯な考慮に基づいた意思表示でなければならない、という3つの要件を挙げているのである。

　この点について、「これらの要件は、実は、充足するのがそれほど容易ではない。①は、家族という漠然たる関係概念を実質的に厳しく制限するものであるし、③は、患者の「最善の利益」を実質的に考慮しようとしたものといえようし、②もまた、この臨床現場に深くかかわりを持った者だけが該当することを示している。」[146]と評価されており、厳格な要件設定と考えられている。

---

(146)　唄孝一「いわゆる『東海大安楽死判決』における『末期医療と法』」法律時報67巻7号（1995年）44頁。

ウ　そして、そのような家族側の意思を受け取る側の医師についても、本件
　判決は、次のような要件の充足を求めている。

　　すなわち、「また、家族の意思表示を判断する医師側においても、患者
　及び家族との接触や意思疎通に努めることによって、患者自身の病気や治
　療方針に関する考えや態度、及び患者と家族の関係の程度や密接さなどに
　ついて必要な情報を収集し、患者及び家族をよく認識し理解する適確な立
　場にあることが必要である。」として、医師も患者及び家族との意思疎通
　により、彼らをよく理解することが求められている。

　　その上で、「このように、家族及び医師側の双方とも適確な立場にあり、
　かつ双方とも必要な情報を得て十分な理解をして、意思表示をし、あるい
　は判断するとき、初めて、家族の意思表示から患者の意思を推定すること
　が許されるのである。この患者の意思の推定においては、疑わしきは生命
　の維持を利益にとの考えを優先させ、意思の推定に慎重さを欠くことが
　あってはならないといえる。」と判示したのである。

　　この論理についても、「この推定の濫用の恐れが注意深く抑制されてい
　る。」[147]と評価されているところである。

エ　そこで、本件において、家族の意思表示から患者の意思を推定できるか
　について、「本件家族は、長年患者と一緒に生活を共にしてきている妻で
　あり長男であって、患者の性格、価値観、人生観等を十分知り、患者の意
　思を推定できる立場にあったことは是認でき、また事実の経過で示したと
　おり、4日前の4月9日から家族は治療行為の中止を望んでそれを口に出
　し、その後も治療の中止を申し入れ、点滴等の取り外しが行われた当日も
　二人で治療の中止を強く要望し迫っているのであって、一応、患者の意思
　を推定できる立場にある家族が、患者の意思を推定できるような意思表示
　をしているようにも認められるのである。」として、長男C及び妻Dによ
　る意思表示から、一応、患者本人の意思が推し量れるかのような認定をし
　た。

　　しかしながら、本件判決は、それに続けて、「その家族の意思表示の内

---

(147)　唄・前掲注(145)44頁。

容をなお吟味してみると、家族自身が患者の病状、特に治療行為の中止の大きな動機となる苦痛の性質・内容について、十分正確に認識していたか疑わしく、最終的に治療の中止を強く要望した4月13日当時の患者の状態は、すでに意識も疼痛反応もなく、点滴、フォーリーカテーテルについて痛みや苦しみを感じる状態にはなかったにもかかわらず、その状態について、家族は十分な情報を持たず正確に認識していなかったのであり、家族自身が患者の状態について正確な認識をして意思表示をしたものではなかったのである。そうすると、この家族の意思表示をもって患者の意思を推定するに足りるものとはいえない。」として、本件判決では、前述した①の要件が充足していたかどうか家族が正確に認識していなかった以上、家族の意思表示では④の要件を満たさないとして、家族の意思をもって本人の意思とすることはできないとしたものである。

　患者本人が意思表示をできない状態において、これに代わるものとする以上は、その認定は相当に厳格なものが要求されるのは仕方のないところであり、本件横浜地裁判決の判示も相当なものであると評価されよう。

(3)　**患者本人の意思が書面で示されていた場合には意思表示に代わり得るものとならないか**

この点については、患者本人が苦痛に喘いでいる間に、いずれ自らの意思表示ができなくなった場合に備えて、自らが書面を作成し、生命の短縮を承諾しておくことがあり得ると思われる。

　本件では、そのようなことがなされていなかったので問題とはされなかったが、実際に患者Bがそのような意思表示を残していた場合には、家族による代わりの意思表示と同様に重大な争点となったものと思われる。

　基本的には、そのような書面による意思表示は、実際の明示的な意思表示と同様に扱ってよいと思われるが、ただ、この点については、尊厳死において、リビング・ウイルとして扱われている問題であるので、そこで述べることとする。

7　本件事案における医療実務上の問題点

　法律的観点からはほとんど論評されていないが、本件では、医療実務上、非常に深刻な問題があった。本件の事案の概要は、前述したとおりである

が、より詳細にいえば、被告人である医師Ａが安楽死を実行するに至った経緯として、患者の家族からの執拗かつ強圧的な要求があり、これを断り切れなかった医師Ａが止むを得ずに実行したという実態である。

(1)　長男Ｃらの執拗な治療中止の要求

患者Ｂの長男Ｃと妻Ｄは、Ｂが死亡する４日前の４月９日頃から継続して、被告人Ａらに対し、「家族としては、血漿交換はもうしなくてよく、点滴とフォーリーカテーテルも抜いて、治療はやめてほしい。患者はみんな分かっているのです。治る病気ではないので治療する意味はなく、苦しめるようなことはしないで下さい。」と言い、「治療を中止して欲しい。かわいそうなので、点滴もフォーリーカテーテルも外してほしい。」旨申し出をしていた。

そのような長男Ｃや妻Ｄに対し、被告人Ａは、「今は確かに厳しい状態です。しかし、医師というものは可能性があれば少しでも治療を続けるのが当然であり、私も可能性を信じて治療をしているのですから、家族の方も頑張って下さい。治療をすべて中止すれば後で後悔することになりますよ。一応治療については今までどおり続けます。」旨話したものの、長男Ｃは、「いよいよという時には点滴やフォーリーカテーテルなどは全て抜いて下さい。」と、患者の死期が迫ったときには、全ての治療を中止することを申し入れた。被告人Ａは、この家族にとって患者は何なのか、こんなことがあってよいのかと悲しく思ったりしていた。

しかし、その後も、長男Ｃや妻Ｄは、被告人Ａに、「家族としてこれ以上見ておれない。私たちも疲れたし、患者もみんな分かっているのです。もうやるだけのことはやったので、早く家に連れて帰りたい。楽にしてやって下さい。」と迫り、被告人Ａが、「治療をやめてくれというのは、患者の命を自由にすることであり、勝手すぎるのではないか。医師としては最後まで頑張らなければならない。」と説得しても、二人は、「もう十分考え話し合って決めたことですから、早く家に連れて帰りたい。これ以上辛くて見ていられない。楽にしてやって下さい。」と言い張り、一向に被告人の説得を聞き入れようとはしなかった。

そこで、被告人Ａは、あれこれ悩んだ末、ともかく家族の強い希望があることからそれを入れて、患者が嫌がっているという点滴やフォーリーカテー

テルを外すなどして治療を中止し、そのため患者の死期が多少早まってもよいのではないかと決意するに至り、点滴とフォーリーカテーテルを抜去するなどの治療の全面的中止を看護師らに指示した。

(2)　長男Ｃらの執拗な安楽死の要求

　ここで終わっていれば、被告人Ａも積極的安楽死に至ることまではなかったのであるが、しかしながら、更に、長男Ｃからの執拗な要求は続いた。

　その後も、被告人Ａは、長男Ｃから、「いびきを聞いているのがつらい、苦しそうで見ているのがつらい。楽にしてやって下さい。早く家に連れて帰りたいのです。」と頼んだ。被告人Ａは、医師として積極的に患者の死期を早めるようなことはできないので、「いびきをしているということは生きているということであり、そんなことはできないです。」と強い調子で言ったが、長男Ｃは、「いびきを聞いているのがつらい。楽にしてやって下さい。早く家に連れて帰りたいのです。」と強く言い張り、被告人Ａの説得を一向に聞こうとはしなかった。

　更に、被告人Ａに対し、長男Ｃは強い口調で、「いびきが止まらない。早く家に連れて帰りたい。」と言ったので、呼吸を抑制する作用のある薬剤であるセレネースを注射した。そして、被告人Ａは、セレネース注射後、長男Ｃに、「あなたは薬を使って死なせてくれということを言っているが、そのようなことは法律上許されておらず、医者としてもそうしたことはできない。」旨強く言ったが、長男Ｃは、何も返答をしなかった。

　しかし、その後も患者Ｂが息を引き取らなかったため、長男Ｃは、怒ったような顔をし、腕組みをしたまま、「先生は何をやっているんですか。まだ息をしているじゃないですか。早く父を家に連れて帰りたい。どうしても今日中に家に連れて帰りたい。何とかして下さい。」と、激しい調子で被告人Ａに迫った。被告人は長男Ｃの迫る勢いもただならないものがあったため、逃れられないような気分を感じさせられ、長男Ｃの態度からしていくら拒んでも拒み切れないかもしれないなどと考え、肉体的にも精神的にも相当疲れ切っていて自己の立場に十分な思考を巡らすこともできずに、追い詰められたような心境から、長男Ｃの要求どおり患者Ｂにすぐに息を引き取らせてやろうと考えるに至って、塩酸ベラパミル製剤や、塩化カリウム剤を注射して

殺害したものである。

(3) 本件安楽死における責任の所在

　このような経緯をみれば、本件安楽死事件の責任が医師Aだけにあるのではないということがよく分かると思われる。この場合、医師Aの行為を殺人罪として処罰の対象とするのであれば、長男Cの行為もその教唆犯[148]として同様に殺人罪で処罰することを考えるべきであろう。実際に、警察は、長男Cをも被疑者として捜査し、検察庁に送致していたのであるが、横浜地検は、Cを不起訴処分として、Aのみを起訴したのであった[149]。たしかに、最終的に、殺害行為に及んだのは医師Aであるから、本件安楽死の適法性について否定的な考え方をとるのであれば、これはやむを得ない判断ともいえると思われる。しかし、そうであるなら、併せて、執拗に殺害行為を強要した長男Cも起訴すべきではなかったかと思われる。そうなれば、裁判においても、単に、医師のみの責任のみならず、遺族による患者の生命の処分という点も争点となり、安楽死の議論がより明確かつ深化し、医師Aが負うべき責任の程度や内容がより明らかにされたと考えられるからである。本件では、患者Bの死亡の結果を、医師A一人にすべてを押し付けているといっても過言ではないであろう。

　ただ、長男Cは父親である患者Bを亡くしたのであり、そのような気の毒な立場の者を起訴すべきではないという意見は当然にあり得ると思われる。そのような意見に立って長男Cを起訴しないなら、医師Aも起訴すべきではないと考えるべきであろう。検察権の行使においては、公平性というのは非常に重要な観点であるから、医師Aには、本件横浜地裁判決が指摘したように、安楽死として違法性阻却事由となることはないと思われるが、長男Cから執拗な要請を受けて断り切れないことをもって期待可能性[150]がないとして責任阻却事由とし、犯罪不成立という構成をとることは理論的に可能であるし、公平性という観点からは了解可能な処分だと思われる。

---

(148)　刑法61条において、「人を教唆して犯罪を実行させた者には、正犯の刑を科する。」とされているもので、人を唆して犯罪をさせた場合、そのように唆した者に対しては、実際に当該犯罪を実行した者と同様の刑罰を科するという規定である。
(149)　中山・前掲注(97)151頁。

第3　川崎協同病院事件——平成21年12月7日最高裁決定（刑集63巻11号 1899頁）——

1　事案の概要

　本件は、川崎協同病院の医師で、呼吸器内科部長であった被告人が、終末期にあった患者Bについて、その家族からの要請に基づき、気管内チューブを抜管したところ、患者が身体をのけぞらせるなどの苦悶の症状を呈したことから、筋弛緩剤を投与して死亡させたという事案である。

　本件の被害者となる患者B（当時58歳）は、平成10年11月2日、仕事帰りの自動車内で気管支喘息の重積発作を起こし、同日午後7時頃、心肺停止状態で川崎協同病院に運び込まれた。Bは、救命措置により心肺は蘇生したが、意識は戻らず、人工呼吸器が装着されたまま、集中治療室（ICU）で治療を受けることとなった。Bは、心肺停止時の低酸素血症により、大脳機能のみならず脳幹機能にも重い後遺症が残り、ずっと昏睡状態が続いていた。

　被告人は、平成10年11月4日からBの治療の指揮を執った。Bの血圧、心拍等は安定していたが、気道は炎症を起こし、喀痰からは黄色ブドウ球菌、腸球菌が検出された。被告人は、同日、Bの妻や子らと会い、Bの意識の回復は難しく植物状態となる可能性が高いことなど、その病状を説明した。

　ところが、その後、Bに自発呼吸がみられたため、同年11月6日、人工呼吸器が取り外されたが、舌根沈下を防止し、痰を吸引するために、気管内チューブは残された。同月8日、Bの四肢に拘縮傾向がみられるようになり、被告人は、脳の回復は期待できないと判断するとともに、Bの妻や子らに病状を説明し、呼吸状態が悪化した場合にも再び人工呼吸器を付けることはしない旨同人らの了解を得るとともに、気管内チューブについては、これを抜管すると窒息の危険性があることからすぐには抜けないことなどを告げた。

　被告人は、同月11日、Bの気管内チューブが交換時期であったこともあ

（150）　一定の状況下においては、適法とされる行為を期待することができないと考えられる状況に置かれた者については、違法な行為に及んでも非難できないとして、その責任はないとする考え方。構成要件該当性、違法性及び責任の3要件のうち、責任の部分の要件が欠落するとして犯罪が不成立になるとするものである。

り、抜管してそのままの状態にできないかと考え、Ｂの妻が同席するなか、これを抜管してみたが、すぐにＢの呼吸が低下したので、「管が抜けるような状態ではありませんでした。」などと言って、新しいチューブを再挿管した。

　被告人は、同月12日、ＢをICUから一般病棟の個室へ移し、看護師に酸素供給量と輸液量を減らすよう指示し、急変時に心肺蘇生措置を行わない方針を伝えた。被告人は、同月13日、Ｂが一般病棟に移ったことなどをその妻らに説明するとともに、同人に対し、一般病棟に移ると急変する危険性が増すことを説明した上で、急変時に心肺蘇生措置を行わないことなどを確認した。

　Ｂは、細菌感染症に敗血症を合併した状態であったが、Ｂが気管支喘息の重積発作を起こして入院した後、本件抜管時までに、同人の余命等を判断するために必要とされる脳波等の検査は実施されていなかった。また、Ｂ自身の終末期における治療の受け方についての考え方も明らかではなかった。

　そして、同月16日午後、被告人は、Ｂの妻と面会したところ、同人から、「みんなで考えたことなので抜管してほしい。今日の夜に集まるので今日お願いします。」などと言われて、抜管を決意した。

　そのため、同日午後５時30分頃、Ｂの妻や子、孫らが本件病室に集まり、午後６時頃、被告人が准看護師と共に病室に入った。被告人は、家族が集まっていることを確認し、Ｂの回復を諦めた家族からの要請に基づき、Ｂが死亡することを認識しながら、気道確保のために鼻から気管内に挿入されていたチューブを抜き取るとともに、呼吸確保の措置も採らなかった。

　ところが、予期に反して、Ｂが身体をのけぞらせるなどして苦悶様呼吸を始めたため、被告人は、鎮静剤のセルシンやドルミカムを静脈注射するなどした。しかしながら、Ｂの苦悶を鎮めることはできなかった。そこで、被告人は、同僚医師に助言を求め、その示唆に基づいて筋弛緩剤であるミオブロックをICUのナースステーションから入手した上、同日午後７時頃、准看護師に指示してＢに対し、ミオブロック３アンプルを静脈注射の方法により投与した。その結果、Ｂの呼吸は、午後７時３分頃に停止し、午後７時11分頃に心臓が停止し、Ｂは死亡した。

2　本件における安楽死以前の問題点

　本件において留意しておかなければならないのは、筋弛緩剤であるミオブロックを注射した行為は、安楽死の範囲を明らかに逸脱した、通常の殺人行為と評価せざるを得ないということである。本件の抜管行為自体については、後述する最高裁決定でも許容される安楽死であるかどうか検討の対象とされているが、筋弛緩剤の投与は、患者本人はもちろんのこと、家族の誰もが了解していなかったことであり、被告人独自の判断によって死亡させた行為となるので、この点については、通常の殺人罪が成立してしまっているのである。

3　本件最高裁決定の判示内容

　この事案において、本件最高裁決定は、まず、「被害者が気管支喘息の重積発作を起こして入院した後、本件抜管時までに、同人の余命等を判断するために必要とされる脳波等の検査は実施されておらず、発症からいまだ2週間の時点でもあり、その回復可能性や余命について的確な判断を下せる状況にはなかったものと認められる。」として、患者Bの余命等を判断するための十分な検査が行われていなかったことを問題視した。そのような検査等が実施されていない以上、医師にとっても家族にとっても、その回復可能性等について的確な判断が下せる状況にはなかったと認定したのである。

　そして、「被害者は、本件時、こん睡状態にあったものであるところ、本件気管内チューブの抜管は、被害者の回復をあきらめた家族からの要請に基づき行われたものであるが、その要請は上記の状況から認められるとおり被害者の病状等について適切な情報が伝えられた上でされたものではなく、上記抜管行為が被害者の推定的意思に基づくということもできない。」と判示した。

　これは、患者Bの回復を諦めた家族からの要請により気管内チューブが外されたものであるが、その判断に当たっての適切な情報が上述したように伝えられていなかったので、そのような抜管は、昏睡状態にある患者Bの意思に沿ったものともいえないとしたのである。ここで最高裁は、「推定的意思」に基づくということができないとしているが、これは本人から明示の承諾の意思表示はなされていないものの、その承諾が合理的に推認できる場合に

は、承諾の意思があったものとみて差し支えないというものの、本件では結局のところ、最高裁は、抜管が昏睡状態にある本人の承諾するところであるかどうかは疑問であるとしているのである。

その上で、最高裁は、「以上によれば、上記抜管行為は、法律上許容される治療中止には当たらないというべきである。」と判示して、違法性が阻却される行為にはならないとし、本件における気管内チューブの抜管行為をミオブロックの投与行為と併せ、両方とも殺人行為を構成するとしたものであった。

先にも述べたように、この最高裁決定において安楽死を問題にしているのは、気管内チューブの抜管行為についてだけであることに注意する必要がある。これは検察官の訴因[151]が、先の東海大学病院事件では、最終的な塩化カリウム製剤等の投与だけを殺害行為としていたのに対し、この川崎協同病院事件では、筋弛緩剤の投与だけでなく、気管内チューブの抜管も殺害行為として訴因として挙げていたことから、この点についても判断が必要であったからであった。

そして、同チューブの抜管の他に、ミオブロックという筋弛緩剤を投与した行為については、患者Bはもとより家族の同意も得ないまま実施したものであるから、これについては治療中止行為でもなんでもなく、通常の殺害行為として認定されていた。そのため、本件最高裁決定でも、この点での殺人罪の成立については特に問題とされていなかったのである。

また、この事案では、患者Bは、上記の名古屋高裁や横浜地裁の事案と異なり、耐え難い苦痛を感じているわけではないので、それらの判決で示された安楽死の要件を満たすことはないとされている。したがって、この事案では、安楽死の問題として取り上げるよりは、むしろ尊厳死の問題がメインになるのである。

4　本件最高裁決定の事案における尊厳死に関する問題提起

本件最高裁決定の事案は、いわば「脳に重大な損傷を受けて不可逆的な意

---

(151)　裁判の対象となる犯罪事実であり、検察官が選択して起訴することにより特定されるものである。

識不明の昏睡状態にあり、生命維持装置により生存している人から、生命維持装置を取り外し、人として尊厳をもって死を迎えさせる」という尊厳死の問題に該当するものである。

　尊厳死が問題とされる場合は、安楽死の場合のように患者が苦痛に耐えられないというような状況がないだけに、より死を迎えさせることが妥当かという点で問題が難しくなる。このように、死期が迫って意識が不明である患者に対して、その治療を中止することは、尊厳死として認められることで違法性が阻却されるかという形で問題とされるのである。

　そして、この尊厳死についても、色々な見解があるが、安楽死と同様に一定の要件の下では適法とされる場合があると考えるのが一般的である。患者や遺族の立場からしても、治療行為を中止せざるを得ないような、やむにやまれぬ事情があることもあり得るからである(152)。

　それゆえ、本件の最高裁決定も治療行為の中止が適法かどうかを検討していることは、そのようなやむにやまれぬ事情があるかどうかを判断しようとしていると理解されている。そして、本件最高裁決定では、治療行為の中止が許容されるかどうかは、患者の回復可能性及び余命と患者の意思とを問題としている。死期を早めるという事柄の性質上、患者の意思という観点のみならず、もはやこれ以上、医療的に手の施しようがないという、治療義務の限界という要素を加味して判断すべきであり、当該治療行為の中止が、患者の意思に沿ったものであり、また、治療義務の限界と認めてよいとされて、初めて違法性が阻却されることになると考えられる。

　これを言い換えると、患者の意思という自己決定権と治療義務の限界という両面からの検討が必要であり、これを満たした場合には、それが尊厳死として、初めて違法性が阻却されることになるといえるであろう。

　このような観点からみれば、本件では、被害者の意思は、家族による推認によっても合理的なものと推測できる状況にはない上、被害者の回復可能性や余命についても医学的に十分な検査等がなされたものではないことから、被害者の意思という自己決定権や治療義務の限界といった要件を満たすもの

---

(152)　入江・前掲注(115)580頁。

ではないことから、違法性が阻却されることはないと考えられたものである[153]。

　このような最高裁決定の考え方は、尊厳死に関する議論の過程を踏まえて形成されたものであり、以下には、厚生労働省の作成した終末期医療ガイドラインを軸にして尊厳死について検討することとする。

第5款　議論の焦点は安楽死から尊厳死へ

　これまで述べてきたように、我が国では、積極的安楽死と呼ばれる生命断絶行為に関する裁判例が3件あるものの、いずれも安楽死としての違法性阻却が認められず有罪とされている。それらの判決には、これまで説明してきたように、安楽死を適法化するための要件が示されているが、だからといって、現在の医療界には、そこで提示された要件に従って安楽死を遂行しようとする動きはない[154]。要は、単なる事例判断[155]にすぎない裁判例が傍論[156]として述べたに過ぎない判断に依拠することはできないということである。

　また、その一方で緩和医療の進歩により、すべての患者というわけにはいかないにしてもかなりの割合で患者の苦痛を取り除くことができるようになってきている[157]。さらには、積極的安楽死との線引きが難しいとすらいわれており[158]、「患者を最終的な死に直面させることになる」[159]鎮静

---

(153)　入江・前掲注[115]582頁。

(154)　池上直己＝町野朔「終末期における医療と法律」刑事法ジャーナル35号（2013年）99頁において、「積極的安楽死違法論は医療現場では完全に定着しています。」（町野発言）といわれている。

(155)　個々の事例に即して判断を示したということであり、一般的に通用する結論を出したものではないという意味である。

(156)　判決をする上で必要不可欠な部分ではなく、記載しなくてもよいレベルの内容という意味である。

(157)　第3回終末期医療の決定プロセスのあり方に関する検討会の議事録における「緩和医療においては、本人が苦痛でない状態には鎮静も含めて完全にできるのが一般的な常識です。苦しんで最後を迎えるということは、医師が下手でない限りきちんと緩和ができるというのがいまの常識です。」（川島孝一郎発言）などがある。しかしながら、その一方で、「最近の日本におけるがんの有痛率、除痛率は、（中略）末期状態で有痛率は平均73％、除痛率は60％に満たない。」とされ、緩和病棟においても、「その除痛率は80％であり、やはり完全除痛は困難である。」（月山淑＝畑埜義雄「緩和病棟における苦痛緩和と尊厳死・安楽死」麻酔55巻増刊号（2006年）101頁といわれている。

（sedation）により、意識喪失による苦痛の除去などの方法も採られるようになって、積極的安楽死の必要性が低減してきたこともあると思われる[160]。

しかしながら、また、別の側面として、必ずしも苦痛の除去を目的としないが、もはや延命治療を中止して安らかな死を迎えたいという尊厳死の問題[161]は大きなものとして残されている。

このような安楽死・尊厳死をめぐる動きの中で、厚生労働省は、昭和62年から5年ごとに終末期医療に関する検討会を設置し、その対応策を模索してきた。もっとも、その主要な役割は国民の意識調査にあり、積極的に終末期医療の方針・方策を打ち出そうというものではなかった[162]。

しかしながら、平成18年に起きた富山県射水市民病院事件[163]を契機として、当時の厚生労働大臣の指示が出されたことなどもあって、終末期医療に対する積極的な施策の推進に迫られた。そのため、平成19年1月11日、厚生労働省は、終末期医療の決定プロセスのあり方に関する検討会を発足させた[164]。

そして、翌月28日には、前述した川崎協同病院事件の控訴審判決[165]が言

（158）　間接的安楽死と積極的安楽死の連続性の問題として、苦痛を緩和するための薬剤の量が増えてゆき、生命の危機に至る量まで増量した場合、間接的安楽死にとどまらず、積極的安楽死との境界が微妙ではないかとの問題提起がある山口ほか・前掲注(29)88頁〔佐伯仁志発言〕）。また、鎮静は、患者の苦痛を取り除くための明らかな医療上の措置であると思われるが、事実上の積極的安楽死となり得るとして問題視する見解もある（加藤摩耶「東海大学『安楽死』事件」甲斐克則＝手嶋豊編『医事法判例百選［第2版］』〔別冊ジュリスト219号〕（2014年）197頁。
（159）　赤林朗＝大林雅之編著『ケースブック医療倫理』（2002年、医学書院）16頁。
（160）　もっとも、月山＝畑埜・前掲注(156)105～106頁は、「終末期医療が充実すれば安楽死はなくなるか？という問いに対する答は"NO"だと考える。」と断言している。
（161）　平成6年の日本学術会議の「死と医療特別委員会」が提出した「尊厳死について」と題する報告書では、生命維持装置の進歩等により、「末期状態にある患者の延命も可能になり、ガンなどの激痛に苦しむ末期状態の患者や回復の見込みがなく死期が迫っている植物状態の患者に対しも延命医療を施していることが多い。尊厳死は、こうした助かる見込みがない患者に延命治療を実施することを止め、人間として尊厳を保ちつつ死を迎えさせることをいうものと解されている。」、「単に延命を図る目的だけの過剰な治療が果たして患者の利益になっているのか、むしろ患者を苦しめ、その人間としての尊厳を害する結果になっているのではないかということが問題となってきた。」として問題提起がなされている（国立研究開発法人科学技術振興機構J-Stageウェブサイト）。
（162）　樋口範雄「終末期医療とプロセス・ガイドライン」法学教室323号（2007年）146頁（以下「樋口①」という）。

い渡され、その際、尊厳死の問題の解決には、「法律ないしこれに代わり得るガイドラインの策定が肝要」と指摘された。

　そのような中で、平成19年5月21日、厚生労働省は、終末期医療の決定プロセスに関するガイドライン（以下「終末期医療ガイドライン」という。）を策定、公表したことから(166)、この問題は解決に向けた方向に大きく舵が切られた(167)。

（163）　これは、7人の患者の人工呼吸器を取り外した医師の行為が、殺人罪又は嘱託殺人罪に該当するかどうかとして問題とされたものである。しかしながら、その取り外し行為の結果、本来、もっと長く生存できたり、あるいは、回復する可能性があったにもかかわらず、これを外したというのであれば、殺人事件等の問題として検討が必要になるが、実際には、警察の捜査段階における専門家の鑑定によれば、7人のうちの3人は、人工呼吸器を取り外さなくても2、3時間以内に死亡し、また、同様に7人のうちの3人は、12〜24時間後には死亡したと判断されている。残りの1人は、装着したままなら数日間は生存した可能性があったが、回復は不能であったと判断されている（平成21年12月24日毎日新聞）。このような状態の患者であれば、回復は不能であるか、死期が目前に迫っているのであり、人工呼吸器の取り外しは、医師の判断に委ねられるべき延命医療の中止行為にすぎないとして、犯罪は成立しないと考えるべきである。実際に、送検された後、富山地検は、「人工呼吸器の装着から取り外しの一連の行為は、延命措置とその中止行為にすぎない。」とした上、取り外し行為と死亡との間の因果関係が不明であるとして、いわば、人工呼吸器を外したから亡くなったといえるかどうかすら不明であるとして、当該医師を不起訴としている（同上）。
　なお、医療関係者の中には、このような人工呼吸器の取外しを積極的安楽死と考える方もいると思われるが、それは正しくないものと思われる。というのは、積極的安楽死とするのであれば、それは厳格な要件を満たさないと違法性が阻却されないものとなるが、上記の射水市民病院事件でも明らかにされたように、人工呼吸器の取外しには、そもそも本来的に安楽死の範疇に含めるべきではないものも多数あるからである。あえていうなら、消極的安楽死に含めるということは考えられるが、前述したように、そもそも、そのような分類自体に意味があることではなく、行為の実質に意味があるのであって、どの区分に含まれるから適法になるとか違法になるとかいうことにはならないからである。
（164）　厚生労働省ウェブサイト。
（165）　平成19年2月28日東京高裁判決（判例タイムズ1237号153頁）。
（166）　厚生労働省ウェブサイト。なお、このガイドラインは、平成27年3月と同30年3月に修正されて、最終的に、『人生の最終段階における医療・ケアの決定プロセスに関するガイドライン』と改称された。それぞれの改訂の際に、若干の修正がなされているが、それら修正箇所は、本稿での検討上重要ではないので、ここでは、オリジナルのガイドラインを用いる。
（167）　大谷・前掲注(97)135頁は、本件ガイドラインによる延命措置の中止に反対し、法律によるべきであると主張する。

第6款　終末期医療ガイドラインの提示する「終末期医療及びケアの在り方」について

第1　本件ガイドラインの法的性質及びその構造

ガイドラインそのものについては、既に、本編第2章で述べたように、本件ガイドラインについても、一行政機関である厚生労働省が有識者を集めて、このような方針がよいのとの提案を表しただけの文書であることから、法律や命令でないのはもちろんであり、それ自体としては法的な効力は何もないものである。

しかしながら、その方針は、公の機関や、相当の権威のある団体が示したものであって、それに沿って行動した場合には、原則的に合法性、適切性が認められるものである。有識者を集めて十分な検討をした上で作成されたものであるから、その内容の合理性、妥当性などは当然に満たしているものと考えられ、そうであるなら、それに従った行動が違法なものとなるはずはないからである。

なお、本件ガイドラインは、「生命を短縮させる意図をもつ積極的安楽死は、本ガイドラインでは対象としない。」と本文中に明記していることから、積極的安楽死と対照される消極的安楽死などをその対象としていることが明らかである。したがって、従来、消極的安楽死などと呼ばれていた類型のものや、その中に含まれる尊厳死の問題の対処を意図するものである。

第2　基本となる3つの規定

このガイドラインでは、まず、「終末期医療及びケアの在り方」として、

① 医師等の医療従事者から適切な情報の提供と説明がなされ、それに基づいて患者が医療従事者と話し合いを行い、患者本人による決定を基本としたうえで、終末期医療を進めることが最も重要な原則である。

② 終末期医療における医療行為の開始・不開始、医療内容の変更、医療行為の中止等は、多専門職種の医療従事者から構成される医療・ケアチームによって、医学的妥当性と適切性を基に慎重に判断すべきである。

③ 医療・ケアチームにより可能な限り疼痛やその他の不快な症状を十分に緩和し、患者・家族の精神的・社会的な援助も含めた総合的な医療及びケ

アを行うことが必要である。（後略）

との規定を設けた。

　基本的には、患者と医師との間の適切なインフォームド・コンセントを基にして、患者の意思決定を重視し、家族の精神的・社会的な援助も含めた総合的な医療及びケアを行うことが必要であるとしているものである。

第3　上記②の規定について

1　延命治療の不開始又は中止等を医療・ケアチームの判断に係らしめることの意義

　ここで問題としている延命治療の中止による尊厳死の問題に関連して、特に重視すべきは、②である。

　ここで述べられていることは、主に、延命治療行為の不開始又は中止等を医療・ケアチームの判断に係らしめるとしたものである[168]。そもそも、延命治療の不開始又は中止、特に、そのうちでも延命治療の中止行為となる人口呼吸器の取り外しなどは、患者を直接的に死に至らしめる行為であるとして、殺人罪の実行行為となるのではないかという問題が、長年、議論の対象となっており、そのため、無駄な延命治療であると分かっていながらも人工呼吸器の取り外しができないでいた。

　つまり、「最初からの延命措置の差控え（withholding）は不作為だから認められるが、途中からの打ち切り（withdrawing）は作為による殺人になるという理解が、医学界のみならず、法曹界にも暗黙裡に広がっている」[169]ことから、医師として、「いくら自分が正しいと思っていても刑事訴追を避けるため、（呼吸器の撤去という）積極的関与を逃避するのは無理からぬことであろう。」[170]と考えられていた。

---

(168)　本件ガイドラインに沿って、医療・ケアチームでの検討の中で、患者の苦痛を取り除くためには、総合的に評価して、延命治療の中止しかないと判断された場合には、やはり、当該行為は、治療行為の一環とみるべきであって、積極的安楽死との評価は不要ではないと思われる。

(169)　甲斐克則「終末期医療のルール化と法的課題」年報医事法学24号（2009年）85頁。

(170)　塚本泰司「終末期医療のルール化は可能か――臨床医の立場から――」年報医事法学24号（2009年）67頁。

そして、それは、終末期医療ガイドラインが策定されたころも同様であった（いわゆる多治見病院事件等）。

2　人工呼吸器の装着・取外しについての医療的意味

しかしながら、終末期の患者に対して、人工呼吸器を装着する行為は、間違いなく医療行為であり、そうであるなら、その装着の当否、是非を判断することも医療行為に含まれるはずである。また、その際には、患者やその家族による医療措置の選択という権利の行使も当然に認められるはずである。これは診療契約が民法上の準委任契約であると解されている以上、当然の結果である。

そして、その際の患者らのとの協議の結果、患者本人や家族の要請により、人工呼吸器を装着しないと判断したのであれば、その判断に基づく装着しないという行為も、医師による許容された医療行為に含まれることになるはずである。たとえ、それが死期を早めるものであっても、患者らによる医療措置の選択の範囲内の事柄である。

そうであるなら、一旦、装着した人工呼吸器を取り外す行為も、それが患者らによる選択に基づくものであり、元々装着しないという行為が許容された医療行為に含まれる以上、取り外す行為も同様に許容された医療行為に含まれ、法的には同様に評価すべきである。患者側からみれば、これも医療措置の選択の一場面にすぎないということになるからである。不装着は不作為だから許容されるが、取外しは作為だから許容されないという外形的な問題ではない(171)。それらはいずれも延命措置という医療行為を継続するか終了するかの医学的決断をしているのであって、生命の価値に対しては等価の行為であるといえるからである(172)。

---

(171)　佐伯仁志「治療の不開始・中止に関する一考察」法曹時報72巻6号（2020年）19〜22頁では、「治療中止の許容性を、作為と不作為の区別にこだわって論じるべきではない。」などとして、「治療の不開始と中止を同じように扱うべき」であると論じている。
(172)　これを自己決定権の行使により理由付けるか、治療義務の限界として理由付けるか、あるいは、両方を併せて理由付けとするかは議論があるが、いずれによって理由付けをするにせよ、患者が延命を拒否しており、かつ、もはや医学的に無意味となった延命治療を継続しなければならない義務を医師に課すことはできないであろう。

3　本件ガイドラインの提供するもの

　以上のような視点に立って、終末期医療ガイドラインをみると、患者が死期に瀕していて、患者が延命治療の中止による尊厳死を希望している場合であれば、「終末期医療における医療行為の医療内容の変更、医療行為の中止」に該当することになり、「多専門職種の医療従事者から構成される医療・ケアチーム」が、「医学的妥当性と適切性を基に慎重に判断」するのであれば、延命医療を中止して尊厳死を迎えさせても差し支えないとしているわけである。もちろん、その前提として、「適切な情報の提供と説明」がなされ、十分な話し合いが行われた上でのことという前提の下においてである。

　この規定は極めて画期的であると思われる。延命治療の中止による尊厳死を認めるべきか否かという、これまでの幾多の議論の中で、これを肯定する見解は存しても、どのような場合に、どのような要件の下で、どのような手続を経れば、尊厳死を認めるかについて議論は収束していなかった[173]。しかしながら、上記②は、医療・ケアチームが構成された上での同チームでの検討において、「医学的妥当性と適切性」が満たされることを要件として、人工呼吸器の取り外しなどの延命治療の中止による尊厳死を肯定するものだからである[174]。

4　医療・ケアチームの判断の尊重

　もっとも、終末期医療ガイドラインでいう「医学的妥当性と適切性」は客観的に認められなければならないし[175]、また、その際には、治療義務の限

---

(173)　井田良「終末期医療における刑法の役割」ジュリスト1377号（2009年）83頁以下、城下裕二「終末期医療をめぐる刑法上の諸問題」刑事法ジャーナル35号（2013年）106頁以下等。

(174)　もっとも、この点につき本件ガイドライン検討会のメンバーの一人は、「②に記載されている『医療行為の中止』を拡大解釈して、『人口呼吸器をはずす行為等の生命維持治療の中止』による患者の死を意図的に行うとうとする考えが医師の中にある。」として反対する（川島孝一郎「終末期医療の決定プロセスに関するガイドライン――検討会委員の経験から――」緩和ケア17巻6号（2007年）523頁。

(175)　ただ、具体的にどのような場合に「医学的適切性と妥当性」が認められるとしてよいかは、たしかに問題であり、今後、終末期医療ガイドラインに沿って実施された延命治療の中止等の事例を集積し、それらが実際上の指針となるように検討すべきであろう。

界に達しているかどうかも、その判断の妥当性を裏付ける一要素として考慮されなければならないであろう。しかしながら、当該医療・ケアチームが十分に議論し、検討した結果であれば[176]、その当時の判断は、この「医学的妥当性と適切性」を満たすものとして、強力に推認されると考えてよいと思われる。

　すなわち、もし仮に、事後的に、別の権威者が「医学的妥当性と適切性」を判断し、それに合致していなければこれが認められないとするのであれば、どのような医療・ケアチームも、実際上、後の審査を恐れて自らの判断で結論を出すことはできなくなる。そうなると、終末期医療ガイドラインを作成した意味が結果的に無意味となり、これを策定した意図に反することとなる。

　そうであるなら、明らかに通常の医療上の判断を逸脱したような異常な判断をしているなどの例外的な場合を除き、医療の専門家によって構成された医療・ケアチームが、当時の医療水準に則って行った「医学的妥当性と適切性」の判断である以上、その医学的判断を専門家による判断として、法的にも尊重すべきであり、その判断に従って、延命治療の中止を実施した者の行為は、「正当業務行為」と考えられよう。したがって、終末期医療ガイドラインに適切に沿ってなされた判断に従った行為は、そもそも通常の医療行為にすぎないと考えるべきではあるが、構成要件上、仮に殺人罪等に該当すると判断するにしても、刑法35条を適用して、違法性阻却を認めるべきである。

---

(176)　甲斐克則「医事法トピックス・終末期医療のガイドライン」年報医事法学23号（2008）244頁では、医療・ケアチームについて、「病状や病院の規模にもよるであろうが、医療・ケアチームの構成の最低限の要件を何らかの形で示しておく必要がありはしないだろうか。実質が不十分な形だけのチームで対応できるとは思われない。」との指摘がなされているが、「終末期医療の決定プロセスに関するガイドライン解説編」（厚生労働省ウェブサイト）によれば、「一般的には、担当医師と看護師及びそれ以外の医療従事者というのが基本形です。」とされているものの、そのレベル等については言及されていない。実際の運用では各病院において最善のチーム態勢を組むことが求められよう。

第4　終末期ガイドラインの提示する「終末期医療及びケアの方針の決定手続」に規定される「患者の意思確認」について

　終末期医療ガイドラインの適用に当たっては、患者の意思が最も重要であることから、この点についての確認等の手続に慎重さが求められるのは当然である。そこで、本件ガイドラインは、患者の意思が確認できる場合と、確認できない場合とに分けて、その対応を指示している。

1　患者の意思確認ができる場合

　まず、「終末期医療及びケアの方針の決定手続」の項目において、患者の意思の確認ができる場合には、

①　専門的な医学的検討を踏まえたうえでインフォームド・コンセントに基づく患者の意思決定を基本とし、多専門職種の医療従事者から構成される 医療・ケアチームとして行う。

②　治療方針の決定に際し、患者と医療従事者とが十分な話し合いを行い、患者が意思決定を行い、その合意内容を文書にまとめておくものとする。上記の場合は、時間の経過、病状の変化、医学的評価の変更に応じて、また患者の意思が変化するものであることに留意して、その都度説明し患者の意思の再確認を行うことが必要である。（後略）

としている。

　つまり、患者の意思決定を基本とし、その治療方針の決定についても十分な話し合いをするなどして、その意思を十分に尊重した上で、治療方針の決定を行うことができるとしている。つまり、このガイドラインに則れば、医療・ケアチームと患者との間で十分な話し合いを行い、その上で、患者が延命治療を明確に拒否した場合には、患者の意思に基づく延命治療を中止することもできるということを明らかにしているものである。患者の自己決定権を明確に是認したものといえよう。

2　患者の意思確認ができない場合

　また、患者の意思の確認ができない場合には、

①　家族が患者の意思を推定できる場合には、その推定意思を尊重し、患者にとっての最善の治療方針をとることを基本とする。

②　家族が患者の意思を推定できない場合には、患者にとって何が最善で

　　あるかについて家族と十分に話し合い、患者にとっての最善の治療方針
　　をとることを基本とする。
　③　家族がいない場合及び家族が判断を医療・ケアチームに委ねる場合に
　　は、患者にとっての最善の治療方針をとることを基本とする。
とすることにより、まずは、家族による患者の意思の推定、それが分からな
ければ、家族との話し合いによる最善策の決定、さらに、それでも決定でき
ない場合には、医療・ケアチームだけの判断によって、「最善の治療方針」
として、延命治療行為を中止することができる。
　この患者の意思の確認ができない場合の措置は、極めてドラスティックに
法的評価の在り方を変更するものである。つまり、いわゆる東海大学病院事
件においても、川崎協同病院事件においても、いずれも患者本人の意思が明
らかでなく、そのため、これに代わり得るものとして、家族による本人の意
思の推定が可能かどうか綿密に検討された。すなわち、本人の意思が推認で
きないとなると、当該延命治療行為の中止が患者本人の自己決定権に基づく
ものといえず、違法性阻却事由たる根拠を失うなどと考えられていたからで
ある。しかしながら、上記いずれの事件においても、その意思が適切に確認
できない以上、それも理由の一つとして、積極的安楽死行為が殺人罪を構成
すると判断されたのである。
　ところが、このガイドラインによれば、患者本人の意思が確認できなくて
も、また、家族による推認ができなくても、最低限、医療・ケアチームとの
話し合いにより、延命治療中止の途が開かれている。これまで延命治療の中
止による尊厳死を適法化する根拠として、自己決定権に重きを置いていたた
め、本人の意思がどうであるか、仮に、それが不明である場には、その意思
をどのように汲み取るかに議論が集中していたのであるが、終末期医療ガイ
ドラインでは、まず、家族による患者の意思の推定をするものの、それが不
可能であったり、そもそも家族がいなかったりしても、医療・ケアチームに
よる判断において「最善の治療方針」を採ることを可能としたものである。
これまで、患者本人の意思を推認する家族の意思がフィクションであると
か、擬制であるとかと批判されていた議論が終焉を迎えたということである。
　ただ、何をもって患者にとっての「最善の治療方針」であるとするかは依

然として問題であり、この点についても、実際の事例の集積による具体的な
指針の策定が望まれるところである。

第7款　終末期医療ガイドラインが尊厳死の捜査・起訴等に与える影響

　終末期医療ガイドラインは、例えば、植物人間状態にあって意思を表明す
ることもできない患者に対して、「尊厳死」を施すことができる道を開いた
といっても過言ではない。

　たしかに、このガイドラインは、法律ではなく、単に、厚生労働省が一行
政機関として作成しただけのものであって、これに従っていれば法的に免責
すると約束されたものではない。しかしながら、このガイドラインは、多く
の医師、薬剤師、看護師、法学者らが参加して検討したものであり、その合
意の上で策定されたものであることから、法的安定性のある指針として用い
ることが可能である。

　したがって、このガイドラインに対して、「法的な免責が明確ではありま
せん。」(177)とか、「ガイドラインに則った行為でも刑事訴追の可能性を懸念す
る医療者は多い。」(178)として問題視する見解もあるが、それでも、「現場では、
ガイドライン通りに対処すれば処罰を受けないとの考えも少しは出てきてお
り、幾つかの病院で延命措置の中止を公表するようになりました。従来なら
警察が直ちに介入していましたが、最近では警察も検察も尊厳死の認識が拡
がり、事件として取り上げられない傾向にあります。2012年（平成24年）11
月11日の朝日新聞の記事によれば、全国の救命救急センターの63％において
延命治療をしない経験があるとのことです。」(179)とのことであり、ガイドラ

（177）　一般社団法人日本尊厳死協会・前掲注(112)21頁。また、本件ガイドラインが発表さ
　　　れた際、これの作成者らに対し、医師らから、「終末期医療において、何をすれば法的
　　　責任（特に刑事責任）を問われ、何をしても法的責任を問われないのかの実体的な基準
　　　が明らかにならない限り、現場は混乱するだけであり、このようなプロセス中心のガイ
　　　ドラインでは意味がない」とする批判もなされていた（樋口範雄「終末期医療とガイド
　　　ライン」同『続・医療と法を考える終末期医療ガイドライン』（2008年、有斐閣）88頁（以
　　　下「樋口②」という。））。
（178）　塚本・前掲注(169)70頁。
（179）　一般社団法人日本尊厳死協会・前掲注(112)23頁。

インの効果は大きなものがあったと思われる。

　ただ、それでも、「『ガイドライン通りに対処すれば刑事上、民事上の責任を問われない法的な体制が必要』と考えます。」[180]との主張もなされている[181]上、法学者からも「この種のガイドラインを策定したとしても、それで実質的基準（いかなる行為が適法であり、いかなる行為が違法であるのか）に関する議論を棚上げにしてすますことができないこともまた明らかである。一定の手続を実践したか、しなかったかで殺人罪になるかならないかが決まるとする考え方をとることはできないし、手続が適正であったことは、それが実質的にも正しい判断であったことをせいぜい推測させるものにすぎない。」[182]との批判もなされている。

　しかしながら、法的な体制などなくても、また、実質的基準が棚上げされているとしても、この厚生労働省による終末期医療ガイドラインに正しく従っていたのであれば、実際上、法的責任を問われることはないであろう。このガイドラインに従って延命治療を中止した場合、前述したように、厚生労働省が指示した内容による適切な医療行為を行ったと評価できることから、「このプロセス・ガイドラインに記されているような丁寧な対応、プロセスを尽くした決定がなされた場合、それに対して警察が介入することは考えにくいということがある。」[183]と指摘されているとおりである。

---

(180)　一般社団法人日本尊厳死協会・前掲注[112]23頁。

(181)　緒方・前掲注(1)155頁は、「法律で医師等が刑事訴追されないとする免責事由を規定しなければ、医療・介護従事者は患者の意思決定をどのような場合でも尊重するということができなくなる。」と批判する。

(182)　井田・前掲注[124]139頁

(183)　樋口②89頁。また、同様のことは、本件ガイドライン検討会の他のメンバーからも、「これは事実上のことですが、プロセス・ガイドラインに従って判断がなされれば、そこに警察が介入することは考えられないのではないかと私は考えていました。実体的なルールを決めてもらわなければ、刑事責任が心配であるという声が強かったわけですが、私としては、ガイドラインに従えば、それで事実上の問題として刑事責任から解放できて、刑事とは離れた場で、終末期医療がどうあるべきか議論することができるようになるのではないかと考えていたわけです。」（山口ほか・前掲注[124]95頁〔佐伯発言〕）との発言がなされている。さらに、「実際にも、同ガイドラインの公表後、治療中止が刑事事件となった例はない。少なくとも、終末期の患者の治療中止については、プロセスガイドラインに沿った判断がなされている限り、刑事訴追されることはない状況にあると思われる。」（佐伯・前掲注[170]3頁）。

　たしかに、手続が適正であったことと、それが実質的に正しい判断であるかは、別問題であるが、医療・ケアチームがその手続に沿って十分な検討をしたのであれば、それは、実質的にも正しい判断であったことを「強力に推認」させるものである(184)。また、少なくとも刑事上の責任については、本件ガイドラインに沿った手順を踏んで判断した行為は、医師としての「正当業務行為」に該当するものと考えてよいと思われることから(185)、違法性が阻却されて犯罪にはならないと考えてよい。

　この点について、「これらのガイドラインに従ってなされた行為は、許容されうる行為の中から、必要な手続を経て、慎重に実施された行為であることになり、その医学的な妥当性は明らかであるといえる。したがって、ガイドラインに従ってなされた行為は、当然に『治療行為』として正当化されると考えられ、刑法上の責任を問われることはないことになろう。その意味で、手続的な要件を含むガイドラインの遵守は、明らかに、犯罪の成否という実体を左右するものといえる。」(186)との指摘は、まさに正鵠を射るものといってよいと思われる。

　もっとも、当該延命治療の中止が告発された場合、警察の捜査としては、当該延命治療の中止による尊厳死が、ガイドラインに沿ってなされているかどうかの捜査をしなければならず(187)、その際に、医療・ケアチームが「医学的妥当性と適切性を基に慎重に判断」したかどうか、それが「最善の治療方法」であったかなどについても捜査されることにはなることから、その意

---

(184)　井田・前掲注(131)44頁は、「手続面の保障は、単に手続的正義の実現に役立つというばかりではない。一人が独断で行動するというのではなく、異なった学識や経験を持つ複数の人がそれぞれの立場から同一のケースにつき検討し意見を述べあうことにより、短慮や誤りが除去され、決定の内容の質が高まることが期待されるのである。」として、内容的な適正性の向上が期待されるとしている。

(185)　「確かに、このガイドラインは法的責任の免責を明らかにするものではない。しかし、（中略）それをきちんと遵守し、患者のための医療の在り方につき慎重な決定プロセスを経ているなら、それは間接的に警察介入への恐れへの十分な対処となるはずである。『私たちは、厚生労働省のガイドラインを遵守し、慎重な決定をいたしました』と胸を張っていえるではないか。」（樋口②89頁、樋口①149頁）との指摘は正にそのとおりである。

(186)　辰井聡子「終末期医療とルールの在り方」甲斐克則編『医事法講座 第4巻 終末期医療と医事法』（2013年、信山社）228頁。

味では捜査対象でなくなるということにはならない。しかしながら、医療・ケアチームが、このガイドラインに正しく従った延命治療の中止であって、それが「医学的妥当性と適切性を基に慎重に判断」された「最善の治療方法」であれば、その判断を否定して敢えて起訴する検察官は存在しないといっても言い過ぎであるとは思われない。これは起訴・不起訴の決定をその職務とする公訴官たる検察官とすれば率直な感覚といってよいと思われる。

仮に、医療・ケアチームの判断が妥当性等を欠いていたと後に判断されたとしても、延命措置中止をした医師が、その際に、医療・ケアチームの判断が妥当でこれに従えば適法な医療行為として許容されると信じていたのであれば、その場合には、「違法性阻却事由の錯誤」として故意がないことになり、結局、犯罪は成立しないことになるはずである。

このように終末期医療ガイドラインが尊厳死における非犯罪化への道を開いたことは明らかであるといえよう。

第8款　本件ガイドラインの射程範囲

本件ガイドラインにより、延命治療の中止が医療・ケアチームなどによる適正な手続きを経ることで可能になった。そのため、これまで尊厳死として問題とされてきたかなりの事案は、本件ガイドラインによることで尊厳死が可能になったといってよいと思われる[188]。

そこで、本件ガイドラインでは処理しきれないものとして、どのようなも

---

(187)　仮に本件ガイドラインに違反した延命治療の中止をしたとしても、それだけで直ちに殺人罪が成立するというわけではない（町野朔「患者の自己決定権と医師の治療義務」刑事法ジャーナル8巻51頁）。同旨・山口ほか・前掲注(124)96頁〔山口発言〕。しかし、これに反対する見解として、「このガイドラインの要求する手続的水準はかなり高いですから、多くの場合、手続的に不十分とされて、刑事責任が問われるおそれが大きい」と懸念するものがある（山口ほか・前掲注(124)97頁〔井田発言〕）。

(188)　もっとも、厚生労働省による「平成29年度　人生の最終段階における医療に関する意識調査結果（確定版）」54頁（厚生労働省ウェブサイト知らないと回答した者は医師3割、看護師4割に上っているとの実態からして、それほど浸透していないともいえる状況である。この点につき、大谷・前掲注(97)136頁は、本件ガイドラインが医療界及び送民一般に浸透していないがゆえに、「本人に苦痛を与える終末期の過剰医療は解消していない」としている。

のがあり、それにどのように対応すべきかが次の問題となる。

　本件ガイドラインでは、「終末期医療及びケアの在り方」の「④　生命を短縮させる意図をもつ積極的安楽死は、本ガイドラインでは対象としない。」と示しているように、このガイドラインでは、積極的安楽死については、肯定も否定もしないというスタンスを採っている。

　そして、この点について、平成19年5月に出された「終末期医療の決定プロセスのあり方に関する検討会」による「終末期医療の決定プロセスに関するガイドライン解説編」によれば、この積極的安楽死については、

　疾患に伴う耐え難い苦痛は緩和ケアによって解決すべき課題です。積極的安楽死は、判例その他で、きわめて限られた条件下で認めうる場合があるとされています。しかし、その前提には耐え難い肉体的苦痛が要件とされており、本ガイドラインでは、肉体的苦痛を緩和するケアの重要性を強調し、医療的な見地からは緩和ケアをいっそう充実させることが何よりも必要であるという立場をとっています。そのため、積極的安楽死とは何か、それが適法となる要件は何かという問題を、このガイドラインで明確にすることを目的としていません。

と解説している。つまり、厚生労働省としては、積極的安楽死が求められる大きな要因である肉体的苦痛については、緩和ケアの充実によって解決すべきであるというスタンスを採っており、したがって、このガイドラインでは、この問題に触れることはしなかったものである。

　以上のように、積極的安楽死についての検討は残されたものの、少なくとも尊厳死については、このガイドラインで概ね解決がなされたと理解してよいと思われる。

第9款　安楽死（積極的安楽死）の必要性の検討

　以上述べたように、延命治療の中止が可能になったことで、死期が迫った多くの患者の尊厳死を行うことが可能になった。

　そこで、それ以外に、安楽死、特に、積極的安楽死を議論しなければならない場面の検討が必要となる。これまで述べたように、主体としては、医師に限定され、客体の患者としては、死期が迫っていて、耐え難い苦痛に苦し

んでいて、患者本人から死を切望しているという場合の対応である。

　ただ、このような患者であっても、延命治療を中止することによって、間もなくのうちに、死を迎えることができるはずであり、また、その際に、鎮静（sedation）などの強力な緩和ケアを併用すれば、ほとんどは文字通りの安らかな死を迎えるのではないかと思われる。

　しかしながら、検討が必要とされるのは、本件ガイドラインに沿って延命治療を中止したものの、東海大学病院事件や川崎協同病院事件であったように、速やかに死を迎えると予想していた患者が、生存を続け、その際に、意識はないものの、苦悶しているかのような態様を示した場合に、積極的安楽死としての致死性の薬剤の投与等が許容されるかどうかである。

　このような場合、患者の家族としては、患者本人が苦しんでいるように見えることから安楽死をさせてほしいと望む可能性があるが、それに対しては、医師として、患者の苦悶様は、単なる肉体上の反射等にすぎないのであって、意識を喪失している以上、苦しい思いはしていないとして説得するしかないであろう。あえて、上記各事件のように、カリウム製剤等を注射する必要などはないというのが本来あるべき結論であろう。

　ただ、一方で、そのような場合に、致死性の薬物を投与することで速やかに死を迎えさせる行為は、必ずしも「正当業務行為」として否定されないとも考えられる。というのは、その前提として、延命治療の中止をすることが「正当業務行為」と認められたということは、当該患者の死亡を容認し、それが法的にも許容されたことを意味する。そうであるなら、その後、苦悶様の態様がみられた場合に、これを積極的に死亡させたとしても、既に、その死が法的評価として織り込み済みであれば、新たな生命侵害と評価する必要はないのではないだろうか[189]。東海大学病院事件においても、川崎協同病院事件においても、被告人の医師両名は、既に、気管内チューブの抜管など

────────────────────────

[189]　辰井聡子「刑事判例研究147」論究ジュリスト1号（2012年）213頁は、「かりに治療中止行為が正当化されれば、直接的には治療中止によってもたらされた患者の苦もん様呼吸当の緩和のための積極的安楽死も正当化される余地がある。」と述べる。また、武藤眞朗「日本における安楽死」甲斐＝谷田編・前掲注[99]120頁は、「治療中止は許容して、積極的安楽死は禁止するという必然性はない。」と述べる。

を行っており、患者に死を迎えさせる行為に及んでいたのであり、当人らの意識としては、生存している人をあえて死亡させようと思ったのではなく、もう死亡することに決まった人をそのままスムーズに死に至らしめただけのことであるから、あえて殺人を敢行するという意識まではなかったものと思われる（たとえ、それが刑法的には殺人罪と評価されるおそれがあったとしても。）。

　ただ、理論的には上述したような考え方があり得るとしても、医師としては、積極的に人を死亡させるべきではないとの倫理に基づき、あえて死なせる行為を差し控えるべきは当然であろう。

第7章　死後臓器移植（殺人罪・死体損壊罪・臓器移植法）

第1款　序　　論

　臓器移植については、当該患者が死亡しているかどうかの判断が刑事事件と深く関わることになる。というのは、臓器摘出の段階で、当該患者がまだ生きていると認定され、死んではいなかったとされた場合には、その摘出を行った医師らに対しては、刑法199条の殺人罪の成否を検討しなければならないことになる。

　これに対し、当該患者が既に死んでいれば殺人罪が成立する余地はなく、刑法190条において、

　　第百九十条　死体（中略）を損壊し（中略）た者は、三年以下の懲役に処する。

と規定されている死体損壊罪が成立する余地が残るだけであるが、この場合には、臓器移植という正当業務行為により違法性が阻却されて犯罪が成立しないとなることから、結局、不可罰となるという違いがある。

　そこで、臓器移植などの場合において、人の死をどのような段階で捉えるかということが重要な問題となる。

第2款　我が国における脳死移植の歴史と生じた問題点

　我が国では、昭和44年に、札幌医科大学の和田教授により心臓移植が実施

された。心臓移植を受けた患者（レシピエント）は、一時的には回復したものの、結局、83日後に死亡した。

　しかしながら、その後、心臓を提供した患者（ドナー）が実は脳死状態ではなかったのではないか、また、レシピエントは心臓移植が必要な患者ではなかったのではないかなどの疑惑が持ち上がった。

　そして、和田教授が殺人罪で告発されたことから、警察が捜査を実施したところ、最終的には、札幌地検は、嫌疑不十分により不起訴処分としたが、この事件が原因となって、脳死判定や、移植医療に対する強い不信感を国民の間に作り出すこととなった[190]。

　そのため、その後の脳死移植に対しては、常に、脳死判定等について強い批判が繰り返される結果となった。そこで、脳死が人の死と認められるかどうか立法的に解決されるまで脳死移植はできないとする風潮が医学界に広がってしまうこととなった。

第3款　人の死とは

　これについては、古典的に人の死の認定に用いられてきた三兆候説と、脳死をもって人の死と考える脳死説の両説がある。

第1　三 兆 候 説

1　三兆候説の要件

　どのような兆候や状況がみられたら人は死亡しているといえるのかについては、伝統的には、三兆候説と呼ばれる見解に基づいて判断されているといってよい。

　具体的には、

①　脈拍の不可逆的停止（心機能停止）

②　自発的呼吸の不可逆的停止（肺機能停止）

③　瞳孔散大と対光反射消失（脳幹部機能停止）

の3つの兆候を総合して判断する見解である[191]。つまり、心臓が止まって

---

(190)　米村滋人『医事法講義』（2016年、日本評論社）196頁以下

動かない状態になり、呼吸も止まり、そして、それらが戻ることのない状態
であること、さらに、目の瞳孔が散大してしまい、光を当てても反射的に瞳
孔を閉じようとしなくなる状態であることをいう。そして、それらが永久的
に継続する必要がある。

　もっとも、心拍動と呼吸運動が同時に停止することは実際上むしろ稀であ
り、どちらかが先に先行して停止することがほとんどである。そこで、心停
止より先に呼吸停止が起こるのを、法医学では、**肺臓死**と呼び、逆に、心停
止が先行する場合を、**心臓死**と呼んでいる。なお、肺臓死の典型例としては、
死刑の執行である絞首刑が挙げられる。

2　死の認定に関する法令の規定

　このような「死」の認定については、特に法令で規定されているわけでは
ない。ただ、実質的に三兆候説に立脚したと思われるものとして、死亡した
状態で生まれた新生児、つまり、死産の場合の死児であるが、これについて
は、定義規定がある。厚生省令42号（昭和21年）によれば、

　　　この規程で、死産とは妊娠第4月以後における死児の出産をいひ、死児と
　　は出産後において心臓膊動、随意筋の運動及び呼吸のいづれをも認めないも
　　のをいふ。

と規定している。ここで、(a)「心臓膊動を認めない」とは、上記①の要件に
該当するものであるし、(b)「呼吸を認めない」というのは、上記②の要件に
該当するものである。ただ、(c)「随意筋の運動をも認めない」というのは、
上記③の要件とは異なるが、新生児は、まだ目を開けていないので③を要件
とはできず、それに替わって、随意筋、つまり、自己の意識下で動かすこと
のできる筋肉で手足の筋肉などがこれに当たるが、これらが動かないという
ことである。

3　死の経過

　人の死とは、健康な状態から個体を構成する細胞がすべての機能を失うま

（191）　田中宣幸ほか『学生のための法医学［改訂6版］』（2006年、南山堂）22頁、匂坂
　　馨『法医解剖』（2000年、文藝春秋）6頁。

での過程であり、最終的に、人の三大機能である、脳、心臓及び肺が不可逆的に停止した段階で、個体の死とみなされている。

　ただ、個体の死が訪れても、全身の細胞がすべて同時に機能を停止するわけではない。

①　腸の蠕動運動

②　気道粘膜の繊毛運動

③　精子・白血球の運動

④　筋肉の電気刺激に対する反応

⑤　末梢の組織呼吸

などは、個体の死後も数時間以上残存していることがあり、これを**超生成体反応**と呼ぶ。

　また、この他に死体現象としては、筋肉が弛緩し、皮膚が蒼白化し、その後、**死斑**が発現する。筋肉が弛緩するのは、筋肉に対する神経の支配がなくなって生前の緊張が失われるからである。そして、血管に血流がなくなるので皮膚が蒼白化し、その後、重力によって血液が下方に集まっていき、それが外表から確認できるようになって暗紫赤色斑となったものが死斑である。このような死斑が出ていれば、一般的には、死の確定的兆候であるといわれている(192)。

　この三兆候説は、これまで長い間、医師が死を判定するに際して用いてきた基準であり、そのために社会的に広く受容されている。

4　死の判定が誤っていたケース

　もっとも、この基準によっても死の判定は難しい場合もあり、死んだと判定されていた人が実は生きていたというケースもある。

　かつて湖底に何時間も沈んでいて、死亡したと思われた女性が解剖に付されたことがあった。実は、この女性は、それまでも意識があったのに身体の自由が利かなかったのである。そこで、解剖医がその女性の喉にメスを入れた瞬間、喉に刺さったメスの刺激を受けて、やっと声が出せるようになって叫び声をあげ、それで生きているのが分かったという事例がある。

---

(192)　匂坂・前掲注(191)12頁。

　また、近時では、平成30年7月に報道された事件である、南アフリカで自動車事故に遭って死亡が確認された後、遺体安置所の冷蔵室に安置されていた女性が実は生きていたのが発見されたという報告もされている[193]。

　このように、死の認定は、三兆候説の立場であっても難しいところはある。

第2　脳　死　説

1　臓器移植法の規定

　従来は、前述した三兆候説が人の死を認定する基準として用いられてきたが、近時は、脳死をもって人の死と捉える脳死説も有力になってきている。特に、平成9年に臓器移植法が制定され、その後、平成21年に改正を経て、脳死状態の人から臓器を取り出すことが合法とされたことに鑑みれば、脳死をもって人の死という国民的合意が形成されたとの主張もされている。

　この見解の根拠となる臓器移植法の規定が重要なポイントとなることから、ここで、臓器移植法の制定及び改正についてみておくこととする。

　まず、平成9年に臓器移植法が制定された当時、同法6条1項は、

　　第六条　医師は、死亡した者が生存中に当該臓器を移植術に使用されるために提供する意思を書面により表示している場合であって、その旨の告知を受けた遺族が当該臓器の摘出を拒まないとき又は遺族がないときは、この法律に基づき、移植術に使用されるための臓器を、死体（脳死した者の身体を含む。以下同じ。）から摘出することができる。

と規定していた。その後、平成21年の改正で、同条は、

　　第六条　医師は、次の各号のいずれかに該当する場合には、移植術に使用されるための臓器を、死体（脳死した者の身体を含む。以下同じ。）から摘出することができる。
　　一　死亡した者が生存中に当該臓器を移植術に使用されるために提供する意思を書面により表示している場合であって、その旨の告知を受けた遺族が当該臓器の摘出を拒まないとき又は遺族がないとき。

---

(193)　2018年7月3日AFP BB News。

　　二　死亡した者が生存中に当該臓器を移植術に使用されるために提供する意
　　　思を書面により表示している場合及び当該意思がないことを表示している
　　　場合以外の場合であって、遺族が当該臓器の摘出について書面により承諾
　　　しているとき。

と改正された。ここでは、１号の規定の他に、２号の規定が追加されたこと
が変更点である。要は、提供者が生前に明確に臓器提供の意思を表明してい
なかった場合であっても、遺族の承諾でこれを可能にするように変更された
ものである。

　ただ、平成９年の制定当時であっても、平成21年の改正時においても、い
ずれも、「死体」という文言に続けて、かっこ書きで、「脳死した者の身体を
含む。」と規定されていることは同様であり、ここで脳死した者が「死体」
に含まれることを法的に明らかにしたものである。

　その上で、同条２項では、平成９年当時は、

　　２　前項に規定する「脳死した者の身体」とは、その身体から移植術に使用さ
　　　れるための臓器が摘出されることとなる者であって脳幹を含む全脳の機能が
　　　不可逆的に停止するに至ったと判定された者の身体をいう。

と規定されていたところ、平成21年の改正時には、

　　２　前項に規定する「脳死した者の身体」とは、脳幹を含む全脳の機能が不可
　　　逆的に停止するに至ったと判定された者の身体をいう。

と改正し、「その身体から移植術に使用されるための臓器が摘出されること
となる者であって」という部分が削られている。これは臓器移植の対象者で
ある脳死者のみを死体の範疇に入れるかどうかの判断の違いであり、平成21
年の改正では、そのような限定を取り払ったということである。

　いずれにしても、この法律によれば、本質的に、脳幹を含む全脳の機能が
不可逆的に停止した場合には脳死とし、そのような身体を死体と認定してい
ることに変わりはない。

２　脳死の判定基準及び脳死後の臓器の状況

　ここでいう脳死の判定基準としては、①深昏睡、②瞳孔が固定し、瞳孔径

が左右とも４mm以上あること、③脳幹反射（対光反射、角膜反射、毛様体脊髄反射、眼球頭反射、前庭反射、咽頭反射及び咳反射をいう。）の消失、④平坦脳波、⑤自発呼吸の不可逆的消失が、６時間以上の経過の前後で確認されることとなっている[194]。

　ちなみに、脳の神経細胞は、酸素欠乏により変性・壊死に陥りやすく、これを脳浮腫とか、脳軟化というが、一旦、変性・壊死に陥ると、再生できないといわれている。したがって、挫傷、出血などの直接的な脳の病変はもちろんのこと、心停止や窒息などに起因する脳の二次的な障害によっても、比較的容易に脳の永久的機能停止、つまり脳死状態に陥ることになる。

　また、脳と心臓の関係でいえば、脳死状態に陥ると、脳幹部の呼吸中枢が機能を停止するため、自発呼吸はなくなる。しかし、人工呼吸をしなくても、心臓はなお、５～20分くらいは拍動を続ける。さらに、人工呼吸と栄養補給を続ければ、最大、数か月くらいは拍動を続けさせることも可能であるといわれている。これは、心臓の自動性（automaticity）と呼ばれる特徴によるものであり、心臓を支配する神経を切断しても、酸素と栄養を補給してやれば、その間は自発的に興奮して拍動を続けることができるという性質によるものである。

3　臓器移植法の「脳死」に関する規定の意義

　いずれにせよ、このように脳死を死と認めたのは、臓器を早期に移植するためには、脳死の段階で移植する必要があることに鑑みたものであり、脳死した者の身体を死体に含めたことによるものである。

　そして、このような法律が国民の代表者からなる国会での議決を経て制定されたということは、国民の認識としても、脳死をもって人の死とすることに合意したと考えることは決しておかしなことではないと思われる。

---

(194)　いわゆる竹内基準と呼ばれるものである。米村・前掲注(189)198頁、赤林朗＝大林雅之『ケースブック医療倫理』（2002年、医学書院）19頁

第3　植物状態

1　植物状態の意義

　植物状態は、三兆候説での死亡状態でないのはもちろん、脳死状態でもなく、生存しているだが、寝たきりの状態になっていることから、脳死との違いが分かるようにここで説明しておく。

　そもそも植物状態とは、医学的な定義としては、脳内出血、薬物中毒、頭部外傷などのため大脳皮質が広範囲に損傷されて起こる状態で、認識機能の完全な欠如を伴い、精神活動は認められないが、覚醒はしている状態である[195]。その場合において、脳幹及び間脳視床下部の機能は温存されているため、自発呼吸、血圧、脈拍、代謝機能、睡眠覚醒リズムは維持されている。

　したがって、脳死は、前述したように、全脳死であって、脳の機能のすべてが失われた場合であるのに対し、植物状態の場合には、大脳皮質の機能が失われたものの、上記のように残された機能があるため、脳死とは異なっているのである。

2　植物状態の判定基準

　植物状態であるかどうかについての日本脳神経外科学会[196]の判定基準としては、以下の状態が３か月以上続く場合を植物状態と判定している。

① 　自力移動不能（体位変換不能、寝返り不能）

② 　自力摂取不能（嚥下運動は可）

③ 　糞尿失禁

④ 　視覚認識不能（ただ、人を追視することはある。）

⑤ 　意味のある発語不能

⑥ 　意思疎通はほとんど不能（ただ、簡単な命令に応じる場合もある。）

3　植物状態での患者の状態

　植物状態の患者の症状としては、患者は眼を開けるので、昏睡状態にあるとはいえないものの、意識が覚醒していることを動作として示すことはない。自分で呼吸ができ、代謝の調整もできるし、睡眠・覚醒のリズムも保た

---

(195)　田中・前掲注(191)23頁。
(196)　日本脳神経外科学会ウェブサイト。

れていることから、植物機能を司る脳幹は機能しているものの、動物機能を司る大脳皮質は機能していない。したがって、脳死者とは異なり、適切な栄養管理を含めた看護がなされると数年にわたって生存することができる。更に、極めて少数の例外ではあるものの、社会復帰するまでに回復した事例も存在する。

第4款　三兆候説と脳死説の対立

　人の死を脳死の段階で認めるか、三兆候説の段階で認めるかについては、以前から熾烈な争いがあった。

第1　脳死を人の死とする見解の根拠

　脳死を人の死とする見解は、主に次の2つの理由を挙げている。第1は、脳死者に精神機能が失われていることを重視し、第2に、脳死者の身体が統合的に機能していない点を強調している[197]。

　まず、第1においては、人という存在の本質が脳の働きに宿るということを理由としている。人の本質とは、人に固有の機能であり、それはすなわち思考や感情といった高度の精神機能に他ならない。そして、高度の精神機能は脳（特に大脳）が司る。脳死になって精神機能がなくなれば人は人としての本質を失うことになるため、もはや生きているとはいえないとみなされるというのである。

　また、脳死を人の死とするもう一つの理由は、第2として挙げたように、精神機能ではなく、身体活動に注目している。その基礎にあるのは「人の本質はどこにあるか」ではなく、そもそも「生命とは何か」というより一般的な問いである。すなわち、人だけでなく他の動物等も含めた「生きている」もの全般をそうでないものから区別する特徴が問われるのである。その中で、何かが生きているということは、臓器や組織などの部分から構成される有機体が全体として統合的に機能している状態にあること、つまり、有機体

---

(197)　以下、有馬斉「臓器移植」伏木信次ほか編『生命倫理と医療倫理［改訂3版］』(2014年、金芳堂) 99頁以下による。

の全体としての働きを特徴付けるものは、構成部分の連携によってもたらされる「内側で自然と生じる生得的な諸活動」と「外的環境への反応」であるとして理解すべきだとの見解に基づいているものである。そして、死は、この有機体の全体としての機能の停止として理解すると、脳のうち特に脳幹は、臓器間の連絡と統合を司るとされることから、脳死になると、例えば呼吸や体温を自分で調節できなくなり、外部から機械で管理されなくてはならず、そうなると、やはり脳死は人の死と結論できると主張されている。

第2　上記の脳死を人の死とする見解への医学的見地からの反論

しかしながら、上記のような理由付けに対しては、次のような反論がある。

まず、第1の理由については、それが精神活動だけに注目する点が批判されてきた。すなわち、この立場によると、脳死者だけでなく、いわゆる植物状態の患者、つまり、遷延性意識障害の患者まで死んでいるとみなすことになるのではないかと指摘がある。というのは、上記の脳死を人の死とする立場によれば、死は精神活動の喪失を意味するが、精神活動を司るのは脳のうち大脳部分だけである。したがって大脳の機能が失われた遷延性意識障害の人も死者に分類されざるを得ないことから、この点が明らかにおかしいと批判されている。

次に、第2の点については、ここでいわれる死の定義が人の場合にしか該当しない点が批判されている。つまり、昆虫や草木はもともと記憶や感情や判断といった高次の精神機能を備えていない。そのため、精神活動の喪失を死とするこの立場は、昆虫や草木には当てはまらないか（つまり生と死を多くの生物に共通する現象として捉えることができない。）、あるいはこれらの生物を生きているとみなせないことから、死の定義として適当ではないと批判されてきた。

また、この第2の理由に対する批判として、特に重要なのは、脳死者の身体が実は有機的統合を失っていないということにある。そのため、死が身体の有機的統合の喪失を意味するとしても、脳死者は死んでいるとはみなせないと主張されている。その実例として挙げられるのは、子供の脳死患者の事例である。幼少期に脳死になった患者の中には人工呼吸器のサポートだけで

ある程度心拍を維持していたことがあり[198]、また妊婦の脳死でも同様であり、脳死と判定された後も妊娠を継続し、出産に至った女性の事例は国内外で報告がある。しかし、身体の成長、感染症に対する抵抗、妊娠と出産などの現象はいずれもいくつもの臓器や組織の統合を必要とする「内側で自然に生じる生得的な活動」であり「外的環境への反応」であるというほかはない。そうであるなら、これらの事実は、人の身体の有機的統合には脳の働きが欠かせないことを示し、脳死は人の死であるという第2の理由付けは否定することになるであろう。

第3　上記第1の見解への法律学的見地からの反論

　また、法律家の立場からも、脳死が人の死であるとすることに反対する立場からは、脳死をもって人の死と捉えることは必ずしも社会一般で許容されているわけではないと主張されている。

　つまり、人が死亡すれば人でなくなり、法的には、物という扱いになる。そうなると、死体を傷つけても殺人ではなく、その場合には、前述したように、死体損壊罪が成立することになる。

　そこで、脳死を死と判定することに反対する立場からは、「現時点でも、脳死状態にある人を積極的に殺害し、三兆候説による死をもたらした場合に死体損壊罪にしかならないと正面から断言する見解が支配的になっているわけではない。」[199]とする見解なども示されている。

第5款　三兆候説と脳死説の棲み分け

　これまで述べてきましたように、人の死を脳死の段階で捉えるか、その後の三兆候が認められる段階で捉えるかの対立は、医学的、宗教的、倫理的な各方面で問題とされてきている、実際のところ、この理論的な対立は、人の死を認定する現実の場面においては特に問題とはなっていない。

　というのは、医師が例えば自分の患者の死を看取るとき、この患者は、脳

（198）　有馬・前掲注[197]101頁。
（199）　安田拓人「要保護性のある法益の有責的毀損とその刑法的保護の時間的拡張の可能性について」研修821号（2016年）10頁。

死であるから亡くなっていますという医師はいないといってよいであろう。実際に、脈をとり、呼吸を確認し、瞳孔の反応を見た上で、それらがすべて否定されて、初めて「ご臨終です。」というのであって、臨床の現場で脳死が死として扱われていることはないといってよいと思われる。

　これに対し、脳死を死として扱う必要があるのは、実際のところ、臓器移植の場合だけであろう。しかしながら、この場合には、臓器移植法により、脳死者を死体として扱うことが許されていることから、この法に則っての行為であれば法的には何も問題はない。したがって、この臓器移植法が存しない時代には、臓器移植をする段階で、その人が死んでいるかいないかは、殺人罪が成立するかしないかという観点から、極めて重要であった。

　しかしながら、この臓器移植法が成立した以上、たとえ三兆候説をとって、脳死者からの臓器の摘出が死を招いたものとして殺人罪の構成要件に該当すると考えても、臓器移植法に基づいた法令行為として違法性が阻却されることから、犯罪は不成立となり、臓器移植のための臓器の取り出しをした医師が処罰の対象となることはなくなった（そもそも脳死説をとって、既に死体であるとみるなら、もはや「人」ではないから、殺人罪の構成要件を充足せず、犯罪が成立しないのは当然のことである。）。

　したがって、脳死をもって人の死とするかどうかの議論は、宗教上、倫理学上ではともかくとしても、臓器移植法が制定された以上、法的な観点や、臨床医学的な意味においては、あまり意味のない議論になっていると思われる。

第6款　臓器移植の手順

　臓器移植の具体的な手順等については、厚生労働省による**「臓器の移植に関する法律」の運用に関する指針（ガイドライン）**[(200)]において定められている。

　そして、脳死移植においては、提供者遺族への説明・同意取得、移植患者の登録・選定等に関して、**公益社団法人日本臓器移植ネットワーク**が大きな役割を演じている。具体的には、

---

(200)　厚生労働省ウェブサイト。

① 　上記ガイドラインの定める条件を満たす提供施設（適正な脳死判定を行い得るなど臓器提供に必要な体制を有する医療機関）と、移植関係学会の選定する移植施設（移植術を行うに適した人員・設備等を有する医療機関）が予め指定される。

② 　移植の適用疾患を有する患者は待機患者として上記ネットワークに登録を行う。

③ 　提供施設の一つで脳死者が出現し、家族が臓器移植について詳細な説明を希望した場合は、24時間体制で待機する上記ネットワークの移植コーディネーターが現地に向かい、当該脳死者の家族に対し、脳死判定や移植に関する説明を十分に行って臓器提供の最終意思確認を行う。

④ 　最終的に同意が得られれば、直ちに、移植対象臓器が決定される。

⑤ 　臓器ごとに移植対象患者と移植実施施設が決定され、移植術の準備が開始される。

⑥ 　脳死移植の場合は、前述した竹内基準により脳死判定がなされ、最終的　に死亡診断が下されれば臓器摘出が行われる。

⑦ 　摘出臓器は直ちに移植施設に輸送され、摘出術と相前後して開始されていた移植術において必要な移植がなされる[201]。

このように、脳死移植では多数の関係者の緊密な連携の下で短時間のうちに上記の手順を進める必要があり、全過程において、上記ネットワークが中心的役割を果している。

第8章　再生医療

第1款　序　　論

再生医療は、京都大学の山中伸弥教授による**iPS細胞**[202]の発見により大きな脚光を浴びることとなった。もっとも、複雑な臓器・組織の再生医療は、未だ研究段階にある。

---

(201)　米村・前掲注(189)209～210頁。

　このような再生医療に関しては、**ES細胞**[203]を用いた研究に対する厳格な規制として、平成13年、**ヒトES細胞の樹立及び使用に関する指針**が策定され、その後、iPS細胞の開発を受け、平成18年、**ヒト幹細胞を用いる臨床研究に関する指針**が策定されるなどした。これらはもちろんガイドラインにすぎないが、事実上、強力な規制手段として機能してきた[204]。

　その一方で、我が国の成長戦略の一環として、再生医療の推進を図るとの政府方針に基づき、再生医療に関する一般的法整備を進める必要から、平成25年11月、**再生医療法**等が成立した。この法律は、再生医療等に関する全般的な諸規制を定めたものである。

第2款　再生医療法における再生医療等提供計画の提出義務

　再生医療法は、実施される再生医療等に想定されるリスクの程度等に応じた安全確保のための仕組みを設けている。

　そのため、臨床応用がほとんどなく、未知の領域が多く残された**第一種再生医療**（具体的には、iPS細胞やE細胞を用いた医療技術によるものや、本件の臍帯血造血幹細胞を用いたものも含まれる。）等については、細胞の腫瘍化や予測不能かつ重篤な有害事象を発生させ、人の生命及び健康に重大な影響を与えるおそれがあることに鑑み、厳格な手続を採ることを求めている。

　この点について、再生医療法4条1項は、

　第四条　再生医療等を提供しようとする病院又は診療所（中略）の管理者（中

---

(202)　iPS細胞は、induced Pluripotent Stem cellを略したもので、和訳としては、**人工多能性幹細胞**と呼ばれている。具体的には、成体から取った細胞に、ヤマナカファクターと呼ばれる、主として**転写因子**などの遺伝子を導入することで、当該細胞は胚盤胞と同様の状態に初期化されて多能性をもつことが発見されたものである（拙著『医療関係者のための実践的法学入門』（2019年、成文堂）353頁）。

(203)　ES細胞は、Embryonic Stem Cellを略したものであり、和訳では、**胚性幹細胞**といわれる。これは、受精卵が細胞分割した胚盤胞の内部細胞塊から取り出して培養した細胞で、多能性をもつ幹細胞である。具体的には、受精卵が分裂してできる100個程度の細胞の塊、胚盤胞の中にある内部細胞塊をばらばらにほぐし、体外で培養を続けることによって作られる。そして、胎盤以外の体のどのような細胞にも分化できる多能性をもったまま、無限に増殖できる人工的な培養幹細胞である（同上352頁）。

(204)　米村・前掲注[189]262頁。

　　略）は、厚生労働省令で定めるところにより、あらかじめ、第一種再生医療
　　等、第二種再生医療等及び第三種再生医療等のそれぞれにつき厚生労働省令
　　で定める再生医療等の区分ごとに、次に掲げる事項（中略）を記載した再生
　　医療等の提供に関する計画（以下「再生医療等提供計画」という。）を厚生
　　労働大臣に提出しなければならない。
　　一　当該病院又は診療所の名称及び住所並びに当該管理者の氏名
　　二　提供しようとする再生医療等及びその内容
　　三　前号に掲げる再生医療等について当該病院又は診療所の有する人員及び
　　　構造設備その他の施設
　　四　第二号に掲げる再生医療等に用いる細胞の入手の方法並びに当該再生医
　　　療等に用いる特定細胞加工物の製造及び品質管理の方法（後略）

として、相当に詳細な再生医療等提供計画を厚生労働大臣に提出しなければ
ならないとされている(205)。
　そして、この規定に違反した場合には、同法60条1号により、

　　一　第四条第一項の規定に違反して、第一種再生医療等提供計画を提出せず、
　　　又はこれに記載すべき事項を記載せず、若しくは虚偽の記載をしてこれを提
　　　出して、第一種再生医療等を提供した者

との規定により、それらの者に対しては、1年以下の懲役又は100万円以下
の罰金に処することとされている。

第3款　再生医療法違反の事例──平成29年12月21日松山地裁判決（公刊物未登載）──

第1　事案の概要

　医師Aは、東京都内や大阪市内に設立された診療所の管理者たる医師で

---

(205)　このような計画の提出を要求する司法的枠組みについては、「たとえば、特定の再
　　生医療製品を使用する医療を直ちに提供しなければ生命に危機が及ぶような緊急状態に
　　おいても、事前に当該医療機関が当該製品を使用することを内容とする再生医療等提供
　　計画を提出していない限り、そのような医療は実施できないことになる。」として問題
　　点を指摘し、「これは患者の医療的利益の保護を法が阻害する事態であり、医療の本来
　　的趣旨に反すると言わざるを得ない。」（米村・前掲注(3)265頁）との厳しい批判がある。

あった。Aは、かねてから脳性麻痺の治療、網膜剥離の治療、アンチエイジング、膵炎の再発防止の目的で、各患者に対し、それぞれ細胞の分離、冷凍等の操作を加えた他人の**臍帯血**を解凍した上、皮下注射等をするという方法で**臍帯血移植**を行っていた。このようなAの再生医療に関しては、再生医療法が施行されてその罰則が適用される平成27年11月以降の同28年1月、厚生労働省から、Aに対し、本件臍帯血移植が再生医療法の対象となるため直ちに治療の提供を中止し、法に基づく手続を行うよう行政指導がなされた。

　しかしながら、Aは、以前から自分がしていた臍帯血移植は患者のためであり、新しい法律ができたからといって直ちに止めるわけにはいかないと思い、なんら再生医療等提供計画の提出をすることなく、その後も同様の治療を継続していた。

第2　臍帯血移植について

　そもそも臍帯血は、妊娠中の母親と胎児を結ぶ臍帯と胎盤の中に含まれる血液である。臍帯と胎盤は、胎児が出生した後は不要なので捨てられていた。

　しかし、その臍帯血中には、赤血球、白血球、血小板といった血液細胞を作り出す造血幹細胞がたくさん含まれている。つまり、臍帯血は胎児の血液であることから幼若で増殖能力に富む造血幹細胞が含まれているのである。そして、臍帯血幹細胞は骨髄幹細胞や末梢血幹細胞に比べると未分化で、少数でも骨髄の機能を回復させる能力をもっているといわれている。

　そこで、この臍帯血を、白血病や再生不良性貧血などの血液の病気や、ある種の遺伝疾患などの治療に使えるのであるが、これが**臍帯血移植**である。つまり、臍帯血移植とは、臍帯血に存在する造血幹細胞を、白血病などの重篤な血液疾患患者に移植して、骨髄機能を正常にする治療法である[206]。

　そして、その移植に提供するためには、出産の際に臍帯血をすばやく無菌的に採取し、分離調整して、摂氏マイナス196度という超冷凍で保存しておく必要がある。その上で、白血病などの患者が臍帯血移植を必要とする場合に、適合する臍帯血を探し、それを患者に移植する。この場合、移植前処置

（206）　東京都福祉保険局ウェブサイト。

をした臍帯血を冷凍のまま患者のいる病院に搬入し、解凍して患者の静脈に注射する。そして、移植した臍帯血が生着して血液を作り出せれば、移植は成功である。

　もっとも一人の胎盤から得られる細胞の数は限られており、移植できる患者は小児や体重の軽い成人が中心であったが、最近では体重の重い成人にも移植が行われるようになっている。

第3　本件松山地裁判決の内容

　この事件において、Aは愛媛県警に逮捕された。この事件では、いくらAが患者の治療のためであるといっても、既に、再生医療法が施行され、この法律に従って医療行為をしなければならない義務が生じていたのである。

　そして、本件松山地裁判決では、「被告人らが再生医療法施行以前から実施してきた臍帯血移植は、アンチエイジング等の目的（中略）として、免疫抑制等の処置をすることなく、細胞の分離、冷凍等の操作を加えただけの他人の臍帯血を皮下注射等によって患者に投与する方法（以下「本件臍帯血移植」という。）によるものであり、このような方法は、安全性、有効性が確立された医療技術ではなく、投与された細胞の性質が体内で変わり得る未知のリスクが含まれるものであって、（中略）有効性、安全性が確立された造血幹細胞移植には該当せず、また、本来の細胞と異なる構造・機能を発揮することを目的として細胞を使用するものであり、再生医療法2条4項[207]所定の『細胞加工物』を用いた医療技術であると解されることなどから、同法4条1項の適用対象となる第一種再生医療等に該当するものであった。

　被告人らは、（中略）治療の提供を中止し、法に基づく手続を行うよう行政指導がされたにもかかわらず、その後も平成29年4月までの間、医師である被告人において、（中略）仕入れていた臍帯血を用いて本件犯行に及び、（中略）多額の利益を得ていたのであり、本件犯行は、再生医療等提供計画の提出を義務付けることにより当該治療の安全性確保を図るという同法の趣旨を

（207）　再生医療法2条4項では、「この法律において『細胞加工物』とは、人又は動物の細胞に培養その他の加工を施したものをい」うと定義している。

没却する悪質な犯行であったいうべきである。加えて、本件臍帯血移植は、前記のとおり、安全性や有効性が科学的に証明されておらず、仮に、第一種再生医療等提供計画を提出しても、そのまま受理されることはないというものであり（被告人自身も、このことを自認する供述をしている。）、人命及び健康に重大な影響を与えるおそれがあったのであるから、唯一医業を行うことができる医師によってこのような行為が行われたことは、再生医療そのものに対する国民の信頼を著しく失墜させるものであり、その社会的影響も看過することができない。」などと判示して、懲役1年、2年間執行猶予の判決を言い渡したのであった。

第9章　死体解剖（死体損壊罪）

第1款　司法解剖・行政解剖・病理解剖・系統解剖の位置付け

　まず、死体解剖保存法（以下、「解剖法」という。）は、死体解剖をするためには、同法2条1項本文で、

　　第二条　死体の解剖をしようとする者は、あらかじめ、解剖をしようとする地の保健所長の許可を受けなければならない。ただし、次の各号のいずれかに該当する場合は、この限りでない。

と規定しており、保健所長の許可がなければ、死体解剖ができないというのが原則である。

　しかしながら、その本項各号において、例外がいくつか定められており、その中に、司法解剖・行政解剖・病理解剖・系統解剖が含まれている。それゆえ、実際のところ、この例外規定でほぼすべての解剖が含まれていることから、通常、解剖をするに当たって保健所長の許可が必要になるという事態は起きていない。

　そこで、保健所長の許可が不要とされる解剖法2条1項各号の規定を一つずつ検討する。

第1　解剖法2条1項1号について

まず、1号では、

> 一　死体の解剖に関し相当の学識技能を有する医師、歯科医師その他の者であつて、厚生労働大臣が適当と認定したものが解剖する場合

と規定されており、この場合には、保健所長の許可を得ることなく死体解剖ができる。ただ、その認定などに関しては、死体解剖保存法施行令1条で定められており、

> 第一条　死体解剖保存法（中略）第二条第一項第一号の認定（中略）を受けようとする者は、申請書に履歴書及び解剖に関する経歴を証する書類を添え、住所地の都道府県知事を経由して、これを厚生労働大臣に提出しなければならない。

などの手続が定められている。そして、その認定を受けた者は、都道府県知事の作成する名簿に載せられ（同令6条）、死体解剖に当たって、後述する2号の大学の法医学等の教授等と同等の資格を有することになる。

　具体的には、厚生省健康政策局長通知（当時）によると、「医師又は歯科医師にあっては、次のいずれかに該当する者」として、「ア　医学又は歯学に関する大学（大学の学部を含む。）の解剖学、病理学又は法医学の教室において、医師又は歯科医師の免許を得た後、初めて解剖補助業務に従事した日から起算して2年以上解剖に関連する研究業務に従事し、かつ、この間に適切な指導者の下で計20体以上についての解剖補助業務の従事し、そのうち10体以上について自ら主として解剖を行った経験を有する者」などとしており、主に、大学の法医学講座等での解剖の補助をする医師等がこの資格によって解剖の実施が可能となっている。

第2　解剖法2条1項2号について

次に、2号は、

> 二　医学に関する大学（大学の学部を含む。（中略））の解剖学、病理学又は法

　　　　医学の教授又は准教授が解剖する場合

と規定しており、病理学や法医学の教授等が死体解剖をする場合を指している。後述する病理解剖などはここに含まれる。

第3　解剖法2条1項3号について

　次に、3号では、

　　　三　第八条の規定により解剖する場合

と規定されている。

　ここで示されている8条の規定は、その本文において、

　　第八条　政令で定める地を管轄する都道府県知事は、その地域内における伝染病、中毒又は災害により死亡した疑のある死体その他死因の明らかでない死体について、その死因を明らかにするため監察医を置き、これに検案をさせ、又は検案によっても死因の判明しない場合には解剖させることができる。（後略）

とされているところ、これは監察医務院における監察医による行政解剖を示している。この点については、後に詳しく説明する。

第4　解剖法2条1項4号について

　次に、4号では、

　　　四　刑事訴訟法（中略）の規定により解剖する場合

と規定されており、これが司法解剖の場合である。これについても後に詳しく説明する。

第5　解剖法2条1項5号について

　次に、5号では、

　　　五　食品衛生法第五十九条第一項又は第二項の規定により解剖する場合

と規定されており、同条1項は、

> 第二条　都道府県知事等は、原因調査上必要があると認めるときは、食品、添加物、器具又は容器包装に起因し、又は起因すると疑われる疾病で死亡した者の死体を遺族の同意を得て解剖に付することができる。

と規定して、食品等に起因する、又はその疑いがある疾病で死亡した者について、遺族の同意を得て当該死体の解剖をすることができるとしている。実際に都道府県知事が解剖をすることはないが、その配下職員を、法的には自己の手足として使うことで解剖することになる。

　ただ、この規定では、遺族が拒否した場合には解剖することができず、それが公共の利益に大きく反する場合があることも当然に考えられる。そこで、同条2項では、

> 2　前項の場合において、その死体を解剖しなければ原因が判明せず、その結果公衆衛生に重大な危害を及ぼすおそれがあると認めるときは、遺族の同意を得ないでも、これに通知した上で、その死体を解剖に付することができる。

と規定して、当該死体解剖を実施しなければ、死因が判明せず、その結果、公衆衛生に重大な危害を及ぼすことがある場合には、遺族の同意を得ずに死体解剖ができるとしている。

第6　解剖法2条1項6号について

　次に、6号では、

> 六　検疫法（中略）第十三条第二項の規定により解剖する場合

と規定されている。そこで、検疫法13条1項は、

> 第十三条　検疫所長は、検疫感染症につき、（中略）船舶等に対する病原体の有無に関する検査を行い、又は検疫官をしてこれを行わせることができる。

と規定しているところ、この病原体の有無に関する検査に当たって、船舶等の中に船員や乗客の死体が残されていた場合に関する措置として、同条2項

は、

　　2　検疫所長は、前項の検査について必要があると認めるときは、死体の解剖
　　を行い、又は検疫官をしてこれを行わせることができる。この場合において、
　　その死因を明らかにするため解剖を行う必要があり、かつ、その遺族の所在
　　が不明であるか、又は遺族が遠隔の地に居住する等の理由により遺族の諾否
　　が判明するのを待っていてはその解剖の目的がほとんど達せられないことが
　　明らかであるときは、遺族の承諾を受けることを要しない。

と規定している。

　ここでは、死因を明らかにするため解剖を行う必要があって、かつ、遺族
が所在不明等の場合には、遺族の承諾を受けることを要しないと規定してい
る。

　ただ、そうなると、逆に、遺族の所在がはっきりしている場合には、遺族
の承諾を受けることが必要であり、どれほど死因を明らかにする必要性が高
くても、遺族が解剖を拒否した場合には、この規定によっては解剖すること
はできないことになる。

　しかしながら、遺族が同意しないということで当該死体解剖ができないと
なると、検疫により感染症等の病原体を水際で阻止しようとする検疫法の目
的が達せられないおそれがある。そこで、解剖法 7 条柱書は、

　　第七条　死体の解剖をしようとする者は、その遺族の承諾を受けなければなら
　　ない。ただし、次の各号のいずれかに該当する場合においては、この限りで
　　ない。

として、死体解剖は遺族の承諾を原則としながらも、その承諾を不要とする
場合を列挙しており、同条 5 号において、

　　五　検疫法第十三条第二項後段の規定に該当する場合

と規定して、結局、検疫法で要求している遺族の承諾を不要としている。

第7　解剖法2条1項7号について

次に、7号は、

> 七　警察等が取り扱う死体の死因又は身元の調査等に関する法律の規定により
> 解剖する場合

と規定しており、これは、平成25年4月から施行されている法律による解剖の場合であり、この規定により、警察署長が、職権で、遺族の承諾なしに死体解剖をすることができる場合などが定められている。これについても、後に詳細に説明する。

第2款　司法解剖

　司法解剖は、刑訴法の規定に基づき、犯罪捜査などの刑事事件の処分のために行われるものである。具体的には、損傷の部位、形状、程度や、凶器の種類、加害方法及び凶器と死因との間の因果関係、更には死後経過時間等を明らかにして犯罪の立証に役立てることを主な目的としている。

第1　検　　　視

　司法解剖に至るまでには、まず、検視という手続が執られることになる。ここでいう「検視」とは、人の死亡が犯罪に起因するものであるかどうかを判断するために、五官の作用により死体の状況を見分（外表検査）する処分をいう。

　検視は、捜査の端緒の一つとして、刑訴法229条1項で

> 第二百二十九条　変死者又は変死の疑のある死体があるときは、その所在地を
> 管轄する地方検察庁又は区検察庁の検察官は、検視をしなければならない。

として規定されているところ、さらに、同条2項において、

> ②　検察官は、検察事務官又は司法警察員に前項の処分をさせることができる。

との規定に基づき、多くの場合、司法警察員において検視が実施されている。

　そして、この検視の対象は、変死者及び変死の疑のある死体であるが、

両者を併せて変死体と呼ぶ。要は、自然死（老衰や通常の病死等）による死体以外の死体であって、犯罪による死亡でないと断定できないものであり、このような対象について検視が実施されるのである。

　なお、検視に当たっては、変死体の全身をくまなくチェックする上、眼瞼、口腔、肛門等の内部も検査するし、その際に、指掌紋の採取、死体の写真撮影なども行われる[208]。

第2　司法解剖の法的根拠
1　検証による死体解剖
　まず、刑訴法129条は、

> 第百二十九条　検証については、身体の検査、死体の解剖、墳墓の発掘、物の破壊その他必要な処分をすることができる。

と規定しており、検証の一種として「死体の解剖」ができることになっている。ちなみに、「検証」とは、五官の作用により、物、場所、人等の存在、形状、作用等を認識することを目的とする強制処分である[209]。

　そして、この規定は、同法128条の

> 第百二十八条　裁判所は、事実発見のため必要があるときは、検証することができる。

という規定を受けて設けられているものであるから、刑訴法129条の検証をする主体は、裁判所である。すなわち、裁判所、つまり具体的には、裁判官であるが、彼ら彼女らが、自ら死体の解剖をすることができると規定してあるというわけである。

　また、この規定は、刑訴法222条1項により、捜査機関が行う検証の場合に準用されているので、裁判所のみならず検察官や司法警察職員が自ら「死体の解剖」を行う場合にも適用されることになる。

---

(208)　なお、検視を実施する上での必要事項や留意事項については、拙著『殺傷犯捜査全書──理論と実務の詳解──』（2018年、立花書房）629頁以下を参照のこと。
(209)　拙著・前掲注(1)684頁。

　しかしながら、現実の問題として、死体解剖について専門的知識を持ち合わせていない裁判官や検察官等が、検証として死体解剖を行うことには無理があるであろう。もちろん、これら条文の解釈として、専門家を補助者として用いることでこれを可能とするのであるという解釈もあるが[210]、実際には、これら手続による検証として死体解剖が行われることはないといってよいと思われる。

2　鑑定嘱託による死体解剖

　死体の司法解剖については、実際には、刑訴法223条1項の

> 　第二百二十三条　検察官、検察事務官又は司法警察職員は、犯罪の捜査をするについて必要があるときは、（中略）鑑定（中略）を嘱託することができる。

として、専門家に鑑定嘱託をする、つまり、死体解剖の専門家である法医学者に対して、死因等の解明のために死体解剖を嘱託している。

　そして、刑訴法225条1項は、

> 　第二百二十五条　第二百二十三条第一項の規定による鑑定の嘱託を受けた者は、裁判官の許可を受けて、第百六十八条第一項に規定する処分をすることができる。

と規定されていることから、鑑定の嘱託を受けた者は、裁判官の許可を受けることを条件に、同法168条1項の

> 　第百六十八条　鑑定人は、鑑定について必要がある場合には、裁判所の許可を受けて、（中略）死体を解剖（中略）することができる。

との規定に基づいて死体解剖ができることになるのである。

　もっとも、その許可の請求については、同法225条2項の

> 　②　前項の許可の請求は、検察官、検察事務官又は司法警察員からこれをしなければならない。

---

(210)　藤永幸治ほか編『大コンメンタール刑事訴訟法　第2巻』（1994年、青林書院）497頁。

とされていることから、そこに規定されている者からの請求に基づかなければならず、また、その請求があった場合においては、同条3項の

> ③　裁判官は、前項の請求を相当と認めるときは、許可状を発しなければならない。

とされているように、裁判官により鑑定処分許可状が発せられ、これにより鑑定の嘱託を受けた者が死体解剖を行うことになる。

第3　司法解剖の実情

　司法解剖がなされた件数は、データが若干古いが、平成16年は、4,969体であったところ、平成25年には、それが8,356体に増え、平成29年には、8,157件と推移している[211]。

　なお、解剖法7条3号、2条1項4号の規定により、司法解剖においては、遺族の承諾は不要であるが、実際には、担当する司法警察員が遺族の納得を得るように丁寧に説明している。

第3款　行　政　解　剖

第1　監察医解剖

　これは、解剖法2条1項3号、8条に基づく解剖である。この8条は、「政令で定める地を管轄する都道府県知事」は、「監察医を置き、これに検案をさせ、又は検案によっても死因の判明しない場合には解剖させることができる。」としているが、ここで示されている政令は、「監察医を置くべき地域を定める政令」であり、そこには、監察医を置くべき地域として、

　　東京都の区の存する区域、大阪市、横浜市、名古屋市及び神戸市

と規定されている。

　したがって、これらの地域には、監察医務院という組織が置かれ、そこに

所属する監察医は、「その地域内における伝染病、中毒又は災害により死亡した疑のある死体その他死因の明らかでない死体」について、その死因を究明するために、当該死体を解剖することが許されており、この場合には、解剖法7条3号、2条1項3号により、遺族の承諾を受ける必要はない。

　なお、司法解剖との関係では、解剖法8条但し書において、

> 第八条　（前略）但し、変死体又は変死の疑がある死体については、刑事訴訟法第二百二十九条の規定による規定による検視があった後でなければ、検案又は解剖させることができない。

と規定されていることから、犯罪死の疑いがある場合には、検視がなされた後でなければ監察医による検案も解剖もできないとして、刑事手続を優先させているほか、同条2項において、

> 2　前項の規定による検案又は解剖は、刑事訴訟法の規定による検証又は鑑定のための解剖を妨げるものではない。

と規定されて、監察医による検案や解剖を予定していても、司法解剖が妨げられない、つまり、司法解剖を行うことができるとしている。

第2　その他の行政解剖

1　監察医務院が置かれていない地域での行政解剖

　上述したように、東京23区等の5都市については、監察医務院が置かれて、上記の目的に沿った解剖が行えるようになっているが、それ以外の都市においては、同様の制度がないため、上記のように、「その地域内における伝染病、中毒又は災害により死亡した疑のある死体その他死因の明らかでない死体」の死因究明が必要となる場合には、各地域の大学の法医学講座において、解剖を実施している。この場合は、解剖法7条において、遺族の承諾に関し、特に除外の対象とされていないことから、その原則どおり、これを受ける必要がある。

2　食品衛生法に基づく解剖等の行政解剖

　また、前述した解剖法2条1項5号の食品衛生法に基づく解剖や、同項6

号の検疫法に基づく解剖は、いずれも行政解剖に含まれるものである。

　なお、前述したところではあるが、これらの解剖に当たっては、解剖法7条4号及び5号により、いずれも遺族の承諾を受ける必要はない。

3　警察等が取り扱う死体の死因又は身元の調査等に関する法律に基づく行政解剖

　「警察等が取り扱う死体の死因又は身元の調査等に関する法律」が平成24年に成立し、同25年4月1日に施行された。これにも行政解剖としての解剖が規定されている。

　そもそも、この法律は、警察等が取り扱う死体について、死因が災害、事故、犯罪その他市民生活に危害を及ぼすものであることが明らかとなった場合に、その被害の拡大及び再発の防止その他適切な措置の実施に寄与するとともに、遺族等の不安の緩和又は解消等に資するために制定されたものである。

　そのため、当該取扱死体について、解剖をする必要がある場合もあり、同法6条1項は、

　　第六条　警察署長は、取扱死体について、（中略）法医学に関する専門的な知識経験を有する者の意見を聴き、死因を明らかにするため特に必要があると認めるときは、解剖を実施することができる。この場合において、当該解剖は、医師に行わせるものとする。

と規定しており、警察署長の権限として、法医学者等の意見を聴いた上で、死因究明のために必要であるときには、医師をして解剖を実施することができることになっている。

　ただ、遺族に対する配慮として、同条2項において、

　　2　警察署長は、前項の規定により解剖を実施するに当たっては、あらかじめ、遺族に対して解剖が必要である旨を説明しなければならない。ただし、遺族がないとき、遺族の所在が不明であるとき又は遺族への説明を終えてから解剖するのではその目的がほとんど達せられないことが明らかであるときは、この限りでない。

として、原則として、遺族への説明義務を課している。しかしながら、これは説明義務を課しただけのもので、承諾を得ることを要求しているものではない。したがって、たとえ、遺族が解剖に反対したとしても、警察署長は解剖を実施することができる。また、解剖に当たっては、国公立大学や私立大学の医学部等に、その解剖の実施を委託することができるとされている（同条3項）。

第4款　病理解剖

　病理解剖とは、病気で死亡した人を対象に、死因を特定したり、診断、治療の妥当性を判定するために、遺族の承諾を受けて行われる解剖である。これは、解剖法2条1項2号に基づいて行われるものであるが、解剖法7条の原則に従って、遺族の承諾を要するものである。

　もっとも、解剖法7条2号に

　　二　二人以上の医師（うち一人は歯科医師であつてもよい。）が診療中であつた患者が死亡した場合において、主治の医師を含む二人以上の診療中の医師又は歯科医師がその死因を明らかにするため特にその解剖の必要を認め、かつ、その遺族の所在が不明であり、又は遺族が遠隔の地に居住する等の事由により遺族の諾否の判明するのを待つていてはその解剖の目的がほとんど達せられないことが明らかな場合

と規定されている場合に行う病理解剖であれば、遺族の承諾を受ける必要はない。

第5款　系統解剖

　上記同様に、遺族の承諾が必要とされる解剖として、医学部の学生等が人体の構造を学ぶために、篤志家の死体を解剖する場合を、系統解剖と呼ぶ。

　これは解剖法2条1項2号の解剖学の教授等が行う解剖として認められているものである。

第6編

医療行為の手段たる医薬品等及び
指定薬物の規制並びに規制薬物の
取締り等に関する諸問題

第1章　医薬品医療機器等法における規制

　医療行為の手段に係る客体としての薬剤や医療機器等に関しては、医薬品医療機器等法が主な規制をしている。この法律に基づいて、どのような薬物が規制の対象となり、医療従事者等に対してどのような義務が課せられ、また、関連する行為にどのような規制等が掛けられているのか、更には、関連する法規等においてどのような規制が一般的に設けられているかなどについても併せ検討する。

第1款　医薬品医療機器等法の目的

　この医薬品医療機器等法（以下「本法」という。）は、平成26年11月25日、それまでの薬事法が改正されて名称も現在のように変更された。

　そして、本法1条において、

> 第一条　この法律は、医薬品、医薬部外品、化粧品、医療機器及び再生医療等製品（以下「医薬品等」という。）の品質、有効性及び安全性の確保並びにこれらの使用による保健衛生上の危害の発生及び拡大の防止のために必要な規制を行うとともに、指定薬物の規制に関する措置を講ずるほか、医療上特にその必要性が高い医薬品、医療機器及び再生医療等製品の研究開発の促進のために必要な措置を講ずることにより、保健衛生の向上を図ることを目的とする。

と規定され、本法の3つの目的が挙げられている。

　具体的には、

① **医薬品・医療機器・再生医療等製品**の品質・有効性及び安全性の確保
② **指定薬物**の規制
③ 医薬品・医療機器・再生医療等製品の研究開発の促進[1]

（1）　この③については、例えば、本法77条の3において、「国は、希少疾病用医薬品、希少疾病用医療機器及び希少疾病用再生医療等製品並びにその用途に係る対象者の数が本邦において厚生労働省令で定める人数に達しない特定用途医薬品、特定用途医療機器及び特定用途再生医療等製品の試験研究を促進するのに必要な資金の確保に努めるものとする。」などとして、特殊な分与における研究促進のための手当などを規定している。

である。

　そして、それらの目的のうち、特に①を達するため、本法 1 条の 5 第 1 項において、

　　第一条の五　医師、歯科医師、薬剤師、獣医師その他の医薬関係者は、医薬品
　　等の有効性及び安全性その他これらの適正な使用に関する知識と理解を深め
　　るとともに、これらの使用の対象者（中略）及びこれらを購入し、又は譲り
　　受けようとする者に対し、これらの適正な使用に関する事項に関する正確か
　　つ適切な情報の提供に努めなければならない。

と規定されており、医師、薬剤師らには、医薬品等の適正な使用に関する事
項について、その使用者等に正確かつ適切な情報を提供しなければならない
とされている。医師や薬剤師らには、そのような役割が求められているとい
うことである。

第 2 款　医薬品等に関する規制

第 1 　医　薬　品

1 　医薬品の定義規定

　ここで規定されている「医薬品」が何を指すのかについては、本法 2 条 1
項において、

　　第二条　この法律で「医薬品」とは、次に掲げる物をいう。
　　　一　日本薬局方に収められている物
　　　二　人又は動物の疾病の診断、治療又は予防に使用されることが目的とされ
　　　　ている物であつて、機械器具等（機械器具、歯科材料、医療用品、衛生用
　　　　品並びにプログラム（中略）及びこれを記録した記録媒体をいう。（中略）
　　　　でないもの（医薬部外品及び再生医療等製品を除く。）
　　　三　人又は動物の身体の構造又は機能に影響を及ぼすことが目的とされてい
　　　　る物であつて、機械器具等でないもの（医薬部外品、化粧品及び再生医療
　　　　等製品を除く。

と規定されている。
　まず、本項 1 号の**日本薬局方**については、本法41条 1 項において、

　　第四十一条　厚生労働大臣は、医薬品の性状及び品質の適正を図るため、薬
　　　　事・食品衛生審議会の意見を聴いて、日本薬局方を定め、これを公示する。

と規定しているところ、要するに、厚生労働大臣が定める医薬品の企画基準
書であり、一般的な製剤の方法や規格などに加え、個々の物質の製法・定量
法・保存法などが詳細に定められているものである[2]。これに含まれるもの
は当然に医薬品として認められる。

　これに対し、本項2、3号は、いずれもその使用目的に照らして、医薬品
として認めるものである。2号は、「疾病の診断、治療又は予防に使用され
る」ことを目的とし、3号は、「身体の構造又は機能に影響を及ぼす」こと
を目的とするもので、いずれも機械器具でないものを、医薬品としているの
である。

2　医薬品は危険な薬理作用を有するものでなければならないのか

　ここで問題となるのは、医薬品に該当するといえるためには、上記2、3
号に規定される目的をもった物質であるが、①当該物質自体が一定の危険性
を持っている必要があるのか、それとも、②当該物質自体には危険性はない
もの（無害）である場合も含まれるのかという点である。

(1)　昭和57年9月28日最高裁判決（刑集36巻8号787頁）

ア　問題の所在

　本件は、被告人らが、クエン酸又はクエン酸ナトリウムを主成分とする錠
剤などを高血圧などに効くとして販売した行為が、本法24条1項に違反す
る、無許可での医薬品の販売として、概ね次のような犯罪事実で起訴され、
裁判の対象となったものである。

　被告会社有限会社X（代表取締役Y）は、東京都豊島区内において、「つか
れず」及び「つかれず粒」の販売を営んでいるもの、被告人Yは、同社の代
表取締役として同社の業務全般を統括しているものであるが、被告人は、被
告会社の業務に関し、東京都知事の許可を受けず、かつ法定の除外事由がな
いのに、昭和51年5月中旬頃から同52年11月上旬頃までの間、東京都内にお

（2）　米村滋人『医事法講義』（2016年、日本評論社）292頁。

いて、株式会社Ａほか28名に対し、高血圧、糖尿病、低血圧、貧血、胃下垂、リユウマチ等に薬効を有する旨宣伝したチラシを添付した医薬品である前記「つかれず」及び「つかれず粒」を合計6,446,000円で販売し、もって、業として医薬品の販売を行ったものである。

そのような違反行為に関して、本法24条１項本文は、

> 第二十四条　薬局開設者又は医薬品の販売業の許可を受けた者でなければ、業として、医薬品を販売し、授与し、又は販売若しくは授与の目的で貯蔵し、若しくは陳列（中略）してはならない。

と規定し、医薬品については、薬局開設の許可か、医薬品販売業の許可か、いずれかを受けたものでなければ、業として販売等をすることができないとして規制し、その違反に対しては、本法84条９号において、懲役３年以下又は罰金300万円以下などの刑罰をもって臨むこととしている。

本件の被告人らは、上記のような許可を一切受けていなかったことから、この販売された錠剤等が本法２条１項２号にいう「医薬品」に該当すれば、上記の違反が成立し、もし、これに該当しなければ違法ではないということになることから、本件錠剤等が医薬品に該当するかどうかが裁判で熾烈に争われた。

イ　本件最高裁判決判示内容

この点について、本件最高裁判決では、まず、医薬品の解釈について、「現行薬事法の立法趣旨が、医薬品の使用によってもたらされる国民の健康への積極・消極の種々の弊害を未然に防止しようとする点にあることなどに照らすと、同法２条１項２号にいう医薬品とは、その物の成分、形状、名称、その物に表示された使用目的・効能効果・用法用量、販売方法、その際の演述・宣伝などを総合して、その物が通常人の理解において『人又は動物の疾病の診断、治療又は予防に使用されることが目的とされている』と認められる物をいい、これが客観的に薬理作用を有するものであるか否かを問わないと解するのが相当であ」ると判示した。

これは、特に有害な薬理作用を有しないものであっても、通常人において、疾病の治療等に使用されると理解されるものであれば、薬事法（当時）

のいう「医薬品」に該当すると解したものであり、上記②の解釈を採用することを明らかにしたものである。

　そして、この判決では、本件の事案に照らして、更に、「被告人Ａが被告会社の業務に関し東京都知事の許可を受けずかつ法定の除外事由なくして販売した本件『つかれず』及び『つかれず粒』は、いずれもクエン酸又はクエン酸ナトリウムを主成分とする白色粉末（80グラムずつをビニール袋に入れたもの）又は錠剤（300粒入りのビニール袋をさらに紙箱に入れたもの）であって、その名称、形状が一般の医薬品に類似しているうえ、被告人らはこれを、高血圧、糖尿病、低血圧、貧血、リユウマチ等に良く効く旨その効能効果を演述・宣伝して販売したというのであるから、たとえその主成分が、一般に食品として通用しているレモン酢や梅酢のそれと同一であって、人体に対し有益無害なものであるとしても、これらが通常人の理解において『人又は動物の疾病の診断、治療又は予防に使用されることが目的とされている物』であると認められることは明らかであ」るとしたものである。

　つまり、一般の医薬品と同様に一定の疾病に有効であると誤信させるに足るものである以上、それが食品と同様の成分で無害なものであっても、医薬品に該当するとしたものである。要は、これらの物質を摂取することで上記疾病への対策をなし得たと誤信させることで、本来なら適切な医療を受ける機会を失わせるという弊害がある以上、それを医薬品として取り扱うことで、国民の健康な生活を保護しようというものである。

(2)　昭和63年4月15日最高裁判決（刑集42巻4号758頁）

　本件最高裁判決においても、前記(1)の最高裁判決の解釈は踏襲された。上記同様の医薬品の無許可販売として問題となった事案であるが、本件判決は、「本件『ビバ・ナチュラル』の成分、形状、名称、表示された使用目的・効能効果・用法用量、販売方法、特に、販売に際して『このビバ・ナチュラルは、高血圧、動脈硬化、肝臓疾患に非常に効果がある』旨記載したポスターや、これらの疾患、症状に対する薬理作用を示す『治験例集計紙』を添付するなどして、その医薬品的効能効果を演述宣伝している事実などを総合して、本件『ビバ・ナチュラル』が薬事法2条1項2号の医薬品に当たる」と判示したものである。

要は、医学的効能を謳っている以上、一般の患者からみればそれが適切な薬効をもった医薬品であると信じるのであるから、患者が適切な治療の機会を失わされることがないようにするためにも[3]、医薬品として扱うことで無許可販売を禁止し、これを防止しようということである。

第2 医薬部外品・化粧品・医療機器・再生医療等製品

1 医薬部外品

医薬部外品については、本法2条2項において、

> 2 この法律で「医薬部外品」とは、次に掲げる物であつて人体に対する作用が緩和なものをいう。
> 　一 次のイからハまでに掲げる目的のために使用される物（中略）であつて機械器具等でないもの
> 　　イ 吐きけその他の不快感又は口臭若しくは体臭の防止
> 　　ロ あせも、ただれ等の防止
> 　　ハ 脱毛の防止、育毛又は除毛
> 　二 人又は動物の保健のためにするねずみ、はえ、蚊、のみその他これらに類する生物の防除の目的のために使用される物（中略）であつて機械器具等でないもの
> 　三 前項第二号又は第三号に規定する目的のために使用される物（中略）のうち、厚生労働大臣が指定するもの

と規定されている。

これらは、人体に対する作用が緩和なものを対象としており、医薬品ではないものの、これに準じた取扱いをすることになっている[4]。

なお、本項3号に該当するものとしては、厚生労働省告示により、コンタクトレンズ装着液やその消毒薬、しもやけ・あかぎれ用薬、染毛剤、浴用剤

（3） この点について、「最終的に国民一般の日常的生活に供される以上、消費者である国民にとって、適切な医療を受ける機会を失わせる危険性があることは否定できないであろう。」と同様に述べられている（佐久間修「健康食品『ビバ・ナチュラル』と薬事法にいう『医薬品』の意義」宇都木伸ほか編『医事法判例百選』〔別冊ジュリスト183〕（2006年、有斐閣）67頁）。

（4） 大磯義一郎ほか『医療法学入門［第2版］』（2016年、医学書院）260頁。

などが指定されており、多岐にわたっている。

2　化　粧　品

化粧品については、本法2条3項において、

> 3　この法律で「化粧品」とは、人の身体を清潔にし、美化し、魅力を増し、容貌を変え、又は皮膚若しくは毛髪を健やかに保つために、身体に塗擦、散布その他これらに類似する方法で使用されることが目的とされている物で、人体に対する作用が緩和なものをいう。（後略）

と規定されている。

したがって、化粧品は、①原則的に、物理的な効果を期待するものであって、人体に対する生理作用や薬効を期待するものではないこと、②使用方法が身体に塗布、散布その他これらに類似する方法であるという特徴を有する。したがって、「飲む化粧品」というのは存在し得ないことになる[5]。

3　医　療　機　器

ここで規定されている「医療機器」については、本法2条4項において、

> 4　この法律で「医療機器」とは、人若しくは動物の疾病の診断、治療若しくは予防に使用されること、又は人若しくは動物の身体の構造若しくは機能に影響を及ぼすことが目的とされている機械器具等（再生医療等製品を除く。）であって、政令で定めるものをいう。

と規定されている。

医療機器は、もともとは医薬品と同様の規制を受けていたが、この分野は成長が著しく、経済戦略上も重要な柱の一つとなっているため、薬事法から現在の医薬品医療機器等法に改正されるに当たって、医療機器の発展を期するためにも医薬品とは別の異なった規制をすることなったものである（本法第23条の2以下）。

4　再生医療等製品

ここで規定されている「再生医療等製品」については、本法2条9項にお

（5）　大磯ほか・前掲注(4)261頁。

いて、

　9　この法律で「再生医療等製品」とは、次に掲げる物（医薬部外品及び化粧
　品を除く。）であつて、政令で定めるものをいう。
　　一　次に掲げる医療又は獣医療に使用されることが目的とされている物のう
　　ち、人又は動物の細胞に培養その他の加工を施したもの
　　　イ　人又は動物の身体の構造又は機能の再建、修復又は形成
　　　ロ　人又は動物の疾病の治療又は予防
　　二　人又は動物の疾病の治療に使用されることが目的とされている物のう
　　ち、人又は動物の細胞に導入され、これらの体内で発現する遺伝子を含有
　　させたもの

と規定されている。

　すなわち、この再生医療等製品は、①人又は動物の細胞に培養その他の加
工を施した製品と、②人又は動物の細胞に導入され、これらの体内で発現す
る遺伝子を含有させた製品に分けられる。

　このうち①の例としては、癌免疫製品（免疫細胞活性化物質を細胞表面に結
合させ、これを培養し、加工したものを患者体内に投与するものなど）、また、
②の例としては、遺伝性疾患治療製品（ウイルスに先天的に欠損しているアデ
ノシンデアミナーゼ遺伝子などを保持させて患者の体内に投与するものなど）が
挙げられる[6]。

第3　医薬品等に対する規制内容
1　製造販売における主体に対する規制
　まず、医薬品、医薬部外品及び化粧品に関して、その製造販売業及び製造
業を営む場合においては、厚生労働大臣の許可を受けなければ、これを行っ
てはならないとされ（本法12条、14条）、また、医療機器等関して、その製造
販売業を営む場合においては、厚生労働大臣の許可を受けなければ、これを
行ってはならないとされている（本法23条の2）。
　さらに、再生医療等製品についても同様に、その製造販売業及び製造業を

──────────────────────
（6）　大磯ほか・前掲注(4)262頁。

営む場合には、厚生労働大臣の許可が必要である（本法23条の20、23条の22）。

　それらの違反に対しては、本法84条等において、懲役3年以下等の刑罰が科されることになる。

2　流通販売における主体に対する規制

　まず、医薬品に関しては、都道府県知事等から、薬局開設者又は医薬品の販売業の許可を受けた者でなければ、業として、その販売等をしてはならないとされ（本法24条）、また、高度管理医療機器等[7]についても、都道府県知事等から、その販売業や賃貸業の許可を受けた者でなければ、業として、その販売等をしてはならないとされている（本法39条）。

　更に、再生医療等製品に関しても、都道府県知事から、その販売業の許可を受けた者でなければ、業として、その販売をしてはならないとされている（本法40条の5）。

　それらの違反に対しては、本法84条において、懲役3年以下等の刑罰が科されることになる。

3　製造販売における客体に対する規制

　一定の医薬品、医薬部外品及び化粧品を製造しようとする者は、品目ごとにその製造販売についての厚生労働大臣の承認を受けなければならないとされている（本法14条1項）。そして、その承認を受けようとする者は、申請書に臨床試験の試験成績に関する資料その他の資料を添付して申請しなければならない（同条3項）とされ、治験等を通じて有効性・安全性が確認された医薬品等のみが流通されるようになる仕組みとなっている。

　そして、この承認における審査業務は、**独立行政法人医薬品医療機器総合機構（PMDA）**が行っている。厚生労働大臣は、PMDAの審査結果を考慮して承認の可否を判断する（本法14条の2）。

　この承認制度は、医薬品等の有効性・安全性確保のために不可欠である一

（7）　高度管理医療機器とは、本法2条5項において、「医療機器であって、副作用又は機能の障害が生じた場合（中略）において人の生命及び健康に重大な影響を与えるおそれがあることからその適切な管理が必要なものとして、厚生労働大臣が薬事・食品衛生審議会の意見を聴いて指定するものをいう。具体的には、透析機器、ペースメーカー、放射線治療装置など、人の生命および健康に重大な影響を与えるおそれがあるものを指す。

方、そのための時間が掛かり過ぎており、諸外国で使用可能な医薬品等を国内で使用できないという不満が特に癌患者の患者団体などから出されている。

このような使用不可の問題は、ドラッグ・ラグと呼ばれており、患者救済の見地からは問題も多いが、一方で、迅速性を求めれば、安全性等の確認が不十分になるおそれも懸念されるところであり、「究極の政策選択であることを認識すべきであろう。」といわれている(8)。

第3款　指定薬物の規制

第1　指定薬物制度以前の脱法ハーブ対策

1　脱法ハーブの登場

平成10年前後頃、幻覚、中枢神経系の興奮・抑制などに作用する、いわゆる**脱法ハーブ**（後に、平成26年7月から**危険ドラッグ**と呼称の変更がなされた。）と呼ばれる化合物が流通するようになった(9)。これは、覚醒剤等の規制薬物に類似した化学物質が添加された植物片、液体、粉末等で、幻覚、中枢神経系の興奮・抑制などの精神毒性を有する物質の一般的な総称である。

それら物質の摂取による精神神経系等への悪影響が懸念されていたところ、それらは覚醒剤などの**規制薬物**(10)には該当しない一方、当時の薬事法で規定されていた「医薬品」に該当するかどうか判断が難しい問題があった。

危険ドラッグの「医薬品」該当性を考えるに当たっては、前述したように、本法2条1項3号において、「人（中略）の身体の構造又は機能に影響を及ぼすことが目的とされている物」でなければならないこと、つまり、人体に摂取されることを目的とされていなければならないところ、通常、危険ドラッグは、「お香」、「バスソルト」、「ビデオクリーナー」、「植物活性剤」などと人体への摂取以外の用途であると偽って販売されていたからである。

しかしながら、それはあくまでそのように仮装しているだけであって、当

（8）　米村・前掲注(2)297頁。
（9）　花尻瑠璃「危険ドラッグの規制と流通実態について」薬剤学75巻2号（2015年）121頁。
（10）　危険な薬物に対する法規制としては、麻薬及び向精神薬取締法や覚醒剤取締法などの個々の法律によって、その規制がなされていた。そのため、これら麻薬や覚醒剤などは、「規制薬物」という名称で呼ばれている。

然に、吸引や飲用するのを目的としているはずであるので、人体に摂取させる意図であることを立証することが捜査機関に求められた。

2　平成19年10月11日東京高裁判決（東京高検速報（平19）338頁）

これは当時、「ラッシュ」と呼ばれ、性交時に快感をもたらすとの目的で売られていた危険ドラッグが問題とされたものである。その「ラッシュ」には、亜硝酸イソブチルや亜硝酸イソプロピルが含まれていた[11]。

そして、被告人は、「ラッシュ」等は当時の薬事法にいう「医薬品」に該当せず、被告人には医薬品を販売しているとの故意がなかったなどとして争った。

これに対し、本件東京高裁判決では、「薬事法2条1項3号の医薬品とは、その物の成分、形状、名称、その物に表示された使用目的・効能効果・用法用量、販売方法、その際の演述・宣伝などを総合して、その物が通常人の理解において『人又は動物の身体の構造又は機能に影響を及ぼすことが目的とされている物』と認められる物をいう、と解するのが相当である。」[12]として、「医薬品」についての解釈を示した上、「ラッシュ等（ラッシュほか6品目）は、その成分として、亜硝酸イソブチル又は亜硝酸イソプロピルを含有するが、これらの成分は血圧低下等の作用を有する。ラッシュ等は、アダルトショップやインターネット上等で、ビデオヘッドクリーナー、芳香剤等の名目で販売されているが、実際には青少年を中心に、性的快感を高める目的で購入、使用され、そのような用途が雑誌やインターネット上でも紹介されていた。被告人らは、ラッシュ等を、アダルトショップ等に販売していたが、これら販売先でも、顧客は、性的快感を高めるなどの用途でラッシュ等を購入、使用している実情にあった。」と判示して、「ラッシュ」が人体に使用されている状況の実態を認定した。

その上で、「以上の事実関係によれば、ラッシュ等は、前記の医薬品に当たるか否かの判断において考慮するべき諸要素（中略）に照らすと、通常人の理解において、『人又は動物の身体の構造又は機能に影響を及ぼすことが

---

(11)　これは後に指定薬物制度が出来た後、指定薬物に指定された。
(12)　前述した昭和57年9月28日最高裁判決の判断を踏襲したものである。

目的とされている物』ということができ、薬事法 2 条 1 項 3 号の医薬品に当たる。」として、この危険ドラッグを「医薬品」として認め、その無許可販売業を営んだとして、被告人らに有罪判決を言い渡したものである。

第2　指定薬物制度の新設

　上記のような犯罪の発生を未然に防止し、その摘発、処罰などに効果的に対応するため、平成18年の薬事法改正において、新たに**指定薬物**を規制対象とする制度を導入し、同19年 4 月 1 日から同制度は施行された[13]。
　ここで規定されている「指定薬物」については、本法 2 条15項において、

> 15　この法律で「指定薬物」とは、中枢神経系の興奮若しくは抑制又は幻覚の作用（当該作用の維持又は強化の作用を含む。以下「精神毒性」という。）を有する蓋然性が高く、かつ、人の身体に使用された場合に保健衛生上の危害が発生するおそれがある物（大麻取締法に規定する大麻、覚醒剤取締法に規定する覚醒剤、麻薬及び向精神薬取締法に規定する麻薬及び向精神薬並びにあへん法に規定するあへん及びけしがらを除く。）として、厚生労働大臣が薬事・食品衛生審議会の意見を聴いて指定するものをいう。

と規定されている。要は、他の覚醒剤取締法等で規制されている以外の薬物で、精神毒性を有する蓋然性が高く、人の身体に使用することで保健衛生上の危害が発生するおそれのある薬物を指すとしたものである。
　そして、本法76条の 4 において、

> 第七十六条の四　指定薬物は、疾病の診断、治療又は予防の用途及び人の身体に対する危害の発生を伴うおそれがない用途として厚生労働省令で定めるもの（以下 この条及び次条において「医療等の用途」という。）以外の用途に供するために製造し、輸入し、販売し、授与し、所持し、購入し、若しくは譲り受け、又は医療等の用途以外の用途に使用してはならない。

---

(13)　前述した第 1 の東京高裁判決は、言渡日は平成19年10月11日であるが、被告人らの犯行時点は、指定薬物制度が導入される法改正前である。

として、指定薬物を「医療等の用途」以外の用途に供するための製造、輸入、販売、所持、使用等を禁じており（なお、指定薬物の所持と使用については、平成25年の薬事法改正によるもので、同記年4月1日より施行。）、その違反に対しては、同法83条の9において、

> 第八十三条の九　第七十六条の四の規定に違反して、業として、指定薬物を製造し、輸入し、販売し、若しくは授与した者又は指定薬物を所持した者（販売又は授与の目的で貯蔵し、又は陳列した者に限る。）は、五年以下の懲役若しくは五百万円以下の罰金に処し、又はこれを併科する。

とする罰則が定められている。

そのほか、同法84条28号において、

> 二十八　第七十六条の四の規定に違反した者（前条に該当する者を除く。）

に対しては、3年以下の懲役又は300万円以下の罰金などの刑罰に処することとされている。この規定は、本法84条の9においてかっこ書きで書かれている部分などに関係するのであるが、要は、本法83条の9で処罰の対象としていない、「販売又は授与の目的で貯蔵し、又は陳列した」場合以外の「所持」と、「医療等の用途以外の用途」に「使用」した場合について処罰の対象としたものである。つまり、販売などによる害悪の拡散を目的とする場合以外の単なる自己使用を意図した場合の「所持」や、乱用して自己使用する場合の「使用」がその対象とされており、この場合は、害悪を拡散する「販売」などの場合に比べて刑が軽く定められているのである。

第3　指定薬物制度の問題点

しかしながら、ある物質が危険ドラッグ[14]として社会的に問題となり、これを指定薬物に指定しようとしても、本法2条15項での定義規定をみれば明らかなように、法律上の手続で定められている審議会の意見を聴かなければ

---

(14)　危険ドラッグがなぜ「危険」であるのかについては、①何がどれだけ入っているかわからない、②実際の薬理作用が不明の化合物が多い、③既存の規制薬物よりも活性が強い薬物も存在するとの理由が挙げられている（花尻・前掲注(9)125頁）。

ならず、審議会が開かれてから指定する省令が出されるまで、約 3 、 4 月間も要していたのが実態であった。そのため、化学構造が類似した別の製品を作り出す時間的余裕を与えることとなってしまい、危険ドラッグを販売する者らに規制逃れの準備期間を与える結果となってしまっていた。

　また、一方で、平成23年以降、危険ドラッグが関与したと考えられる救急搬送事例や自動車事故等の他害事件が著しく増加した。

　そのため、厚生労働省は、平成24年、新たな監視体制を構築するために、①指定薬物指定の迅速化（薬事・食品衛生審議会指定薬物部会の開催頻度を増加させること、海外での乱用物質の流通・規制実態を踏まえた指定の前倒し化など）や、②構造類似体を一括して取締りの対象に指定する**包括指定**の手法の検討をすることなどの方針を打ち出した[15]。

　そのため、まず、上記①に関しては、本法76条の10第 1 項における

　　第七十六条の十　厚生労働大臣は、第二条第十五項の指定をする場合であっ
　　　て、緊急を要し、あらかじめ薬事・食品衛生審議会の意見を聴くいとまがな
　　　いときは、当該手続を経ないで同項の指定をすることができる。

との規定を用いて特定の危険ドラッグの指定がなされたことなどもあり、その場合には、指定を公布してから10日後に施行されたことがある[16]。

　また、通常手続においても、近時は、従来行っていたパブリックコメントを省略することにより、審議会から約 3 週間程度で指定省令を出すこととしており、指定の公布から施行までの期間も10日に短縮されている。

　このような行政的な効率化も危険ドラッグ撲滅のための効果的な方策として実施されたものである。

　次に、上記②に関しては、平成24年及び同25年に、 2 種類の構造を対象として薬事法下で初めて包括指定を導入するとともに、麻薬取締官に薬事法上の指定薬物に対する取締り権限を付与することを内容とする法改正を行い、平成25年10月 1 日より施行した。

---

(15)　花尻・前掲注(9)124頁。

(16)　拙稿「危険ドラッグによる危険運転致死傷罪をめぐる諸問題（前編）」捜査研究769
　　号（2015年） 21頁。

　上記のような対応の結果、平成26年11月時点で、指定薬物総数は1429となり、主な構造別に分類すると、包括指定で規制された化合物を除き、個別で指定された化合物においては、亜硝酸エステル類、トリプタミン類、ピペラジン類、フェネチルアミン類、カチノン類、合成カンナビノイドなどとなった。なかでも合成カンナビノイドは約40％を、また、カチノン類は約20％を占めていた。

第4　指定薬物に関する本法違反として処罰された裁判例

　前述したように法改正で導入された指定薬物制度が刑事事件としてどのように適用されたかについて、以下の各裁判例を紹介する。

1　平成27年11月16日横浜地裁判決（公刊物未登載）

　本件は、危険ドラッグの使用により急性薬物中毒の状態にあった被告人が両親を殺害した事案である。

　被告人は、平成20年頃から、危険ドラッグを使用し始め、平成25年5月に危険ドラッグによる急性薬物中毒で入院し、両親からその使用を止めるように叱責されたが、その後も使用を続けていた。そのため、平成26年10月14日、被告人の危険ドラッグ使用が勤務先関係者の知るところとなり、同月15日午後4時30分頃、被告人は、勤務先を解雇された。

　被告人は、同日午後5時30分頃に神奈川県横須賀市内の被告人方に帰宅し、その2階の自室にて酒を飲みながら危険ドラッグを使用した。その後、実母から食事に呼ばれたため、同1階のリビングルームに下りたところ、実父から危険ドラッグ使用等について叱責されたため、口論となった。被告人は、興奮を落ち着かせようと玄関から外に出たところ、実母に呼び止められてリビングルームに戻ると、再び実父から叱責されるとともに、頭を小突かれた。これに怒りを覚えた被告人は、台所にあった包丁を手にした。

　そして、被告人は、同日午後6時40分頃から午後8時40分頃までの間に、被告人方において、実母（当時60歳）に対し、殺意をもって、その頸部を包丁で突き刺すなどし、よって、その頃、同所において、同人を頸部刺創、大動脈切破に伴う失血により、また、実父（当時61歳）に対し、同様に、殺意をもって、その胸部を包丁で突き刺すなどし、よって、その頃、同所におい

て、同人を胸部刺創、肺動脈損傷に伴う失血により、いずれも死亡させて殺害した。

　一方、被告人は、同日頃から同月18日までの間に、被告人方において、指定薬物であるＮ－（１－アミノ－３－メチル－１－オキソブタン－２－イル）－１－（５－フルオロペンチル）－１Ｈ－インダゾール－３－カルボキサミド（通称５－Fluoro AB－PINACA）又はその塩類若干量及び１－（１、２－ジフェニルエチル）ピペリジン（通称Diphenidine）又はその塩類若干量を自己の身体に摂取し、もって医療等の用途以外の用途に指定薬物を使用した。

　以上の事実により、被告人は、殺人罪[17]と指定薬物の使用罪として有罪となり、懲役28年に処せられている。

2　平成28年9月29日名古屋地裁判決（公刊物未登載）

　本件は、大規模な製造等の事案である。本件判決で認定された罪となるべき事実の一部は次のとおりである。

　被告人らは、

第1　共謀の上、医療等の用途以外の用途に供するため、業として、平成26年1月13日頃から同月24日頃までの間に、石川県七尾市内の旧銭湯の建物内において、指定薬物である２－アミノ－１－フェニル－プロパン－１－オン（以下「基本骨格」という。）の２位にアミノ基の代わりにメチルアミノ基が１つ結合し、かつ３位に水素以外が結合しておらず、かつ、ベンゼン環の４位にフッ素原子が１つ結合している物であって、基本骨格の２位、３位及び当該ベンゼン環にさらに置換基が結合していないもの（通称４－Fluoromethcathinone。以下「通称４－フルオロメトカチノン」ともいう。）を含有する粉末に、カルシウム、タルク等の添加物を加えて乾燥させ、更に打錠機を用いて錠剤型に成形するなどし、前記指定薬物を含有する錠剤約160グラム（通称４－フルオロメトカチノン）２袋を製造した

第2　共謀の上、医療等の用途以外の用途に供するため、業として、同年

---

(17)　なお、殺人罪の成否については、危険ドラッグの使用により責任能力に問題があるとして争われたが、同判決は、被告人の完全責任能力を認めた。

　3月下旬頃、上記旧銭湯の建物内において、

1　前記指定薬物を含有する粉末に、ゼラチン等の添加物、黒茶色、黄緑色の植物片等を混ぜ合わせ、更に金型を用いて円錐形に成形して乾燥させるなどし、前記指定薬物を含有する「リーガルインセンス」と称する固形物約197グラム（通称4－フルオロメトカチノン）68袋を製造した

2　前記指定薬物を含有する粉末に、ゼラチン等の添加物、黒茶色、赤色の植物片等を混ぜ合わせて乾燥させるなどし、前記指定薬物を含有する「ハイパーミックス」と称する植物片約500グラム（通称4-フルオロメトカチノン）を製造した

3　前記指定薬物を含有する粉末に、ゼラチン等の添加物、黄緑色、紫色の植物片等を混ぜ合わせて乾燥させるなどし、前記指定薬物を含有する「カリプソ」と称する植物片約300グラム（通称4－フルオロメトカチノン）を製造した

ものである。

第5　指定薬物とされていない危険ドラッグへの対処

1　医薬品の無許可販売で処罰した事例──平成26年10月31日福岡地裁判決（公刊物未登載）──

　未だ指定薬物に指定されていない危険ドラッグについては、上述したように、行政手続上迅速な指定に努めるにしても、化学構造が類似した別の製品がすぐに作られてしまうのが実情であって、次々と新しい化学構造をもった危険ドラッグが登場していた時期があった。

　そのため、指定薬物の規制が及ばない状態での危険ドラッグの販売などがなされていたこともあった。このような場合、当該危険ドラッグを販売することについて、原則に立ち返って、当該危険ドラッグの販売を医薬品の無許可販売として処罰した事例として、平成26年10月31日福岡地裁判決を紹介する。

2　事案の概要と問題点

　この事案では、被告人は、福岡県北九州市内と山口県下関市内にそれぞれ

店舗を構え、危険ドラッグを販売していた経営者であったが、当初は、指定薬物の販売により逮捕されたものの、上記危険ドラッグが指定薬物であるとの同定がなし得ないなどの理由で一旦は不起訴処分となった。

　しかしながら、それら店舗では、ハーブ類を紙巻きにしてタバコ様の状態にしたものを販売していた上、客に対し、商品の効用・効能を説明するためのメモ類等も押収されていたことから、購入客が商品である危険ドラッグを吸引摂取することを前提として販売しているものと認められた。そこで、そのような危険ドラッグの販売を当時の薬事法上の医薬品の無許可販売として立件することが検討された。

　ただ、この場合においても、前述したように「人（中略）の身体の構造又は機能に影響を及ぼすことが目的とされている物」と認定できるかどうかが問題であった。というのは、それらの商品には、いずれも「人体摂取禁止」などと記載され、商品を購入する客からは「人体摂取はしない」旨の誓約書を徴しており、被告人らも一見の客などから使用方法や効果について尋ねられても具体的な説明はしないようにしていたという事実が認められていたからである。

　しかしながら、被告人が取り扱っていた商品の一部は、紙巻きタバコ様に加工されてビニール袋に詰められていただけではなく、そのような形状にするための紙巻き器なども店舗に備えられていたこと、被告人らが運営していた通販サイトでは、扱っている商品のうちの一部の物について、気分がすっきりとして不思議な感覚になるなどと、吸引使用後の感覚に関するものと認められる記載があったこと、被告人が使用する共犯者が作成したメモには、摂取した際の効果を整理したものと認められる記載があったことなど事実関係に照らし、上記の薬事法上の「医薬品」としての構成要件は充足すると考えられた。

　そこで、被告人らについては、医薬品無許可販売業に係る薬事法違反として起訴され、裁判においても有罪となった。

3　本件福岡地裁判決で認定された罪となるべき事実の概要

　被告人は、共犯者と共謀の上、薬局開設者又は医薬品の販売業の許可を受けず、かつ、法定の除外事由がないのに、業として、販売又は授与の目的で、

第1　平成26年6月11日、北九州市内の店舗において、医薬品であるパッケージ入り植物片1袋［キノリン－8－イル＝1－（4－フルオロベンジル）－1H－インドール－3－カルボキシラート（通称：FUB－PB－22)］等4袋を貯蔵し

第2　同日、山口県下関市内の店舗において、医薬品であるチャック付ポリ袋に在中しているジョイント4本［N－（1－アミノ－3－メチル－1－オキソブタン－2－イル）－1－（5－フルオロ ペンチル）－1H一インダゾール－3－カルボキサミド（通称：5－Fluoro－AB－PINACA)］等13本及び「EBI」等記載のパッケージ入り植物片1袋［N－（1－アミノ－3－メチル－1－オキソブタン－2－イル）－1－（5－フルオロペンチル）－1H－インダゾール－3－カルボキサミド（通称: 5－ Fluoro－AB－PINACA）及びキノリン－8－イル＝1－（4－フルオロベンジル）－1H－インドールー3－カルボ キシラート（通称:FUB－PB－22)］等2袋を貯蔵した

ものである。

第6　危険ドラッグがもたらした重大事件

前述したように指定薬物である危険ドラッグの乱用は、使用した本人の身体を蝕むだけでなく、その幻覚等の神経系への強力な作用により、しばしば重大な交通事故が繰り返し引き起されていた[18]。

例えば、平成26年6月24日午後7時53分頃に、豊島区西池袋で発生した、いわゆる**池袋暴走事件**と呼ばれる危険運転致死傷事件では、被告人である運転者は、合成カンナビノイドである（S）－メチル＝2－［1－（5－フルオロペンチル）－1H－インダゾール－3－カルボキサミド］－3－メチルブタノエート（通称5F－AMB）及びN－（1－アミノ－3－メチル－1－オキソブタン－2－イル）－1－（シクロヘキシルメチル）－1H＝インダゾール－3－カルボキサミド（通称AB－CHMINACA）を含有する危険ドラッグ

---

(18)　危険ドラッグによる危険運転致死傷罪の法的根拠、適用上の問題点、他の重大事故事例などについては、拙著『ケーススタディ危険運転致死傷罪［第2版］』(2018年、東京法令出版）116頁以下参照。

（商品名「総統」なるもの）を煙草の先に詰めて火をつけて吸引しながら運転をしていた。

　そして、西池袋の交差点出口の横断歩道の手前で一旦停止したものの、その後、発進するに当たり、その頃、本件危険ドラッグの影響により、カタレプシーと呼ばれる身体硬直症状が生じ、正常な運転が困難な状態に陥って自車をコントロールすることができずに暴走させた。

　そのため、同道路左側歩道に設置されたガードパイプに座っていたＶ１及びＶ２に自車左側部を衝突させて同人らを路上に転倒させるとともに、横断歩道上を信号に従い横断していたＶ３及びＶ４に自車前部を衝突させて同人らを路上に転倒させ、さらに、自車を同道路右側歩道上に乗り上げて暴走させ、同歩道上にいたＶ５、Ｖ６及びＶ７に自車前部を順次衝突させて同人らを路上に転倒させるなどした。その結果、そのうちの１名を死亡させ、ほか６名にそれぞれ重傷を負わせたというものであった。

　その後、被告人運転車両は、歩道上の公衆電話ボックスに衝突してようやく停止したが、停止直後の被告人は、警察官の呼びかけにも反応できず、意識は朦朧とし、よだれを垂らして、手足をばたばたさせている状況であった。

　この事案については、**平成28年１月15日東京地裁判決（判例タイムズ1443号248頁）**において、被告人に対し、懲役８年が言い渡されている。

第7　危険ドラッグを含む指定薬物違反の現状

　危険ドラッグの蔓延は、我が国の治安情勢の将来を左右するほど危険な状況であるとの強い危機感に基づき、厚生労働省本省や警察庁などの中央官庁も迅速に対応してきた。

　特に、厚生労働省麻薬取締部の働きは目ざましく、危険ドラッグを販売している店舗に対し、本法69条、70条等に基づき、しらみつぶしに立入検査を実施し、徹底した質問調査等を行った。そのような強力な行政指導を実施したため、危険ドラッグを販売することが事実上不可能になり、これを根絶させたといっても過言ではないと思われる。

　そのため、現在では、危険ドラッグはほとんど使用されず、問題となることは少なくなくなった。ただ、薬物の乱用がなくなったわけではなく、後述

する他の薬物の蔓延防止に焦点が移行しているのが現状である。

第2章　規制薬物に対する取締り等を含めた規制

第1款　大麻取締法における規制対象

第1　大麻のうちの「大麻草」とは

1　大麻取締法における大麻草についての定義と問題点

大麻取締法1条は、

> 第一条　この法律で「大麻」とは、大麻草（カンナビス・サティバ・エル）及
> びその製品をいう。ただし、大麻草の成熟した茎及びその製品（樹脂を除
> く。）並びに大麻草の種子及びその製品を除く。

と規定する。つまり、「大麻」には、「大麻草」と、そこから作られた「製品」
が含まれるということである（「製品」については後述する。）。

　ここで、**大麻草がカンナビス・サティバ・エル**と規定されているのはどの
ような理由に基づくものであろうか。大麻草には、その中の種類として、イ
ンディカ種やルーディラリス種もあり、これも大麻草に含まれるべきではな
いかとの見解もあることから、このような定義では、異なった種の大麻草に
ついては、大麻取締法が適用されないのではないかとの疑問が生じる余地が
あった。

2　大麻取締法の制定過程に照らしての大麻草についての理解

　我が国で最初に**大麻**について法的規制が加えられたのは、昭和5年、第二
あへん条約の発効に伴い制定された麻薬取締規則によってであり、「印度大
麻草、其ノ樹脂及之ヲ含有スル物」が同規則所定の麻薬として、その製造等
に規制が加えられた。

　その後、昭和18年法律第48号（旧薬事法）による規制を経て、昭和20年厚
生省令第46号（中略）において「印度大麻草（カンナビス・サティヴァエル及
其ノ樹脂其ノ他ノ一切ノ製剤ヲ謂フ）」の栽培等が全面的に禁止された。

　次いで、昭和21年厚生省令第25号の麻薬取締規則により、麻薬取扱者等以

外の者が上記同様の印度大麻草を所有し又は所持することが禁止された上、昭和22年厚生農林省令第１号の大麻取締規則により、免許を受けた大麻取扱者以外の者による大麻草（印度大麻草を含む）等の販売、所持等が禁止された。

その後、昭和23年にいわゆるポツダム省令を集大成した際、大麻取締法が同年法律第124号として制定され、大麻に関するこれらの法的規制においては、第二次世界大戦までは印度大麻草のみがその規制の対象とされていたが、昭和20年厚生省令第46号以後の立法においては、「大麻草（カンナビス・サティバ・エル）」と定義された植物が規制の対象とされるに至った。

しかしながら、他方、「カンナビス・サティバ・エル」は、スウェーデンの植物学者リンネが1753年に与えた学名であり、当時カンナビス属に属する植物は「サティバ種」のみであると考えられており（一属一種説）、その後、「インディカ種」及び「ルーディラリス種」の存在について報告がなされたが、これら「インディカ種」や「ルーディラリス種」が「サティバ種」とは別の種であるとする見解（一属多種説）が強力に主張されるようになったのは1970年代に入ってからのことであった。

このように、それまでは一属一種説が植物分類学における支配的見解であったと認められることから、大麻取締法が制定された際に、「インディカ種」や「ルーディラリス種」が規定されていなくても、これを同法による規制の対象から除外する趣旨で同法１条の定義が採用されたことを窺わせる事情は存しない上、かえって同法が立法目的とする大麻の乱用による保険衛生上の危害の防止等を達成するためには、幻覚作用の本体である**テトラヒドロカンナビノール（THC）**を含有しているカンナビス属の植物全てを規制の対象とする必要があったことを総合すれば、同法１条にいう「大麻草（カンナビス・サティバ・エル）」については、カンナビス属に属する植物全てを含むと解すべき[19]であると考えられる。したがって、「カンナビス・サティバ・エル」という文言については種類を限定する趣旨ではなく、大麻草の一つの種類を例示的に挙げたものと理解すべきであろう。

この点について、**昭和57年９月17日最高裁判決（刑集36巻８号764頁）**に

---

(19)　平成５年８月23日福岡高裁判決（判例タイムズ854号289頁）。

よれば、「大麻取締法の立法の経緯、趣旨、目的等によれば、同法1条にいう『大麻草（カンナビス・サティバ・エル）』とは、カンナビス属に属する植物すべてを含む趣旨であると解するのが相当」であると解している。

3　大麻草についての一般的な特徴

(1)　植物学的・形態上の特徴

大麻草は、クワ科の植物で雌雄異株の一年生草木であり、高さは2、3mに達し、茎は緑色で浅い縦溝を有し直立する。葉は3枚から9枚の小葉が集まって掌状をなし、また、各小葉は挟披針形で先端が尖り、辺縁は鋸葉状をなし、小葉には多くの剛毛がある[20]。

この剛毛は、葉の表と裏に多数見られる単細胞脂性の毛であり、基部が大きく膨らんだ円錐形をしたものである。表には、太く短い（長さ80〜100μm）のものと、やや長め（長さ150〜350μm）のものが多く見られ、裏には、細長い（長さ150〜200μm）ものが多く見られる。この剛毛は、必ずしも大麻にだけ見られるというものではなく、ホップやクワなどにも見られるものであるところ、これらは同じ剛毛といってもかなり形態が異なっているので識別は可能である[21]。

この場合、大麻草そのものについては、その形態等から大麻草であるかどうかの鑑定は比較的容易であり、実際のところ、対象となる物質が大麻草であるか否かが問題となることはほとんどない。

(2)　薬理作用上の特徴

大麻の薬理作用を特徴付けるのは、主にテトラヒドロカンナビノール（THC）であり、このテトラヒドロカンナビノールは、大麻草が生成するテトラヒドロカンナビノール酸と呼ばれる物質が脱炭酸反応と呼ばれる分解反応の一種を起こすことで生成されるものである。

このテトラヒドロカンナビノールは、カンナビノイド受容体に作用することで、中枢及び自律神経系に主として作用し、心臓血管及び神経分泌機能の変化を招き、鎮痛・鎮静作用、運動失調作用、硬直症惹起作用などをもたら

---

(20)　藤永幸治編集代表『シリーズ捜査実務全書　第8巻　薬物犯罪』（2006年、東京法令出版）14頁。

(21)　山本郁男『大麻——光と闇——』（2012年、廣川書店）340〜341頁。

す[22]。具体的には、多幸感、時間感覚のゆがみ等を引き起こすほか、短期記憶障害などの認知機能障害、不安、パニック、妄想、頻脈、結膜充血等を引き起こし、慢性的使用により悪心、嘔吐等を特徴とするカンナビノイド悪阻症候群を引き起こす[23]。

　また、その毒性の大部分もこの物質に拠るところが大きい。このテトラヒドロカンナビノールは、心臓に対して強い毒性を有している上[24]、高い脂溶性のために急速に体内に吸収され脂肪組織などに蓄積される。その毒性は、運動失調、過興奮、呼吸困難などに現われ、動物実験では最後に呼吸が停止する[25]。

　また、強い発がん物質であるベンゾ［a］ピレンは大麻に多く含まれており、その発がん性が示唆されている[26]。

第2　大麻のうちの「大麻製品」とは

1　大麻製品の定義及び確定方法

　ここでいう「製品」とは、文字通り、大麻から製造された品物を指すが、これには、「大麻自体を加工したもの、例えば大麻煙草などのほか、大麻草から抽出採取したもの、或いはその加工品、例えばハッシュオイル、大麻樹脂などが含まれる。」[27]とされている。

　この大麻製品の場合は、精製され、液体等に形を変えてしまうことから、大麻草の場合とは異なって、それが大麻草由来の「製品」に該当するものであるかどうかはしばしば問題となる。

　そもそも、従来から、大麻草由来の「製品」であるかどうかは、そこに大麻の主成分である、テトラヒドロカンナビノール、又は他のカンナビノー

---

(22)　山本・前掲注(21)250～254頁、阿部和穂『大麻大全──由来からその功罪まで──』（2018年、武蔵野大学出版会）104頁以下。

(23)　法務総合研究所編『令和2年版 犯罪白書──薬物犯罪──』（2020年）263頁。

(24)　山本・前掲注(21)246頁。

(25)　山本・前掲注(21)246頁。

(26)　山本・前掲注(21)248頁。

(27)　植村立郎「大麻取締法」平野龍一ほか編『注解特別刑事法5 医事・薬事編(2)［第2版］』（1992年、青林書院）13頁。

ル[28]が分離、抽出できるかどうかといった化学的鑑定方法[29]と、大麻草の形態的特徴である剛毛が認められるかどうかといった植物形態学的鑑定方法[30]を併用しており、この両鑑定方法によって、それぞれ大麻の特徴が確認できた場合に、大麻取締法1条の「製品」であると鑑定していた。

2　大麻製品の同定に関する問題点

ところが、「大麻製品」であると疑われる「製品」について鑑定を実施したところ、その成分からして大麻草由来の「製品」であると思われるものの、技術の進歩により高度に精製された結果、剛毛が見つからないという「製品」もみられるようになった。そのような場合、従来の鑑定方法では、植物形態学的鑑定ができないとして、大麻由来の「製品」であると鑑定することに躊躇を覚える事態を迎えることとなったのであった。

しかしながら、たとえ植物形態学的鑑定により剛毛が発見できなくても、化学的鑑定方法によれば、大麻の主成分であるテトラヒドロカンナビノールが検出されているのである。にもかかわらず、大麻草由来の「製品」と鑑定することにいかなる支障があろうか。

実は、このテトラヒドロカンナビノールは、「大麻」の成分であるだけでなく、法令上は麻薬にも該当するという法律上の規制対象とされているものなのである。それゆえ、当該「製品」が大麻取締法違反となるのか、麻薬及び向精神薬取締法違反になるのかという判断が難しいという問題が生じているのである。なお、この点については、次の麻薬及び向精神薬の箇所で述べることとする。

---

(28)　これらは、カンナビノイドと総称される化合物群に含まれるものであり、それ自体若しくはその代謝物が幻覚作用を発現する成分である（山本・前掲注[21]208頁）。このうち、大麻の薬理・毒性の大部分は、テトラヒドロカンナビノールに起因するものであり、この成分の作用は、興奮、鎮静及び異常行動にあるといわれている（山本郁男『大麻の文化と科学——この乱用薬物を考える——』(2001年、廣川書店) 209頁）。

(29)　この化学的鑑定方法は、薄層クロマトグラフ法や、ガスクロマトグラフ法などによって行われる。

(30)　この植物形態学的鑑定方法は、実体顕微鏡や走査型電子顕微鏡などを用いて行われる。

第２款　麻薬及び向精神薬取締法における規制対象

第１　麻薬とは

1　法律上の定義

　麻薬については、麻薬及び向精神薬取締法２条１号において、その定義が示されており、

　　一　麻薬　別表一に掲げるものをいう。

と規定している。そして、別表第一では、

　　一　三−アセトキシ−六−ジメチルアミノ−四・四−ジフェニルヘプタン（別名アセチルメタドール）及びその塩類
　　二　α−三−アセトキシ−六−ジメチルアミノ−四・四−ジフェニルヘプタン（別名アルファアセチルメタドール）及びその塩類
　　　　　　　　　　（中略）
　　十三　コカインその他エクゴニンのエステル及びその塩類
　　十四　コカ葉
　　十五　コデイン、エチルモルヒネその他モルヒネのエーテル及びその塩類
　　十六　ジアセチルモルヒネ（別名ヘロイン）その他モルヒネのエステル及びその塩類
　　　　　　　　　　（中略）
　　七十　モルヒネ及びその塩類
　　　　　　　　　　（後略）

など、76号まで麻薬に該当するとされる物質を掲げており、これらの物質を一つ一つ挙げることで麻薬として規制対象とする物質を特定している。

2　主要な麻薬の薬理作用等

（1）　コカイン

　まず、**コカイン**については、上記のように別表13、14に掲げられているところ、これは**コカ葉**に含まれている**アルカロイド**[31]である。無色の結晶又は白色の結晶性粉末である。これは局所麻酔作用及び欠陥収縮作用を有するため、局所麻酔薬として使われる。ただ、持続時間を短いため、短時間で繰り返し乱用されることがある。その際には、鼻からの吸引のほか、液体に溶か

して注射するなどの方法により摂取される[32]。

(2)　モルヒネ・コデイン

モルヒネは、オピオイド受容体に作用し、鎮痛や多幸感を引き起こす物質である**オピオイド**[33]の一種で、**けし**（パパヴェル・ソムニフェルム・エル等）に由来するものである。これは鎮痛・鎮咳・麻酔作用があり、がんの疼痛緩和等に用いられる[34]。

コデインも、上記同様にオピオイドの一種であり、鎮咳・鎮痛作用があり、がんの疼痛緩和の他に、咳止め等にも用いられている[35]。

これらは、医療的用途に用いられるものであるが、その乱用も問題となっている。

(3)　ヘロイン（ジアセチルモルヒネ）

ヘロインは、モルヒネを原料として化学的に合成される半合成のオピオイドであり、白色又は茶色の粉末のほか、固形状のものもある。モルヒネよりも精神及び身体に対する影響が強く、はるかに危険性が高い。鼻からの吸引又は吸煙のほか、液体に溶かして注射するなどの方法で乱用されている[36]。

---

(31)　アルカロイドについては、元来、植物由来の窒素を含む有機塩基類で、強い生物活性を有する化合物群と定義されていた。しかし、テロドトキシンやサキシトキシンのように動物や微生物が産生する有害な含窒素化合物や、幻覚剤であるLSDなど非天然型の化合物もアルカロイドに含めることが多い。顕著な生物活性を示さないものや、痛風治療薬であるコルヒチンのように窒素がアミドになっているため塩基性を示さないものも一般にアルカロイドと呼ばれている。そこで最近では、「アミノ酸や核酸など別のカテゴリーに入る生体分子を除いて、広く含窒素有機化合物」をアルカロイドと定義付けしている（「薬学用語解説」公益社団法人日本薬学会ウェブサイト）。

(32)　法務総合研究所編・前掲注(23)261頁。

(33)　「オピオイド」は「麻薬性鎮痛薬」を指す用語であり、オピオイドとは「中枢神経や末梢神経に存在する特異的受容体（オピオイド受容体）への結合を介してモルヒネに類似した作用を示す物質の総称である（一般社団法人日本ペインクリニック学会ウェブサイト）。

(34)　法務総合研究所編・前掲注(23)261頁。

(35)　法務総合研究所編・前掲注(23)261頁。

(36)　法務総合研究所編・前掲注(23)261頁。

第2　麻薬としてのテトラヒドロカンナビノール

　麻薬及び向精神薬取締法の別表一には、前述したテトラヒドロカンナビノールは挙げられていない。しかし、同表75号において、

　　七十五　前各号に掲げる物と同種の濫用のおそれがあり、かつ、同種の有害作用がある物であって、政令で定めるもの

と規定され、この規定を受けて**麻薬、麻薬原料植物、向精神薬及び麻薬向精神薬原料を指定する政令1条**では、

　　第一条　麻薬及び向精神薬取締法（中略）別表第一第七十五号の規定に基づき、次に掲げる物を麻薬に指定する。

とした上で、同条59号において、

　　五十九　（前略）（別名（中略）テトラヒドロカンナビノール）（分解反応以外の化学反応（中略）を起こさせることにより得られるものに限る。）及びその塩類

と規定され、テトラヒドロカンナビノールが麻薬の一種として指定されている。

　ただ、その規定の仕方から、テトラヒドロカンナビノールは、「分解反応以外」の化学反応を起こさせることで得られた場合には、「麻薬」の一種とされているのである。

　つまり、大麻草を「分解反応」させて作り出した場合には、その「製品」は、大麻取締法の「大麻製品」として同法違反の対象となるものの、それ以外の「化学反応」により作り出された場合[37]には、その「製品」は、麻薬及び向精神薬取締法の「麻薬」として同法違反の対象となるということである。

　したがって、大麻から得られた抽出物からテトラヒドロカンナビノールを分離したものであれば、それはあくまで大麻の「製品」であり、大麻取締法

---

(37)　米国等では、人為的に合成されたものは、通称としてドロナビノールと呼ばれ、医療用医薬品として用いられてもいる（商品名マリノール）。

により処罰されるものとなるが、そうではなく人為的な化学反応、つまり、異なる物質を原料として合成して作られたテトラヒドロカンナビノールであれば、麻薬及び向精神薬取締法により処罰される「麻薬」となるということである。

　ただ、実際の大麻樹脂などの「製品」を分析して、それがどのような反応の経過をたどったものであるのかを特定することが容易ではないという問題が生じている(38)。

第3　大麻であることと麻薬であることの違い

　無許可での「麻薬」の所持については、同法28条1項本文において、

　　第二十八条　麻薬取扱者、麻薬診療施設の開設者又は麻薬研究施設の設置者でなければ、麻薬を所持してはならない。

と規定され、さらに、同法66条1項において、

　　第六十六条　ジアセチルモルヒネ等以外の麻薬を、みだりに、（中略）所持した者（中略）は、七年以下の懲役に処する。

とされている。麻薬とされる場合のテトラヒドロカンナビノールは、「ジアセチルモルヒネ等以外の麻薬」に該当するので、その所持は、この規定により、7年以下の懲役刑で処罰されることになる。

　これに対し、「大麻製品」であるとして、これを所持して、大麻取締法違反となる場合には、同法24条の2第1項において、

　　第二十四条の二　大麻を、みだりに、所持し、譲り受け、又は譲り渡した者は、五年以下の懲役に処する。

と規定されており、先の「麻薬」とされる場合よりは軽く処罰されることになる。

---

(38)　なお、これに関する鑑定上での問題については、拙稿「近時における大麻鑑定をめぐる諸問題」捜査研究844号（2021年）23頁以下を参照。

麻薬の危険性のほうが大麻の危険性より高いことから法定刑が重くされているのである。そのため、どちらに帰属する「製品」であるかの判定が刑罰の重さに反映されることになることから、この点の鑑定が問題となるのである。

第4　向精神薬とは

向精神薬は、中枢神経系に作用し、精神機能を変容させる薬物の総称であり、一般的には、精神疾患の治療に用いられる薬物を指す。法律上は、麻薬及び向精神薬取締法2条6号において、

　　六　向精神薬　別表第三に掲げる物をいう。

と規定され、別表第三では、

　　一　五－エチル－五－フェニルバルビツール酸（別名フェノバルビタール）及びその塩類
　　二　五－エチル－五－（一－メチルブチル）バルビツール酸（別名ペントバルビタール）及びその塩類
　　三　七－クロロ－一・三－ジヒドロ－一－メチル－五－フェニル－二H－一・四－ベンゾジアゼピン－二－オン（別名ジアゼパム）及びその塩類（後略）

など、12号まで向精神薬に該当するとされる物質を掲げている。

これらの物質を一つ一つ挙げることで、麻薬と同様に、向精神薬として規制対象とする物質を特定している。

これらは、主に、**ガンマーアミノ酪酸（GABA）**を活性化させることにより、鎮静、睡眠、抗不安等の作用を有し、鎮静薬、睡眠薬及び抗不安薬として医療的用途で用いられる一方、乱用的な使用もしばしばみられる。摂取による副作用については、判断力低下、不適切な性的・攻撃的行動、呂律の回らない会話、記憶障害、協調運動障害等がみられる[39]。

---

(39)　法務総合研究所編・前掲注(23)262頁。

第3款　覚醒剤取締法における規制対象

第1　覚醒剤とは

　そもそも**覚醒剤**とは、中枢神経系に作用して、神経伝達物質を活性化させる化学物質であり、人為的に合成されたものとして、**アンフェタミン**（フェニルアミノプロパン）、**メタンフェタミン**（フェニルメチルアミノプロパン）などがある。覚醒剤取締法2条1項では、

　　第二条　この法律で「覚醒剤」とは、次に掲げる物をいう。
　　　一　フエニルアミノプロパン、フエニルメチルアミノプロパン及び各その塩類
　　　二　前号に掲げる物と同種の覚醒作用を有する物であって政令で指定するもの
　　　三　前二号に掲げる物のいずれかを含有する物

と規定されている。

　これらは、主に、無色又は白色の結晶性粉末であるが、氷砂糖のような結晶体のものや、錠剤型のものもある。

第2　覚醒剤の薬理作用

　覚醒剤の摂取により、多幸感や自信感が増大し、作業能力が向上するほか、眠気や食欲を押さえる効果がある一方、攻撃的行動、幻覚、妄想等のほか、頻脈、高血圧、発汗、高熱、瞳孔拡大等を引き起こし、死に至ることもある[40]。

　また、長期の摂取により、栄養失調及び口腔健康障害をもたらすほか、偏執性妄想を特徴とする**覚醒剤精神病**（アンフェタミン精神病）が発症することもある[41]。

---

(40)　法務総合研究所編・前掲注(23)260頁。
(41)　法務総合研究所編・前掲注(23)260頁。

第4款　あへん法・刑法における規制対象

第1　あへんに対する法規制の仕方

　あへんについては、薬物犯罪としては唯一刑法に処罰規定があるほか、あへん法でその規制をしている。ちなみに、あへん法3条2号において、「あへん」とは、

　　二　けしの液汁が凝固したもの及びこれに加工を施したもの（医薬品として加工を施したものを除く。）をいう。

と規定している。

　刑法では、136条から141条まで、**あへん煙**に関する行為を刑罰の対象としており、例えば、刑法136条では、

　　第百三十六条　あへん煙を輸入し、製造し、販売し、又は販売の目的で所持した者は、六月以上七年以下の懲役に処する。

と規定しているが、ここでいう「あへん煙」とは、**あへん煙膏**のことであり、そもそも、けしの液汁の乾燥凝固したものを、**生あへん又はあへん煙土**というが、生あへんを溶解、煮沸するなどして加工され、パイプでの吸煙等に用いられるようにしたのが、あへん煙膏である[42]。これに対し、医薬品として用いるのに適した加工を施したものは、**あへん末**（医薬用あへん）という。ここでいう、生あへんとあへん煙膏は、ともにあへん法3条2号による規制対象となり、あへん末は、麻薬及び向精神薬取締法違反2条1項で規定される麻薬とされている。

　一方、あへん法56条は、あへん法と刑法と両方に触れる場合には、その重い刑が定められている規定に従って処罰されるとしていることから、ほとんどの場合は、あへん法が適用されることになる[43]。

---

(42)　前田雅編集代表『条解 刑法［第4版］』（2020年、弘文堂）420頁。
(43)　例外的に刑法が適用される場合は、刑法136条の各行為のうちの製造の場合（あへん煙製造罪）と、刑法137条のあへん煙吸食器具輸入罪等のみである。

第2　あへんの薬理効果

　生あへんなどのあへんを基にした物質は、いずれもモルヒネやコデインを含有し、それらと同様の作用と毒性を有する[44]。

第3章　規制薬物の利用等に関する規制の解除

　規制薬物といえども、研究等で製造、使用等をする場合などもあり、それらに対しては、厚生労働大臣からの免許や届出等により規制の解除がなされている。そこで、具体的に、どのような立場の者に対して、どのような規制・対応をしているかを概観しておくこととする。これについては、覚醒剤取締法、麻薬及び向精神薬取締法、あへん法、大麻取締法の順に述べることとする。

第1款　製造関係

第1　覚醒剤製造業者（覚醒剤取締法2条2項ないし4項）

1　覚醒剤を製造することを業としており、そのための厚生労働大臣による指定を受けた者

この「製造」には、次の各行為が含まれる。

　覚醒剤を物理的に作り出すこと

　覚醒剤を精製すること

　覚醒剤に化学的変化を加えて他の覚醒剤にすること

　覚醒剤に化学的変化を加えないで他の覚醒剤にすること

　覚醒剤を分割して容器に収めること

ただし、調剤は含まれない。

2　製造した覚醒剤を覚醒剤施用機関又は覚醒剤研究者に譲り渡すことを業としており、そのための厚生労働大臣による指定を受けた者

この「覚醒剤施用機関」とは、覚醒剤の施用を行うことができるものとして指定を受けた病院又は診療所をいう。また、「覚醒剤研究者」とは、学術

---

(44)　法務総合研究所編・前掲注(23)261頁。

研究のため、覚醒剤を使用することができ、また、厚生労働大臣の許可を受けた場合に限り覚醒剤を製造することができるものとして、この法律の規定により指定を受けた者をいう。

第2　覚醒剤原料製造業者（覚醒剤取締法2条8項）

1　覚醒剤原料を製造することを業としており、そのための厚生労働大臣による指定を受けた者

この「製造」には、次の各行為が含まれる。

覚醒剤原料を物理的に作り出すこと

覚醒剤原料を精製すること

覚醒剤原料に化学的変化を加えて他の覚醒剤にすること

覚醒剤原料に化学的変化を加えないで他の覚醒剤にすること

覚醒剤原料を分割して容器に収めること

ただし、調剤は含まれない。

2　業務のため覚醒剤原料を製造することができる者で、そのための厚生労働大臣による指定を受けた者

なお、この「製造」は、上記**1**と同じ。

第3　麻薬製造業者（麻薬及び向精神薬取締法2条12号）

厚生労働大臣の免許を受けて、麻薬を製造することを業とする者

この「製造」には、次の各行為が含まれる。

麻薬を物理的に作り出すこと

麻薬を精製すること

麻薬に化学的変化を加えて他の覚醒剤にすること

第4　麻薬製剤業者（麻薬及び向精神薬取締法2条13号）

1　厚生労働大臣の免許を受けて、麻薬を製剤することを業とする者

この「製剤」とは、麻薬に化学的変化を加えないで他の麻薬にすることをいう。ただし、調剤を除く。

　2　厚生労働大臣の免許を受けて、麻薬を小分けすることを業とする者

　この「小分け」とは、他人から譲り受けた麻薬を容器して容器に収めることをいう。

第5　家庭麻薬製造業者（麻薬及び向精神薬取締法2条14号）

厚生労働大臣の免許を受けて、家庭麻薬を製造することを業とする者

　この「家庭麻薬」とは、同条5号で、「別表第一第76号イに規定する物をいう」と規定され、同表76号イでは、「1000分中10分以下のコデイン、ジヒドロコデイン又はこれらの塩類を含有する物であって、これら以外の前各号に掲げる物を含有しないもの」とされている。

第6　向精神薬製造製剤業者（麻薬及び向精神薬取締法2条30号）

　1　厚生労働大臣の免許を受けて、向精神薬を製造することを業とする者

この「製造」には、次の各行為が含まれる。

　向精神薬を物理的に作り出すこと

　向精神薬を精製すること

　向精神薬に化学的変化を加えて他の向精神薬にすること

　2　厚生労働大臣の免許を受けて、向精神薬を製剤することを業とする者

　この「製剤」とは、向精神薬に化学的変化を加えないで他の向精神薬にすることをいう。ただし、調剤は該当しない。

　3　厚生労働大臣の免許を受けて、向精神薬を小分けすることを業とする者

　この、「小分け」とは、他人から譲り受けた向精神薬を分割して容器に収めることをいう。

第7　麻薬等原料製造業者（麻薬及び向精神薬取締法2条39号）

　1　麻薬向精神薬原料を製造することを業とする者[45]

この「製造」には、次の各行為が含まれる。

　麻薬向精神薬原料を物理的に作り出すこと

　麻薬向精神薬原料を精製すること

　麻薬向精神薬原料に化学的変化を加えて他の向精神薬にすること

　麻薬向精神薬原料に化学的変化を加えないで他の向精神薬にすること

ただし、調剤は含まれない。

2　麻薬向精神薬原料を小分けすることを業とする者

この、「小分け」とは、他人から譲り受けた麻薬向精神薬原料を分割して容器に収めることをいう。

第8　特定麻薬等原料製造業者（麻薬及び向精神薬取締法2条40号）

政令で定める麻薬向精神薬原料を製造することを業として厚生労働大臣に届け出た者及び特定麻薬向精神薬原料を小分けすることを業として厚生労働大臣に届け出た者である。

第9　けし栽培者等（あへん法3条4号乃至7号）

1　けし栽培者

けし耕作者、甲種研究栽培者及び乙種研究栽培者

2　けし耕作者

採取したあへんを国に納付する目的で、厚生労働大臣の許可を受けてけしを栽培する者

3　甲種研究栽培者

あへんの採取を伴う学術研究のため、厚生労働大臣の許可を受けてけしを栽培する者

4　乙種研究栽培者

あへんの採取を伴わない学術研究のため、厚生労働大臣の許可を受けてけしを栽培する者

---

(45)　この業者に対しては、厚生労働大臣の免許や後述する届出などの手続的な規制がなされていないものの、その原料となる硫酸、塩酸、トルエンなどの取扱いは、毒物及び劇物取締法により、都道府県知事への登録が必要であることから（同法4条等）、実際のところ、勝手になんでもできるということにはならない。

第10　大麻栽培者（大麻取締法2条2項）

都道府県知事の免許を受けて、繊維若しくは種子を採取する目的で、大麻草を栽培する者

第2款　輸出入関係

第1　覚醒剤輸出入業者

このような業者は存在しない。というのは、覚醒剤取締法13条は、「何人も、覚醒剤を輸入し、又は輸出してはならない、」として、覚醒剤の輸出入を全面的に禁じているからである。

第2　覚醒剤原料輸出入業者（覚醒剤取締法2条6及び7号）

1　覚醒剤原料輸入業者

覚醒剤原料を輸入することを業とすることができるものとして厚生労働大臣による指定を受けた者

業務のため覚醒剤原料を輸入することができるものとして厚生労働大臣による指定を受けた者

2　覚醒剤原料輸出業者

覚醒剤原料を輸出することを業とすることができるものとして厚生労働大臣による指定を受けた者

第3　麻薬輸入業者（麻薬及び向精神薬取締法2条10及び11号）

1　麻薬輸入業者

厚生労働大臣の免許を受けて、麻薬を輸入することを業とする者

2　麻薬輸出業者

厚生労働大臣の免許を受けて、麻薬を輸出することを業とする者

第4　向精神薬輸出入業者（麻薬及び向精神薬取締法2条28及び29号）

1　向精神薬輸入業者

厚生労働大臣の免許を受けて、向精神薬を輸入することを業とする者

2　向精神薬輸出業者

厚生労働大臣の免許を受けて、向精神薬を輸出することを業とする者

第5　麻薬等原料輸出入業者（麻薬及び向精神薬取締法2条37及び38号）

1　麻薬等原料輸入業者

麻薬向精神薬原料を輸入することを業として厚生労働大臣に届け出た者

2　麻薬等原料輸出業者

麻薬向精神薬原料を輸出することを業として厚生労働大臣に届け出た者

第6　あへん輸出入業者

このような業者は存在しない。というのは、あへん法6条1項は、国の委託を受けた場合を除いては、何人に対しても、あへんを輸入し、又は輸出することを禁じているからである。

第7　大麻輸出入業者

このような業者は存在しない。というのは、大麻取締法4条1号は、大麻研究者が、厚生労働大臣の許可を受けて、大麻を輸入し、又は輸出する場合を除くほかは、何人に対しても、大麻を輸入し、又は輸出することを禁じているからである。

第3款　取扱及び研究関係

第1　覚醒剤取扱者

このような者についての規定は存しない。覚醒剤は、基本的に、その取扱、つまり、譲渡、所持及び使用等が全面的に禁じられるものであるからである。ただ、個々の譲渡行為等について例外的に許容される場合等についてのみ別に規定されている。

第2　覚醒剤研究者（覚醒剤取締法2条4項）

学術研究のため、覚醒剤を使用することができ、また、厚生労働大臣の許可を受けた場合に限り覚醒剤を製造することができるものとして、この法律

の規定により厚生労働大臣の指定を受けた者

第3　覚醒剤原料取扱者（覚醒剤取締法2条9号）

　覚醒剤原料を譲り渡すことを業とすることができるものとして都道府県知事の指定を受けた者及び業務のため覚醒剤原料を使用することができるものとして都道府県知事の指定を受けた者

第4　覚醒剤原料研究者（覚醒剤取締法2条10号）

　学術研究のため、覚醒剤原料を製造することができ、又は使用することができるものとして、この法律の規定により都道府県知事の指定を受けた者

第5　麻薬取扱者（麻薬及び向精神薬取締法2条8、15乃至19号）

　麻薬取扱者とは、前述の麻薬輸入業者、麻薬輸出業者、麻薬製造業者、麻薬製剤業者及び家庭麻薬製造業者のほか、麻薬元卸売業者、麻薬卸売業者、麻薬小売業者、麻薬施用者及び麻薬管理者に加えて、後述する麻薬研究者をいう。

1　麻薬元卸売業者

　厚生労働大臣の免許を受けて、麻薬卸売業者に麻薬を譲り渡すことを業とする者

2　麻薬卸売業者

　都道府県知事の免許を受けて、麻薬小売業者、麻薬診療施設の開設者又は麻薬研究施設の設置者に麻薬を譲り渡すことを業とする者

3　麻薬小売業者

　都道府県知事の免許を受けて、麻薬施用者の麻薬を記載した処方せんにより調剤された麻薬を譲り渡すことを業とする者

4　麻薬施用者

　都道府県知事の免許を受けて、疾病の治療の目的で、業務上麻薬を施用し、若しくは施用のため交付し、又は麻薬を記載した処方せんを交付する者

5　麻薬管理者

　都道府県知事の免許を受けて、麻薬診療施設で施用され、又は施用のため

交付される麻薬を業務上管理する者

第6　麻薬研究者（麻薬及び向精神薬取締法２条20号）

　都道府県知事の免許を受けて、学術研究のため、麻薬原料植物を栽培し、麻薬を製造し、又は麻薬、あへん若しくはけしがらを使用する者

第7　麻薬等原料取扱者である麻薬等原料営業者（麻薬及び向精神薬取締法２条36、41号）

　麻薬等原料営業者とは、前述の麻薬等原料輸入業者、麻薬等原料輸出業者及び麻薬等原料製造業者のほか、麻薬等原料卸小売業者をいう。

　なお、麻薬等原料卸小売業者とは、麻薬向精神薬原料を譲り渡すことを業とする者で都道府県知事に届け出た者である。

第8　特定麻薬等原料取扱者である特定麻薬等原料卸小売業者（麻薬及び向精神薬取締法２条42号）

　特定麻薬向精神薬原料を譲り渡すことを業とする者

第9　向精神薬取扱者（麻薬及び向精神薬取締法２条26、31乃至34号、医療法７条）

　向精神薬取扱者とは、前述の向精神薬輸入業者、向精神薬輸出業者、向精神薬製造製剤業者のほか、向精神薬使用業者、向精神薬卸売業者、向精神薬小売業者、病院等の開設者及び向精神薬試験研究施設設置者をいう。

1　向精神薬使用業者

　厚生労働大臣の免許を受けて、向精神薬に化学的変化を加えて向精神薬以外の物にすることを業とする者

2　向精神薬卸売業者

　都道府県知事の免許を受けて、向精神薬取扱者（向精神薬輸入業者を除く。）に向精神薬を譲り渡すことを業とする者

3　向精神薬小売業者

　都道府県知事の免許を受けて、向精神薬を記載した処方せんにより調剤さ

れた向精神薬を譲り渡すことを業とする者

4　病院等の開設者

医療法7条の規定等に基づいて病院等を開設した者

5　向精神薬試験研究施設設置者

学術研究又は試験検査のため向精神薬を製造し、又は使用する施設の設置者であって、厚生労働大臣又は都道府県知事の登録を受けた者

第10　向精神薬研究者

これは特には規定されていない。向精神薬を研究する者は、ある意味、通常の薬学研究者であるから、向精神薬試験研究施設設置者を規制の対象にしておけば足りるとしたものと思われる。

第11　あへん取扱者・あへん研究者

いずれもあへん法には規定されていない。

第12　大麻取扱者（大麻取締法2条1及び3項）

大麻取扱者とは、前述の大麻栽培者のほか、大麻研究者をいう。

大麻研究者とは、都道府県知事の免許を受けて、大麻を研究する目的で大麻草を栽培し、又は大麻を使用する者である。

第4章　規制薬物の乱用等に対する規制及び刑罰

上述したように、規制薬物に対しては、これの所持や使用等について許容される　ための一定の要件が定められているが、その要件を満たすことなく、上記薬物を乱用した場合には、刑罰を持って臨むこととされている。

第1款　覚醒剤取締法違反

第1　覚醒剤取締法における代表的な罰則規定

同法における代表的な罰則規定を挙げておく。

まず、覚醒剤取締法41条1項では、

　　第四十一条　覚醒剤を、みだりに、本邦若しくは外国に輸入し、本邦若しくは
　　外国から輸出し、又は製造した者（中略）は、一年以上の有期懲役に処する。

と規定されている。これは、前述したような免許等を受けることなく、上記
の各行為に及んだ者に対して、1年以上の有期懲役[46]という刑罰に処すると
いう規定である。

　また、同法41条の2第1項では、

　　第四十一条の二　覚醒剤を、みだりに、所持し、譲り渡し、又は譲り受けた者
　　（中略）は、十年以下の懲役に処する。

と規定されているのも同様で、前述したような免許等を受けることなく、上
記の各行為に及んだ者に対して、10年以下の懲役という刑罰に処するという
規定である。

　また、同法41条の3第1項1号では、

　　一　第十九条（使用の禁止）の規定に違反した者

を処罰の対象として規定しており、つまり、覚醒剤を自己使用した者に対し
ては、10年以下の懲役に処するとされている。

第2　同法違反による検挙状況

　覚醒剤取締法違反事件については、戦後間もない頃の昭和29年にピークを
迎えたものの、その後の罰則の強化や徹底した取締りにより著しく減少し、
昭和44年頃までは同法違反事件がほとんどなくなっていた時期が続いた。

　しかしながら、昭和45年頃から増加に転じ、昭和59年には、2万4,000人
余りを記録した。その後は、平成9年に若干の増加がみられたが、概ね現在
まで減少傾向が続いている。令和元年の同法違反の検挙人員は、8,730人で
あった[47]。

---

(46)　「1年以上の有期懲役」という意味は、下限を懲役1年とし、懲役刑の上限である
　　懲役20年（刑法13条1項）まで科すことができるという意味である。
(47)　法務総合研究所編・前掲注(23)271頁。

これを示すグラフは以下のとおりである。

覚醒剤取締法違反 検挙人員の推移（『令和2年版 犯罪白書』から引用）

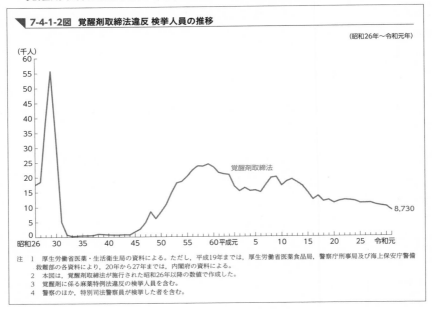

注 1　厚生労働省医薬・生活衛生局の資料による。ただし、平成19年までは、厚生労働省医薬食品局、警察庁刑事局及び海上保安庁警備
　　　救難部の各資料により、20年から27年までは、内閣府の資料による。
　　2　本図は、覚醒剤取締法が施行された昭和26年以降の数値で作成した。
　　3　覚醒剤に係る麻薬特例法違反の検挙人員を含む。
　　4　警察のほか、特別司法警察員が検挙した者を含む。

第3　医師らによる覚醒剤取締法違反の検挙状況等

　医師らによる覚醒剤取締法違反事件も決して稀ではない。令和2年6月3
日厚生労働省医道審議会医道分科会議事録によれば、歯科医師が覚醒剤取締
法違反により歯科医業停止2年の処分を受けているし[48]、また、マスコミ報
道をみても、近時においては、スポーツドクターとして著名な医師が覚醒剤
取締法違反により逮捕されたり[49]、また、かなり以前のことではあるが、平
成10年に、兵庫医大の医師4人が覚醒剤取締法違反により逮捕された事件[50]
などがある。

　厚生労働省医道審議会医道分科会作成に係る平成27年9月30日改正「医師

(48)　厚生労働省ウェブサイト。
(49)　令和3年2月22日テレ朝ニュース。
(50)　令和3年4月15日日経メディカル。

及び歯科医師に対する行政処分の考え方について」と題する書面において
は、医師らによる麻薬及び向精神薬取締法違反。覚醒剤取締法違反、大麻取
締法違反に関して、「麻薬、覚醒剤等に関する犯罪に対する司法処分は、一
般的には懲役刑となる場合が多く、その量刑は、不法譲渡した場合や不法所
持した麻薬等の量、施用期間の長さ等を勘案して決定され、累犯者について
は、更に重い処分となっている。行政処分の程度は、基本的には司法処分の
量刑などを参考に決定するが、国民の健康な生活を確保する任務を負う医
師、歯科医師として、麻薬等の薬効の知識を有し、その害の大きさを十分認
識しているにも関わらず、自ら違反したということに対しては、重い処分と
する。」と明記されていることに留意すべきであろう。

第2款　麻薬及び向精神薬取締法違反・大麻取締法違反・あへん法違反
これら法律における代表的な処罰規定を挙げておく。

第1　麻薬及び向精神薬取締法における代表的な罰則規定
まず、同法64条1項は、

> 第六十四条　ジアセチルモルヒネ等を、みだりに、本邦若しくは外国に輸入
> し、本邦若しくは外国から輸出し、又は製造した者は、一年以上の有期懲役
> に処する。

と規定し、ジアセチルモルヒネ等[51]の輸出入や製造等に対して1年以上の有
期懲役をもって臨むこととされている。
また、同法64条の2第1項において、

> 第六十四条の二　ジアセチルモルヒネ等を、みだりに、製剤し、小分けし、譲
> り渡し、譲り受け、交付し、又は所持した者は、十年以下の懲役に処する。

と規定され、さらに、無許可での施用等については、同法64条の3第1項に

---

(51)　「ジアセチルモルヒネ等」については、同法12条1項において、「ジアセチルモルヒ
ネ、その塩類又はこれらのいずれかを含有する麻薬」と定義付けられている。

おいて、

> 第六十四条の三　（前略）ジアセチルモルヒネ等を施用し、廃棄し、又はその
> 施用を受けた者は、十年以下の懲役に処する。

と規定されている。

　一方、向精神薬については、同法66条の3第1項において、

> 第六十六条の三　向精神薬を、みだりに、本邦若しくは外国に輸入し、本邦若
> しくは外国から輸出し、製造し、製剤し、又は小分けした者（中略）は、五
> 年以下の懲役に処する。

と規定され、また、無許可での向精神薬の所持については、同法66条の4第
1項において、

> 第六十六条の四　向精神薬を、みだりに、譲り渡し、又は譲り渡す目的で所持
> した者（中略）は、三年以下の懲役に処する。

と規定されている。

第2　大麻取締法における代表的な罰則規定

　まず、同法24条1項では、

> 第二十四条　大麻を、みだりに、栽培し、本邦若しくは外国に輸入し、又は本
> 邦若しくは外国から輸出した者は、七年以下の懲役に処する。

と規定し、大麻の栽培、輸出入については、7年以下の懲役に処すること
としている。また、同法24条の2第1項では、

> 第二十四条の二　大麻を、みだりに、所持し、譲り受け、又は譲り渡した者は、
> 五年以下の懲役に処する。

と規定されている。これらの規定から明らかなように、大麻の自己使用につ
いては、大麻取締法は現在のところ規制対象としていない。この点について
は立法化に向けての議論がなされている段階である。

第3　あへん法における代表的な罰則規定

まず、同法51条1項は、

　第五十一条　次の各号の一に該当する者は、一年以上十年以下の懲役に処する。
　一　けしをみだりに栽培した者（中略）
　二　あへんをみだりに採取した者
　三　あへん又はけしがらを、みだりに、本邦若しくは外国に輸入し、又は本邦若しくは外国から輸出した者

と規定し、けしを採取したり、そこからあへんを採取したり、あへんなどを輸出入した者に対しては、1年以上10年以下の懲役に処することを明らかにしている。

　また、同法52条1項は、

　第五十二条　あへん又はけしがらを、みだりに、譲り渡し、譲り受け、又は所持した者（中略）は、七年以下の懲役に処する。

と規定し、さらに、同法9条は、

　第九条　何人も、あへん又はけしがらを吸食してはならない。

と規定した上、同法52条の2第1項において、

　第五十二条の二　第九条の規定に違反した者は、七年以下の懲役に処する。

と規定して、あへんの吸煙等を禁じている。

第4　それら規制法違反による検挙状況

　まず、大麻取締法違反の検挙状況であるが、昭和46年以降、現在までの推移をみると、同法違反の検挙人員は、昭和52年以降、1,000人台から3,000人台で増減を繰り返し、平成9年には、1,175人まで減少するに至ったが、その後、増加に転じ、平成21年には、3,087人のピークを迎えた。その後、一旦は減少したものの、平成26年からは急激な増加傾向が顕著になり、令和元年には、4,570人に達している[52]。

　次に、麻薬及び向精神薬取締法違反の検挙状況であるが、穏やかな増減を繰り返している。平成元年以降、200人台から600人台で推移しており、令和元年では、558人であった[53]。

　最後に、あへん法違反であるが、これは現在では非常に少なくなっており、平成17年以降は、50人未満となっている。令和元年では、2人であり、昭和46年以降、最小となっている[54]。

　これらを示すグラフは以下のとおりである。

大麻取締法違反等 検挙人員の推移（罪名別）（『令和二年版 犯罪白書』から引用）

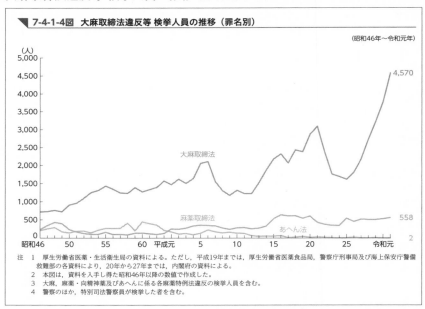

▼ **7-4-1-4図　大麻取締法違反等 検挙人員の推移（罪名別）**

注　1　厚生労働省医薬・生活衛生局の資料による。ただし、平成19年までは、厚生労働省医薬食品局、警察庁刑事局及び海上保安庁警備救難部の各資料により、20年から27年までは、内閣府の資料による。
　　2　本図は、資料を入手し得た昭和46年以降の数値で作成した。
　　3　大麻、麻薬・向精神薬及びあへんに係る各麻薬特例法違反の検挙人員を含む。
　　4　警察のほか、特別司法警察員が検挙した者を含む。

第5　医師らによる上記各法律違反の検挙状況等

　これらの法律違反において、実際に裁判で審理された事案としては、次のようなものが挙げられる。

---

(52)　法務総合研究所編・前掲注(23)272頁。
(53)　法務総合研究所編・前掲注(23)272頁。
(54)　法務総合研究所編・前掲注(23)272頁。

1　令和元年12月26日秋田地裁判決（公刊物未登載）

本件は、医師である被告人が、職場の同僚に、麻薬であるリゼルギン酸ジエチルアミド（通称LSD）を含有するグミ4個及び大麻である植物片約2グラムを譲り渡したとする麻薬及び向精神薬取締法違反、大麻取締法違反の事案である。

被告人が反省の情を示していることなどを斟酌して、懲役1年6月、執行猶予3年に処せられた。

2　平成29年9月20日神戸地裁判決（公刊物未登載）

本件は、医師である被告人が、営利の目的[55]で、前後7回にわたり、2人の譲受人に対し、向精神薬合計2,970錠を代金合計7万9,570円で譲渡したという麻薬及び向精神薬取締法違反の事案である。

被告人は、クリニックを開業する医師として、向精神薬の処方・管理に責任を負うべき立場にありながら、譲受人から向精神薬の注文を受けるや、診察をすることなく、言われるままに多量の向精神薬を譲り渡していたもので、判決において、医師として期待される責任感・倫理観が十分でなかったと批判されている。そして、譲受人らは、被告人から譲り受けた多量の向精神薬を他に転売して社会に拡散させており、いわば密売人の片棒を担いだものであって、本件犯行が招いた結果も軽視することはできないものであった。

もっとも、被告人が反省の情を示していることなどを斟酌して、懲役3年、執行猶予4年等の判決が言い渡された。

3　平成28年10月4日東京地裁判決（公刊物未登載）

本件も医師による犯行であるが、極めて悪質な麻薬及び向精神薬取締法違反事件であり、被告人に対しては、懲役6年6月及び罰金400万円の実刑判決が言い渡されている。

具体的には、医師である被告人は、約10か月の間に、前後62回にわたり、営利目的で向精神薬であるマジンドールを含有する錠剤（以下、製品名である「サノレックス」という。）合計26万5,600錠を、転売目的を有するA、Bら4人の譲受人に対し、代金合計6,473万6,500円で密売して、向精神薬を譲り

---

(55)　金銭的利益を得る目的などを指す。

渡すことを商売として営んでいた上、その間、営利目的でサノレックス合計109万8,900錠を所持していたものである。さらに、向精神薬の宣伝は、医薬関係者以外に対するものとしては禁じられていたにもかかわらず、被告人は、自らが経営していたクリニックのホームページにサノレックスの広告を掲載していた。

　被告人が密売等をしていたサノレックスは、覚せい剤等の他の規制薬物と同程度の危険性があるとまではいえないものの、他方で、動物実験の結果依存性が示唆されており、添付文書にも副作用として依存症に留意するよう記載されているほか、学術的研究においても、精神症状を含む健康被害等の報告がされている[56]。

　被告人は、転売目的を有する譲受人らに対し、上記のような危険性を有するサノレックスを大量に密売したのであるから、譲り渡されたサノレックスが医師の適切な管理の下で服用されることは到底期待できず、過剰摂取や長期連用によって、より多くの健康被害を招来しかねないことが危惧されるところであって、その意味で、社会に対して大きな危険性を有する行為であった。

　さらに、被告人は、クリニックを開業する医師として、サノレックスを容易に入手することができる立場を悪用し、通常人が入手できないような大量のサノレックスを入手して、これを密売していたのであり、その密売の為に入手していたサノレックスの量は、一時期は、日本国内に出荷されるサノレックスの半数近くに及んでおり、本件は向精神薬の密売事案としては過去に比較すべき事例もない程大規模に行われたものであった。

　その経緯をみると、被告人は、平成26年9月頃、被告人から仕入れた医薬品を中国で転売していた譲受人Aの求めに応じてサノレックスを譲渡するようになると、同様に被告人から仕入れた医薬品を転売していたBに対し、サノレックスの転売を持ちかけ、その後も一定量の購入を継続するように求め、結果として同人に18万9,000錠余りを譲渡するとともに、平成27年5月

---

(56)　これらは本件判決での認定による危険性の指摘であるが、その危険性についての詳細は、第1編第4章第1款第2の2(2)参照。

には、被告人への出荷量に不審を抱いた医薬品の卸売業者に対して、処方状況について虚偽の説明を行い、関係書類等を偽造した上でサノレックスの仕入れを継続していたのである。

　そのような事実関係を前提として、本件判決は、「被告人は、本来向精神薬の処方・管理に責任を負うべき医師の立場にありながら、金儲けのため、転売され、これにより不適切な服用が行われて健康被害が生じる危険性があることを知りつつも、大規模な密売を行い、現に多額の不法収益を得ていたのであって、そこには医師として期待される責任感・倫理観は全く感じられない。自身のクリニックのホームページにサノレックスの購入を促進する広告を掲載していたことも、向精神薬に関する被告人の意識の低さを如実に表しているのであって、犯行に至る経緯、動機は強い非難に値する。」と批判し、前述したとおり、被告人に対して懲役6年6月等の判決を言い渡したものであった。

4　平成27年10月22日函館地裁判決（公刊物未登載）

(1)　事案の概要

　本件は、上記3件の譲渡事案とは異なり、医師である被告人が、麻薬を自己の身体に施用していた事案である。本件判決において認定された罪となるべき事実は、概ね次のとおりである。

　被告人は、A病院において、心臓血管内科部長として勤務する医師であり、北海道知事から免許を受けた麻薬施用者であるが、

第1　法定の除外事由がないのに、平成27年6月11日頃、北海道内において疾病の治療以外の目的で、麻薬であるモルヒネを含有する注射液を自己の身体に注射し、もって麻薬を施用し

第2　法定の除外事由がないのに、平成27年6月上旬から同月12日までの間に、北海道内又はその周辺において、疾病の治療以外の目的で、麻薬であるN－（1－フェネチル－4－ピペリジル）プロピオンアニリド（別名フェンタニル）を自己の身体に摂取し、もって麻薬を施用し

第3　みだりに、平成27年6月12日、北海道内の自宅において、麻薬であるモルヒネを含有する液体合計約199ミリリットル及び麻薬であるN－（1－フェネチル－4－ピペリジル）プロピオンアニリド（別名フェンタニ

ル）を含有する液体合計約1430.1ミリリットルを所持し

第4　交際相手であるBと共謀の上、みだりに、同日、北海道内のB方に
おいて、麻薬であるモルヒネを含有する液体合計約33ミリリットル並び
に麻薬であるモルヒネ及びN－（1－フェネチル－4－ピペリジル）プロ
ピオンアニリド（別名フェンタニル）を含有する液体約2.9ミリリット
ルを所持し

たものである。

(2)　量刑の理由

この事案において、本件判決は、次のとおり量刑の理由を判示した。すな
わち、「被告人は、心臓血管内科部長として、職責の重い、極めて多忙な職
場で勤務しており、仕事上のストレスや身体の疲労感から免れたいという気
持ちから、本来、患者の治療用に用いるべき麻薬を不正に抜き取って自ら施
用していた。このような、麻薬施用の動機は、上記のような勤務状況があっ
たとしても、自分本位で身勝手なものというべきである。また、被告人の勤
務状況に関する病院関係者らの供述によれば、被告人がこれら麻薬に耽溺
し、強く依存していた状態にあったことは明らかである。被告人は、そのよ
うな麻薬の影響が強く生じている状態で、患者の治療にあたっていたものと
認められ、被告人の麻薬施用は、他害の危険性も極めて高い、悪質な行為で
あったと考えられる。さらに、被告人が自宅や共犯者宅に保管して所持して
いた麻薬の量は、モルヒネが合計で約232ミリリットル、フェンタニルが合
計1430.1ミリリットル、モルヒネ及びフェンタニルの混合液が合計約2.9ミ
リリットルと、非常に多量である。以上によれば、本件は、同種事案のなか
でも悪質な事案であり、被告人の責任は重い。加えて、麻薬等の規制薬物を
使用することの危険性が社会問題となっている昨今の情勢にかんがみれば、
医療機関に従事していた被告人には、麻薬の不正施用について、一般の者以
上に厳格な態度が求められるべきである。」として、被告人が反省の情を示
していることを斟酌してもなお懲役3年の実刑が相当であるとされたもので
ある。

5　平成20年5月20日横浜地裁川崎支部判決（公刊物未登載）

(1)　事案の概要

本件は、歯科医師が向精神薬に依存するようになり、それを不正に入手した行為が詐欺罪等として立件された事案である。本件において認定された罪となるべき事実の一部は、概ね次のとおりである。

被告人は、歯科医師であるが、処方せんを偽造した上、これを使用して向精神薬である医薬品を詐取しようと企て、平成19年12月11日頃、東京都港区内の被告人方において、行使の目的をもって、ほしいままに、処方せんの記載事項の記入欄が印刷されている用紙の患者氏名欄に、当時の交際相手である「A子」の氏名を、処方欄に「リタリン　56Ｔ」、保険医療機関の所在地及び名称欄に「東京都目黒区内　△△メンタルクリニック」などと記入した上、保険医氏名欄に、架空人である「Ｂ」と署名して、その名下に「Ｂ」と刻した印鑑を押捺し、もって、患者A子に対して向精神薬である医薬品のリタリン錠56錠を処方する旨の事実証明に関するＢ作成名義の処方せん1通を偽造した上、A子と共謀の上、同人が、同月11日午後8時頃、埼玉県川口市内のＸ薬局において、同薬局の薬剤師Ｃに対し、上記偽造に係る処方せん1通をあたかも真正に成立したもののように装って提出して行使し、向精神薬である医薬品のリタリン錠56錠の購入を申し込み、同薬剤師Ｃをして、上記偽造に係る処方せんが真正に成立したものであり、上記Ｂにより作成された正規の処方せんによる正当な購入申込みであると誤信させ、よって、同日午後8時10分頃、同所において、上記Ｃから向精神薬である医薬品のリタリン錠56錠の交付を受け、もって、人を欺いて財物を交付させたものである。

本件は、要するに、交際相手であるA子がリタリン錠を必要とするという、精神科医Ｂの処方せんを勝手に偽造し、それを本物と信じた薬剤師Ｃを騙して、リタリン錠56錠を騙し取った[57]という私文書偽造・同行使・詐欺の事案である。

---

(57)　本件では、リタリン錠56錠の代金はきちんと支払っているが、薬剤師Ｃは処方せんが虚偽であると知っていたら上記リタリン錠56錠を売らなかったはずであるから、この点でＣを騙したことになり、代金の支払の有無は詐欺罪の成否に影響しない。

(2)　量刑の理由

　この事案において、被告人に対しては、懲役1年の実刑判決が言い渡された。その理由とするところは、次のとおりである。

　すなわち、「被告人は、精神科医からうつ症状の治療としてリタリンの処方を受け、やがてその薬効に取り憑かれて濫用するようになったが、受診医療機関から欲しいだけの処方が受けられなくなったことから、歯科医師である自身の名義で、交際中の女性を患者とするリタリンの処方せんを作成し、これを同女に渡してリタリンを購入に行かせて入手するようになったが、やがて歯科医師の処方せんではリタリンを販売してくれなくなったことから、精神科医の肩書の処方せんであればリタリンを購入できると考え、本件犯行に及んだものである。

　このように、被告人のリタリンへの依存傾向が本件犯行に至った大きな要因であることは否定できないが、被告人がリタリンに依存するようになったのは、後記のとおりの被告人の性格傾向上の問題点が大きく影響しているとうかがわれることや、近時リタリンの濫用が社会的に大きな問題となっており、被告人もそのことを知悉していたことなどを考えると、本件犯行動機に酌量の余地はない。

　犯行態様をみると、被告人が勤務していた歯科医院で使用していた処方せん用紙を用いて、精神科が診療科目としてあるような医療機関の名称を使い、薬局から照会があった時に備えて、この医療機関の電話を被告人の自宅のものにするなどして処方せんを偽造した上、あらかじめリタリンの在庫のある薬局を電話で探し、在庫のあった薬局の薬剤師等に、正規の処方せんを出しているかのように、専門的な言葉遣いを交えながら、患者がそちらに向かう旨申し向けるなど、精神科医での受診等の際に知り得た知識を利用するなどしており、計画的で巧妙なものである。

　リタリンを交付した薬局は、その後処方せんが偽造と分かり、事後対応を余儀なくされており、また、歯科医師が処方せんを偽造して、濫用が問題となっているリタリンを騙取したという本件が社会に与えた影響も大きく、本件の結果は軽視できない。

　被告人は、本件犯行を発案し、騙取したリタリンの大半を自分のものにし

ており、本件の主犯であることはいうまでもない。（中略）被告人は、いずれも大麻取締法違反により、平成３年８月には懲役１年２月、３年間執行猶予の、平成13年４月には懲役10月、４年間執行猶予の判決を受けているほか、少年時代にも覚せい剤取締法違反により保護処分を受けており、中枢神経に作用する薬物に対する安易な姿勢が看取でき、本件犯行は、そうした傾向が顕れたものといえる。

　しかるに、その公判供述からは、こうした自己の問題性に真摯に向き合う姿勢は感じられず、また、社会に与えた影響を含めた本件の重大性の認識も十分でないように思われる。したがって、前記の前科から明らかな法規範軽視の性向をも併せ考えると、再犯も懸念される。」などと厳しく指摘した上、反省しているなどの有利な事情を斟酌しながらも、「執行猶予付きではあるものの、薬物事犯による懲役前科２犯を有する被告人が、その有する専門知識等をも利用するなどして処方せんを偽造して向精神薬を騙取したという本件の犯情の悪質性を考えると、被告人の本件犯行に対する刑事責任は到底軽視できず、本件については、刑の執行を猶予するのが相当と思われず、主文の実刑をもって臨むのが相当と判断した。」と判示されたものである。

事 項 索 引

判 例 索 引

著者紹介

城　祐一郎（たち・ゆういちろう）

1957年10月　愛知県生まれ。
1980年10月　司法試験合格。
1983年4月　東京地方検察庁検事任官。
　以後、大阪地方検察庁特捜部副部長、同交通部長、同公安部長、法務省法務総合研究所研究部長、大阪高等検察庁公安部長、大阪地方検察庁堺支部長、最高検察庁刑事部検事、同公安部検事等を歴任。
2016年4月　明治大学法科大学院特任教授・最高検察庁検事。
2017年4月　最高検察庁刑事部検事・慶応義塾大学大学院法務研究科非常勤講師。
2018年4月　昭和大学医学部法医学講座教授（薬学博士）
　　　　　　慶應義塾大学大学院法務研究科非常勤講師（国際刑事法担当）
　　　　　　警察大学校講師
　　　　　　ロシア連邦サンクトペテルブルク大学客員教授

主要著書

『マネー・ローンダリング罪の理論と捜査』（2007年、立花書房）、『海事犯罪——理論と捜査——』（2010年、共著、立花書房）、『〈実践志向の捜査実務講座〉特別刑事法犯の理論と捜査［1］知能犯　労働災害』（2011年、立花書房）、『Q&A実例取調べの実際』（2011年、共著、立花書房）、『「逃げ得」を許さない交通事件捜査——新しい角度からのアプローチ——［第2版］』（2011年、立花書房）、『捜査・公判のための実務用語・略語・隠語辞典』（2011年、立花書房）、『〈実践志向の捜査実務講座〉特別刑事法犯の理論と捜査［2］証券犯罪・選挙犯罪・環境犯罪・知能犯Ⅱ』（2014年、立花書房）、『盗犯捜査全書——理論と実務の詳解——』（2016年、立花書房）、『ケーススタディ危険運転致死傷罪』（2016年、東京法令出版）、『Q&A実例交通事件捜査における現場の疑問［第2版］』（2017年、立花書房）、『マネー・ローンダリング罪——捜査のすべて——［第2版］』（2018年、立花書房）、『殺傷犯捜査全書——理論と実務の詳解——』（2018年、立花書房）、『現代国際刑事法——国内刑事法との協働を中心として——』（2018年、成文堂）、『取調べハンドブック』（2019年、立花書房）、『医療関係者のための実践的法学入門』（2019年、成文堂）、『知恵と工夫の結晶！　組織犯罪捜査のツボ』（2021年、東京法令出版）、『性犯罪捜査全書——理論と実務の詳解——』（2021年、立花書房）

現代医療関係法

2022年3月14日　初版第1刷発行

著　者　城　　祐一郎

発行者　阿　部　成　一

〒162-0041　東京都新宿区早稲田鶴巻町514

発行所　株式会社　成文堂

電話 03（3203）9201（代）　　FAX 03（3203）9206

http://www.seibundoh.co.jp

製版・印刷・製本　惠友印刷　　　　　　　　　　検印省略

© 2022 Tachi. Y Printed in Japan

☆乱丁・落丁本はおとりかえいたします☆

ISBN978-4-7923-2779-8　C3032

定価（本体3,300円＋税）